财政与税收

第5版

蔡秀云　李雪臣 ◎ 主编

首都经济贸易大学出版社
Capital University of Economics and Business Press
·北京·

图书在版编目(CIP)数据

财政与税收/蔡秀云,李雪臣主编. --5 版. --北京:首都经济贸易大学出版社,2021.8
ISBN 978-7-5638-3195-1

Ⅰ. ①财⋯ Ⅱ. ①蔡⋯ ②李⋯ Ⅲ. ①财政—中国—高等学校—教材 ②税收管理—中国—高等学校—教材 Ⅳ. ①F812

中国版本图书馆 CIP 数据核字(2021)第 143087 号

财政与税收(第5版)
蔡秀云 李雪臣 主编
CaiZheng Yu ShuiShou

责任编辑	陈雪莲
封面设计	砚祥志远·激光照排 TEL:010-65976003
出版发行	首都经济贸易大学出版社
地 址	北京市朝阳区红庙(邮编100026)
电 话	(010)65976483 65065761 65071505(传真)
网 址	http://www.sjmcb.com
E-mail	publish@ cueb.edu.cn
经 销	全国新华书店
照 排	北京砚祥志远激光照排技术有限公司
印 刷	唐山玺诚印务有限公司
成品尺寸	170 毫米×240 毫米 1/16
字 数	430 千字
印 张	20.75
版 次	2008 年 6 月第 1 版 2011 年 8 月第 2 版 2015 年 4 月第 3 版 2018 年 7 月第 4 版 **2021 年 8 月第 5 版** 2021 年 8 月总第 9 次印刷
书 号	ISBN 978-7-5638-3195-1
定 价	49.00 元

图书印装若有质量问题,本社负责调换
版权所有 侵权必究

第5版前言

从《财政与税收》第四版与读者见面到现在已经两年多了,中共十八大以来,作为我国全面深化改革的重要组成部分,财税领域的改革不断推进,涉及经济、社会、文化和生态文明等方方面面。当前我国经济正处于转变经济发展方式、优化经济结构、转换增长动力的攻坚期,结构性、体制性、周期性问题相互交织,经济运行面临较大压力。面对复杂多变的经济形势,中共十九大对财税发展提出了"加快建立现代财政制度"的迫切要求,随着财税改革的进一步深化,"税收法治""绿色税制"等建设取得了重要进展,更大规模的减税降费政策实现普惠性与结构性并举,有效发挥了为纳税人减税降负、释放市场活力、促进社会民生持续改善、推动经济高质量发展的积极作用。

为了使本教材能更加全面地反映最新的财税领域的改革内容和成果,我们结合当前财税改革的重要内容,作了如下修订:一是完善"税收法定"改革内容,增加消费税、城市维护建设税、资源税、契税、车辆购置税、耕地占用税等税收立法内容(含税收立法的征求意见稿);二是增加了关于增值税、企业所得税、综合与分类个人所得税等税制改革内容;三是在资源课税中新增环境保护税的内容;四是结合改革内容,修改了部分案例及分析,更新部分表格数据。

除本书原作者外,参加本次修订版撰写的人员还有李雪臣、格乐、张停停、朱永兴、聂飞等,由蔡秀云教授和李雪臣博士统稿。

前言

在现实社会经济生活中,财政与税收不仅关系到国家的发展,而且关系到民生大计。从国家的政治活动和经济建设,到居民的衣、食、住、行,时时处处都存在着财政税收现象。它不仅对政府决策行为、社会资源配置和收入分配产生重要影响。而且每个社会成员都会通过各种渠道以各种方式与财政税收发生联系,不断享受到财税活动所带来的好处,并感受到财税活动对自身生活所带来的影响。随着我国社会主义市场经济的快速发展和改革开放的深入,"财政与税收"课程的地位越来越重要,其相关财税知识已成为各类经营管理人才乃至普通公民的必备知识。

近年来,我国国民经济持续保持高速增长,2010年我国国内生产总值(GDP)达到397 983亿元人民币,比上年增长10.3%。财政税收收入也随之大幅度增长,经济体制改革不断深化,政府对社会经济发展的宏观调控力度不断加大。与此同时,政府适时出台了一系列有关财税的新政策、新制度和新法规,从而使我国的财税理论研究和改革实践也迅速发展。为了使课堂教学与这一改革发展相适应,我们编写了本教材。本教材同国内同类教材相比主要有以下几个特点:

第一,教材采用一体化的、规范的结构层次。一体化的、规范的结构层次体现在:每章开篇都对该章的地位,尤其是该章的主要内容和学习目的进行说明;随后进入该章主体内容;配合学生的自学需要,每章最后都设有"重点概念"、"思考题"、"案例"及"案例分析"。

第二,突出财政与税收基本原理的简明阐释。在财政税收基本理论的编写方面,结合本专科大学生理论素养和知识准备的基本情况,在教材编写过程中,我们坚持"适度""够用"的原则,注意突出财政与税收基本知识、基本原理的系统简明阐释,只是在涉及难点和重点的时候才作进一步的理论引申。

第三,注重体现"突出实践技能培养"的具体要求。为此,我们在教材结构体系编排上,充实了与财税实践相关的内容,尤其充实了税收及税收管理方面的内容,并在部分税收章节中,在"重点概念"、"思考题"、"案例"及"案例分析"的基础上增加了"训练题",以加强基本技能培训。

第四,注重将财政税收理论知识与财税改革实践相结合,吸收财税理论研究尤其是改革实践的最新成果。例如,在财政支出部分,我们结合 2007 年开始实行的最新的财政支出分类进行分析;在财政收入部分,我们给出了 2010 年由于我国蔬菜、猪肉等农产品价格上涨而带来的物价上涨对财政收入影响的案例及案例分析。企业所得税部分的内容完全是按照两税合并后的新的企业所得税法和实施细则编写的;在个人所得税部分,我们给出了"年所得 12 万元以上的个税纳税申报"等结合最新改革实践的案例及案例分析。

本教材是集体智慧的结晶。教材的编写得到了首都经济贸易大学财政税务学院领导及教师的大力支持。本教材的主编蔡秀云教授、李红霞副教授负责教材的总体设计、提纲拟定和统撰修改,副主编杨树相副教授、张立彦博士都积极参与了本书部分章节的审稿工作,赵书博博士也积极参与了本书部分章节的审稿工作,他们都为本书的修改付出了辛勤的汗水。

本书各章作者情况如下:赵仑教授:第一章;黄芳娜博士:第二章;蔡秀云教授:第三章;刘辉博士:第四章;李红霞副教授:第五、七章;郎大鹏博士:第六章;刘颖副教授:第八章;包健博士、赵琼博士:第九章;史兴旺博士:第十章;张立彦博士:第十一章;焦建国博士:第十二章;孟芳娥副教授、蔡秀云教授:第十三章。另外,参加本书编写工作的还有研究生魏飙、段颖娇、李卫、王少阳、张志杰、李呈豪等,他们为本书的出版付出了很多努力。

在教材编写过程中,各位作者参阅了大量中外文文献,这些参考文献已在各章正文、注释和文后一一列举。我们对于提及和未提及的专家、学者表示衷心的感谢。由于水平有限,时间仓促,书中可能会有不尽如人意和遗憾之处,恳请各位专家和同行批评指正。对于教材撰写和出版过程中首都经济贸易大学出版社尤其是孟岩岭编辑、彭芳编辑的热情支持和鞭策表示衷心的感谢。

Contents 目录

第一章 财政概论 ... 1
- 第一节 财政的产生与发展 ... 1
- 第二节 公共财政的基本特征 ... 11
- 第三节 财政的职能 ... 19

第二章 财政支出 ... 31
- 第一节 财政支出概述 ... 31
- 第二节 购买性支出 ... 46
- 第三节 转移性支出 ... 54

第三章 财政收入概述 ... 61
- 第一节 财政收入分类 ... 61
- 第二节 财政收入规模 ... 64
- 第三节 财政收入结构 ... 70

第四章 国债原理与制度 ... 76
- 第一节 国债概述 ... 76
- 第二节 国债发行与偿还 ... 83
- 第三节 国债负担 ... 89
- 第四节 国债市场及其功能 ... 95

第五章 国家预算及预算管理体制 ... 103
- 第一节 国家预算 ... 103
- 第二节 预算管理体制 ... 112

第六章 财政平衡与财政政策 ... 125
- 第一节 财政平衡 ... 125
- 第二节 财政政策 ... 132

第七章　税收原理 ·· 145
　第一节　税收概述 ·· 145
　第二节　税收原则 ·· 153
　第三节　税收负担与税收效应 ·································· 157

第八章　税收制度与税收管理制度 ································ 169
　第一节　税收制度 ·· 169
　第二节　税收管理制度 ·· 182

第九章　货物和劳务课税 ·· 191
　第一节　货物和劳务课税的含义和一般特征 ··············· 191
　第二节　增值税 ·· 192
　第三节　消费税 ·· 213
　第四节　关　税 ·· 218

第十章　所得课税 ·· 222
　第一节　所得税概述 ··· 222
　第二节　企业所得税 ··· 227
　第三节　个人所得税 ··· 233
　第四节　土地增值税 ··· 244

第十一章　财产课税 ·· 248
　第一节　财产税概述 ··· 248
　第二节　房产税 ·· 251
　第三节　契　税 ·· 255
　第四节　车船税 ·· 259
　第五节　车辆购置税 ··· 264

第十二章　资源课税与行为课税 ··································· 270
　第一节　资源课税 ·· 270

第二节 行为课税 …………………………………… 283

第十三章 国际税收 …………………………………… 295
 第一节 国际税收概述 ………………………………… 295
 第二节 税收管辖权 …………………………………… 299
 第三节 国际重复征税与避税 ………………………… 301
 第四节 国际税收协定 ………………………………… 307

参考文献 …………………………………………………… 317

财政概论

在现实社会经济生活中,从居民的衣、食、住、行,到国家的政治活动和经济建设,时时处处都存在着财政现象。每个社会成员都会通过各种渠道以各种方式与财政发生联系。在不断享受财政活动所带来的好处的同时,人们也常常会对某些财政问题表示困惑。那么,什么是财政?财政是以政府为主体的分配活动。财政的产生必须具备经济条件和政治条件,并随着不同社会经济形态而发展。本章从财政基本概念入手,介绍财政的发展过程,并着重对公共财政的特征及其职能进行较详细的论述。掌握财政的基本内涵和发展历程,尤其是掌握公共财政的基本特征及其职能,是学习本章的主要目的。

第一节 财政的产生与发展

人类的财政活动、财政思想、财政观点甚至财政理论古已有之,中外概莫能外。古代中国和西方的某些国家和地区(如希腊的雅典)都有过较为丰富的财政思想。但是,现代的财政理论、财政制度、财政体系及其运作模式,则直接源于西欧,是随着资本和市场在西欧的萌芽、产生、存在和发展而逐步形成和发展起来的。财政是一种涉及社会生活各个方面的复杂的经济活动,要正确认识并把握它的本质和规律,必须从其最基本的历史联系出发,考察财政的产生与发展。

一、财政的由来、含义及特征

(一)财政的由来

财政一词中的"财",通常被定义为钱和物资的总称,在现代经济社会里,可以用货币资金来总括;然而"政"则是"管理众人之事",是政府运用"财"并通过"政策"和"方法"来实现"政事"的一种管理活动。因此,"政"是有管理、有目的的经济活动。所谓有管理,即对其活动有法律规范,并符合管理的一般原则。所谓有目的,即全面安排国计民生,实现国家的对内、对外职能,特别是经济职能,以达到其

政治、经济目的。从这种意义上说,"财政"就是政府管理众人之"财",并通过对"财"的分配和运用来实现众人之事。不过,"财"是货币资金,但又不仅仅限于货币资金,人力、物力均包括其中。而政府则是国家权力机关的执行机关即国家行政机关。因此,又可以更进一步地说,财政是以国家为主体,通过货币资金调动人力、物力,以实现国家职能的各项经济活动。

"财政"一词在公元13—15世纪出自拉丁语中的"Finis",有"结算支付期限"之意,后来又转化成"支款"和"裁判上确定的款项支付或罚金之支付"的意思,"财政"在16世纪转成法文后,才开始有了"公共收入"的意思;在17世纪,则通用以指"国家的理财";在19世纪,则是指一切"公共团体之理财";到了20世纪初,该词的最新用法是指"国家及其他公共团体之经济",也就是现在的"公共财政"或"公共财政学",即英文中的"Public Finance"。

从人类社会发展过程来看,财政是一种政府的经济活动。对财政的产生与发展可以从两个角度进行研究与分析。

首先,财政是一个经济范畴。研究财政活动也是把财政作为一种经济活动来进行研究的。马克思曾经深入地分析和研究了科学的社会再生产理论,认为社会的经济活动表现为由生产、分配、交换和消费四个环节所组成的连续不断、周而复始运动的社会再生产过程,并阐述了社会再生产四个环节之间的内在联系和社会再生产实现的条件和形式。我们知道,社会的经济活动表现为完整的社会再生产过程。财政之所以是一个经济范畴,主要是因为财政本身是一个分配范畴,而分配又是社会再生产四个环节之一,是社会再生产不可缺少的一个重要环节。从这个意义上说,作为分配活动的财政是一个经济范畴。

其次,财政是一个历史范畴。从人类社会发展历史来看,国家不是从来就有的,国家是人类社会发展到一定阶段的产物,因此,以国家为主体凭借社会政治权力参与社会产品分配的财政,也不是从来就有的,财政分配活动也是人类社会发展到一定阶段的产物。

在人类社会发展的早期,在原始社会中,由于生产力水平十分低下,社会生产活动非常简单。劳动资料直接取自大自然,如简单加工成的木棒和便于投掷的石块等;劳动对象也直接取自大自然,当时最基本的生产活动是狩猎。由于生产力水平十分低下,劳动工具非常简单,人们要想在恶劣的条件下生存与发展,必须依靠群体的力量。以血缘关系组成的氏族部落就是维系这种群体劳动的社会组织形式。同样,由于生产力水平的低下,人们能够取得的劳动成果即社会产品非常有限。为维系社会再生产的顺利进行,特别是维系劳动力再生产的延续,对有限的劳动成果必须平均分配。这种劳动资料归氏族社会共有、社会产品在氏族范围内平均分配的现象,可以称为原始共产主义。在这种社会中没有剩余产品,没有阶级,没有国家,也没有财政。

随着人类社会的发展特别是生产力的发展,社会经济活动出现了很大的变化。冶铁技术的出现使劳动工具得到了极大的改善,劳动工具的改善又使得获取的社会产品逐步增加,除了满足社会成员最低限度的需求之外,出现了剩余产品。生产工具的改善也使得原本需要很多社会成员共同参加的社会生产活动通过少数或者个别成员的劳动就可以实现。劳动工具逐步由氏族共有转化为个别社会成员所有。社会分工的出现促进了以交换为目的的经济活动的产生和发展。在所有这些因素的共同作用下,特别是剩余产品的出现,逐步产生了私有制。私有制的产生使得人类社会出现了阶级的分化,形成了占有生产资料和剩余产品的阶级和不占有生产资料和剩余产品的阶级,最早出现的是奴隶阶级和奴隶主阶级。

阶级产生之后,占统治地位的阶级为维护自身既得利益,镇压敌对阶级的反抗,需要建立一种专政的统治工具,国家也就随之出现,即当公共权力产生并开始按地域划分国民时,国家便应运而生。国家产生后,必然需要建立包括军队、警察、监狱和国家政权机构在内的一系列国家机器。国家机器的存在是国家生存所必不可少的。国家机器的出现使得一部分社会成员离开了直接的社会生产活动而在国家机器中工作。这就在社会产品分配领域中出现了一个矛盾:一方面,国家机器的正常运转需要消耗社会产品;另一方面,按照社会产品一般分配原理,国家机器又丧失了参与社会产品分配的身份和依据。为此,在社会一般产品分配的过程之外,出现了凭借国家政治权力参与社会产品分配的财政。国家通过财政占有社会产品的最古老的形式就是捐税。

(二)财政的基本概念与基本特征

1. 财政的基本概念。财政是一种政府的经济活动,也是一种特殊的分配。财政分配的主体是国家,参与分配的依据是社会的政治权力,分配的对象是社会剩余产品,分配的目的是提供公共产品满足社会公共需要并使政府经济领域的经济活动与市场经济领域的经济活动相协调,保持整个社会再生产过程的协调运行。基于这样的认识,可以说,财政是以国家为主体,凭借政治权力,为满足社会公共需要而参与社会产品分配所形成的政府经济活动,并通过政府经济活动使社会再生产过程相对均衡与协调,实现社会资源优化配置、收入公平分配以及国民经济稳定与发展的内在职能。在这一基本概念中,"以国家为主体"说明的是财政分配的主体,"凭借政治权力"说明的是财政分配的依据,"为满足社会公共需要"说明的是财政分配的最终目的,而"实现社会资源优化配置、收入公平分配以及国民经济稳定与发展"则说明的是财政的职能。

2. 财政的基本特征。财政的基本特征表现在以下几个方面。

(1)财政是国家的经济活动。财政学研究财政首先是将财政作为经济范畴加以研究的。通过研究财政的产生与发展可以发现,社会生产活动所创造的社会产品必然分解为两个部分。一部分社会产品以按生产要素分配的形式分配给生产要素的提供者,通过生产要素提供者的交换与消费活动形成社会再生产过程。这种经济活动是市场经济领域的经济活动,其主体是生产要素的拥有者与投入者,其目的是提供私人产品满足整个社会的私人个别需求。另一部分社会产品则以政治权力参与分配的形式分配给国家,通过政府的交换与消费活动参与整个社会的再生产过程。这种经济活动是政府经济领域的经济活动,其主体是国家,其目的是提供公共产品满足整个社会的公共需要。这种以国家为主体的政府经济活动就是财政。

很明显,市场经济领域的经济活动和政府经济领域的经济活动是两种完全不同的经济活动。它们的主体不同,目的不同,运行规则也不相同。从主体来看,市场经济活动的主体是生产要素的拥有者和投入者,即现实经济生活中的企业和居民,而政府经济活动的主体则是政府。因此,作为一个完整的社会再生产活动,政府、企业和居民共同构成了社会经济活动的主体。从目的来看,市场经济活动的目的是提供私人产品满足社会的私人个别需求,而政府经济活动的目的则是提供公共产品满足社会的公共需求。作为一个完整的社会再生产活动,只有私人个别需求和社会公共需求同时得到满足,社会再生产才能够顺利进行。从运行规则看,市场经济活动具有竞争性和排他性的特征,而政府经济活动则具有非竞争性和非排他性的特征,从而形成了不同的规则。

(2)阶级性与公共性。财政是政府的经济活动,这种经济活动的主体是国家,其目的是提供公共产品满足社会的公共需要。正因为如此,财政必然具有阶级性和公共性的双重特征。

从阶级性来看,财政是政府的经济活动,其主体是国家。而国家是统治阶级镇压被统治阶级的工具,政府则是执行和实现统治阶级意志的权力机构。财政作为政府的经济活动,必然要符合统治阶级的最高权益,政府必然要通过财政分配活动使统治阶级的最高利益最终得以实现。从这个意义上说,任何国家财政都具有阶级性,这是不容回避的。

从公共性来看,政府经济活动的阶级性并不能排斥政府经济活动的公共性。财政分配是公共性与阶级性的有机结合。国家政权的存在本身就是以执行某种社会职能为基础的,这种社会职能本身就具有公共性。例如,国家的存在需要国防,需要军队保卫国家的安全,这种国家的安全和家族的安全、村落的安全完全不同。我们将为保卫家族或村落的安全所雇用的人称为保安,而将维护国家安全的人称为军队。国防保卫着每一名社会成员和整个国家的安全,本身就具有公共性。又如,国家的生存与发展需要良好的社会秩序,从而使社会成员都能够在这种良好秩序中生存。这就必然需要一种凌驾于社会各种权力之上的公共权力,通过公共权力约束其他权力拥有者的社会行为,使其在社会秩序范围内行事。这种社会秩序是政府经济活动提供的,也具有明显的公共性。

从人类社会发展的进程来看,越来越多的产品逐步由市场经济领域提供转为由政府经济领域提供,这应当是一种趋势。公共产品的提供是社会的必然,而不论这种公共产品数量的多少和范围的大小,而公共产品的提供又必然要求有财政活动,财政的公共性也就是必然的了。

(3)强制性与无偿性。强制性是财政的重要特征,这源于财政参与分配的依据是国家的政治权力。前已指出,社会产品的提供必然通过市场经济领域和政府经济领域共同完成。市场经济领域的分配是社会产品的一般分配,分配的依据是生产要素的投入。生产要素的拥有者将自身拥有的生产要素投入到生产过程中,进而凭借这种投入参与社会产品的分配。很明显,生产要素的拥有者对其所拥有的生产要素具有所有权,而所有权是市场经济领域中的重要权能。政府经济领域的分配是一种再分配,分配的依据是政治权力而非生产要素的投入。政治权力是一种强制性的权力,它必然凌驾于所有权之上。如果没有政治权力的强制性,任何物的所有者都不会将自己拥有的社会产品交由政府支配。

无偿性是财政的又一个重要特征,它与强制性是相辅相成的。国家凭借政治权力征税以后,相应的社会产品所有权即转为国家所有,国家不必为此付出任何代价,也不必直接偿还。这便是财政的无偿性,是价值的单方面的转移和索取。事实上,正是由于财政具有无偿性特征,才需要强制性,强制性是无偿性的保证,没有强制性也就没有无偿性的存在。社会产品的所有者将自身拥有的社会产品的一部分以税收形式交付给政府以后,其所有权即转为政府所有,政府并不直接偿还。因此,必须要有一种政治上的强制力,否则不会有任何人愿意将自己所有的社会产品转交给政府。应该说,财政无偿性的存在还源于公共产品本身提供的无偿性。由于公共产品具有不可分割的特点,人们享受公共产品的利益并不为其支付费用,因而公共产品提供的代价不可能通过有偿收费的方式弥补,这就要求提供公共产品要有稳定无偿的收入来源。社会成员缴纳税收时是无偿的,国家并没有直接偿还的义务,但纳税后当社会成员享受公共产品的利益时,也不需要为此付出代价。

(4)平衡性。平衡性是财政的一个十分重要的特征。财政的平衡就是要在社会经济运行中合理安排财政收入与财政支出在量上的对比关系,使财政收入与财政支出之间保持相对的均衡。为满足财政支出的需要,财政收入应在一定的经济发展水平和一定的税收制度下做到应收尽收和收入的最大化。而财政支出则应考虑现时条件下财政收入的制约,不能脱离供给的可能为社会提供公共产品。这里,我们不仅必须考虑政府经济领域的财政收入与财政支出的平衡性,还必须与市场经济领域的运行相结合来考虑市场经济领域和政府经济领域整体上的平衡性。在一定时期内受多种因素的制约,社会产品总会有一个数量的限制,即一定量的社会产品如果政府经济领域配置过多,则市场经济领域的配置就会减少。既然政府经济领域与市场经济领域共同构成了社会完整的经济活动,就必须使两者相对均衡,并通过政府经济领域经济活动的安排使整个社会再生产保持相对的均衡。

二、自然经济与家计财政

迄今为止,人类社会存在过的经济体制大致可以分为自然经济、计划经济和市场经济三类。自然经济主要存在于奴隶制社会和封建制社会中。与这种经济体制相适应的财政实际上是一种家计财政,国的作用已经退居第二位并已融汇在皇族或王室之中,这是由封建制社会与奴隶制社会的生产关系所决定的。在"普天之下,莫非王土,率土之滨,莫非王臣"的背景下,国王或皇帝是最高的统治者,国家的财政收支与皇族或王室的私人家计收支是无法分清的,即国家财政收支事实上也就是皇族或王室的家族收支,皇族或王室花国家的钱和花自己的钱没有任何区别。在这种经济体制中,财政收支虽然也以国家的名义进行,虽然也有一些公共性,但整个国家都属于皇族或王室所有,财政收支明显具有家计财政的特征。国与家事实上统一于皇族或王室的家计之中。

在自然经济社会,社会生产最主要的资源都控制在国家手中,国家可以直接凭借所有权取得维持国家存续的财政收入,所以此时的财政是家计财政。家计财政是对自然经济条件下的奴隶制和封建君主专制国家财政模式的一种概括。国家的代表是君主,不管是政治权力,还是财产权利,君主都可视其为"私权"。在这种历史背景下,"私人"与"公共"的区分因为缺乏对应的参照而成为不必要,国家财政就是王室的家计财政。

自然经济条件下家计财政的主要职能是替君王筹集行政管理、国防安全与扩张以及皇族或王室开支的经费。当然,不排除在改朝换代之初或经济革新时期,最高统治者也会有意识地利用财政政策引导生产消费,促进经济总量的平衡和结构的优化,也不否认在一些政治比较开明的朝代薄赋轻徭,休养生息,调节收入分配的过度不公。但是,整个自然经济在社会经济生活中占统治地位的时期,这些都只能是特殊现象,这些特殊现象并不能完全否定家计财政的主要职能是"收入分配"这个一般性的结论。财政运行模式与社会的经济体制之间有着密切的联系。

三、计划经济与国家财政

在我国,计划经济体制主要存在于中华人民共和国成立初期至改革开放的初期。在计划经济体制下,国家作为国有生产资料的所有者,直接控制着社会再生产过程。无论是政府经济领域的经济活动,还是市场经济领域的经济活动,都处于国家指令性计划的控制下。国家不仅作用于政府经济领域,而且完全作用于市场经济领域;不仅提供公共产品,而且提供私人产品。两个领域被统一在国家计划当中,事实上并不存在真正意义上的市场经济领域。财政则成为国家通过指令性计划为社会配置资源的重要工具:生产任务由国家计划下达,企业按国家指令性计划生产,所需生产资料由财政通过基本建设拨款无偿提供,生产所需流动资金由财政

通过流动资金拨款全额拨付,生产的产品由国家包销,盈亏则由国家统负,所有利润上缴财政,出现的亏损由财政弥补。企业只是国家的附属生产单位而不是独立的商品生产者实体。在长期的计划经济体制中,我们所习惯的财政,实际上是一种国家通过指令性计划控制整个社会经济活动和再生产全过程的财政。这种财政实际上是一种计划财政,其最大特点就是不仅负责为政府经济活动配置社会资源,也为市场经济活动配置资源;不仅负责公共产品的提供以满足社会公共需要,而且负责私人产品的提供以满足社会私人的个别需要。

在市场经济中,"财政"或"公共财政"可称为"政府经济"。也就是说,政府所应提供的只应是公共产品。这里所称的政府,既包括中央政府即国家(而且也只有中央政府才能代表国家),也包括地方政府。于是,就有了中央财政或国家财政以及地方财政的称谓。相应地,国家财政又可称为国家经济。如果从整体经济出发,其运行总公式就可写成:宏观经济(整体经济)=政府经济+市场经济。然而,在中国的计划经济时期,财政亦称国家财政,它不但是中央财政和地方财政的总称,而且也是计划经济体制下的财政思想"国家分配论"的体现,这里既包括"公共财政",也包括"私人财政",其主要手段是计划,其结果是"政企不分",市场机制没能得以发挥作用,财政资金使用效率不高。

由此可见,市场经济体制下的"公共财政"与计划经济体制下的"国家财政",无论是在财政思想上,还是在财政预算的范围、方法和手段上,都是有着本质区别的。

四、市场经济与公共财政

(一)市场经济与公共财政的关系

应当指出,财政这个词本身就已经具有公共性的特征。财政作为一种政府的经济活动,就是为了提供公共产品以满足社会公共需要而进行的分配活动。这种公共产品的提供事实上具有非竞争性与非排他性的特点,满足的需求也是一种社会的公共需要。因此,凡财政活动必然具有一定的公共性。从这个意义上说,财政与公共财政并没有本质的区别。这里提出的公共财政是作为一种财政运行模式提出来的。在不同的经济运行模式下会有不同的经济运行机制,也会有不同的财政运行模式。同样,不同财政运行模式下的财政运行机制会有很大的区别。从这个意义上讲,公共财政的概念以及公共财政模式下的财政运行机制与传统经济体制下的财政模式及其运行机制有着明显的区别。

公共财政可以看作与市场经济体制相适应的财政运行模式。在市场经济体制中,社会经济活动被区分为政府经济活动和市场经济活动两个性质完全不同的领域。在市场经济领域中的资源配置由市场在国家宏观调控下发挥基础性作用,在竞争性与排他性的作用下充分发挥市场资源配置高效率的特点,进而全面提高社

会资源配置的效率。而财政主要在政府经济领域中发挥作用,为社会提供公共产品满足社会公共需要,同时通过财政政策的制定和运用,矫正市场失灵问题,协调社会再生产的顺利运行。因此,市场经济体制下的财政主要是为社会提供公共产品以满足社会公共需要的财政,是弥补和解决市场失灵的财政。如果说计划财政的领域不仅包括政府经济领域而且也包括市场经济领域,那么公共财政的领域则主要是政府经济领域。因此,可以说公共财政就是提供公共产品和弥补市场失灵的财政。

公共财政作为与市场经济体制相适应的财政模式,是一种以公共产品提供为手段,以满足公共需要为目标,以市场失灵为前提,以竞争性领域市场机制有效发挥作用为基础的财政模式。这是一种与计划财政有明显区别的财政模式。我国在长期的计划经济体制下实行的是计划财政模式。在由计划经济体制向市场经济体制转轨的过程中,我国的财政模式也必然由计划财政模式向公共财政模式转轨,进而构建公共财政的基本框架。我国社会主义市场经济体制尚不完善,计划经济体制向市场经济体制的转轨还没有真正完成,我国的公共财政模式也还没有完全建立起来,还受到计划财政模式的影响,因此,构建与社会主义市场经济体制相适应的公共财政的基本框架,仍是我国目前和今后一段时期的重要任务。

(二)构建公共财政的基本思路

1. 理顺政府与市场的关系,解决越位与缺位并存的问题。理顺政府与市场的关系,解决越位与缺位的并存,实际上是要明确地界定公共财政的基本职责,这是构建公共财政框架的基础。在计划经济体制下不存在市场机制,政府经济领域与市场经济领域实际上是合一的,都处于国家的指令性计划控制之下。政府的活动不仅涉及政府经济领域,而且涉及市场经济领域。政府不仅负责公共产品的提供以满足整个社会的公共需求,而且负责私人产品的提供以满足整个社会的私人个别需求。与这种经济体制相适应,计划经济不仅要为整个政府经济领域配置资源,而且要为市场经济领域配置资源,这就与市场经济体制下公共财政的职责发生了很大的矛盾。

市场经济体制的建立要求政府真正实现职能的转换,同时也要求财政模式发生根本性的转换。市场经济领域的资源配置不再是财政的职责而是市场的职责。中国共产党十八届三中全会把市场在资源配置中的"基础性作用"修改为"决定性作用",本质上就是对政府和市场关系的重新定位,进一步突出市场在资源配置中的作用。同时强调,财政是国家治理的基础和重要支柱,科学的财税体制是优化资源配置、维护市场统一、促进社会公平、实现国家长治久安的制度保障。必须完善立法、明确事权、改革税制、稳定税负、透明预算、提高效率,建立现代财政制度,发挥中央和地方两方面的积极性。公共财政模式下的财政职责应当主要是为社会提供公共产品以满足社会的公共需要并矫正竞争性领域出现的市场失灵。这种职责具体可以表现为:第一,真正保证国家机器正常运转所需要的经费需求。这是完全的公共产品,必须由政府提供,包括国防、行政管理、公安、司法等。第二,真正保证社会事业发展对经费的需要。这是典型的混合产品,除其中一部分可由市场提供外,主要应由政府提供,包括义务教育、基础科研、公共卫生和社会文化等。第三,真正保证提供社会再生产公共条件的经费需要。这也是典型的混合产品,但具有社会再生产公共条件的含义,除可由市场提供的部分外,主要应由政府提供,包括铁路、桥梁、供水、供电、供气等。第四,真正保证矫正市场失灵,实现调控社会再生产协调运行的经费需要,主要包括调节社会分配不公、建立社会保障制度以及调节由市场自发运行所导致的宏观经济周期波动等所需的资金。除上述各项之外,纯粹的市场经济领域的资源配置应由市场发挥基础性作用。

整个社会资源的配置和两个领域经济活动的关系可以用图1-1来表示。

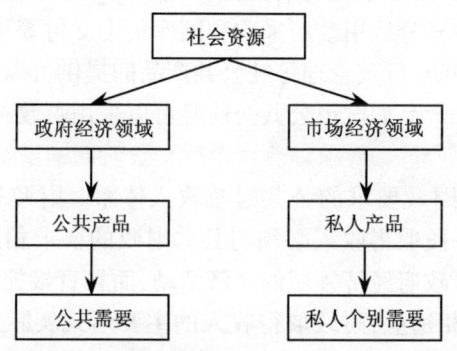

图1-1 整个社会资源的配置和两个领域经济活动的关系

应当指出,我国目前公共财政的框架还没有完全建立,政府与市场的关系还没有完全理顺,财政越位与缺位并存的现象仍然存在。所谓越位,就是指财政过多地介入了市场经济领域的活动,超越了公共财政的基本职责,影响、制约和干扰了市场资源配置基础性作用的发挥。所谓缺位,就是指政府没有将确属公共财政基本职责范围内的工作做好,资源配置相对不足,影响了社会公共产品的提供和公共需求的满足。简单地说,就是该干的事干得不好或者没有干,不该干的事干得太多。要解决越位与缺位的问题,从根本上说在于市场经济体制的真正建立和完善,在于政府职能的根本转换和政府观念的转换,在于真正理顺政府和市场的关系。

2. 建立符合公共财政要求的财政支出体系。社会公共需要是通过财政支出来满足的。从这个意义上说,建立公共财政支出体系应当是构建公共财政框架的基础环节。公共财政支出体系的构建必须以公共财政的职责为基础,以"公平优先,兼顾效率"为原则,以满足社会公共需要为目标。在此基础上,公共财政支出体系应涵盖支出范围和支出手段两个方面。

从公共财政支出范围来看,公共财政支出范围应当受公共财政基本职责的制约。在明确政府与市场关系的前提下,对公共财政基本职责范围内的经费需要必须给予保证。公共财政支出的重点应当主要包括国防和行政管理支出、社会公共事业支出、社会基础设施支出、社会保障支出以及宏观调控支出等。上述各项支出有些是为了满足纯粹的社会公共需要,其资源只能由政府配置;也有一些虽然是混合产品,但具有较强的外部效应,具有社会再生产公共条件的含义,如果完全交由市场提供会出现问题,应由财政给予必要的配置;还有一些支出是为维系稳定和协调社会再生产顺利运行所必不可少的财政支出。

从公共财政支出手段来看,应当根据财政支出具体内容和性质上的差别加以灵活地选择。应当将财政购买性支出与转移性支出综合运用,将政府的经常性拨款与贴息、补贴、税收支出等手段综合运用,以发挥不同支出手段的不同作用。同时,在经费支出管理中充分运用政府采购和国库集中支付等手段,全面提高财政支出的效益。例如,对国防、行政管理等纯公共产品的提供可以选择财政经常性拨款的方式,对于某些混合产品如城市公共交通等可以采用财政补贴的方式予以补助,实行政府提供、市场生产。

3. 构建符合公共财政要求的公共财政收入体系。财政取得收入可以有不同的形式,财政以何种手段取得收入必须与公共财政的要求相适应。在计划经济体制中,政府不仅作用于政府经济领域的经济活动,而且直接控制和介入市场经济领域的经济活动。与此相适应,财政取得收入的主要形式实际上是国有企业上缴利润。这种形式本身的依据是国有生产资料的所有权而非国家的政治权力。进入市场经济体制之后,公共财政的主要职责转变为为社会提供公共产品以满足社会公共需要,这相应地必然要求财政收入的形式由凭借生产资料所有权的利润上缴形式,转变为凭借国家政治权力的税收形式。所谓与公共财政的要求相适应,就是指财政收入形式应当符合公共财政基本职责的要求,符合公共财政支出特点的要求。

公共财政模式下财政收入的形式可以有税收、规费和债务收入等,其中,税收应当成为公共财政模式下财政收入最主要和最基本的形式。这是因为,税收凭借国家政治权力征收,具有明显的强制性与无偿性的特点,具有法律上的权威性,所以最符合财政的特性。由于征收的无偿性,税收也最适合用于社会公共产品的提供,与公共财政的基本职责相符合。政府收费取得收入体现了政府提供的特殊服务与受益人之间的对应性,实际上体现了一种交换的关系,即政府为受益人提供非公共性的特殊服务,受益人为接受这种服务支付费用,形成了政府与受益人之间一对一的关系,这与税收是完全不同的。因此,政府收费绝不应该也不可能成为公共财政取得收入的主要形式。债务收入依据的是信用原则,国家以债务人的身份出现,通过有偿方式取得债务收入,因而债务收入是有偿的、自愿的。从这个意义上说,债务收入与财政强制与无偿的特性有明显的区别。因此,债务收入只能作为临时性收入,用以弥补因经常性收入不足而出现的财政赤字,而不可能也不应当成为公共财政模式下财政收入的主要形式。

与公共财政基本职责相适应,应当形成以税收为主要形式,辅以政府收费和债务收入的公共财政收入体系。

4. 构建完善的财政宏观调控体系。公共财政除了为社会提供公共产品满足社会公共需要之外,还具有弥补市场失灵,协调社会再生产顺利运行的职责。因此,构建公共财政框架还必须建立起完善的财政宏观调控体系。

市场经济体制下政府对经济的调控与计划经济体制下政府对经济的调控完全不同。

在计划经济体制下,政府直接控制着整个社会的经济活动,不仅负责公共产品的提供,还负责私人产品的提供。政府经济活动与市场经济活动完全统一在国家的指令性计划当中,因此,根本不存在政府宏观调控的概念,或者说国民经济计划是政府控制经济运行的唯一手段。与此相适应,计划财政只是根据国家指令性计划为社会经济活动提供资金的工具。

在市场经济体制中,竞争性领域的资源配置由市场发挥基础性的作用。由于市场失灵的存在,市场在高效配置资源的同时也会出现问题,出现经济的周期性波动,这就需要政府对国民经济的运行进行干预,实施必要的宏观调控。而财政政策就是政府宏观调控国民经济运行的重要政策手段之一。政府运用财政政策对国民经济运行实行调控是公共财政区别于计划财政的重要内容之一。公共财政模式下的财政宏观调控体系主要由预算政策、税收政策、公共支出政策、政府投资政策、财政补贴政策以及公债政策等组成,从而形成了完整的财政调控的政策体系。在上述各项政策当中,预算政策是财政宏观调控政策的核心,其他政策围绕和通过预算政策发生作用。财政通过预算政策合理安排财政收支的对比关系,形成预算结余或预算赤字,从而影响社会总供给和总需求,使国民经济保持相对的均衡,使社会再生产得以顺利进行。其他政策则从不同的方面影响财政收入或财政支出,进而影响收支的对比关系,实现对国民经济的宏观调控。

第二节 公共财政的基本特征

公共财政是建立在现代市场经济条件下,从市场失灵出发,来界定公共部门即政府的经济活动范围和职能的。公共财政学的分析基点和根本思路是政府如何矫正市场失灵的分析。本节从市场失灵角度论述公共财政存在的必要性,即政府干预经济的必要性。

一、弥补市场失灵的财政

市场经济在其内在规律的制约下,在社会资源配置中表现出了高效率的一面。但是事实已经证明,市场经济在高效配置社会资源的同时也存在着缺陷,因此,将社会资源的配置完全交给市场是不行的。市场资源配置的缺陷主要源于条件的缺陷。市场机制与资源配置的帕累托最优之间确实存在着对应关系。但在现实中,帕累托最优的实现条件经常得不到满足,而当这些条件得不到满足时,市场高效配置社会资源就可能出现问题,就会出现市场配置资源的低效率或无效率,这样就会出现市场失灵。因此,我们可以说市场失灵是市场机制不能有效发挥配置作用时所出现的低效率或无效率。

市场失灵主要表现在以下几个方面。

(一)外部效应

外部效应也称为外溢性,是指社会生活中某一经济主体(个人或厂商)的经济活动给其他经济主体(个人或厂商)的福利所带来的影响,并且这种影响并没有在市场交易过程中反映出来。外部效应有外部正效应和外部负效应之分。外部效应可以从两个方面进行考察:其一是外部效应的大小和强弱。如果某一经济主体的活动对其他经济主体带来的影响很大,则称为外部效应较大或较强;如果这种影响很小,则称为外部效应较小或较弱;如果这种影响小到了可以略而不计的程度,我们也可以说没有外部效应。事实上,绝对没有外部效应的情况是不存在的。其二是外部效应的正负。如果某一经济主体的经济活动给其他经济主体带来的影响是好的,使其获得了收益,则称为正的外部效应或称为外部经济;反之,如果某一经济主体的经济活动给其他经济主体带来的影响是不好的,使其受到了损失,则称为负的外部效应或外部不经济。例如,一条河流经若干县市,经常发生洪涝灾害,其中某一县市斥巨资对该河流进行整治,修建了一座水库,水大时存入水库,水小时用以灌溉,可以做到旱涝保收。从经济学的角度看,出资修水库的县市承担了该项活动的全部成本,但并没有得到全部的收益,此项活动带来的收益是分散和外溢的。这条河流经的所有县市都从中得到了好处,但它们并没有为这种收益付出代价,这是一种正的外部效应。又如,工厂利用锅炉为生产提供动力,但烧锅炉会产生空气污染,使该厂区方圆几十千米范围内的居民和其他厂商都呼吸非常恶劣的空气,从而影响到居民健康,出现利益的损失,但这种利益的损失得不到相应的补偿,这是一种负的外部效应。

(二)公共产品

西方经济学家认为,公共产品是这样一些物品,每一个人对这种产品的消费,并不影响任何其他人也消费该产品。公共产品与私人产品的最大区别在于公共产品具有明显的非排他性和非竞争性。私人产品之所以可以由市场经济领域提供,就是由于在竞争性与排他性的作用下具有所有权的确定性和经济利益的可分性,私人产品可以被分割到每一位消费者身上。而公共产品由于具有非排他性,一个人对某公共产品的消费并不减少其他人同时对该公共产品的消费,因而公共产品不仅在效用上不可分割,而且在经济利益上是不可抗拒的,消费者对公共产品只能被动地接受而不是主动地寻求。如国防,只要这项公共产品被政府提供,在其覆盖范围内,每一位社会成员不论是否愿意都必须接受国防的保护。即使有些公共产品在技术上可以做到具体的分割,即做到排他,可以阻止不付费的人进行消费,但在经济上这种分割阻止的代价极为高昂,即所谓的在经济上不可行。同时,公共产品也具有非竞争性,在一定范围内增加一名消费者其边际成本为零,也就是新增消费者并不减少原有消费者对该项公共产品的消费水平,使消费者不必通过竞争就可以获得该项公共产品的消费权利。

正是公共产品的非竞争性与非排他性,使得其市场定价遇到了很大的困难或者说是不可能的。市场经济本身在等价交换规律的约束下,从根本上排斥不按既定价格支付费用的消费者,而公共产品恰恰可以不支付费用而享受该产品的利益。每一个消费者都认为可以不支付费用而共同享受公共产品带来的利益,因而不会有任何市场主体具有主动提供公共产品的内在动力。同时,市场经济本身也很难排斥社会成员享用公共产品。市场做这种排斥的效率极为低下且代价极高,因为每增加一名消费者并不增加边际成本。公共产品具有的非竞争性和非排他性的特点使得市场如果为公共产品配置资源,其效率是极其低下的,这在客观上为政府介入市场经济活动提供了基础。在一般情况下,市场更适合私人产品的提供,而政府则应主要从事公共产品的提供。

作为市场失灵的两种表现,外部效应和公共产品之间具有一定的联系和共性。当某种产品存在极大的外部效应时,事实上也就转化成了共同性的消费。而公共产品正是这种共同性消费的集大成者。因此,凡公共产品都是外部效应较大的产品。当然,公共产品的提供是政府的一种有意识的主动的行为,而外部效应则是一种非主动的行为。从这一点上看,外部效应与公共产品还是有区别的。

(三)垄断

垄断即限制竞争,是指行为人排斥或者限制市场竞争的行为。垄断是市场失灵的一个十分重要的表现。竞争是市场经济的典型特征,在完全竞争的情况下,每一个市场都有为数众多的参与者即买方和卖方。而每一个买方和卖方都不可能具有控制市场和价格的能力。价格是在竞争的作用下通过市场供求关系最终形成的。众多的买方和卖方都是价格的接受者,而不可能成为价格的决定者。同时,在边际成本递增的作用下,形成了产品价格按边际成本定价的规则,在这种情况下市场具有较高的效率。

垄断的存在会破坏市场的竞争,这种垄断事实上包括自然垄断和政府垄断在

内。从自然垄断来看,某些劳动生产率较高的企业中出现了产品平均成本随产量的增加而递减的现象,这表明该企业的产出达到了一个较高的水平,也表明一定范围内该产品由一个大企业集中生产经营会比由若干小企业分散生产经营更有效率,但是边际成本递减后把较小的企业从竞争中排斥出去,以致最终形成了自然垄断。在自然垄断的情况下,某种产品的生产厂商很少甚至只有1个,它不再是价格的接受者,而成为价格的制定者。在这种情况下,自然垄断企业完全可以出于利润最大化的动机,通过控制产量不断提高垄断价格,以期获取最大的垄断利润。这时,市场配置资源的效率会不断下降,并最终造成社会福利损失。这种自然垄断的局面在社会资本有机构成较高的领域中更容易出现。

从政府垄断来看,某些政府直接控制的部门如铁路、航空、城市供水供电、邮政、通信等部门,其产品和服务的价格是由政府制定的,并不具有市场定价的机制。这些部门的资本有机构成一般较高,一旦通过投资形成生产能力,在一定范围内增加单位产品和服务的提供并不需要增加过多的成本。再加上这些产品和服务具有很强的地域性,很难在全社会实现真正的流动,因而市场定价机制几乎难以真正地发挥作用。无论这些政府垄断部门价格定得是高是低,都难以体现市场的效率。

(四)信息不充分

信息不充分包括信息不完全和信息不对称两个方面。信息不完全是指市场交易的双方不能掌握与交易相关的全部信息。信息不对称是指市场交易的双方所掌握的与交易相关的信息是不同的。信息不对称既包括交易双方掌握信息量的不同(不对称),也包括交易双方获取信息渠道的不同(不对称)。当交易双方中的一方由于各种因素的影响掌握的信息量大大多于另一方掌握的信息量时,就会出现信息的不对称。这时的市场将不是一个完全公开与公正的市场。在这种情况下,市场主体无法通过信息的获取了解市场的基本状况和其他市场主体的状况。具体而言,厂商无法准确了解市场需要什么样的商品以及需要多少,消费者也难以对市场所提供的商品作出准确的评估,也就难以决定自身所能接受的商品及服务的价格与数量。在信息不对称的情况下,交易一方,也就是信息优势方,即信息占有量较大的一方,就有可能运用各种途径利用自身的信息优势,损害交易另一方的利益,获取自身的更大利益,从而产生"逆向选择"和"败德行为",造成整个市场对社会资源配置效率的降低。

(五)社会分配不公

前述各项市场失灵的表现基本上属于资源配置领域的市场失灵。资源配置领域的市场失灵可以看作市场失灵的主要表现,但市场失灵并不局限于资源配置领域,因为市场经济活动本身就不局限于资源配置领域。收入分配不公本身则属于社会分配领域产生的市场失灵。

市场经济本身强调的是资源配置的效率,它要求通过市场机制实现社会资源

配置的高效率。这种资源配置的高效率主要是通过市场机制特别是竞争机制实现的。市场的竞争主要是效率的竞争,市场机制本身并不能过多地考虑社会收入分配的公平性。应当说,通过竞争实现社会资源配置的高效率是建立在生产要素的分布和供给均等的基础之上的。但事实上,生产要素的分布与供给本身并不见得是均等的,有时甚至是很不均等的。这就使得完全市场竞争虽然能够提供竞争过程的公平,但不足以保证结果的公平。如果初始要素禀赋均等,即生产要素的分布与供给是均等的,每一位社会成员在财富的拥有及体力与智力等劳动技能方面不存在差异,那么在公平竞争过程公平的基础上,有可能实现结果的公平。但现实情况却是,劳动者拥有的财富以及劳动者体力与智力等劳动技能方面不可能没有差异。这种起点的不公平必然使得完全市场竞争即使能够保证过程的公平,也很难保证结果的公平。也就是说,在市场经济高效率配置社会资源的情况下,其收入分配却有可能是不公平的。

当市场经济无法解决社会收入分配不公问题,并且社会的收入分配不公问题超出了社会所公认的公平准则的要求时,便有可能带来一系列的社会问题,出现诸如贫困、财富的损失与浪费等社会问题,严重时甚至可能出现社会冲突,破坏社会稳定。社会分配不公导致的市场失灵也使得政府介入市场经济活动、调节社会收入分配、推行社会保障制度等有其必要性。

此外,诸如失业、通货膨胀、通货紧缩以及优效品的提供等也都是市场失灵的具体表现。

市场失灵决定了政府干预的必要,市场失灵的范围决定了政府干预的程度。这就是说,政府介入市场经济领域也必然有一个限度,只有当市场存在失灵时,才有政府干预的必要,否则就会出现政府失灵,因为市场配置资源的低效率并不能证明政府配置资源一定会取得高效率。也可以说,市场竞争的效率决定了政府介入市场经济领域的规模和范围。市场失灵的存在导致通过市场配置社会资源的效率出现了损失,而政府介入市场经济活动必须有规模和范围的限制。市场在自身各种规律的制约下,在资源配置中仍然可以表现出高效率的一面。

二、提供公共产品和服务的财政

人们在社会中生存,不可避免地要接触很多经济现象和经济活动。这些经济现象或经济活动大体上可以归集到相对独立的两个领域当中。首先,人们在社会中生存与发展需要物质产品和各种服务的支持。生产与提供包括粮食、衣物、住宅、家电在内的各种物质产品,能够满足人们生存与发展的需要。这些物质产品和服务是通过市场经济领域生产与提供的。市场经济领域也称为私经济领域或竞争性领域,是人们所能接触到的广泛存在的经济活动领域。在市场经济条件下,市场经济领域的活动受价值规律、供求关系等多种经济规律的影响和制约。在这些经

济规律的影响与制约下,市场经济领域可以高效率地配置社会资源,为社会成员的生存与发展提供物质产品和各种服务的支持。市场经济领域是满足人们生存与发展不可或缺的经济活动领域。但是我们必须看到,仅有市场经济领域的存在,并不能满足人们生存与发展的全部需要。无论是社会成员个体的生存与发展,还是整个社会的生存与发展,除了得到市场领域的支持之外,还必须得到另一个领域的支持,这个领域就是政府经济领域(也称为公经济领域或非竞争性领域),政府的经济活动同样为社会提供某些社会物质产品和服务。政府领域是满足人们生存与发展的另一个不可或缺的社会经济活动领域。政府领域提供的产品和服务,最典型的是国防、行政管理、司法、公安以及社会保障等公共产品和服务。

在我们的现实经济生活中,真正纯粹的公共产品并不多见,许多政府提供的产品事实上都属于混合产品。从辨别私人产品与公共产品的标准来看,混合产品可以分为两大类。一类混合产品是具有非竞争性但具有排他性的产品。这种产品不具有竞争性,在一定范围内每增加一个消费者,其边际成本并不增加,但是该种产品在技术上和经济上可以做到排他性,如社会公共设施、医疗卫生、教育、科研等。对这类混合产品,可以通过收费使其具有排他性,并且可以将不愿付款的人排除在收益之外。另一类混合产品是具有竞争性但不具有排他性的产品。这种混合产品在技术上无法做到排他性,或者虽然在技术上可以做到排他,但这种排他因成本过高而在经济上是不可行的。这类混合产品最典型的有公共草原、公共海域等公共资源。由于无法做到排他性,谁都可以享受该项混合产品带来的好处。因此,此类混合产品必须解决"搭便车"的问题,否则可能导致最终谁都无法享受到该项混合产品的收益。例如,一片公共草场作为混合产品无法做到排他性,谁都可以在草场上放牧,但如果大家都觉得这是无偿的收益,都到这片草场上放牧,无限度放牧的结果则可能是,因羊群过多而导致草场的破坏和沙漠化,最终谁也无法享受该项混合产品的收益。

混合产品具有私人产品和公共产品的双重特征,因此,它既有可能由政府提供,也有可能由市场提供。混合产品到底应当由市场提供还是应当由政府提供,应根据不同的情况具体分析。

对于一般的混合产品诸如城市基础设施、医疗卫生、教育等,应当考虑政府提供和市场提供两种方式各自的净收益。比如,城市道路如果由政府提供,所用资金为税收,社会成员可以免费通行,这就是一种公共产品;如果由市场提供,所用资金为私人投资,社会成员必须付费才能通行,这就是一种私人产品。两种方式都可以提供道路,因此,应当对两种方式各自的成本费用与收益进行分析,最终确定净收益。如果政府提供的净收益大于私人提供的净收益,就应当由政府提供;如果市场提供的净收益大于政府提供的净收益,则应当由市场提供。当然,进行比较时还应注意混合产品外部效应的大小。如果通过市场提供混合产品,则必须注意在一般情况下市场仅仅考虑私人成本与收益,而不考虑这种产品可能为社会带来的外部效应。如果市场提供的混合产品具有正的外部效应,则可能出现供应不足的状况;如果市场提供的混合产品具有负的外部效应,则可能出现供应过多的状况,政府应当通过收费或补贴的方式加以矫正。

应当指出,混合产品虽然具有私人产品和公共产品的双重特征,但在一般情况下这种双重特征的表现也存在着差异。有些混合产品可能私人产品的特征明显一些,而有些混合产品则可能公共产品的特征明显一些;有些混合产品具有较强的外部效应,有些混合产品外部效应则较弱。在决定混合产品的提供时应当有针对性地考虑。比如,教育是一种混合产品,但教育可以分为义务教育和非义务教育,非义务教育又可以包括高等教育和职业教育,不同的教育具有明显不同的特点。义务教育的公共性表现得更强,外部效应也更大,更具有公共产品的特点;而非义务教育如高等教育和职业教育的私人产品特点更为突出,教育成本与教育收益之间的联系更为直接,外部效应相对较小。由于混合产品的存在,社会经济活动领域及提供产品的关系如图1-2所示。

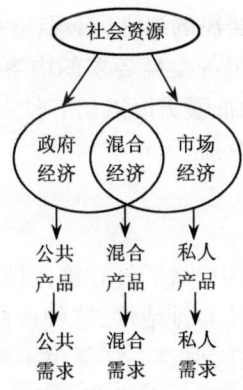

图1-2 社会经济活动领域及提供产品的关系

由上述分析可知,政府经济领域和市场经济领域同时为社会提供物质产品和服务,而物质产品和服务的提供必然消耗社会资源,因而有限的社会资源必须同时分别配置在两个领域当中。两个领域利用自身不同的规则对社会资源进行利用后,分别提供不同的物质产品和服务,以满足社会成员不同的需要。正因为如此,我们必须分析和研究两个领域对资源利用的不同特点,研究两个领域提供物质产品和服务的不同的内在规律,揭示两个领域之间的相互关系,进而说明哪些物质产品和服务应当由市场经济活动提供,哪些物质产品和服务应当由政府经济活动提供。应当说,市场与政府的关系以及市场经济领域和政府经济领域各自提供物质产

品和服务的不同内在规律和不同特点,是研究财政学的主要理论基础。财政学的研究对象其实就是政府经济活动的内在规律以及政府经济活动与市场经济活动的关系。

近几年来,国家财政越来越强调"公共财政"的特征。应当指出,"财政"这个词本身已经具有公共性的特征,这里的公共财政是作为一种财政运行模式提出来的,可以看作是与市场经济体制相适应的财政运行模式。市场经济体制下的财政主要是为社会提供公共产品满足社会公共需要的财政,是纠正和解决市场失灵的财政。构建公共财政,需要理顺政府与市场的关系,解决越位与缺位并存的问题;同时,建立符合公共财政要求的财政支出体系,以公共财政的职责为基础,以"公平优先,兼顾效率"为原则,以满足社会公共需要为目标。

在发展公共财政的同时,国家还强调"民生财政"在保障人民权益、改善人民生活方面的运用和转变。民生财政,就是以提供人民生活所必需的公共产品和公共服务为己任的财政。民生财政表现为在整个财政支出中,用于教育、医疗卫生、社会保险和就业、环保、公共安全等民生方面的支出占到相当高的比例,甚至处于主导地位。随着经济和社会的发展,民生问题的重点也在动态地发展。改革开放初期民生问题主要是解决城乡居民的温饱,而现在民生问题已经涵盖了收入分配、社会保障、就业、教育、医疗、住房等更高要求的内容,体现在财政加大对社会保障建设的补助、加大个人所得税的征缴力度以调节收入分配,加大对基础教育的投入以保障贫困人群的受教育权等方面。

三、非营利性的财政

如前所述,在社会经济活动中,除了具有排他性与竞争性的私人产品之外,还有许多产品和服务不具有竞争性与排他性,这种产品称为公共产品。政府在提供公共产品上具有非营利性的特征,而这一特征也主要源于公共物品的非排他性和非竞争性特征。非排他性是指消费者在消费该种产品或服务时,并不能排斥其他消费者同时消费该种产品或服务。如国防,政府提供国防旨在保卫全体人民的安全,国防这种产品的提供也需要消耗社会资源,但该产品提供出来之后保卫的是全体人民的安全,一个人享受到国防的保护并不排斥其他社会成员同时享受到国防的保护,这种公共产品不具有私人产品的排他性而具有公益性。由于没有排他性,因此在一定范围内,每增加一名消费者并不增加该产品的提供成本,即其边际成本可以为零。如前所述,这种公益性的公共产品也不具有竞争性。在我们的经济生活中具有非竞争与非排他性的公共产品与服务很多,除国防外,还包括行政管理、社会治安、城市公共设施、道路照明等。

财政所提供的上述公共产品,其目的并不是营利,而是出于经济稳定、社会安定等方面的考虑,并着眼于社会经济的长远发展。显而易见,公共财政具有非营利性的特征。

四、法治化的财政

市场经济是一个法治经济,对于政府来说,其活动和行为也应当置于法律的根本约束规范之下。财政作为政府直接进行的活动,在市场经济条件下无疑必须受到法律的约束和规范,从而具有明显的法治性特征。

财政的法治化意味着社会公众通过国家权力机构和相应的法律程序,决定、约束、规范和监督政府的财政行为,从而使得财政体现出是社会公众的财政,是建立在法律规范化基础上的财政。例如,税是依据税法征收的,没有国家权力机关的批准和授权,相关税法和税收条例是无法确立的;又如,政府预算也要通过国家权力机关审议和批准,否则哪怕一分一毫的资金,政府也是无权随意使用的。

公共财政作为一个满足公共需要,从而更好地服务于市场经济的财政类型,必然要求民主基础和法治保障。只有通过民主代议制的形式,才能保证公共需要得以真正地体现和满足;只有通过法治的形式,将财政立法权保留在人民所选代表组成的立法机构中,才能保证政府财政的活动范围不超过"市场失灵"和"市场需要"的限度,也才能监督政府依法行政,体现财政的"公共性"。

由此可见,只有法治化的财政才能发挥财政的真正作用,也只有以法治作为保障才能发挥财政的作用。

第三节 财政的职能

研究财政的职能的任务,是从理论上概括财政在国家治理和国民经济中的地位和作用,因而财政职能的概括与分类对构建财政学的理论体系,对确定财政学研究的内容、方向和目标,有着至关重要的意义。

一、财政职能的内涵

职能应该是指某一范畴内在固有的功能,这种功能是该范畴内在的和固有的。也就是说,如果抽调了这种功能,该范畴就会转化为另一个范畴,只要是该范畴就必然存在这种内在固有的功能。职能与作用是两个不同的概念。作用可以看作该范畴的职能发挥出来后在客观上取得的效果,这种效果可以表现为很多具体的方面,而范畴的职能则相对抽象,并有其客观性。财政的职能应当看作财政这一范畴内在固有的功能,只要是财政,这种功能就会存在,如果抽掉了这种功能,财政也就不成其为财政了。财政的职能也不同于财政的作用,财政的作用可以是财政职能发挥出来后在现实经济生活中取得的效果。这种效果可以罗列出十几条甚至几十条,但财政的职能是抽象的。

财政的职能表现为财政范畴内在固有的功能,但这种内在固有的功能在不同的财政模式中会有不同的表现。也就是说,计划财政有计划财政的职能,公共财政有公共财政的职能。我们研究的是市场经济体制下公共财政的职能,这种研究必须以政府与市场的关系为基础。公共财政的职能与计划财政的职能是不同的,这是因为计划经济与市场经济的运行模式不同,经济运行机制不同,财政活动的领域也不相同。不区分计划财政与公共财政的差异,将计划经济下财政的职能简单套用在市场经济的公共财政中是不可取的。因此,研究公共财政的职能必须以市场经济体制中政府与市场的关系为基础,说明在市场经济体制所决定的政府与市场的关系下财政内在固有的功能。

中共十八届三中全会把市场在资源配置中的"基础性作用"修改为"决定性作用",本质上就是对政府和市场关系的重新定位,进一步突出市场在资源配置中的作用。同时强调,财政是国家治理的基础和重要支柱,科学的财税体制是优化资源配置、维护市场统一、促进社会公平、实现国家长治久安的制度保障。这有助于我们深化对财政职能的理解。

应当指出,财政的职能是相对抽象的,这种内在固有的功能本身并不存在好与坏和正与负的问题,而这种内在固有的功能在现实经济生活中发挥出来后取得的具体效果即财政的作用,却有好与坏之分。这就是说,财政的职能发挥出来后取得的效果可能是好的,也可能出现问题。如果把财政内在固有的功能看作内因,那么这种内因的发挥需要必要的外部条件。财政作为政府的经济活动,其分配必然受到政府主观决策的影响和制约。如果政府的主观决策符合客观要求,决策过程民主科学,则职能发挥的效果可以是正的;反之,如果政府的主观决策不符合客观要求,决策过程不够民主科学,则职能发挥取得的效果有可能是负的。无论是取得正的效果还是取得负的效果,都不会影响财政职能的分析。

在社会主义市场经济条件下,财政的职能主要有资源配置、收入分配和经济稳定与发展三个方面。

二、资源配置职能

(一)资源配置的含义和必然性

所谓资源配置,是指有限的社会资源在不同经济领域、不同地区、不同产业、不同部门以及不同行业间的分配比例。资源是短缺和有限的,因此,只有通过有限资源在不同经济领域、不同地区、不同产业、不同部门以及不同行业分配比例的变化,才能达到社会资源的最佳配置,取得最大的资源配置效率。

资源配置问题是一个十分复杂的问题,无论是计划经济体制还是市场经济体制都存在资源配置问题,只不过在两种不同的经济体制中资源配置的方式有所不同。

在市场经济体制中,由于政府经济活动和市场经济活动都要消耗社会资源,社会资源必须被同时配置在政府经济领域和市场经济领域两个领域当中,因此,不仅市场具有资源配置的职能,财政也同样具有资源配置的职能。从整体上看,财政的资源配置与市场的资源配置是相辅相成的,两者资源配置的机制完全不同。市场必须为社会提供私人产品以满足整个社会的私人个别需求。在私人产品提供和私人个别需求满足的过程中,必然要消耗社会资源,因此,一部分社会资源必须通过市场机制在竞争性领域中配置,而市场在资源配置中通过竞争性与排他性的机制可以得到较高的效率。这也是经济学家提出的帕累托效率或称帕累托最优理论的应有之义。但是,帕累托最优在竞争性领域中的实现需要一定的条件,一是要求采用当时最优的生产技术,二是要求不同产品的消费上的边际替代率必须相等,三是要求消费上的边际替代率与生产上的边际转化率必须相等。从理论上说,在完全竞争的市场经济中,通过竞争机制的作用和利润最大化目标的追求,市场经济有可能实现帕累托最优。但在现实中,不仅完全竞争的市场经济并不存在,而且还存在着垄断、信息不充分、外部效应等导致出现市场失灵的因素,因此,完全靠市场达到帕累托最优是不可能的,也就是说社会资源完全靠市场配置是不可能的。

在市场经济条件下,一部分社会资源必须由财政配置,财政必然具有内在的资源配置职能。首先,公共产品的提供要求一部分社会资源必须由财政配置,政府经济活动就是要为社会提供公共产品以满足社会的公共需要。由于公共产品具有非竞争性和非排他性的特点,具有较为明显的外部效应,在公共产品提供的过程中,不存在自身等价交换的补偿机制,因此,公共产品在一般情况下不可能依靠市场提供,市场机制在公共产品资源配置中不起作用。在这种情况下,公共产品的提供只能依靠财政。政府通过财政分配活动为公共产品配置相应的社会资源。财政为公共产品配置资源是必然的,如果财政给公共产品配置的资源不足,而市场又不能配置,则会导致整个社会公共产品的短缺,出现财政缺位的现象。其次,弥补市场失灵也需要一部分社会资源由财政配置。市场在竞争性领域中的资源配置是高效率的,但市场在资源配置中存在着市场失灵,可能会出现社会资源的损失和浪费、社会再生产过程的垄断、通货紧缩和通货膨胀、市场价格信息的扭曲以及社会收入分配的不公等现象。因此,需要政府对市场经济领域进行干预,矫正市场的失灵。例如,通过财政补贴矫正正的外部效应,通过收费矫正负的外部效应,通过财政政策的制定和实施调节社会总供给与社会总需求的平衡等,这将导致财政对一部分社会资源的配置。

应当指出的是,财政的资源配置职能并不能替代市场对资源的配置。在一般情况下财政应当尽量减少直接对市场经济领域的资源配置,从而在竞争性领域中让市场在国家宏观调控下在资源配置中起基础性作用。财政在竞争性领域中资源配置的力量越强,则市场机制就越弱,这将极大地破坏市场对资源的配置,降低社会资源的配置效率。财政资源配置的领域主要是政府经济领域,在竞争性领域中财政只能矫正市场的失灵而不应成为资源配置的主体,不能让财政超越市场成为资源配置的最重要的方式。税收理论中的税收中性原则说明的就是这个道理。这也是公共财政与计划财政的最大区别。

(二)财政资源配置职能的实现机制和手段

财政资源配置职能的实现机制和手段主要有以下几种。

1. 预算手段。运用预算手段是指通过国家预算合理安排财政收入和财政支出的规模,确定财政收入和财政支出占国内生产总值(GDP)的比重,合理确定财政赤字或结余,进而影响社会总供给和总需求的相对均衡,保证社会再生产的顺利进行。国家预算是财政安排资源配置最基本的手段。

2. 收入手段。运用收入手段是指:合理安排财政收入的数量和收入的形式,确定财政占有社会产品的规模;完善税收制度和税收的征收管理,协调流转税和所得税之间的关系,发挥它们不同的作用;规范政府的收费行为,合理确定税收与收费之间的比例关系;协调公债的发行规模,选择合理的公债发行方式与偿还方式,完善公债市场,发挥公债的作用。组织财政收入的过程也就是政府占有社会产品的过程,运用财政收入手段能够为财政配置社会资源提供基础和保证。

3. 支出手段。合理安排财政支出是财政配置社会资源的主要手段。运用支出手段是指:合理安排财政支出规模,进一步优化财政支出结构,通过财政支出结构的优化和调整实现财政资源配置结构的优化;应将财政支出的重点逐步转移到提供公共产品以满足社会公共需要上来;合理确定购买性支出与转移性支出的比重,合理确定投资性支出与消费性支出的比重;综合运用政府投资、公共支出、财政补贴、政府贴息、税收支出等多种支出形式,全面实现财政资源配置的优化。

4. 提高财政资源配置的效率。财政的资源配置无疑应当坚持"公平优先,兼顾效率"的原则,必须强调财政资源配置在维系社会公平中的不可替代的作用,但公平优先不意味着放弃效率。在公平优先的原则下,必须兼顾财政资源配置的效率,既要注意财政资源配置的社会效率,也要注重财政资源配置自身的效率,应当针对不同性质的财政支出,运用不同的方法对支出效率进行分析和评价。

5. 合理安排政府投资的规模和结构,保证国家的重点建设。政府投资规模和结构主要是指预算内投资规模和结构,应保证重点建设,这在产业结构调整中起着重要作用,这种作用对发展中国家有着至关重要的意义。过去一段时间内,我国预算内投资占全社会投资比重过低,公共设施和基础设施发展滞后对经济增长形成了"瓶颈"制约,自实施积极财政政策以后大有改观,今后仍然必须从财力上保证具有战略性的国家重大建设工程,但切忌越俎代庖,排挤市场作用。

6. 通过政府投资、税收政策和财政补贴等手段,带动和促进民间投资、吸引外

第一章
财政概论

资和对外贸易,提高经济增长率。

三、收入分配职能

(一)收入分配职能的含义和必然性

财政收入分配职能,是指通过财政分配活动实现收入在全社会范围内的公平分配,将收入差距保持在社会可以接受的范围内。收入分配职能是财政的最基本和最重要的职能。在社会再生产过程中,既存在着凭借生产要素投入参与社会产品分配所形成的社会初次分配过程,也存在着凭借政治权力参与社会产品分配所形成的社会再分配过程。初次分配是市场经济领域的分配活动,财政再分配则是政府经济领域的分配活动。两个领域收入分配的原则与机制是完全不同的,在收入分配中如何处理公平与效率的关系也不相同。

市场经济领域中的初次分配,贯彻的是"效率优先,兼顾公平"的原则。在一般情况下,我们对公平的理解主要是社会产品分配结果的公平。但结果的公平本身,受制于起点的公平和规则及过程的公平。没有起点的公平和规则及过程的公平,不可能真正实现结果的公平。市场经济之所以坚持效率优先,原因在于:首先,市场经济中的初次分配依据的是生产要素的投入,生产要素的拥有者将自身拥有的生产要素投入到生产过程之中,并凭借这种生产要素的投入参与生产结果的分配。而社会成员对生产要素拥有的数量与质量都不相同,这种起点的不同必将影响到结果分配的不同,这实际上就是起点的不公平。在这种情况下,市场经济领域的初次分配不可能强调结果分配的公平,市场经济有可能做到规则和过程的公平,但无法做到结果的公平。如果市场经济刻意追求结果的公平,就不存在按生产要素投入的分配。其次,市场经济具有竞争性。在竞争性的作用下,资源利用效率比较低的企业有可能通过破产机制被淘汰,其利用的资源也会向资源利用效率较高的企业集中。这种竞争对市场主体来说是生与死的竞争。在生与死的竞争压力下,市场经济主体必须提高资源利用效率,将效率放在首位,没有一定的效率就没有生存的机会。

正因为如此,市场经济领域中的初次分配必然存在收入分配的差异,出现收入分配差距的拉大,这是市场经济本身无法避免的。从某种意义上说,这种收入分配差距的拉大具有进步意义,它可以刺激社会资源配置效率的提高,促进市场经济竞争力的增强。但是,从全社会范围看,收入分配差距如果过大,结果的不公平如果过于严重,会直接影响到社会的稳定。社会收入分配不公是导致社会不稳定的重要因素。财政的收入分配职能就是通过财政的再分配活动,压缩市场经济领域出现的收入差距,将收入差距控制在社会可以接受的范围内。财政再分配必须坚持"公平优先,兼顾效率"的原则,将社会公平放在第一位,调整市场经济初次分配过程中出现的过大的收入分配差距,进而实现社会的稳定。这种以公平优先为原则的收入分配是市场经济本身无法实现的。这是因为:第一,财政参与社会产品分配的依据并不是生产要素的投入而是国家的政治权力,政治权力对每一个社会成员来说都是共同的,这就使得财政分配的起点比较公平。第二,国家政治权力是强制的,强制取得的收入就应当无偿用于全体社会成员。第三,财政提供的是公共产品,满足的是社会公共需要,而公共需要是全体社会成员无差别的需要,表现出明显的公共性。第四,财政分配的主体是国家,国家和政府的出发点与市场的出发点有明显的区别,市场应更多地考虑竞争和生存,而国家和政府则应更多地考虑社会的稳定。从这个意义上说,财政收入分配职能是不可替代的重要职能,在维系社会稳定和保证社会成员共同富裕方面发挥着重要的作用。

(二)财政收入分配职能的实现机制和手段

1. 区分市场分配和财政分配的界限。在一般情况下,属于市场经济领域的分配,应交由市场初次分配去完成,应当承认市场初次分配中收入分配差距拉大的合理性,以促进市场资源配置效率的提高,进而提升整个社会经济活动的效率。属于政府经济领域的收入分配,则应由财政完成,通过公共产品的提供来全面提升全体社会成员的福利,实现收入分配公平。

2. 制定法律保证规则和过程的公平。在市场经济体制中政府应当起到裁判员的作用。市场经济是竞争的,但竞争应当是有秩序的,这种市场竞争的秩序主要应通过政府制定竞争规则来实现。市场经济本身无法做到起点的公平,但政府必须通过规则的制定,保证市场经济规则和过程的公平。竞争规则制定之后,对每一位市场竞争主体都是一视同仁的,都是公平的,从而根本上杜绝了依靠弄虚作假、行贿受贿、价格双轨制等不正常手段获取暴利。

3. 加强税收调节。税收调节是从收入角度调节社会收入分配的重要手段。市场经济在竞争的作用下必然出现收入分配差距的拉大,政府应当承认这种差距的合理性,但政府不能任由这种收入分配差距拉大。政府可以通过税收对各方的收入进行调节。财政既可以通过间接税调节各类商品的价格,从而调节各种生产要素的收入,也可以通过累进个人所得税,调节社会成员的收入水平,对较高收入群体课以较高的税,体现出区别对待的政策。

4. 规范工资制度。这里是指由国家预算拨款的政府机关公务员的工资制度和视同政府机关的事业单位职工的工资制度。凡应纳入工资范围的收入都应纳入工资总额,取消各种明补和暗补,提高工资的透明度;实现个人收入分配的货币化和商品化;适当提高工资水平,建立以工资收入为主、工资外收入为辅的收入分配制度。

5. 完善转移支付体系。通过转移支付制度调节社会收入分配是财政的支出政策。一般理论认为,支出政策在调节收入分配中比收入政策更为有效,副作用更小。财政可以通过社会保障制度建设、发放失业救济金、制定城市最低生活费制度、进行住房补贴等方式,加大对低收入群体的支持,使其能够维持一般的生活水平,从而维系整个社会的稳定,提升全体社会成员的福利。

应当指出,财政收入分配职能旨在实现收入在社会范围内的公平分配,将收入分配差距控制在社会可以接受的范围内,而绝不意味着社会财富的平均分配,不能把公平理解为绝对的平均。对现实经济生活中出现的收入分配差距拉大的情况,应当作具体的分析。事实上,改革中出现的矛盾不单纯是结果分配的不公即社会财富占有的不公,更多的是起点的不公和规则及过程的不公。事实上,人们对通过公平竞争、诚实劳动取得较多收入一般是认可的,而对因采用虚假手段、贪污腐败、以权谋私所取得的较高收入是难以接受的。因此,政府不仅应当关注结果的公平,更应关注起点的公平和规则及过程的公平。

四、稳定与发展职能

(一)稳定与发展职能的含义及必要性

稳定与发展职能,也可以称为财政的宏观调控职能,是指利用财政政策通过财政活动矫正市场失灵,引导社会力量共同参与社会治理,进而保证社会总供给与总需求的相对均衡,促进社会再生产协调运行,推进经济、政治、文化、社会、生态"五位一体"建设,促进社会各地区协同发展。社会再生产的协调运行,实际上也就意味着整个国民经济的稳定与发展。财政的稳定与发展职能与财政的资源配置职能和收入分配职能不同,财政的资源配置职能和收入分配职能是两个基本的职能,而稳定与发展职能则是建立在这两个职能充分发挥作用的基础上的派生职能。这就是说,稳定与发展职能是在资源配置与收入分配职能发挥的过程中实现的,没有资源配置和收入分配职能的发挥,就没有稳定与发展职能的实现。如果说资源配置职能与收入分配职能是在微观领域发生作用的话,稳定与发展职能则更多的是在宏观领域中发挥作用。

市场经济本身在社会资源配置中具有较高的效率,在完全竞争的市场经济中,也存在自身平衡的机制。亚当·斯密曾经认为,政府不应干预经济,"看不见的手"可以平衡经济的运行,可以将人人为己的私利转化为社会的公利;政府只能是"守夜人",只应承担防止外来侵略,保护社会成员不受侵犯以及公共事业发展的职责。让·巴·萨伊更认为,供给可以自动创造自身的需求,而不论供给达到什么水平。然而,完全自由竞争的市场经济是不存在的,市场在资源配置中存在着市场失灵,1929—1933年的资本主义大危机就是最好的证明。1929—1933年的资本主义大危机诞生了凯恩斯主义,其主张放弃自由资本主义原则,实行政府对经济的干预,强调政府应当运用财政政策实现对国民经济运行的全面调节。自凯恩斯主义开始,出现了政府对经济的宏观调控,而宏观调控的目标就在于协调社会再生产的顺利运行,实现国民经济的稳定与发展。自凯恩斯主义之后西方国家先后出现了

包括货币学派、供应学派、公共选择学派等在内的新的经济思想,不断发展与完善了宏观调控的理论。

经济稳定通常包括充分就业、物价稳定和国际收支平衡三个方面,这三个方面都会影响社会总供给和社会总需求的平衡。在一般情况下,如果做到充分就业、物价稳定和国际收支平衡,社会总供给和总需求之间就是相对均衡的,社会再生产就可以顺利进行,整个国民经济也就相对稳定。充分就业并非是指就业人口的全部就业,而是指可就业人口就业率达到社会经济状态可以承受的最大比率。如果没有达到这一状态,社会上就存在非自愿失业,则应扩大需求,使总产出增加到与充分就业状态下生产出来的产值相适应的程度。物价稳定并非意味着物价绝对不动,而是指物价上涨幅度维持在不影响社会经济正常运行的范围内。如果存在通货膨胀,则应减少社会需求,使总产出减少到与按目前价格水平计算的产值相适应的程度。如果充分就业与物价稳定都能实现,就应当保持这种总产出的水平。另外,还应当看到总供给与总需求的平衡,不仅会受国内因素的影响,在开放的社会中还受国际收支的影响。因此,在开放社会中,一国的经济往来应维持经常性收支项目的大体平衡。

与经济稳定相联系的另一个概念是发展。社会再生产不仅要稳定,还要不断地发展。发展的概念包括经济增长在内,但其内涵比经济增长更丰富。经济发展不仅涉及社会产品和劳务数量的增加,还意味着与经济增长相适应的各种社会条件包括社会政治条件、经济条件和文化条件的变化。在现实生活中,经济发展不仅涉及 GDP 的增长,还涉及诸如受教育程度、医疗保障程度、消除贫困、解决失业问题和社会收入分配不公问题等。

(二)稳定与发展职能的实现机制与手段

1. 确定宏观调控的整体目标。经济稳定与发展的整体目标,应当是社会总供给和社会总需求之间的相对均衡。在社会总供给和社会总需求相对均衡的状态下,物价水平一般比较稳定,失业率被控制在可以接受的范围内,是一种国民经济正常运行的良好状态。如果总供给与总需求相对均衡的状态被打破,则需要财政政策加以必要的宏观调控。如果总供给大于总需求,说明社会有效需求不足,充分就业无法实现,国民经济出现紧缩的局面,此时应当通过财政政策刺激总需求的增加,从而使总供给与总需求在新的高度上达到新的相对均衡。如果总供给小于总需求,说明社会有效需求过旺,物价稳定无法实现,国民经济出现通货膨胀的局面,此时应当通过财政政策降低社会总需求,使社会总供给与总需求达到新的均衡。

2. 定实现宏观调控目标的财政工具。财政政策可以分为扩张性、紧缩性和中性三种类型。扩张、紧缩和中性都是相对于需求而言的。扩大社会总需求的政策称为扩张性财政政策,一般在通货紧缩时使用;减少社会总需求的政策称为紧缩性

第一章 财政概论

财政政策,一般在通货膨胀时使用;既不扩张也不紧缩的政策称为中性财政政策,一般在稳定时采用。财政政策工具可以包括预算工具、税收工具、政府投资工具、公共支出工具及公债工具等,这些工具有其发生作用的不同机制,应当有选择地配合使用。

3. 通过投资、补贴和税收等多方面安排,加快农业、能源、交通运输、邮电通信等公共设施的发展,消除经济增长中的"瓶颈",并支持第三产业的兴起,加快产业结构的转换,保证国民经济稳定与高速发展的最优结合。

4. 财政应切实保证非生产性社会公共需要。比如,为社会经济发展提供和平和安定的环境,治理污染,保护生态环境,提高公共卫生水平,加快文教的发展,完善社会福利和社会保障制度,使增长与发展相互促进,相互协调。

重点概念

财政 家计财政 国家财政 公共财政 公共产品 外部效应 财政的职能 收入分配公平 资源配置效率

思考题

1. 如何理解财政的概念与基本特征?
2. 简述公共财政的基本特征。
3. 简述市场失灵的主要表现。
4. 简述财政职能的基本内涵。
5. 结合中国经济改革的实际,分析如何理解政府与市场的关系。
6. 分析社会主义市场经济条件下财政职能的内容及其实现的机制和手段。

案例

近年来,收入分配制度改革引起了社会各界的关注。衡量一国国民收入初次分配是否公平有三个指标:一是分配率,指的是劳动报酬总额占国内生产总值(GDP)的比重;二是每小时劳工成本中的福利开支;三是社会保障税与个人所得税占政府税收收入的比重。劳动者的报酬总额占GDP的比重越高,说明国民收入的初次分配越公平。同样,每小时劳工成本中的福利开支越高,或社会保障税与个人所得税占政府税收收入的比重越高,则国民收入的初次分配越公平。

在市场经济成熟的国家，上述三项指标各自所占比重都很高。以美国为例，国民生产产值的70%是"按劳分配"的，其他国家的分配率也普遍在54%至65%之间。另外，个人所得税和社会保障税占税收总收入的比重也至少在40%以上，有些国家甚至在60%以上。初次分配的这些特征至少反映了一个事实，即国民收入分配的基本格局，是以初次分配中的公平因素为主，以政府再分配中的公平调节为辅的。

中国目前初次分配存在着资本所有者所得畸高、财政收入大幅增长、劳动所得持续下降的现象。根据《中国统计年鉴2016》有关数据，2016年我国GDP实现68.55万亿元，全国城市居民可支配收入为24.52万亿元，但职工工资总额只有11.2万亿元，只占GDP的16.3%，占城市居民可支配收入的45.7%。同时，行业之间、地区之间的收入差距依然过大。

另外，根据《中华人民共和国2016年国民经济和社会发展统计公报》提供的数据，2016年全年全国居民人均可支配收入23 821元，比上年增长8.4%，扣除价格因素，实际增长6.3%；全国居民人均可支配收入中位数20 883元，增长8.3%。按常住地分，城镇居民人均可支配收入33 616元，比上年增长7.8%，扣除价格因素，实际增长5.6%；城镇居民人均可支配收入中位数31 554元，增长8.3%。农村居民人均可支配收入12 363元，比上年增长8.2%，扣除价格因素，实际增长6.2%；农村居民人均可支配收入中位数11 149元，增长8.3%。按全国居民五等分收入分组，低收入组人均可支配收入5 529元，中等偏下收入组人均可支配收入12 899元，中等收入组人均可支配收入20 924元，中等偏上收入组人均可支配收入31 990元，高收入组人均可支配收入59 259元。贫困地区农村居民人均可支配收入8 452元，比上年增长10.4%，扣除价格因素，实际增长8.4%。全国农民工人均月收入3 275元，比上年增长6.6%。恩格尔系数(食品支出总额占个人消费支出总额的比重)为30.1%，比上年下降0.5个百分点，其中，城镇为29.3%，农村为32.2%。按照每人每年2 300元(2010年不变价)的农村贫困标准计算，2016年农村贫困人口4 335万人，比上年减少1 240万人。

2016年年末全国参加城镇职工基本养老保险人数37 862万人，比上年年末增加2 501万人。参加城乡居民基本养老保险人数50 847万人，增加375万人。参加城镇基本医疗保险人数74 839万人，增加8 257万人。其中，参加职工基本医疗保险人数29 524万人，增加631万人；参加城镇居民基本医疗保险人数45 315万人，增加7 626万人。参加失业保险人数18 089万人，增加763万人。年末全国领取失业保险金人数230万人。参加工伤保险人数21 887万人，增加455万人，其中，参加工伤保险的农民工7 510万人，增加21万人。参加生育保险人数18 443万人，增加672万人。年末全国共有1 479.9万人享受城市居民最低生活保障，4 576.5万人享受农村居民最低生活保障，496.9万人享受农村特困人员救助供养。全年资助5 620.6万人参加基本医疗保险，医疗救助3 099.8万人次。国家抚恤、补助各类优抚对象 877.2 万人。

对中国收入分配中存在的问题,不少专家学者提出了自己的看法和解决思路。从一些部委拟出台的政策或措施以及一些学者发表的文章来看,对于日益扩大的收入差距问题,一个似乎日渐明晰的解决思路是,依靠政府的再分配政策,并辅之以社会的慈善捐款。也就是说,把希望寄托在二次分配甚至三次分配上。

有的人则认为不能说政府通过税收、社会保障以及转移支付的方式,或者企业家通过捐款给穷人,来调节收入分配差距一点作用也没有,但指望它来解决收入分配不公的问题不现实,因为现阶段更多和更大的分配不公,其实不在二次分配或者三次分配中,而是在初次分配中。初次分配要解决的主要是货币资本的所有者与人力资本的所有者的利益分配问题,不仅数额大而且涉及面广;而二次分配的功能主要是面向全社会的宏观性调节,它要解决的问题是社会意义上的不公平。所以,把初次分配不公平的问题推到二次甚至三次分配去解决,不仅在理论上说不通,在实践中也是行不通的。

类似"初次分配重效率,再分配重公平"这样的观念是经不起实践检验的,不符合当代市场经济国家国民收入分配的基本事实,也不适应我国基本社会关系重大变化的现实。在某种意义上,可以说它是造成我国经济与社会发展失衡、社会关系紧张、利益冲突加剧的根源。

当然,强调初次分配的公平不是要否定效率,否定市场机制。鉴于发展是我国的第一要务,正确的国民收入分配观念和做法应该是:平衡资本利益与劳动利益的关系,以初次分配的公平与效率的统一为主,以政府再分配的公平与效率的统一为辅,实现国民收入分配的效率与公平的统一。具体而言,就是提高劳动者尤其是农民、农民工及城市工薪者的劳动报酬及福利待遇,让劳动者所得在 GDP 中所占比重达到 50% 以上,并适当降低资本所有者的回报,同时控制财政收入的增长步伐,彻底打破行业垄断,真正在初次分配中体现按劳分配和按生产要素分配的原则。

总之,国民收入初次分配的公平性是整个社会收入分配公平性的基础,而劳资关系又是市场经济国家最根本的社会关系,只有通过初次分配平衡了资本利益与劳动利益的关系,才能从全局平衡社会总体利益格局,进而促进经济和社会协调发展。

收入分配的社会不公是市场失灵的重要表现。在比较成熟完善的市场经济条件下,基本能够实现初次收入分配的公平,劳动者、资本等生产要素能够根据其贡

献取得相应的收入分配。但市场本身难以实现收入分配的社会公平,要使收入分配控制在社会公众能够忍受的差距范围内,则需要对累进的个人所得税、社会保障税进行再次分配。

　　本案例探讨了我国居民收入分配问题。我国当前存在收入分配的社会不公问题,居民收入差距较大。但我国的主要问题在于市场不完善,尤其表现在劳动力市场供求双方地位不平等,从而导致严重的收入分配初次不公,按劳分配未能充分实现,而总体工资收入占 GDP 比例较低。

　　要解决我国居民收入分配问题,首先,需要进一步完善劳动力市场,使工会真正地成为劳动者组织,加强劳动者保护,提高劳动者在工资谈判中的地位;其次,进一步保障劳动者在国内外自由流动的权益,逐步废除劳动者身份限制,促进劳动力资源优化配置;最后,完善累进的个人所得税、社会保障税以及社会保障制度,国家主导实现收入分配的社会公平。

第二章 财政支出

财政支出是财政分配的第二阶段,是政府把集中起来的财政资金进行再分配的过程。财政支出是政府进行宏观调控的重要手段之一,可以影响社会总供求的平衡关系和经济的发展状况。财政支出是政府施政行为选择的反映,是各级政府对社会提供公共产品的财力保证,体现着政府政策的意图,代表着政府活动的方向和范围。掌握财政支出的分类、结构、原则、规模和效益分析方法,尤其是财政购买性支出和转移性支出的基本内涵及相关问题,是学习本章的主要目的。

第一节 财政支出概述

财政支出与财政收入是财政分配的两个方面:一方面是安排支出;另一方面是筹集收入。财政支出通常也被称为政府支出或公共支出,是政府把筹集到的财政资金用于社会生产与生活各个方面的分配活动。从财政支出的经济性质上看,它是由各级政府集中支配的那部分国民收入和一部分往年积累的社会财富价值,按照不同用途进行的再分配。财政及时拨付经费和进行投资,是国家履行职能的重要保证。

一、财政支出的分类与结构

财政支出是国家各级政府的一种经济行为,是国家对集中起来的财力进行再分配的活动,它要解决的是由国家支配的那部分社会财富的价值如何安排使用的问题。财政支出的不同分类,形成了不同的支出结构,而不同的支出结构,对财政运行进而对经济的运行产生的影响是不同的。

(一) 财政支出的分类

财政支出范围广、项目多,涉及多方面的分配关系。为了更有效地使用这部分资金和经费,提高财政支出的经济效益和社会效益,需要对财政支出进行科学分类。

1. 按支出的具体用途分类。按支出的具体用途分类是我国财政支出分类的传统方法。这种分类能够较为具体地揭示出财政资金的用途,照此分类形成的项目在我国财政统计表上称为"财政主要支出项目"。

我国的财政支出按支出的具体用途分类,主要包括挖潜改造资金、基本建设支出、流动资金、科技三项费用、地质勘探费、工交商业部门事业费、支援农村生产支出、各项农业事业费、文教科学卫生事业费、抚恤和社会救济费、国防费、行政管理费、价格补贴支出等。按照马克思的社会再生产理论,社会总产品经过初次分配和再分配后,从静态的价值构成的角度划分,可分为补偿性支出、消费性支出和积累性支出;从动态的再生产的角度划分,可分为投资性支出和消费性支出。在任何经济社会里,财政活动都是对社会总产品的分配,财政支出的形成是与社会总产品的分配有密切关系的。因此,财政支出按具体用途分类的项目也可以从静态的价值构成和动态的社会再生产角度分别考察。从静态的价值构成的角度来看,挖潜改造资金属于补偿性支出;基本建设支出、流动资金、科技三项费用、地质勘探费、工交商业部门事业费、支援农村生产支出、各项农业事业费、价格补贴支出等支出中增加固定资产的部分,属于积累性支出;文教科学卫生事业费、抚恤和社会救济费、国防费、行政管理费等属于消费性支出。从动态的社会再生产的角度来看,挖潜改造资金、基本建设支出、流动资金、科技三项费用、地质勘探费、工交商业部门事业费、支援农村生产支出、各项农业事业费、价格补贴支出等支出中增加固定资产的部分,属于投资性支出;文教科学卫生事业费、抚恤和社会救济费、国防费、行政管理费等属于消费性支出。

2. 按政府职能分类。按政府职能分类也称为按费用类别分类。政府主要有两种职能,经济管理职能和社会管理职能。财政支出是政府集中使用社会资源,实现政府职能的过程。因此,对应政府的两种职能,财政支出就形成了经济管理支出和社会管理支出。

经济管理支出主要是经济建设费,包括基本建设支出、国有企业挖潜改造资金、科技三项费用、简易建筑费、地质勘探费、增拨国有企业流动资金、支援农村生产支出、工交商业部门事业费、城市维护费、国家物资储备支出等。社会管理支出主要是国防费、行政管理费和社会文教费。其中,国防费主要包括各种武器和军事设备支出,军事人员给养支出,有关军事的科研支出,对外军事援助支出,民兵建设事业费支出,用于实行兵役制的公安、边防、武装警察部队和消防队伍的各种经费,防空经费等;行政管理费主要包括用于国家行政机关、事业单位、公安机关、国家安全机关、司法机关、检察机关、外交机关(包括驻外机构)等的各种经费、业务费、干部培训费等;社会文教费主要包括用于文化、教育、科学、卫生、出版、通信、广播、文物、体育、地震、海洋、计划生育等方面的经费、研究费和补助费等。这样,按照政府职能分类,财政支出可划分为经济建设费、国防费、行政管理费、社会文教费和其他支出共五类。

3. 按财政支出的经济性质分类。按照财政支出的经济性质分类,财政支出可分为购买性支出和转移性支出。这种分类也可以说是以财政支出是否与商品和服务相交换为标准的分类。

购买性支出是指政府在市场上购买商品和服务所发生的支出,包括购买进行日常政务所需的和用于国家投资所需的商品和服务的支出。前者如政府各部门的事业费,后者如政府各部门的投资拨款。购买性支出的特点是,这类财政支出是与商品和服务相交换的,财政一方面付出了资金,另一方面得到了相应的商品和服务,即遵循等价交换原则,体现了政府的市场性再分配活动。转移性支出是指政府资金无偿的、单方面的转移,包括补助支出、捐赠支出和债务利息支出等。转移性支出的特点是,这类财政支出不与商品和服务相交换,财政一方面付出了资金,另一方面却无任何所得,即不遵循等价交换原则,体现了政府的非市场性再分配活动。

4. 政府支出分类改革。在国际上,从现有的分类方法来看,大体上可以归为两类:一类是用于理论和经验分析的理论分类;另一类是用于编制国家预算的统计分类。

从与财政改革实践结合紧密的统计分类来看,按照国际货币基金组织的分类方法,有职能分类法和经济分类法(见表2-1)。

表2-1 国际货币基金组织的财政支出分类

职 能 分 类	经 济 分 类
1. 一般公共服务 2. 国防 3. 教育 4. 保健 5. 社会保障和福利 6. 住房和社区生活设施 7. 其他社区和社会服务 8. 经济服务 　(1)农业 　(2)采矿业 　(3)制造业 　(4)电业 　(5)道路 　(6)水输送 　(7)铁路 　(8)通信 　(9)其他经济服务 9. 无法归类的其他支出 　(1)公债利息 　(2)其他	1. 经常性支出 　(1)商品和服务支出 　　①工资、薪金以及其他有关项目 　　②商品和服务的其他购买 　(2)利息支付 　(3)补贴和其他经常性转让 　　①对公共企业 　　②对下级政府 　　③对家庭 　　④对其他居民 　　⑤国外转让 2. 资本性支出 　(1)现存的和新的固定资产的购置 　(2)存货购买 　(3)土地和无形资产购买 　(4)资本转让 3. 净贷款

按职能分类,财政支出包括一般公共服务支出、国防支出、教育支出、保健支出、社会保障和福利支出、住房和社区生活设施支出、其他社区和社会服务支出、经济服务支出以及无法归类的其他支出。按经济分类,财政支出包括经常性支出、资本性支出和净贷款。

在借鉴国际经验的基础上,我国加快了财政支出分类改革。2005年年底,国务院正式批准了财政部《政府收支分类改革方案》,方案从2007年1月1日起执行。建立新的政府支出功能分类体系是这次政府收支分类改革的核心。

新的支出功能分类不再按基本建设支出、行政费、事业费等经费性质设置科目,而是根据政府管理和编制部门预算的要求,统一按支出功能设置类、款、项三级科目,共分为27类、160多款、1 100多项。"类"级科目综合反映政府职能活动,如一般公共服务、国防、外交、公共安全、教育、科学技术、社会保障、环境保护等;"款"级科目反映为完成某项政府职能所进行的某一方面的工作,如"教育"类下的"普通教育";"项"级科目反映为完成某一方面的工作所发生的具体支出事项,如"水利"款下的"抗旱""水土保持"等。新的支出功能科目能够清楚地反映政府支出的内容和方向。

新的政府收支分类主要包括收入分类、支出功能分类和支出经济分类,其中,核心内容是支出分类改革,变支出经费性质分类为支出功能分类。支出功能分类主要根据政府职能进行分类,说明政府做什么。按联合国《政府职能分类》,一国财政支出的职能分类大体包括四个部分:一是一般政府服务,主要反映政府需要且与个人和企业劳务无关的活动,包括一般公共管理、国防、公共秩序与安全等;二是社会服务,主要反映政府直接向社会、家庭和个人提供的服务,如教育、卫生、社会保障等;三是经济服务,主要反映政府经济管理、提高运行效率的支出,如交通、电力、农业和工业等;四是其他支出,如利息、政府间的转移支付。

收支分类改革后设置的政府支出功能分类,参考了国外支出的职能分类办法,同时也考虑了我国政府职能构成和财政管理的实际需要。支出功能分类设类、款两级,科目设置情况如下。

(1)一般公共预算支出功能科目包括如下内容。

①一般公共服务。分设28款:人大事务、政协事务、政府办公厅(室)及相关机构事务、发展与改革事务、统计信息事务、财政事务、税收事务、审计事务、海关事务、人力资源事务、纪检监察事务、商贸事务、知识产权事务、工商行政管理事务、质量技术监督与检验检疫事务、民族事务、宗教事务、港澳台侨事务、档案事务、民主党派及工商联事务、群众团体事务、党委办公厅(室)及相关机构事务、组织事务、宣传事务、统战事务、对外联络事务、其他共产党事务支出、其他一般公共服务支出。

②外交。分设8款:外交管理事务、驻外机构、对外援助、国际组织、对外合作与交流、对外宣传、边界勘界联检、其他外交支出。

③国防。分设5款:现役部队、国防科研事业、专项工程、国防动员、其他国防支出。

④公共安全。分设12款:武装警察、公安、国家安全、检察、法院、司法、监狱、强制隔离戒毒、国家保密、缉私警察、海警、其他公共安全支出。

⑤教育。分设10款:教育管理事务、普通教育、职业教育、成人教育、广播电视教育、留学教育、特殊教育、进修及培训、教育费附加安排的支出、其他教育支出。

⑥科学技术。分设10款:科学技术管理事务、基础研究、应用研究、技术研究与开发、科技条件与服务、社会科学、科学技术普及、科技交流与合作、科技重大项目、其他科学技术支出。

⑦文化体育和传媒。分设5款:文化、文物、体育、新闻出版广播影视、其他文化体育与传媒支出。

⑧社会保障和就业。分设20款:人力资源和社会保障管理事务、民政管理事务、补充全国社会保障基金、行政事业单位离退休、企业改革补助、就业补助、抚恤、退役安置、社会福利、残疾人事业、自然灾害生活救助、红十字事业、最低生活保障、临时救助、特困人员救助供养、补充道路交通事故社会救助基金、其他生活救助、财政对基本养老保险基金的补助、财政对其他社会保险基金的补助、其他社会保障和就业支出。

⑨医疗卫生与计划生育。分设12款:医疗卫生与计划生育管理事务、公立医院、基层医疗卫生机构、公共卫生、中医药、计划生育事务、食品和药品监督管理事务、行政事业单位医疗、财政对基本医疗保险基金的补助、医疗补助、优抚对象医疗、其他医疗卫生与计划生育支出。

⑩节能环保。分设14款:环境保护管理事务、环境监测与监察、污染防治、自然生态保护、天然林保护、退耕还林、风沙荒漠治理、退牧还草、能源节约利用、污染减排、可再生能源、循环经济、能源管理实务、其他环境保护支出。

⑪城乡社区。分设6款:城乡社区管理事务、城乡社区规划与管理、城乡社区公共设施、城乡社区环境卫生、建设市场管理与监督、其他城乡社区支出。

⑫农林水。分设10款:农业、林业、水利、南水北调、扶贫、农业综合开发、农村综合改革、普惠金融发展支出、目标价格补贴、其他农林水支出。

⑬交通运输。分设7款:公路水路运输、铁路运输、民用航空运输、成品油价格改革对交通运输的补贴、邮政业支出、车辆购置税支出、其他交通运输支出。

⑭资源勘探信息等。分设8款:资源勘探开发、制造业、建筑业、工业和信息产业监督、安全生产监督、国有资产监督、支持中小企业发展和管理支出、其他资源勘探信息等支出。

⑮商业服务业等。分设4款:商业流通事务、旅游业管理与服务支出,涉外发展服务支出,其他商业服务支出等。

⑯金融。分设5款：金融部门行政支出、金融部门监管支出、金融部门发展支出、金融调控支出、其他金融支出。

⑰援助其他地区。分设9款：一般公共服务、教育、文化体育与传媒、医疗卫生、节能环保、农业、交通运输、住房保障、其他支出。

⑱国土海洋气象等。分设6款：国土资源事务、海洋管理事务、测绘事务、地震事务、气象事务、其他国土海洋气象等支出。

⑲住房保障。分设3款：保障性安居工程支出、住房改革支出、城乡社区住宅支出。

⑳粮油物资储备。分设5款：粮油事务、物资事务、能源事务、粮油储备、重要商品储备。

㉑预算费。

㉒其他支出。分设2款：年初预留、其他支出。

㉓转移性支出。分设8款：返还性支出、一般性转移支出、专项转移支付、上解支出、调出资金、年终结余、债务转贷支出、援助其他地区支出。

㉔债务还本支出。分设3款：中央政府国内债务还本支出、中央政府国外债务还本支出、地方政府一般债务还本支出。

㉕债务付息费用。分设3款：中央政府国内债务付息支出、中央政府国外债务付息支出、地方政府一般债务付息支出。

㉖债务发行费用。分设3款：中央政府国内债务发行费用支出、中央政府国外债务发行费用支出、地方政府一般债务发行费用支出。

(2)国有资本经营预算支出功能分类科目包括如下几方面。

①社会保障和就业。分设1款：补充全国社会保障基金。

②国有资本经营预算。分设5款：解决历史遗留问题及改革成本支出、国有资本金注入、国有企业政策性补贴、金融国有资本经营预算支出、其他国有资本经营预算支出。

③转移性支出。分设2款：国有资本经营预算转移支付、调出资金。

(3)社会保障基金预算支出功能分类科目包括如下几方面。

①社会保险基金。分设11款：企业职工基本养老保险基金支出、失业保险基金支出、城镇职工基本医疗保险基金支出、工伤保险基金支出、生育保险基金支出、新型农村合作医疗基金支出、城镇居民基本医疗保险基金支出、城乡居民基本养老保险基金支出、机关事业单位基本养老保险基金支出、城乡居民基本医疗保险基金支出、其他社会保险基金支出。

②转移性支出。分设1款：年终结余。需要说明的是，支出功能项级科目没有完全按政府职能分类，而是根据预算细化和财政支出统计分析的需要，采用了四种不同的办法。

一是按职能设置。如机关服务、小学教育、中学教育、高中教育、高等教育、中医医院、综合医院等。这类项级科目，着重于相关单位如机关服务中心、小学、初中、高中支出的完整反映。比如小学教育，原来用于小学教育的基本建设支出、教育事业费等都要归集在小学教育科目下，这样能完整反映某个小学的支出，便于自上而下进行统计。

二是按活动设置。以全国人民代表大会机关的支出为例，全国人民代表大会机关预算分为基本支出预算和项目支出预算。对单位的基本支出，单独设置行政运行科目反映；基本支出之外的项目支出，属于专门活动的，如人大会议、代表培训、代表工作，单设人大会议、代表培训、代表工作，其他项目支出，未单设科目的，则设置一般行政管理事务反映。按活动设置项级科目，着重于相关单位支出的细化。如各级人民代表大会的支出，通过行政运行、人大会议、代表培训等科目反映，单位的支出被分解，比较细化，也比较透明。

三是分行业设置。对企业的支出，统一按国家统计局新的《国民经济行业分类》设置。比如，在工业商业金融等事务类下的制造业下，设置了纺织业、医药制造业、非金属矿物制造业、电器机械及器材制造业等项，以与国民经济行业统计一致。

四是按资金用途设置。各项专项资金和政府性基金支出，2006年分别在一般预算支出、基金预算支出单设科目反映。为保证管理的延续，2007年支出科目分别在相关功能分类类、款下设置项级科目。如教育附加费支出，在教育类下单独设项反映；养路费支出，在交通运输类下的公路和水路运输下单独设项反映。这样在汇总时，不仅教育和交通运输两个功能支出是完整的，而且将上述项级科目单独拿出来，也能够得到整个基金的收支情况。

关于支出的经济分类主要反映政府支出的经济性质和具体用途。从形式上看，各项财政支出，虽然都表现为资金从政府流出，但最终的经济影响是存在差异的。有些表现为政府的商品和服务购买，直接对社会的生产和就业产生影响，并最终影响资源配置；有些表现为资金的无偿转移，关系到收入分配，最终对社会生产和就业产生间接影响。支出按功能分类后再按经济分类，除了要细化预算，说明政府各项职能的具体支出差别外，如发了工资，是购置低值易耗的办公用品，还是购置资本性资产，还有比较重要的一点，就是方便对政府的支出进行经济分析。

（4）支出经济分类设类、款两级，科目设置情况如下。

①工资福利支出。分设9款：基本工资、津贴补贴、奖金、社会保障缴费、伙食费、伙食补助费、绩效工资、机关事业单位基本养老保险缴费、其他工资福利支出。

②商品和服务支出。分设28款：办公费、印刷费、咨询费、手续费、水费、电费、邮电费、取暖费、物业管理费、交通费、差旅费、因公出国(境)费、维修(护)费、租赁费、会议费、培训费、公务接待费、专用材料费、被装购置费、专用燃料费、劳务费、委托业务费、工会经费、福利费、公务用车运行维护费用、其他交通费用、税金及附加

费用、其他商品和服务支出。

③对个人和家庭的补助。分设16款：离休费、退休费、退职(役)费、抚恤金、生活补助、救济费、医疗费、助学金、奖励金、生产补贴、住房公积金、提租补贴、购房补贴、采暖补贴、物业服务补贴、其他对个人和家庭的补助支出。

④对企事业单位的补贴。分设4款：企业政策性补贴、事业单位补贴、财政贴息、其他对企事业单位的补贴支出。

⑤转移性支出。下设2款：不同级政府间转移性支出、同级政府间转移性支出。

⑥债务利息支出。下设2款：国内债务付息、国外债务付息。

⑦债务还本支出。下设2款：国内债务还本、国外债务还本。

⑧基本建设支出。分设10款：房屋建筑物购建、办公设备购置、专用设备购置、基础设施建设、大型修缮、信息网络及软件购置更新、物资储备、公务用车购置、其他交通工具购置、其他基本建设支出。

⑨其他资本性支出。分设15款：房屋建筑物购建、办公设备购置、专用设备购置、基础设施建设、大型修缮、信息网络及软件购置更新、物资储备、土地补偿、安置补助、地上附着物和青苗补偿、拆迁补偿、公务用车购置、其他交通工具购置、产权参股、其他资本性支出。

⑩其他支出。分设7款：预备费、预留、补充全国社会保障基金、对社会保险基金补助、赠与、贷款转贷、其他支出。

政府收支分类体系改革有助于进一步推进决策科学化、民主化，保证人民依法实现民主决策、民主管理和民主监督政府预算的权利，配合公共财政体制的建立与完善，也是我国财政预算管理的又一项重大改革举措。

（二）财政支出结构

财政支出结构是指各类财政支出占总支出的比重，财政支出的不同分类形成了不同的财政支出结构。财政支出结构表明在现有财政支出规模的前提下财政资源的分布情况。由于社会公共需要是多方面的，而资源又是有限的，政府在通过财政支出满足社会公共需要的过程中，要用有限的资源满足多种需要，就必须按各种需要的比例，合理地分配资源，使资源分布状况与各种需要之间合乎比例，因此，优化财政支出结构，直接关系到财政支出本身的效率和经济效率。不同的国家，不同的历史时期，财政支出结构会呈现不同的状况，其一般规律有以下几点。

1. 财政支出结构变化受政府职能的影响。财政支出是政府活动的资金来源，因此，政府职能的大小和侧重点，直接决定财政支出结构，有什么样的政府职能，也就应当有其相应的财政支出结构。如果政府侧重于经济管理职能，财政支出结构就会偏重于资源动员和经济事务方面的支出；如果政府侧重于社会管理职能，财政支出结构就会偏重于行政管理、法律秩序、防卫等维持国家机器正常运转方面的支出。从我国的财政支出结构来看，经济建设费所占比重的下降趋势是非常明显的。

这主要有两方面的原因：一是流动资金支出下降。从1983年7月开始，除了核工业部、航空航天工业部所属的少数国有企业外，绝大多数国有企业的流动资金供应从拨款改为由银行贷款。二是基本建设支出下降。在经济体制改革过程中，投资主体的多元化以及投资主体的资金来源多元化，使得预算内基本建设支出比重迅速下降。由此可见，政府的经济管理职能在逐步弱化。从社会管理支出方面来看，为了推动科教兴国的战略方针，政府不断加大对教育、科学等领域的投入，除个别年份外，社会文教费的比重保持上升趋势，行政管理费和其他支出也一直在持续上升。可见，政府的社会管理职能在日益加强。不过，在社会管理支出的增长中，有合理的成分，也有不合理的成分。首先，社会文教费的增长是合理的。随着我们对"科学技术是第一生产力"认识的提高，政府理应重视加大对教育、科学等领域的财政投入。其次，行政管理费的增长不尽合理。随着社会经济发展，经济活动日趋复杂，公共事务也日益增加，行政管理支出增加有其必然性，但是，其增长速度过快，与政府机构臃肿、人员膨胀、公用经费缺乏明显的界限、预算约束软化也是分不开的。

2. 财政支出结构变化受经济发展阶段的影响。在经济发展的早期，政府投资应占较大的比重，公共部门为经济发展提供社会基础设施如交通、通信、水利设施、环境卫生系统等方面的投资。在经济发展的中期，私人部门的资本积累较为雄厚，各项经济基础设施建设也已基本完成，政府投资只是对私人投资的补充。因此，政府投资在财政支出中的比重会下降。在经济发展的成熟期，人们对生活质量提出了更高的要求，政府将增加对教育、保健与福利服务等方面的支出。从我国的实际情况来看，随着经济发展水平的进一步提高，政府对教育、卫生、社会保障和福利方面的支出比例在逐渐增加，这也是与经济发展阶段相适应的财政支出结构逐步优化的过程。

二、财政支出原则

财政支出原则就是在安排和组织财政支出过程中应当遵循的基本准则，或者说是处理财政支出中各种矛盾所必须遵循的准则。

(一) 公平与效率兼顾原则

兼顾公平与效率是评价一切社会经济活动的原则。在财政支出活动中也存在公平和效率，也应该遵循公平与效率兼顾的原则，不能只顾某一方面而忽视另一方面，但是，在具体的政策实施中，一国政府可以根据一定时期的政治经济形势侧重于某一方面。财政支出的效率是与财政的资源配置职能相联系的。财政在利用支出对资源进行配置时，要实现社会净效益（或净所得）最大化，这样的资源配置才是有效率的，即当改变资源配置时，社会的所得要大于社会的所失，差额越大效率越高。要实现财政支出效率，必须要控制和合理分配财政支出，要有评价财政支出

项目和方案的科学方法和制度保证,安排财政支出的结果要能实现社会净效益最大化。财政支出的公平是与财政的收入分配职能相联系的。收入分配的目标就是实现公平分配,但是,市场在对社会成员的收入进行初次分配时,主要是以要素贡献的大小来确定其报酬或价格水平的,其结果可能导致社会成员收入分配产生巨大差距。财政的收入分配职能就是通过财政的再分配活动,压缩市场经济领域出现的收入差距,将收入差距维持在社会可以接受的范围内。对于一个社会来说,在强调经济效率的同时不能忽视社会公平的重要性。社会经济的稳定与发展是资源的有效配置和收入合理分配的综合结果,实际上也是贯彻公平与效率兼顾的结果,因此,社会经济的稳定与发展是兼顾公平与效率的体现。

(二) 量入为出与量出为入相结合原则

量入为出是指政府应根据一定时期(通常为一年)内的财政收入总量来安排财政支出,要力争做到财政收支基本平衡。量入为出体现了一国经济发展水平对财政支出的制约。量出为入是指应考虑国家最基本的财政支出需要来确定收入规模。量出为入肯定了政府公共支出保持必要数量的重要作用。量入为出和量出为入一直是我国古代财政思想的两极。"量入以为出"的思想最早见于《礼记》,为我国历史上的多数王朝所采用。到了唐朝德宗时,宰相、理财家杨炎提出了与之相反的思想。他说,国家的一切开支应"先度其数而赋于人,量出以制入"。他把国家一切开支先估算出一个数额,然后定出税额向人民收取,这一原则就是量出为入。作为财政支出的原则,应该将量入为出和量出为入结合起来。从量入为出与量出为入原则的相互关系看,应当肯定量入为出是一国实现财政分配的相对稳定、防止财政收支不平衡和因此产生的社会经济问题的最终选择,因此,量入为出原则具有普遍的实践意义,是政府安排财政支出必须坚持的基本准则,也是实现量出为入原则的基础。而量出为入原则是随着国家社会的发展,以及对政府在资源配置上的重要地位的肯定,为保障必不可少的公共支出的需要而形成的,但并不是指政府可以任意扩大财政支出。在现代社会中,只有把量入为出与量出为入的财政支出原则有效地结合起来,才能既避免财政分配的风险,又有利于政府公共职能的实现。

三、财政支出规模及发展趋势

财政支出规模可以用绝对数来表示,也可以用相对数即财政支出占 GDP 的比重来表示。

(一) 财政支出规模理论的历史考察

1. 瓦格纳法则。19 世纪 80 年代,德国著名经济学家瓦格纳对许多欧洲国家和日本、美国的公共部门支出的增长情况进行考察,认为一国工业化经济的发展与本国财政支出之间存在着一种函数关系,提出财政支出扩张论,后人称为瓦格纳法则。其主要内容是:随着人均收入的提高,财政支出占 GDP 的比重也相应提高。

瓦格纳将其归结为两个方面的因素:随着社会的发展,市场中行为主体的关系更加复杂化,这就要求政府不断强化维护社会秩序,建立健全法律规章制度,以规范行为主体的社会经济活动,这必然要增加政府的财政支出,这可视为政治因素;随着社会的发展,在实现工业化和随之而来的管理集中化、城市化过程的加速和劳动力专门化的条件下,政府对经济的干预以及从事的生产性活动也会随着经济的工业化而不断扩大,这也必然会增加政府的财政支出,这可视为经济因素。

2. 替代-规模效应理论。皮科克和怀斯曼在瓦格纳法则的基础上,研究了英国1890—1955年公共部门的发展情况,对这段时期的财政支出历史数据进行了经验分析,认为在正常年份财政支出呈现一种渐进的上升趋势,但当社会经历激变(如战争、经济大萧条或严重的自然灾害等)时,财政支出会急剧上升,当这种激变时期过后,财政支出水平会下降,但不会低于原来的趋势水平,这个规律被称为替代-规模效应理论,又称为梯度渐进增长理论。他们认为,导致公共支出增长的有内在和外在两个因素。政府为取得好业绩,是愿意多开支的,而公民一般不愿多纳税,因此,一般说来,公民容忍的税收水平决定了公共收入水平,从而构成了政府扩大公共支出的约束条件。在正常情况下,随着GDP的增加,在税率不变的情况下,税收也会增加,于是政府支出上升和GDP上升呈线形关系,这是内在因素。在社会发展过程中,总会遇上动荡时期,如战争和自然灾害等,政府支出不得不急剧增加,政府会被迫提高税率,公民也会被迫接受税收的增加。但动荡期过后,税收水平不会退到原来水平,政府会继续保持较高的支出水平,这是外在因素。所以,每经历一次社会动荡,都会导致财政支出水平的上升。

3. 经济发展阶段论。马斯格雷夫和罗斯托用经济发展阶段论来解释公共支出增长的原因。他们认为:第一,在经济发展的早期阶段,政府公共投资往往要在社会总投资中占有较高比重。因为经济发展所必需的社会基础设施(如公路、铁路、桥梁、电力、环境卫生、供水系统、通信等)以及法律、秩序和教育等供给不足,而这些基础设施等具有极大的外部效应,私人部门不愿意投资,但是,它们的提供不仅影响整个国民经济的健康发展,而且也影响着私人部门生产性投资的效益,所以,政府必须加大基础设施的投资,创造良好的生产经营和投资环境。这些公共投资对于帮助早期的经济"起飞"以至进入发展的中期来说,是必不可少的前提条件。第二,当经济发展进入中期后,社会基础设施供求趋于均衡,私人部门此时的资本积累也往往比较雄厚,政府投资只是私人部门的补充,政府投资在社会总投资中的比重会有所降低,但财政支出总规模并不一定下降,甚至有可能继续上升。其原因在于:当经济、社会发展进入中期后,市场失灵问题日益突出,并成为阻碍经济发展进入成熟期的关键因素,这就要求政府加强对经济的干预,以矫正、补充、完善市场机制的不足,政府在这方面的财政支出会有所增加。第三,随着经济发展由中期进入成熟期,人们对生活环境和质量的要求越来越高,财政支出结构会发生很大

变化,即从以社会基础设施投资支出为主的支出结构,转向以教育、保健和社会福利支出为主的支出结构,从长期看,财政支出结构的这种变化趋势,引致了支出规模的不断扩大。

（二）影响财政支出规模的主要因素

根据当今世界各国财政支出变化的实际情况并结合前人的分析,影响财政支出规模大小的主要因素有以下几种。

1. 经济性因素。其主要包括以下几种。

（1）经济发展水平。财政主要是对社会剩余产品进行分配,剩余产品越多,能供财政分配的数量也就越多。经济发展水平的高低直接决定着剩余产品率的高低,因而也就制约着财政支出的规模。前面讲到的马斯格雷夫和罗斯托的分析,就说明了经济发展水平对财政支出规模和结构变化的影响。经济发达国家的财政支出规模普遍要比经济发展落后的国家高,就是经济发展水平决定财政支出规模的明显例证。

（2）经济体制及分配体制。经济体制及与之相适应的分配体制的选择对财政支出规模的影响非常重要。一般说来,实行计划经济体制的国家的职能和财政分配范围都比较宽,因而财政支出规模都比较大;相反,实行市场经济体制的国家,财政支出的规模则相对较小。与经济体制相适应,实行计划经济体制的国家,分配体制的集中度都比较高,因此,财政支出的规模就比较大;反之,实行市场经济体制的国家,分配体制相对分散,其财政支出规模就比较小。我国自1978年改革开放以来至1995年这段时间,财政支出占GDP的比重不断下降。1978年之前我国实行的是计划经济体制,财政支出占GDP的比重比较高,原因是在高度集中的计划经济管理体制下,在GDP分配上实行"统收统支"的制度,对个人实行"低工资、高就业"的政策,许多个人生活必需品由国家低价乃至无偿供给,国有企业的利润甚至折旧基金几乎全部上缴国家,相应地国家要拨付给国有企业一定的固定资产和流动资金,这就导致财政支出占GDP的比重较高。经济体制改革以后,不再实行"统收统支"的制度,提高了个人的工资,对企业放权让利,与此相适应,国家也减少甚至取消了一些项目的支出,财政支出占GDP的比重自然会出现下滑趋势。

（3）政府的经济干预政策。政府干预经济活动时,采取的法律或行政手段与采取的财政等经济手段,具有不同的资源再配置效应和收入再分配效应。同样,即使政府是采用财政手段来干预经济,不同的财政手段干预的效应也是不同的。比如,财政资金的全额投资可以带动社会的配套资金,但也可采取财政贴息、财政补贴和税收支出等手段投入资金,则可能以少量的财政资金带动更多的社会资金投入,并引导社会资金的使用方向,即发挥财政"四两拨千斤"的效应。

2. 政治因素。其主要包括以下几种。

（1）政府的职能范围。财政分配主要是围绕政府职能的实现来进行的,财政支出的直接目的是为实现政府职能服务,即政府职能范围决定了政府活动的范围和方向,也因此决定了财政支出的范围和规模。从社会经济发展的历史来看,政府职能的大小始终是制约财政支出规模的重要因素。在自由竞争的资本主义时期,政府主要执行防止外来敌人入侵以及维护国内治安两项职能,也就是政府是"守夜人",因此财政支出规模较小;而在当今社会,政府职能扩大了,政府越来越重视教育、环境、社会保障等,因此,财政支出规模自然会增加。

(2)国际环境和政体结构的行政效率。这主要影响到政府的国防费和行政管理费。国防费是用来抵御外来侵略、保卫国家主权和领土完整的。国防费用的规模受国际环境尤其是周边国家环境的制约,同时,国际环境又影响到国内政局的稳定和社会的安定,这对国防支出、国家安全支出、武装经费、治安经费和社会管理费用等影响很大。如果一国的行政机构臃肿、人浮于事、效率低下,行政管理方面的开支必然增多。

3. 社会因素。人口状态、文化背景等因素也在一定程度上影响着财政支出规模。人口的增加要求政府提供更多的就业机会,政府在教育、文化、卫生、体育等方面的支出随之增加,行政管理和社会管理方面的费用也相应提高。发展中国家人口基数大,增长快,相应的文教科卫支出等压力较大。特别是对于我国这样的发展中的人口大国,随着人口老龄化问题的不断凸显,人口因素对财政支出规模的影响更是不容忽视。而发达国家的人口老龄化、公众要求改善社会生活质量等问题突出,也会对财政支出提出新的需求。

四、财政支出效益分析

(一)如何理解财政支出效益

1.财政支出效益的含义。所谓效益,从经济学的一般意义上讲,是指人们在有目的的实践活动中"所费"和"所得"的对比关系。所费,就是活劳动和物化劳动的消耗和占用;所得,就是有目的的实践活动所取得的有用成果。所谓提高经济效益,就是"少花钱、多办事、办好事"。财政支出效益研究的是财政支出规模多大、怎样的支出结构才能使经济和社会发展最快的问题。财政支出的规模应当适当,结构应当合理,其根本目标就是提高财政支出效益。因此,财政支出效益主要从两个角度考察:①财政支出总量效益,即财政支出在总量上应该多大才合适,如何确定适度的财政支出规模,以促进经济更快发展。这要分析财政支出占 GDP 的比重。②财政支出结构效益,即财政支出项目间的组合效益。财政支出各项目不同的使用比例,会带来不同的效益。

2.财政支出效益与微观经济主体支出效益的比较。财政支出效益和微观经济主体支出效益存在重大差别。

首先,两者计算所费和所得的范围不同。微观经济主体只计算发生在自身范

围内的直接的和有形的所费和所得;而政府除了要计算直接的和有形的所费和所得之外,还要计算长期的、间接的和无形的所费和所得。

其次,两者择优的标准不同。微观经济主体追求的是利润最大化,所选方案要能够带来尽可能大的经济效益;而政府追求的是整个社会的最大效益,不仅要考虑经济效益,还要考虑社会效益,不回避可能的、必要的局部亏损。

最后,两者效益的表现形式不同。微观经济主体支出效益的表现形式单一,即只需采用货币计算的价值形式;而政府财政支出效益的表现形式具有多样化特征,除价值形式以外,还可以通过其他如政治的、社会的、文化的等多种形式表现出来。所以,政府在提高财政支出效益的过程中面临的问题更为复杂。

(二)财政支出效益的评价方法

财政支出项目多种多样,针对不同类别的财政支出项目,就有不同的财政支出效益的评价方法。

1. 成本-效益分析法。所谓成本-效益分析法,就是指针对政府确定的项目目标,提出若干建设方案,详列各种方案的所有预期成本和预期效益,并把它们转换成货币单位,通过比较分析,确定该项目或方案是否可行。采用成本-效益分析法的财政支出项目,如生产性投资之类,成本易于衡量,其效益是经济的、有形的,可以用货币计量。成本 效益分析法最早产生于美国的《1936年防洪法案》,如今,这种方法已经得到了广泛的应用。

2. 最低费用选择法。最低费用选择法,是指只计算每项备选项目的有形成本,并以成本最低为择优的标准。采用最低费用选择法的财政支出,如行政管理、国防等方面的支出,其成本易于计算,但效益难以衡量,而且通过此类支出所提供的商品或服务,不可能以任何形式进入市场交换。运用这种方法确定最优支出方案,技术上不难做到,难点在于备选方案的确定,因为所有备选方案应能无差别地实现同一个既定目标,据此再选择费用最低的方案,但要做到这一点是很困难的。

3. 公共定价法。公共定价是指政府相关管理部门通过一定的程序和规则制定提供的公共产品的价格和收费标准。采用公共定价法的财政支出项目,成本易于衡量,效益难以计算,但通过这类支出所提供的商品或服务,可以部分或全部地进入市场交易。从定价政策看,公共定价实际上包括两方面:一是纯公共定价,即政府直接制定自然垄断行业(如能源、通信、交通等公用事业和煤、石油、原子能、钢铁等基本品行业)的价格;二是管制定价或价格管制,即政府规定竞争性管制行业(如金融、农业、教育和医药等行业)的价格。政府通过公共定价法,能够提高整个社会资源的配置效率,使这些产品和服务得到最有效的使用,从而提高财政支出的效益。

五、政府采购制度

(一)政府采购制度的含义

政府采购制度是以公开招标、投标为主要方式选择供货商(厂商),从国内外市场为政府部门或所属团体购买商品或劳务的一种制度。它具有公开性、公正性和竞争性的特征,而公平竞争是政府采购制度的基石。政府采购与私人采购相比,具有以下特征。

1. 政府采购主体具有特殊性,政府采购资金主要是财政资金。政府采购主体是依靠国家财政资金运作的政府机关、事业单位等,政府采购资金主要来源于财政拨款,最终来源于纳税人缴纳的税款和政府公共性收费。而私人采购主体一般是指个人或企业等微观主体,因此,私人采购资金主要来源于个人收入或企业资金。

2. 政府采购行为不以赢利为目的。政府采购的目的是为了满足社会公共需要,实现政府职能和公共利益,提高财政资金使用效益,从事政府采购管理的机构和人员没有赢利的动机。而企业等微观主体的采购行为的目的是使赢利最大化。

3. 政府采购具有政策性。公共支出管理是国家管理经济的一个重要手段,而作为公共支出管理重要环节之一的政府采购,必须承担执行国家政策的使命。同时,一国政府也可将政府采购作为保护本国产品和企业的手段。而私人采购则没有这种责任。

4. 政府采购范围广、规模大。政府采购涉及面相当广泛,规模非常大,为了便于管理和统计,国际上通行的做法是按采购对象性质将其分为货物、工程和服务。政府采购不论从采购数量还是从采购耗费的资金量来说,政府始终是各国国内市场最大的消费者。

(二)政府采购制度的意义

为了加强财政支出管理,在广泛借鉴国际经验的基础上,我国于1996年开始了国际上通行的政府采购试点工作。2002年,第九届全国人民代表大会通过了《中华人民共和国政府采购法》,并公布自2003年1月1日起实施。政府采购制度的实施对提高财政资金的使用效益,加强国家的宏观调控能力,优化资源配置和抑制腐败现象具有重要作用,尤其可以从以下三个层次上提高财政支出效益。

第一,从财政部门自身角度来看,政府采购制度有利于政府部门强化支出管理,硬化预算约束,将市场的竞争机制引入政府消费,在公开、公正、公平的竞争环境下,充分利用买方市场的优势,降低购买成本,提高财政资金的使用效益。

第二,从政府代理人角度来看,政府采购机构通过招标竞价的方式优中选优,可以尽可能地节约资金,提高所购货物、工程及服务的质量,防止重复购置,从而进一步规范政府采购行为,有利于政府采购制度实施效率的提高。

第三,从财政部门代理人与供应商之间的关系角度来看,政府采购制度引入招

投标竞争机制,使得采购实体与供应商之间合谋腐败的现象大大减少,在很大程度上避免了供应商与采购实体成为最大受益者而国家成为最大损失者的问题的出现,即通过强化制度约束机制,能够从源头上抑制腐败现象的产生。

第二节　购买性支出

购买性支出是政府及其机构在市场上购买商品和劳务,用于政治、经济、军事、文化和外交活动等方面的支出。按照被购买商品和劳务的消费特征,购买性支出可以分成消费性支出和投资性支出两大类。

一、财政消费性支出

(一)财政消费性支出的含义

财政消费性支出是购买性支出的一项重要内容。财政消费性支出是指维护政府机构正常运转和政府提供公共服务所需的经费的总称。在财政支出安排上,首先,必须保证这些支出项目必要的支出,这是财政工作的基本职责。财政消费性支出是国家执行政治职能和社会职能的保证。一国政府不仅要为公民提供国家防务和社会安定,还要通过法律、行政和社会管理处理和协调公民之间的相互关系,维系正常的社会关系以及商务关系。其次,随着经济的不断增长,政府还必须保证各项社会事业的相应发展,实现经济社会的可持续发展,扩展社会发展空间,不断提高居民的生活质量。在我国目前的财政支出项目中,属于财政消费性支出的有行政管理支出、国防支出、文教科卫支出以及工交商农等部门的事业费等。

(二)行政管理支出

1. 行政管理支出的内容。行政管理支出是财政上用于国家各级权力机关、行政管理机关和外事机构行使其职能所需的费用,包括行政管理费、公检法司支出、武装警察部队支出、国家安全支出、外交外事支出和对外援助等。其中,行政管理费包括党政机关经费、行政业务费、干部训练费及其他行政费等;公检法司支出包括各级公安司法检察机关经费、公安司法检察业务费、司法警察学校和公安司法检察干部训练学校经费及其他经费等;武装警察部队支出包括武装警察部队经费、业务费等;国家安全支出包括安全机关经费、安全业务费等;外交外事支出包括驻外机构经费、出国费、外宾招待费和国际组织会费等。行政管理支出按最终用途划分,可分为人员经费和公用经费两部分。人员经费是指用于保证行政人员正常行使其职能的费用支出,包括上述政府权力机关、行政机关和外事机构的工作人员的工资、福利费、离退休人员费用和其他经费;公用经费是指用于保证政府机构正常开展公务而花费的支出,包括公务费、修缮费、业务费和购置费等。

2. 我国行政管理支出的状况。近年来,我国行政管理支出占 GDP 的比重、行政管理支出占财政支出的比重呈逐年上升的趋势。行政管理费的增长,有其合理性。随着社会经济活动日趋复杂、社会交往的规模增大以及"城市化"进程的加大,用于维持秩序的机关的增多以及相应的经费的增长也就不可避免。而国际交往也会随经济发展和外事活动的频繁而逐渐增多,于是,驻外机构的费用、迎来送往的支出也将呈不断增加的趋势。但是,我国在较长时间内政府职能界定不清、政府机构和人员过度膨胀,是导致行政管理支出过多、增速过快的主要原因。此外,行政管理支出理应向公用经费倾斜,但我国的公用经费缺乏明确的界定,预算约束软化,行政机构和人员队伍庞大,政企不分,经费增长过快,滋长了官僚主义,助长了铺张浪费,是贪污腐败的温床。

我国人口众多,行政事务繁杂,在传统体制下,政府包揽过多,而当前又处于转轨过程中,所以行政管理支出的控制是一个十分棘手的问题。究竟要有怎样的一些政府部门,设置哪些机构,行政管理费应当维持多大规模,最终还是要通过正常的政治程序来解决和完善。为此,首先需要进一步完善政治程序的科学化和民主化,提高其透明度。我国全国人民代表大会及其常委会和中央政府多次重申并强调本着"精简、统一、效能"的原则,积极推进政府机构改革,将为控制行政管理支出的增长带来契机并提供前提条件,2001 年已经显现出明显的效果。参照各国的经验,可行的办法是对行政管理费支出的绝对规模或其占财政支出的比重规定一个具有法律效力的指标,并由国家立法机关和国家审计部门对之施行严格的审计监督和立法监督。与此同时,财政部门本身必须对行政管理支出加强管理和监督,主要是适应行政机构改革,规范行政管理支出的供应范围,完善行政管理支出定额和考核办法,坚持支出程序,加强检查监督,走上法制化、规范化的轨道。

(三) 国防支出

1. 我国国防支出的内容。我国的国防支出包括国防费、国防科研事业费、民兵建设费以及用于专项工程和其他方面的支出,按用途可分为维持费和投资费两大部分。维持费主要用于维持军队的稳定和日常活动,提高军队的战备水平,是国防建设的重要物质基础,包括军队人员经费、军事活动维持费、武器装备维修保养费和教育训练费等;投资费主要用于提高军队的武器装备水平,是增强军队战斗力的重要条件,主要包括武器装备的研制费、武器装备的采购费、军事工程建设和国土防空费。

2. 我国国防支出的状况。我国国防支出增长总的趋势是缓慢的,20 世纪 90 年代中期趋减,近几年有所增加,但增减幅度不大,一般滞后于财政支出和 GDP 的增幅。我国国防支出的总体水平在世界上相对较低。我国国防支出的低水平,不仅反映在国防支出的绝对值上,也反映在国防支出占 GDP 和国家财政支出的比重上。据《国际统计年鉴 2016》数据测算,2013 年,我国的国防支出为 7 201.68 亿元人民币,占中央财政支出的比重为 10.01%,这一比重在 2005 年为 7.3%,2006 年为 7.4%，即与前几年相比有所上升。同年，印度为 10.87%，英国为 5.47%。2014 年美国国防支出占中央财政支出的比重为 15.26%。2014 年国防支出占 GDP 的比重，中国为 2.1%，美国为 3.5%，英国为 2.2%，法国为 2.2%。

国防支出规模是和同一个时期的国际形势和该国的国防政策直接相关的。我国实施积极防御的军事战略方针，立足于打赢现代技术特别是高技术条件下的局部战争，注重遏制战争的爆发，坚持和发展人民战争思想。我国国防建设的基本目标和任务是：制止分裂，促进统一，防备和抵抗侵略，捍卫国家主权、领土完整和海洋权益；维护国家发展利益，促进经济社会全面、协调、可持续发展，不断增强综合国力；坚持国防建设与经济建设协调发展的方针，建立符合中国国情和适应世界军事发展趋势的现代化国防，提高信息化条件下的防卫作战能力；保障人民群众的政治、经济、文化权益，严厉打击各种犯罪活动，保持正常的社会秩序和社会的稳定。因此，根据我国的国防政策以及当前的国际形势，确定合理的国防支出规模是必然途径。

（四）文教科卫支出

1. 文教科卫支出的内容。文教科卫支出是文化、教育、科学、卫生支出的简称。此外，文教科卫支出还包括出版、文物、档案、地震、海洋、计划生育等项事业的事业费支出。文教科卫支出按用途不同，可以分为人员经费支出和公用经费支出，它们分别用于文教科卫等单位的人员经费支出和公用经费支出。人员经费支出主要用于文教科卫等单位的工资、补助工资、职工福利费、离退休人员费用、奖学金等开支项目，其中，工资是人员经费支出中最主要的内容。公用经费支出用于解决文教科卫等单位为完成事业计划所需要的各项费用开支。按 2007 年 1 月 1 日起执行的《政府收支分类改革方案》中的支出功能分类，"教育类"下分设 10 款支出：教育管理事务支出、普通教育支出、职业教育支出、成人教育支出、广播电视教育支出、留学教育支出、特殊教育支出、教师进修及干部继续教育支出、教育附加及基金支出、其他教育支出。"科学技术类"下分设 9 款支出：科学技术管理事务支出、基础研究支出、应用研究支出、技术研究与开发支出、科技条件与服务支出、社会科学支出、科学技术普及支出、科技交流与合作支出、其他科学技术支出。"文化体育与传媒类"下分设 6 款支出：文化支出、文物支出、体育支出、广播影视支出、新闻出版支出、其他文化体育与传媒支出。"医疗卫生类"下分设 10 款支出：医疗卫生管理事务支出、医疗服务支出、社区卫生服务支出、医疗保障支出、疾病预防控制支出、卫生监督支出、妇幼保健支出、农村卫生支出、中医药支出、其他医疗卫生支出。

（1）教育支出。"百年大计，教育为本"，教育发达程度、教育投入水平常常是衡量一个国家文明程度、一个民族素质的主要标准。从经济性质看，教育一般被看作一种混合产品。然而，教育是分初、中、高几个层次的，而多数国家根据本国经济发展程度，通过宪法对初级教育规定若干年的义务教育。所谓义务教育，是保证公民基本素质的教育,既是每个公民的一种权利,也是每个公民的一种义务,带有强制性。既然是国家通过立法安排的义务教育,每个公民都可以无差别地享受这种教育,那么这种教育服务理所应当由政府来提供和保证,如果政府不能保证义务教育的足够的经费,就应视为政府的失职。从这个角度来看,义务教育是纯公共产品。至于义务教育以外的高层次教育,主要有高等教育、职业教育和成人教育等,则具有两面性。一方面,高层次教育是提高公民素质的教育,可以为国家培养建设人才,从而促进社会经济的发展,因而也属于公共产品范畴。但另一方面,受教育者可以从高层次教育中获得更多、更高的知识和技能,为将来找到一份较好的职业、获得较高的收入、拥有较多的晋升机会奠定基础。也就是说,个人从高层次教育中得到的利益是内在化和私人化的,而且一些人接受高层次教育,就会减少另一些人接受高层次教育的机会。因此,按照公共产品理论,义务教育以外的高层次教育,不属于纯公共产品,而属于混合产品。教育服务的混合产品性质,决定了教育不能像国防和国家安全一样,完全由政府免费提供,而应该向受教育者部分地收费,而且也可以由私人兴办。

(2)科研支出。从经济性质来讲,科学研究属于混合产品。科学研究是可以由个人或某一集体去完成的。一般地说,科学研究的成果也可以有偿转让,但有一些情况会使这种买卖十分困难。科学研究是社会共同需要的,但由于一部分科学研究的成果所获得的利益不易通过市场交换与科学研究的成本对应起来,所以,用于那些外部效应较强的科学研究活动(主要是指基础科学研究活动)的经费,应由政府承担,而用于那些可以通过市场交换来充分弥补成本的科学研究活动(主要是指应用性科学研究活动)的经费,则可由微观主体来承担。

(3)卫生支出。卫生事业分为公共卫生和医疗。公共卫生产品是具有很大外部效应的纯公共产品,包括安全饮用水、传染病与寄生虫病的防范和病菌传播媒介的控制等。由于这些产品具有非排他性,即不能排除不付费者享受这种服务的利益,因而私人根本不会提供或者不会充分提供。除此之外,公共卫生产品还包括提供卫生防疫和卫生信息一类的活动,而卫生信息是一种具有外部效应和非排他性的公共产品,市场不可能充分提供卫生、免疫、营养以及计划生育等方面的免费服务,因此,政府必须提供公共卫生支出。医疗属于混合产品,可以由政府和市场共同承担。

2. 我国文教科卫支出状况。文教科卫事业的发展与物质财富的生产有着密切的关系,而且其贡献越来越大。文化、教育、科学、卫生事业在现代社会经济发展中发挥着日益重要的作用,各国政府无不投入大量资金,而且支出规模越来越大。我国财政支出的结构变化也充分反映了文教科卫支出份额不断增大的趋势。具体来看:在教育支出方面,近年来,我国教育经费支出规模不断增长。在2005年,财政性的资金用于教育支出的占GDP的比重大概是3.12%。我国教育经费来源构成以政府投入为主。2007年起,全国农村义务教育学费全免,还了义务教育纯公共产品的本来面目。2015年,国家财政性教育经费为29 221.45亿元,比上年的26 420.58亿元增长10.60%,占GDP的比例为4.26%,比上年的4.10%增加了0.16个百分点。这是我国自2012年实现国家财政性教育经费占GDP比例达4%目标以来,连续第四年超过4%。在科研支出方面,我国财政用于科学研究支出及其占财政支出和GDP的比重基本上是在逐年提高,同时,还通过科技三项费用、税收优惠和财政补贴等多种渠道鼓励和带动民间科技的投入。我国科学研究投入虽有较快的增长,但与发达国家相比仍存在着较大的差距,与某些科技进步较快的发展中国家相比也有一定的差距。今后,继续增加科技投入并加大鼓励企业增加科技投入的财政政策的力度,仍是制定财政政策的一个重要方向。在卫生支出方面,自"非典"事件爆发后,我国对卫生事业的重视程度加强,反映在财政支出方面,是对卫生事业方面的财政支出大规模增加,2015年的预算支出为11 953.18亿元。此外,我国医疗保险制度的改革也在逐步深化。

二、财政投资性支出

(一)财政投资性支出的含义

财政投资性支出又称政府投资支出。政府投资和非政府投资构成社会总投资。财政投资是指政府为了实现经济和社会发展战略,将一部分财政资金转化为公共部门资产的行为和过程。有别于一般财政消费支出,财政当期的投入将带来未来的产出。但政府投资与非政府投资相比,有其显著的特点。

1.追求的目标不同。非政府投资追求微观上的营利性,非政府投资是由具有独立法人资格的企业或个人从事的投资,作为商品生产者,他们的目标是追求赢利,而且,他们的赢利是根据自身所能感受到的微观效益和微观成本计算的;而政府投资则追求国民经济的整体效益,由于政府居于宏观调控的主体地位,因此必须从社会效益和社会成本角度来评价和安排自己的投资。

2. 资金的来源渠道和投资方向不同。企业或个人主要依靠自身的积累和社会筹资来为投资提供资金,一般难以承担规模宏大的建设项目,主要从事周转快、见效快的短期性投资;而政府投资资金来源于税收、公债等渠道,财力雄厚,可以投资于大型项目和长期项目。

3. 在国民经济中的地位和作用不同。市场经济条件下,投资主要依赖于企业,但企业囿于一行一业,其投资不可能顾及非经济的社会效益,如果完全依靠非政府投资,一国的投资结构就很难优化;而政府却可以从事社会效益好而经济效益一般的投资,可以将投资集中于那些"外部效应"较大的公用设施、能源、通信、交通、农业以及治理大江大河和污染等有关国计民生的产业和领域,从而优化国民经济结构,打破经济发展中的各种"瓶颈"。

(二)基础设施的财政投资

1. 基础设施的含义。基础设施有广义和狭义之分。狭义的基础设施,是指经济社会活动的公共设施,主要包括交通运输、通信、供电、机场、港口、桥梁和城市给排水、供气等。广义的基础设施,除包括狭义的内容外,还包括提供无形产品或服务的科学、文化、教育、卫生等部门。基础设施是支撑一国经济运行的基础部门,它决定着工业、农业、商业等直接生产活动的发展水平。一国的基础设施越发达,该国的国民经济运行就越有效,人民的生活也越便利,生活质量相对来说也就越高。

2. 基础设施财政投资的必要性。马克思曾把生产条件分为共同生产条件和特殊生产条件。与此相对应,他把固定资本也分为两类:一类是以机器的形式直接进入生产过程的那种固定资本;另一类是具有铁路、建筑物、农业改良、排水设备等形式的固定资本。马克思具体指出了后一类固定资本的特点:"作为生产资料来看,固定资本在这里与机器一类的东西不同,因为它同时被不同的资本当作它们共同的生产条件和流通条件来使用。固定资本不是表现为被包含在特殊生产过程中的东西,而是表现为各特殊资本的大量这类生产过程的联络动脉,它就是由这些特殊资本一部分一部分地消耗掉的。因此,在这种场合,对于所有这类特殊资本就其特殊生产过程来说,固定资本是一种特殊的同它们相分离的生产部门的产品,但是,在这里不能像机器的买卖那样,即一个生产者不能把它作为流动资本售出,另一个生产者也不能把它作为固定资本买进来;相反,它只有以固定资本自身的形式才能出售。"①因此,基础设施与其他产业相比,具有不同的经济意义。从整个生产过程来看,基础设施为整个生产过程提供"共同的生产条件",具有不可分割性和独占性。

基础设施大都属于资本密集型行业,需要大量的资金投入,而且它们的建设周期比较长,投资形成生产能力和回收投资往往需要许多年,这些特点决定了大型的基础设施很难由个别企业独立投资完成。这也和前面提到的政府投资的特点相适应。

基础设施是位于国民经济上游的部门,其使用消耗构成其他产业的成本,因此,基础设施的价格关系到其他产业的价格。如果基础设施发展得薄弱,成为国民经济的"瓶颈",就会影响到整个国民经济健康、持续、稳定的发展。因此,基础设施的发展离不开政府强有力的支持。

在我国经济发展的过程中,长期存在着结构性矛盾,基础设施的短缺长期成为社会经济发展的主要制约因素。比如,电力供应长期不足,供给增长速度滞后于 GDP 的增长速度,"瓶颈"十分严重,而且至今仍然存在。1998 年,我国实施积极财

---

① 《马克思恩格斯全集》第 46 卷(下),人民出版社,1972 年版,第 241 页。

政政策,主要通过增发国债来筹集资金,并将这些资金重点用于大江大河的治理、农林水利和交通通信设施建设、环境保护、城乡电网改造、粮食仓库建设和城市公用事业支出等方面,公共设施的落后状态已经大有改观。

(三)农业的财政投资

1. 农业财政投资的主要内容。财政支农资金,主要包括以下内容。

(1)农林、水利、气象等方面的基本建设投资支出。国家财政对农业和农垦部门的基本建设投资,主要包括对国有农场和生产建设农垦区的基本建设投资;对林业的基本建设投资,主要包括建设场房、购买设备、种苗和栽树等费用;对水利的基本建设投资,主要包括根治大江大河,修筑水库、桥梁等基本建设费用;对气象部门的基本建设投资,主要包括建设气象台、站和购买设备等费用。此外,基本建设投资支出还包括对属于上述系统的事业单位的基本建设投资。

(2)农林企业挖潜改造资金支出。这是指国家财政用在农垦、农牧、农机、林业、水利、水产、气象等方面的挖潜改造资金。

(3)农林部门科技三项费用。这是指国家财政用于农业、畜牧、农机、林业、水利、水产、气象等部门的新产品试制费、中间试验费和重要科学研究补助费三项费用。

(4)农林、水利、气象等部门的事业费支出。这是指国家财政用在农垦、农场、农林、畜牧、农机、林业、水利、水产、气象、乡镇等方面以及农业资源调查和土地管理等方面的事业费。

(5)支援农业生产支出。这是国家财政对农村集体经济单位和农户的各项生产性支出的支援,主要包括小型农田水利和水土保持补助费、支援农村合作生产组织资金、农技推广和植保补助费、农村草场和畜禽保护补助费、农村造林和林木保护补助费、农村水产补助费、农业发展专项资金和发展粮食生产专项资金支出等。

2. 农业财政投资的必要性、范围和重点。农业财政投资有其必要性,因为农业部门自身难以产生足够的积累,生产率较低的现状使其难以承受贷款的负担,更为重要的是,许多农业投资只适宜由政府来进行。一般来说,凡是具有外部效应且规模巨大的农业项目,都应由政府财政投资,具体包括以下两个方面。

(1)以水利为核心的农业基础设施建设。农业固定资产投资,如治理大江大河的投资、大型水库和各种灌溉工程等的投资,其特点是投资额大,投资期限长,牵涉面广,投资以后产生的效益不易分割,而且投资的成本及其效益之间的关系不十分明显。由于具有上述特点,农业固定资产投资不可能由分散的农户独立进行,所以应由政府财政投资。

(2)推动农业技术进步的农业科研活动。农业科研属于基础性科研,具有典型的外部效应。农业科研成果应用于农业生产,必须经过推广的程序,为了使农户接受新的生产技术,还需对农户进行宣传、教育和培训。为完成这一系列任务,需要筹集大量资金。农业科研成果将会使运用这项成果的农户受益,也就是说,农业科研单位的研究成果所产生的利益是"外溢"的,但是,进行这项科研活动所需的一切费用却只能由科研单位自己承担。不仅如此,科研活动可能失败,其风险也只能由科研单位独自承担。因此,诸如农业科研、科学技术推广、农户教育之类的对农业发展至关重要的方面的投资,依靠单个的甚至是组织成为较大集体的农户来办,是很困难的,这些投资只能由政府来承担。

适宜由农户来承担的投资主要是流动资金投资(如购买农药、化肥、薄膜、除草剂等)以及如农机具及供农户使用的农业设施等固定资产投资。这些投资从规模上看是农户能够承担的,投资后产生的效益也很容易分割,成本与效益的对应关系也比较明显。

近年来,我国对农业的财政投入有所增加,但与我国农业的重要地位和发展要求相比,政府对农业的支持总量仍是低水平的。因此,政府应继续加大对农业的投资力度,优化投资结构,完善政府财政支农资金的管理体制。

(四)财政投融资制度

1. 财政投融资概念。财政投融资制度于20世纪40年代后期产生于日本,是一个财政与金融有机融合的独特的经济范畴,并以其独特的作用受到世界各国政府的重视。财政投融资是政府为实现一定的产业政策和其他政策目标,通过国家信用方式筹集资金,由财政统一掌握管理,并根据国民经济和社会发展规划,以出资(入股)或融资(贷款)方式,将资金投向急需发展的部门、企业或事业的一种资金融通活动。财政投融资是一种政策性投融资,它既不同于一般的财政投资,也不同于一般的商业性投资,而是介于这两者之间的一种新型的政府投资方式。

2. 财政投融资的基本特征。财政投融资的基本特征包括以下几个方面。

(1)财政投融资是一种政府投入资本金的政策性融资。它是在大力发展商业银行的同时构建的新型投融资渠道。随着社会主义市场经济体制的逐步建立和完善,市场融资的份额将扩大,把专业银行的政策性业务分离出来,也有助于实现专业银行商业化。

(2)财政投融资的目的性很强。财政投融资的范围也有严格的限制,主要投向能实现政府在不同经济发展阶段制定的政策目标的领域,一般来说,主要为基础设施和农业部门。当然,财政投融资的适用范围也随着具体的经济发展阶段而有所调整。如随着我国经济改革的深化,现在的大多数基础工业品会退出财政投融资领域,而在条件成熟时进入市场,放开价格,并通过组建股份公司和企业集团的形式来谋求发展。

(3)计划性与市场机制相结合。一方面,财政投融资的政策性和计划性很强,对市场的配置起补充调整作用;另一方面,它并没有脱离市场,而是以市场参数作为配置资金的主要依据,如政策性优惠贷款利率要以市场利率为基础。

(4) 财政投融资的管理由国家设立的专门的政策性金融机构——政策性银行负责统筹管理和经营。这样可以避免有偿性投资与一般性投资混淆，提高政府投资运作的总体效率。我国在 1994 年成立了三家政策性银行：国家开发银行、中国农业发展银行和中国进出口银行。

(5) 财政投融资的预算管理比较灵活。在预算年度内，国家预算的调整需要经过人民代表大会审批通过，而财政投融资预算在一定范围内（比如 50%）的追加，无须人民代表大会的审批。这样就能够根据经济发展状况及时调整财政投融资预算，减轻经济波动，不仅能弥补一般预算用于政府投资的资金不足，充分有效地调动国家财力，而且还能改善产业结构，增加社会资本积累，促进经济稳定增长。

第三节　转移性支出

转移性支出是指财政对居民个人和非公共企业提供的无偿资金支付，在财政支出科目上主要包括社会保障支出、财政补贴、国债利息支出和捐赠支出等，是政府实现公平分配的主要手段。转移性支出远离市场，可以避免对市场运行的直接干扰；转移性支出发生在分配环节，可以直接发挥对低收入阶层的保障作用。因此，市场经济下的各国政府普遍通过转移性支出实现公平职能。

一、社会保障支出

（一）社会保障制度的含义和内容

社会保障制度是指国家为了帮助其公民克服面临的风险和不确定性因素，而面向所有公民提供基本生活保障的制度。这类不确定性因素主要有年老、残废、疾病、工伤、失业、自然灾害、贫困等。社会保障制度一般包括以下几个方面的内容。

1. 社会保险。社会保险是社会保障制度的核心内容，它所遵循的原则是：风险共担，互助互济。社会保险是国家强制实施的交费保险，费用一般由雇主和雇员分担，当支付不足时，由政府财政弥补差额。我国社会保险主要包括养老保险、工伤保险、医疗保险、失业保险、生育保险等不同形式。

2. 社会救济。社会救济是国家财政通过财政拨款，向生活确有困难的城乡居民提供资助的社会保障计划。社会救济只向符合条件的需要者免费发放，如残疾人、儿童、贫困妇女、无依无靠的老人等。我国从国家发展的实际出发，最大限度地对生活困难者实行最低社会保障，对受灾群众进行救济，对城市流浪乞讨人员予以救助，提倡并鼓励开展各种社会互助活动。

3. 社会抚恤。社会抚恤是国家专门向对社会有功人员、有特殊贡献人员提供的特殊津贴。它是一种不需要交费的特殊津贴，费用全部由国家负担，内容主要包括对烈士、伤残军人、因公受伤的政府工作人员或公民等的各种福利开支。我国政府动员社会各方面力量,从保障优抚对象和退役军人的切实利益出发,不断完善各项优抚安置制度,提高优抚对象的保障水平,推进退役军人安置管理的法制化、制度化建设,维护优抚安置对象的合法权益。

4. 社会福利。社会福利是指对特定的社会成员的优待和提供的福利。我国政府积极推进社会福利事业的发展,通过多种渠道筹集资金,为老年人、孤儿和残疾人等群体提供社会福利。

(二)社会保障资金的筹措

社会保障制度的内容不同,其资金筹集的手段也各不相同。

1. 社会救助、社会福利、社会优抚类的资金筹集。这几类保障项目所要保障的风险具有一定的偶然性和特殊性,不是每一个社会成员在一生中都会遇到的,其资金的需要量没有一定的规律,且数量相对较少,而且接受资助的社会成员或无力缴纳社会保障费用,或无须缴纳相关费用。有鉴于此,此类保障项目不需要建立专门的资金筹措制度,其资金直接来源于政府的一般税收收入,而支出项目则列入政府的一般经费预算,并通过政府的有关管理部门将补助金转移到受助人手中。

2. 社会保险资金的筹措。社会保险的保障相比其他保障更具有普遍性,其所保障的主要风险几乎是每一个社会成员都会遭遇到的,故社会保险费用具有数量大、支出有规律性的特点,这就要求社会保险项目一定要有广泛而稳定的资金来源。其主要形式有以下四种。

(1)基金积累制。基金积累制是采用预筹积累方式来筹集资金,在若干年里,按规定的一定比例逐年逐月缴纳而积累形成的。其基本原则是事先提留、逐年积累、到期使用。其具体办法是采用个人账户,在社会保障机制中引入激励机制,即谁积累谁受益、多积累多收益。由于个人账户产权清晰,可以调动人们进行积累和劳动的积极性,从而避免了"吃大锅饭"的弊端。基金积累制筹资模式具有费率高、对应性强、能形成预筹资金、不存在支付危机的特点。但其也面临如何使预筹基金免受通货膨胀的威胁和不断保值增值的问题。同时,采用个人账户方式预筹积累,必然依赖大量的信息,要对庞大的信息系统进行管理,这就对管理人员的素质和科技水平提出了较高的要求。

(2)现收现付制。当年筹集的保险资金只用于满足当年支出的需要,而不为以后年度的社会保险储备基金。也就是说,现收现付制是在职的一代赡养已退休的上一代、在职的交费直接用于支付当期退休者的退休金。这种制度有利于低收入者,同时由于基金实行现收现付,不会出现基金积累受经济波动的影响而使退休金遭遇损失。但是,由于人口老龄化问题,它给政府带来的财政压力将越来越大。

(3)社会保险税。社会保险税是为筹集特定的社会保险款项,对发生工薪收入的雇主、雇员,以其支付、取得的工资、薪金收入为课税对象而征收的一种税。该税借助税收的强制性、固定性来筹集社会保险资金,使其具有稳定、可靠的来源,有利于统一管理、提高社会保障的社会化程度。

(4)混合制。混合制是指根据社会保障内容的不同特征,资金的筹集一部分采用基金积累制方式,另一部分采用社会保险税方式。其特点是在一定程度上可以尽量避免单一实行上述两种筹资方式的缺点。但采用混合制有可能造成社会成本的提高,即既要有一部分人来从事社会保险税的征收和分配,又要有一部分人去管理个人账户的业务。这无疑将消耗更多的资源来实现特定水准的社会保险,从而加大成本开支。

目前,我国正在进一步完善社会保障制度,对养老、医疗、失业实行社会统筹与个人账户相结合的模式。但这也仅局限在城市居民中,其主要缺陷表现为统筹范围、待遇标准、资金管理和发放缺乏严格、明确的法律依据。一方面,一些单位和个人不及时足额上缴保险费用,大量资金游离于财政控制范围之外;另一方面,社会保险基金被挤占、挪用,缺乏保值增值机制,浪费严重,效益低下。因此,为适应社会主义市场经济发展的要求,建立一套约束力强、刚性足的资金筹集制度已迫在眉睫。我国应借鉴国际经验,适时开征社会保险税,这是当前行之有效的理想选择。在《中华人民共和国国民经济和社会发展"九五"计划和 2010 年远景目标纲要》中,我国已明确提出要开征社会保险税。随着社会保险事业改革的深入,社会保险税的征收、管理、使用、分工协作的统一体系也必将逐步建立和完善。随着社会经济的发展,我国应建立和完善适合我国国情,与我国经济发展水平相适应的社会保障制度,扩大社会保障的范围,提高社会保障的水平。

二、财政补贴

(一)财政补贴的含义和分类

1. 财政补贴的含义。财政补贴是一种影响相对价格结构,从而可以改变资源配置结构、供给结构和需求结构的政府无偿支出。财政补贴总与相对价格的变动联系在一起:或者是财政补贴引起价格变动,或者是价格变动导致财政补贴。因此,财政补贴也称为价格补贴。

2. 财政补贴的分类。财政补贴可以分为以下几种。

(1)物价补贴。物价补贴是国家为了弥补因价格体制或政策原因,造成人民生活水平降低或企业利润减少而支付的补贴。比如,当市场价格过低,农民增产不增收时,政府为保护农民利益,按保护价敞开收购粮食,实行的就是农产品物价补贴。实行物价补贴后,农产品的相对价格提高了,能够保证农民的收入,有利于农业的发展。

(2)企业亏损补贴。企业亏损补贴是国家对一些政策性亏损的国有企业给予的补贴,以维持企业的生产经营。如在我国,按规定生产低利或亏损产品、技术设备落后、供销条件不利的国有企业可享受企业亏损补贴。

(3)财政贴息。财政贴息是国家对企业的某些用于规定用途的银行贷款,就其支付的贷款利息提供的补贴。

(4)税式支出。税式支出是指国家财政对某些纳税人和课税对象给予的税收优惠,包括减税、免税、退税、税收抵免等。税收优惠从表现上看是减少国家的财政收入,但究其实质是国家给享受税收优惠纳税人的一种补贴,在功能和效果上都是在执行国家的支出计划,类似于国家的财政支出。

(5)进出口补贴。进口补贴是国家为体现产业政策,给予进口国家急需产品的进口商的一种补贴;出口补贴是国家为降低出口商品的成本和价格,提高商品在国际市场上的竞争力,给予出口商和出口商品生产者的补贴。

(二)财政补贴的作用

财政补贴具有双重作用。一方面,财政补贴是国家调节国民经济和社会生活的重要杠杆。运用财政补贴特别是价格补贴,能够保持市场销售价格的基本稳定;保证城乡居民的基本生活水平;有利于合理分配国民收入;有利于合理利用和开发资源。另一方面,补贴范围过广,项目过多也会扭曲比价关系,削弱价格作为经济杠杆的作用,妨碍正确核算成本和效益,掩盖企业的经营性亏损,不利于促使企业改善经营管理;如果补贴数额过大,超越国家财力所能,就会造成国家财政的沉重负担,影响经济建设规模,阻滞经济发展速度。

三、税式支出

(一)税式支出的含义和分类

税式支出是对基准税制的一种偏离方式,且这种偏离减少了政府收入或构成政府的支出。简单来说,它是指国家财政对某些纳税人和课税对象给予的税收优惠。

从税式支出所发挥的作用来看,可分为照顾性税式支出和刺激性税式支出。照顾性税式支出,主要是针对纳税人由于客观原因在生产经营上发生临时困难而无力纳税所采取的照顾性措施。例如,国有企业由于受到扭曲的价格等因素的干扰造成政策性亏损,或纳税人由于自然灾害造成暂时性的财务困难,政府除了用预算手段直接给予财政补贴外,还可以采取税式支出的办法,减少或免除这类纳税人的纳税义务。这类税式支出,目的在于扶植国家希望发展的亏损或微利企业以及外贸企业,以求国民经济各部门的发展保持基本平衡。但是,需要我们特别注意的是,在采取这种财政补贴性质的税式支出时,必须严格区分经营性亏损和政策性亏损,要尽可能地避免用税式支出的手段去支持因主观经营管理不善所造成的财务困难。刺激性税式支出,主要是指用来改善资源配置、提高经济效益的特殊减免规定,主要目的在于正确引导产业结构、产品结构、进出口结构以及市场供求,促进纳税人开发新产品、新技术以及积极安排劳动就业等。这类税式支出是税收优惠政策的主要方面,税收调节经济的杠杆作用也主要表现于此,如我国对高新技术企业的税收优惠措施。

(二) 税式支出的形式

1. 税收豁免。这是指在一定期间内,对纳税人的某些所得项目或所得来源不予课税,或将其某些活动不列入课税范围等,以豁免其税收负担。至于豁免期和豁免税收项目,应视当时的经济环境和政策而定。例如,我国现行税制规定,对个人的国债利息免征个人所得税。

2. 纳税扣除。这是指准许企业把一些合乎规定的特殊支出,以一定的比率或全部从应税所得中扣除,以减轻其税负,如我国现行税制中在计算企业所得税时对公益性捐赠的扣除规定。

3. 税收抵免。这是指允许纳税人把某种合乎奖励规定的支出,以一定比率从其应纳税额中扣除,以减轻其税负。其主要形式有两种,即投资抵免和国外税收抵免。

(1) 投资抵免。投资抵免因其性质类似于政府对私人投资的一种补助,故亦称之为投资津贴。它是指政府规定凡对可折旧性资产投资者,其可在当年应付公司所得税税额中,扣除相当于新投资设备某一比率的税额,以减轻其税负,借以促进资本形成并增强经济增长的潜力。通常,投资抵免是鼓励投资以刺激经济复苏的短期税收措施。

(2) 国外税收抵免。国外税收抵免常见于国际税收业务中,即纳税人在居住国汇总计算国外的收入所得税时,准予扣除其在国外的已纳税款。国外税收抵免与投资抵免的主要区别在于,前者是为了避免国际双重征税,使纳税人的税收负担公平;后者是为了刺激投资,促进国民经济的增长与发展,它恰恰是通过造成纳税人的税收负担不平等来实现的。

4. 优惠税率。这是指对合乎规定的企业课以较一般企业更低的税率。这种方法,既可以是有期限的限制,也可以是长期优待。

5. 延期纳税。这是指允许纳税人对那些合乎规定的税收,延期缴纳或分期缴纳其应负担的税额。延期纳税,等于使纳税人得到一笔无息贷款,能在一定程度上帮助纳税人解除财务上的困难。采取这种办法,政府的负担也较轻微,因为政府只是延后收税而已,充其量只是损失一点利息。

6. 盈亏相抵。这是指准许企业以某一年度的盈余,弥补以前年度的亏损,以减少其以后年度的应纳税款;或是冲抵以前年度的盈余,申请退还以前年度已纳的部分税款。一般而言,盈亏相抵是有一定的时间限制的,如我国现行税制规定计算企业所得税时盈亏相抵的年限是 5 年。

7. 加速折旧。这是指在固定资产使用年限的初期提列较多的折旧。采用这种折旧方法,可以在固定资产的使用年限内早一些得到折旧费和减免税的税款。加速折旧可在固定资产使用年限的初期提列较大的折旧,但由于折旧累计的总额不能超过固定资产的可折旧成本,所以,其总折旧额并不会比一般折旧高。折旧是企业的一项费用,折旧额越大,企业的应课税所得额越小,税负就越轻。从总数上看,加速折旧并不能减轻企业的税负,政府在税收上似乎也没损失什么。但是,由于企业后期所提的折旧额大大小于前期,故税负较重。对企业来说,虽然总税负未变,但税负前轻后重,有税收递延缴纳之利,亦同政府给予一笔无息贷款之效;对政府而言,在一定时期内,虽然来自这方面的总税收收入未变,但税收收入前少后多,有收入迟滞之弊,政府损失了一部分收入的"时间价值"。因此,这种方式同延期纳税方式一样,都是税式支出的特殊形式。

8. 退税。这是指国家按规定对纳税人已纳税款的退还。退税的情况有很多,诸如多征、误征的税款,按规定提取的地方附加,按规定提取代征手续费等方面的退税,这些退税都属于"正规税制结构"范围。作为税式支出形式的退税是指优惠退税,是国家为鼓励纳税人从事或扩大某种经济活动而给予的税款退还,其包括两种形式:出口退税和再投资退税。出口退税是指为鼓励出口而给予纳税人的税款退还;一是退还进口税,即用进口原料或半制成品加工制成成品后,出口时退还其已纳的进口税;二是退还已纳的国内消费税、增值税等。再投资退税是指为鼓励投资者将分得的利润进行再投资,而退还纳税人再投资部分的已纳税款。

财政支出　政府采购制度　购买性支出　转移性支出　税式支出

1. 影响财政支出结构和规模的主要因素有哪些?
2. 试述财政支出原则。
3. 财政支出效益与微观经济主体的支出效益有什么区别?
4. 分析我国行政管理、国防、文教科卫财政支出的现状。
5. 分析我国基础设施、农业的财政投资现状。
6. 谈谈我国社会保障制度的改革思路。
7. 举例说明财政补贴和税式支出。

 **案 例**

从 2007 年起,着力解决民生问题就列入政府工作日程的首位,到 2017 年,民生工作已取得很大进展。

在十三届全国人大一次会议上,《关于 2017 年中央和地方预算执行情况与 2018 年中央和地方预算草案的报告》公布,并接受全国人大代表审查和批准。报告显示,2017 年一般公共预算、政府性基金和国有资本经营三本账支出总额高达 26.6 万亿元,支出规模创历史新高。

2017 年我国把新增财力以及调整出的存量资金更多地用于保障民生。

从 2017 年我国一般公共预算主要支出科目情况来看:教育支出 30 259 亿元,同比增长 7.8%;社会保障和就业支出 24 812 亿元,同比增长 16%;医疗卫生与计划生育支出 14 600 亿元,同比增长 9.3%;城乡社区支出 21 255 亿元,同比增长 15.6%。

从 2017 年主要支出政策来看,在教育方面,从春季学期开始统一城乡义务教育学生"两免一补"政策,实现"两免一补"和生均公用经费基准定额资金随学生流动可携带。

在社会保障和就业方面,适当提高退休人员基本养老金标准,建立基本养老金合理调整机制。在医疗卫生方面,将城乡居民基本医疗保险财政补助和个人缴费标准均提高 30 元,分别达到每人每年 450 元和 180 元。

资料来源:陈益刊,《解读 2017 国家账本:25 万亿财政支出重点在民生》,第一财经日报,2017 年 3 月 7 日。

 **案例分析**

该案例说明,我国政府在教育、卫生、农业、社会保障等方面的财政支出逐渐增加,这符合政府职能转变以及当前经济发展阶段的要求,表明我国的财政支出结构得到了进一步的优化。

第三章

财政收入概述

政府提供公共产品的过程,实际上是政府耗费或运用社会物质财富的过程。财政支出反映的正是政府对于社会物质财富的支出和运用,显然,这种支出和运用要以政府占有一定的社会财力为前提,财政收入便是政府为提供公共产品而获取的可供其支配的财力。财政收入的规模、结构及其增长变化趋势,关系着一个国家经济的发展和社会的进步。财政收入分析是财政理论的重要组成部分,而进行财政收入分析的首要前提是对财政收入作出科学的分类。所以,本章将从财政收入的含义入手,着重分析财政收入的分类、规模及结构,并在此基础上进一步分析影响财政收入规模增长变化的主要因素。了解财政收入的含义和分类,掌握财政收入的结构,尤其是财政收入的规模及其增长变化的影响因素,是本章的主要学习目的。

第一节 财政收入分类

一、财政收入的含义

提供公共产品,满足社会公共需要,是财政活动的主要目的。而要实现这一目的,政府必须首先获得提供公共产品的财政资金。因此,财政收入是政府为满足社会公共需要,依据一定的权力原则,通过国家财政,从企事业单位和居民个人收入中集中的一定数量的货币或实物资产收入。它通常有两个含义:第一,财政收入是一定量的公共性质的货币资金,即通过一定筹资形式和渠道集中起来的由国家集中掌握使用的货币资金,是国家占有的以一定量的货币表现的社会产品价值,主要是剩余产品价值。第二,财政收入又是一个过程,即组织收入、筹集资金的过程,它是财政分配的第一阶段或基础环节。

政府取得财政收入主要凭借公共权力,包括政治管理权、公共资产所有或占有权、公共信用权等,其中政治管理权是核心,这是由政府所提供的公共产品的性质所决定的。公共产品收益的普遍性,使大部分这类产品的供给无法采用经营性方式进行,因而只能凭借政府的政治管理权对社会成员的收入征税,来补偿公共产品的成本。

二、财政收入分类的依据

财政收入分析可以从多个角度进行,如可以从财政收入的形式、来源、规模和结构等多角度进行分析。而诸种分析顺利进行的首要条件是,要对财政收入作科学的分类。财政收入分类的必要性源于财政收入的复杂性。如从财政作为以国家为主体的分配活动的角度来看,应将财政收入理解为一个分配过程,这一过程是财政分配活动的一个阶段或一个环节,在其中形成特定的财政分配关系。在商品经济条件下,财政收入是以货币来度量的,从这个意义上来理解,财政收入又是一定量的货币收入,即国家占有的以货币表现的一定量的社会产品的价值,主要是剩余产品价值。

财政收入的复杂性又使得财政收入的分类多种多样。各国财政学者都十分重视财政收入分类,并根据研究角度的不同和对实践分析的不同需要有各不相同的分类主张。如有的将财政收入分为直接收入、间接收入和预期收入三类,有的将财政收入分为经常收入和临时收入两类,还有的将财政收入分为强制性收入和自由收入、公经济收入和私经济收入等。可见,财政收入是一个复杂的体系,为便于对财政收入进行分析,人们通常按一定的标准对财政收入加以分类。但对财政收入进行的能够具有理论和实践价值的分类,似乎应合乎两个方面的要求。一是要与财政收入的性质相吻合。由于财政收入既是一个分配过程,又是一定量的货币收入,具有两重性质,所以,财政收入分类应体现这一特点。二是要同各国实际相适应。如我国是发展中的社会主义国家,经济中的所有制结构和部门结构与其他国家有较大的差别,财政收入构成自然也与其他国家不同,财政收入分类必须反映这一现实。按照上述分类的要求,我国财政收入分类应同时采用两个不同的标准:一是以财政收入的形式为标准,主要反映财政收入过程中不同的征集方式以及通过各种方式取得的收入在总收入中所占的比重;二是以财政收入的来源为标准,主要体现作为一定量的货币收入从何取得,并反映各种来源的经济性质及变化趋势。

三、财政收入分类

(一)按财政收入形式分类

按财政收入形式分类,是指以财政收入的形式依据为标准进行分类。收入依据不同,财政收入的表现形式也不同。通常,把财政收入分为税收和其他收入两大类。这种分类的好处是突出了财政收入中的主体收入,即国家凭借政治权力占有的税收。税收收入的形成依据的是国家的政治管理权,它在财政收入中占据主导地位,它为一般的财政支出提供基本的资金来源,同时也是政府实施经济管理和调控的重要手段。其他形式的财政收入可以统称为非税收入,各有其特定的形式依据,反映不同的收入关系,在财政收入中所占份额相对较小。对其他财政收入还可以进一步划分为企业收入、债务收入以及其他收入等。我国的财政统计分析中经常采用的就是这种分类方法。不过,企业收入在1994年税制改革后,在财政收入统计中已经消失,而债务收入已不再列入经常收入,债务收支单独核算。按照这一分类方法,税收收入主要包括增值税、营业税、消费税、土地增值税、城市维护建设税、资源税、城市土地使用税、印花税、个人所得税、企业所得税、关税等。其他收入类包括排污费收入、城市水资源费收入、教育费附加收入等单项收入以及规费收入、事业收入和外事服务收入、国有资产管理收入、罚没收入等。其中,规费收入是指国家机关为居民或团体提供特殊服务或实施行政管理所收取的手续费和工本费,如工商企业登记费、商标注册费、公证费等。

按财政收入形式通常又可将财政收入分为经常性收入和非经常性收入(临时性收入)。经常性收入主要是指税收和各种收费,非经常性收入是指债务收入和其他收入。

按财政收入形式进行分类,主要应用于分析财政收入规模的增长变化及其增长变化的趋势。

(二)按财政收入来源分类

经济作为财政的基础和财政收入的来源,对财政分配过程和财政收入本身具有决定作用。无论国家以何种方式参与国民收入分配,财政收入过程总是和该国的经济制度和经济运行密切相关。如果把财政收入视为一定量的货币收入,它总是来自国民收入的分配和再分配。

现实中,财政收入总体上来源于国民生产总值,而国民生产总值又是由全国不同的单位、部门、地区创造的。因此,按财政收入来源对财政收入进行分类,可以选择两个不同的标准,或者说包括两种不同的亚类:一是以财政收入来源中的所有制结构为标准,可以将财政收入分为国有经济收入、集体经济收入、股份制经济收入、中外合营经济收入、私营经济收入、外商投资和外商独资经济收入、个体经济收入等;二是以财政收入来源中的部门结构为标准,可以将财政收入分为工业部门收入、农业部门收入、商业部门收入、建筑部门收入和其他部门收入等,其中,工业部门收入又可以分为轻工业部门收入和重工业部门收入。当然,对财政收入也可以作这样两种划分:一是分为生产部门收入和流通部门收入;二是分为第一产业部门收入、第二产业部门收入和第三产业部门收入等。

按财政收入来源对财政收入进行分类,有利于研究财政与经济之间的制衡关系,把握经济活动及其结构对财政收入规模及构成的决定作用,明确财政收入政策对经济运行的影响,从而有利于选择财政收入的适当规模和结构,并建立经济决定

财政、财政影响经济的和谐运行机制。

(三) 按财政收入的管理方式分类

按财政收入的管理方式分类,实际上是从按财政收入形式分类中衍生出来的一种分类方式。由于目前我国仍处于经济体制转轨时期,财政收入项目经常有所变动,财政统计也还不够规范,于是便有收费项目繁多、管理方式不统一的多种不同财政收入,并且这些繁多收费项目的种类经常变化。因此,为了对财政收入进行科学、准确的分析,需要将这些名称不同的财政收入按管理方式的不同进行分类。

按财政收入管理方式的不同,可以将财政收入分为预算内财政收入和预算外财政收入。预算内财政收入是指统一纳入国家预算、按国家预算立法程序实行规范管理、由各级政府统一安排使用的财政收入。目前,我国预算内财政收入项目包括各项税收、专项收入(如排污费、教育费附加收入)、其他收入(如基本建设收入、捐赠收入)、国有企业亏损补贴。预算外财政收入是指各级政府依据具有法律效力的法规,采取收费形式而形成的专项资金或专项基金。专项资金和专项基金的共同特征在于,一是在使用上由收费各部门安排使用,二是在统计上未纳入财政收入统计。不同的是,专项资金专项统计,并实行"收支两条线"管理;中央政府性基金收入已纳入预算管理,其数额在预算报告中专门列明。需要指出的是,预算外收入的内容和范围在各国并不完全相同,如美国的预算外收入是指按法律规定不包括在政府预算总额中的财政收入,如社会保障信托资金、邮政服务收入等。

此外,在人们分析财政收入时,还经常提到"制度外收入"。制度外收入是与预算外收入相对而言的,如果将预算外收入视为制度内收入,那么制度外收入就是预算之外的乱收费、乱罚款、乱摊派。制度外收入目前没有政府公布的统计数字,我国政府正在加强对制度外收入的清理整顿。

第二节 财政收入规模

财政收入规模与财政支出规模密切相关,在变化趋势上具有明显的一致性,但二者所说明的问题却不相同。如果说财政支出是直接说明政府活动规模的,那么财政收入则主要反映企业和居民家庭对政府活动经费的负担水平。

一、财政收入规模的含义与衡量指标

财政收入规模是指一国政府在一个财政年度内所拥有的财政收入总水平。财政收入规模的大小可以从静态和动态两个角度来进行分析,并分别采用两个不同的指标来描述:一是可以从静态的角度用年度财政收入的总量(年财政收入额)来描述,这是一个绝对数指标;二是可以从动态的角度用财政收入占国民生产总值的比重[(一定时期内财政收入总额/同期国民生产总值)×100%]来描述,这是一个相对数指标。

绝对数指标表现了一国政府在一定时期内的具体财力有多大,因而这一指标适用于财政收入计划指标的确定、完成情况的考核及财政收入规模变化的纵向比较;相对数指标则主要反映一国政府参与国民生产总值分配的程度(财政的集中程度)有多高,因而具有重要的分析意义,其分子根据反应对象和分析目的的不同可以运用不同口径的指标,如中央政府财政收入、各级政府财政总收入,同样分母也可以用不同口径的指标,如国民生产总值、国民收入等。

二、影响财政收入规模的因素

从历史上看,保证财政收入持续、稳定、适度地增长,始终是世界各国政府的主要财政目标,而在财政赤字笼罩世界的现代社会,谋求财政收入增长更为各国政府所重视。但是,财政收入规模多大,财政收入增长速度多快,不是或不仅仅是以政府的意愿为转移的,它要受到各种政治经济等因素的制约和影响,这些因素包括经济发展水平、生产技术水平、价格及收入分配体制等,其中最主要的是经济发展水平和生产技术水平。

(一) *经济发展水平和生产技术水平对财政收入规模的影响*

经济发展水平反映一个国家的社会产品的丰富程度和经济效益的高低。一般而言,经济发展水平高,社会产品丰富,国民生产总值就多,则该国的财政收入总额较大,占国民生产总值的比重也较高。当然,一个国家的财政收入规模还受其他各种主客观因素的影响,但有一点是可以肯定的,就是经济发展水平对财政收入的影响表现为基础性的制约,二者之间存在源与流、根与叶的关系,源远则流长,根深则叶茂。

从世界各国的现实状况考察,发达国家的财政收入规模大都高于发展中国家,而在发展中国家中,中等收入国家的财政收入规模又大都高于低收入国家,绝对额是如此,相对数亦是如此。这可以证明财政的一个基本原理:经济决定财政,经济不发达则财源不丰裕。

经济发展水平对财政收入规模的制约关系,可以运用回归分析方法做定量分析。回归分析是考察经济活动中两组或多组经济数据之间存在的相关关系的数学方法,其核心是找出数据之间的相关关系的具体形式,得出历史数据,借以总结经验,预测未来。

假设 Y 代表财政收入,X 代表国民生产总值,则有以下公式:

$$Y = \alpha + \beta X$$

式中,α 和 β 为待定系数。

这里需要说明的是,尽管回归分析是一种科学的定量分析方法,但其应用也是有条件的,当有关经济变量受各种非正常因素影响较大时,应用回归分析就不一定能得出正确的结论。为了解决此类问题,在进行回归分析之前往往需要作一些数据处理,通常在数据中剔除非正常的和不可比的因素。

由于一定的经济发展水平总是与一定的生产技术水平相适应,较高的经济发展水平往往是以较高的生产技术水平为支撑的,生产技术水平内含于经济发展水平之中,因此,生产技术水平也是影响财政收入规模的重要因素。对生产技术水平制约财政收入规模的分析,事实上是对经济发展水平制约财政收入规模研究的深化。

简单地说,生产技术水平是指生产中采用先进技术的程度,又可称之为技术进步。技术进步对财政收入规模的制约可从两个方面来分析:一是技术进步往往以生产速度加快、生产质量提高为结果。技术进步速度较快,GDP 的增长也较快,财政收入的增长就有了充分的财源。二是技术进步必然带来物耗比例降低,经济效益提高,产品附加值所占的比例扩大。由于财政收入主要来自产品附加值,所以技术进步对财政收入的影响更为直接和明显。

据有关经济学家测算,在 20 世纪初,一些发达国家经济增长的各种因素中,技术进步所占比重为 5.20%,到 20 世纪中叶上升到 40%,70 年代进一步上升到 60% 以上,其中,美国、日本等发达国家已达 80% 左右。我国作为一个发展中国家,生产技术水平与发达国家相比还有一定的差距,如对 1979—1987 年国民收入增长因素测算,技术进步对国民收入增长的贡献率仅为 15% 左右。但是,从技术进步发展过程来看,其作用仍是不断扩大的,如 1957—1965 年,我国国有工业企业技术进步对产值增长的贡献率为 20.7%,而 1976—1982 年,这一比例已达到或超过 40%。而且,随着我国改革开放的不断深入,技术进步的速度正以前所未有的态势在加快,其对我国经济增长的贡献也日益突出,并且技术进步带来的经济效益的大幅度提高,直接会对我国财政收入规模产生积极的影响。由此可见,促进技术进步,提高经济效益,是增加财政收入的首要的有效途径,在我国更是如此。

(二)分配政策和分配体制对财政收入规模的影响

制约财政收入规模的另一个重要因素是政府的分配政策和分配体制。经济决定财政,财政收入规模的大小,归根结底受生产发展水平的制约,这是财政学的一个基本观点。经济发展水平是分配的客观条件,而在客观条件既定的情况下,还存在通过分配进行调节的可能性。因此,在不同的国家(即使经济发展水平是相同的)和一个国家的不同时期,财政收入规模也是不同的。

改革开放后至 20 世纪 90 年代中期,我国财政收入占 GDP 的比重曾出现逐年下滑的趋势,直接导因是经济转轨过程中 GDP 分配格局的急剧变化。据有关部门统计,从最终收入分配格局分析,政府收入在 GDP 总额中所占比重 1978 年为 31.3%,到 1994 年下降为 12.0%,1995 年仅为 10.7%,与此同时,企业和居民家庭收入所占比重则有了相应提高。GDP 分配格局变化的显著特征是向居民个人倾斜。改革开放初期,这种倾斜带有补偿性质,原因在于过去在计划经济体制下,分配模式是"先扣除,后分配",实行低工资、低收入制度。当时,财政收入占 GDP 的比重最高年份曾高达 47%(1960 年)。从 1979 年起,我国开始对分配政策进行调整,当年采取了三大措施,即大幅度提高农副产品收购价格、提高职工工资水平、对企业减税让利。这三大措施的实施对财政收入产生了巨大影响,1979 年、1980 年两年财政收入平均只增长 1.2%,财政收入占 GDP 的比重急剧下降。此后,随着改革开放的不断深入,我国继续实行了一系列的减税让利措施,这使得财政收入占 GDP 的比重继续下降。

GDP 分配格局变化的原因是复杂的,是国民经济运行中各种因素综合作用的结果。首先,它是经济体制转轨的必然结果。分配体制和分配模式是由经济体制决定的,过去在计划经济体制下的统收统支体制,显然是和市场经济体制不相称的,经济体制转换带来分配体制的转换是必然的。实际上,我国经济体制改革是以分配体制改革为突破口的。实践证明,分配体制改革促进了经济体制改革,促进了经济的快速增长。其次,GDP 分配向个人倾斜,财政收入比重下降,与分配制度不健全以及分配秩序混乱有直接的关系。我国政府的分配制度和分配政策是明确的,即以按劳分配为主,多种分配形式并存;效率优先,兼顾公平;保护合法收入,取缔非法收入,调节过高收入。但在改革过程中,对这个政策的贯彻并不是十分有力。居民的收入可以分成两个部分:第一部分,制度内收入或称正常收入,主要是工资、奖金、经营收入和财产收入;第二部分,制度外收入或称非正常收入,即所谓灰色收入或黑色收入,这部分收入的特征是透明度差,其收入的来源渠道、所采用的收入形式、在个人收入中所占比重大小等并不明确,这使得这些收入带有很大的隐蔽性,而制度外收入的急剧增长,又是造成居民收入差距急剧扩大并形成收入分配不公的重要原因。

由以上分析可以看出,在经济体制改革中调整分配政策和分配体制是必要的,但必须有缜密的整体设计,并要考虑国家财政的承受能力。因此,在提高经济效益的基础上,整顿分配秩序,调整分配格局,适当提高财政收入占国民收入的比重,是不断深化经济体制改革的重要课题。

(三)价格对财政收入规模的影响

财政收入是一定量的货币收入,它是在一定的价格体系下形成的,并且是在一定时点按现价计算的。因此,由价格变动引起的 GDP 分配必然影响财政收入的增减。

价格变动对财政收入的影响,首先表现在价格总水平升降的影响上。在市场经济条件下,价格总水平一般呈上升趋势,一定范围内的上涨是正常现象,持续地、大幅度地上涨就是通货膨胀;反之,价格持续地下降就会形成通货紧缩。当财政收入随着价格水平的上升而同比例地增长时,财政收入就会表现为"虚增",即财政收入名义增长,而实际并无增长。在实际经济生活中,价格分配对财政收入的影响可能出现各种不同的情况。物价上升对财政收入影响的几种不同情况为:①当财政收入增长率高于物价上涨率时,名义财政收入增长,实际财政收入也增长;②当物价上涨率高于财政收入增长率时,名义财政收入为正增长,而实际财政收入为负增长;③当财政收入增长率与物价上涨率大体一致时,只有名义财政收入增长,而实际财政收入不增不减。

在实际经济生活中,价格分配对财政收入增减的影响,主要取决于两个因素:一是引发物价总水平变动的原因;二是现行的财政收入制度。

一般来说,连年的财政赤字通常是通货膨胀的重要原因。当为了弥补财政赤字而造成流通中过多的货币投放时,财政就会通过财政赤字从 GDP 再分配中分得更大的份额;在 GDP 因物价上升形成名义增长而无实际增长的情况下,财政收入的增长就是通过价格再分配体制实现的。因此,财政收入的增量通常可分为两部分:一部分是 GDP 正常增量的分配所得;另一部分是价格再分配所得。后者即为通常所说的"通货膨胀税"。

决定价格分配对财政收入影响的另一个因素是现行财政收入制度。如果一个国家实行的是以累进所得税为主体的税制,纳税人适用的税率会随着名义收入增长而提高,即出现所谓的"档次爬升"效应,从而使财政在价格再分配中所得的份额有所增加。如果实行的是以比例税率为主的流转税为主体的税制,这就意味着税收收入的增长率等同于物价上涨率,财政收入只有名义增长,而不会有实际增长。如果实行的是定额税率为主体的税制,在这种税制下,税收收入的增长总要低于物价上涨率,所以财政收入即使有名义增长,而实际必然是下降的。

另外,价格变动的情况不同,造成价格变动的原因不同,对财政收入规模的影响也不相同。在一定的财政收入制度下,当商品的比价关系向有利于高税商品(或行业)变动时,即高税商品价格涨幅大于低税商品价格涨幅时,财政收入会有更快的增长,即财政收入的规模将会变大;反之,当商品的比价关系向有利于低税商品(或行业)变动时,即低税商品价格涨幅大于高税商品价格涨幅时,财政收入的规模将会变小。

在市场经济条件下,市场价格总是随市场供求关系而上下浮动,并主要是在买卖双方之间发生再分配,而价格的上下浮动一定会进一步影响到财政收入的增减。既然价格是影响财政收入状况的重要因素,那么,国家在有计划地进行价格体制改革和价格宏观调控的过程中,就必须考虑到财政的承受能力。这也就是说,财政的状况也会反过来影响价格体制改革,并成为影响价格体制改革的重要因素。

三、我国财政收入现状分析

我国财政收入随着经济的不断增长而增长,1978 年为 1 132.26 亿元,2010 年为 83 100.00 亿元,增长了近 72.4 倍。就财政收入绝对额而言,增长速度不算慢,但相对于 GDP 的增长而言,在 1997 年以前,曾表现为不断下降的趋势,之后才开始相对缓慢地提升,从 2006 年开始有了相对较快的增长,直至 2011 年增长速度减慢。我国财政收入规模自 1978 年至 2015 年的增长变化状况如表 3-1 所示。

表 3-1　1978—2010 年财政收入规模及增长变化

年　份	财政收入(亿元)	比上年增长(%)	财政收入占 GDP 的比重(%)
1978	1 132.26	29.5	31.06
1980	1 159.93	1.2	25.52
1985	2 004.82	22.0	22.24
1990	2 937.10	10.2	15.73
1991	3 149.48	7.2	14.46
1992	3 483.37	10.6	12.94
1993	4 348.95	24.8	12.31
1994	5 218.10	20.0	10.83
1995	6 242.20	19.6	10.27
1996	7 407.99	18.7	10.41
1997	8 651.14	16.8	10.95
1998	9 875.95	14.2	11.70
1999	11 444.08	15.9	12.76
2000	13 395.23	17.0	13.50
2001	16 386.04	22.3	14.94
2002	18 903.64	15.4	15.71
2003	21 715.25	14.9	15.99
2004	26 396.47	21.6	16.51
2005	31 649.29	19.9	17.27
2006	38 760.20	22.5	18.29
2007	51 321.78	32.4	19.95
2008	61 330.35	19.5	20.40
2009	68 518.30	11.7	20.40

续表

年　份	财政收入(亿元)	比上年增长(%)	财政收入占 GDP 的比重(%)
2010	83 101.51	21.3	20.90
2011	103 874.43	25.0	22.03
2012	117 353.52	12.9	22.60
2013	129 209.64	10.2	22.71
2014	140 370.03	8.6	22.05
2015	152 269.23	8.5	22.49

注:表中数据是根据《中国统计年鉴 2016》整理而成的

第三节　财政收入结构

对财政收入结构进行分析,可以根据研究角度的不同和对实践分析的不同需要从多个角度进行。目前,各国学者主要从财政收入分项目构成、财政收入所有制构成、财政收入部门构成等方面对财政收入结构进行分析。

一、财政收入分项目构成

分析财政收入分项目构成,是指按财政收入形式分析财政收入的结构及其变化的趋势。这种结构的变化,是我国财政收入制度变化的反映。

在过去的计划经济体制下,财政收入对国有企业主要采取上缴利润和税收两种形式。由于实行统收统支体制,区分上缴利润和税收并没有实质性的意义,而且长期存在简化税制、"以利代税"的倾向,所以直到改革开放前夕,以上缴利润为主的企业收入项目仍占财政收入的 50%以上。改革开放后,随着经济体制改革的逐步深化,税收才逐步取代上缴利润,至今已占主导地位。1993 年的第一步"利改税"迈出了重要的一步,就是对国有企业开征企业所得税。1994 年的第二步 "利改税" 又将原先已经简并的工商税重新划分为产品税、增值税、营业税和盐税,同时开征或恢复了资源税等其他一些税种,这就大大增强了税收的财政收入作用和经济调节作用。为了适度集中财力,我国于 1983 年开始征集能源交通重点建设基金,1986 年又开始征集教育费附加,1989 年开始征集预算调节基金,随后又对国有企业进行改制,并在较长一段时间内实行企业包干制。企业包干实际上就是将已经开征的国有企业所得税包干上缴,而且不是按固定比例上缴,是按包干合同分别核定每个企业上缴的金额或比例,实际上已经失去了税收的性质。但为了维护"利改税"已经取得的成果,在财政核算上仍将包干收入计入税收项下,这样在形式上维持了税收在财政收入中的主导地位。1994 年对工商税实行全面改革,同时停止了能源交通重点建设基金和预算调节基金的征集,从此才最终奠定了税收在财政收入中的主导地位。1996年各项税收占财政收入的93.3%,各项税收中工商税收占76.3%,工商税收中增值税、消费税、营业税三税共占88%,企业收入从1994年开始从财政收入项目中消失。我国财政收入分项目构成如表3-2所示。

表3-2 国家财政分项收入　　　　　　　　　　　　　　　单位:亿元

年份	收入合计	各项税收	企业收入	企业亏损补贴	能源交通重点建设基金收入	预算调节基金收入	教育费附加收入	其他收入
1978	1 132.26	519.28	571.99					40.99
1980	1 159.93	571.70	435.24					152.99
1985	2 004.82	2 040.79	43.75	−507.02	146.79			280.51
1989	2 664.90	2 727.40	63.60	−598.88	202.18	91.19		179.41
1990	2 937.10	2 821.86	78.30	−578.88	185.08	131.21		299.53
1991	3 149.48	2 990.17	74.69	−510.24	188.22	138.53	28.01	240.10
1992	3 483.37	3 296.91	59.97	−444.96	157.11	117.47	31.72	265.15
1993	4 348.95	4 255.30	49.49	−411.29	117.72	102.46	44.23	191.04
1994	5 218.10	5 126.88		−366.22	53.96	59.10	64.20	280.18
1995	6 242.20	6 038.04		−327.77	17.42	34.92	83.40	396.19
1996	7 407.99	6 909.82		−337.40	3.78	11.09	96.04	724.66
1997	8 651.14	8 234.04		−368.49			103.29	682.30
1998	9 875.95	9 262.80		−333.49			113.34	833.30
1999	11 444.08	10 682.58		−290.03			126.10	925.43
2000	13 395.23	12 581.51		−278.78			147.52	944.98
2001	16 386.04	15 301.38		−300.04			166.60	1 218.10
2002	18 903.64	17 636.45		−259.60			198.05	1 328.74
2003	21 715.25	20 017.31		−226.38			232.39	1 691.93
2004	26 396.47	24 165.68		−217.93			300.40	2 148.32
2005	31 649.29	28 778.54		−193.26			356.18	2 707.83
2006	38 760.20	34 804.35		−180.22			446.85	3 689.22
2007	51 321.78	45 621.97		−277.54			556.91	5 420.44

注:中国财政年鉴编纂委员会,《中国财政统计年鉴2008》,2008年12月出版

二、财政收入所有制构成

财政收入所有制构成是指来自不同经济成分的财政收入所占的比重。这种结构分析的意义,在于说明国民经济所有制构成对财政收入规模和结构的影响及其变化趋势,从而采取相应的增加财政收入的有效措施。研究财政收入的所有制结构是国家制定财政政策、制度,正确处理国家同各种所有制经济之间财政关系的依据。

财政收入按经济成分分类,包括来自国有经济成分的收入和来自非国有经济成分的收入两个方面。对财政收入作进一步细分,则有来自全民所有制经济的收入、来自集体所有制经济的收入、来自私营经济的收入、来自个体经济的收入、来自外资企业的收入、来自中外合资经营企业的收入和来自股份制企业的收入。我国经济以公有制为主体,国有经济居支配地位,同时允许并鼓励发展城乡个体经济、私营经济、中外合资经营企业和外商独资企业。

新中国成立初期,个体经济和私营经济在国民经济中占有相当的比重,来自二者的财政收入占40%以上。但随着社会主义改造的进行,国有经济和集体经济的比重急剧增加,到"一五"时期,来自国有经济的财政收入已达69.4%,来自集体经济的财政收入也有9.8%,个体经济和私营经济则退居次要地位。之后,我国财政收入来自全民所有制的国有经济的部分逐步增加,国有经济上缴的收入占整个财政收入的绝大部分。如改革开放前的1978年,国有企业上缴的收入占全部财政收入的87%,直到1995年仍占71.7%,如图3-1所示。

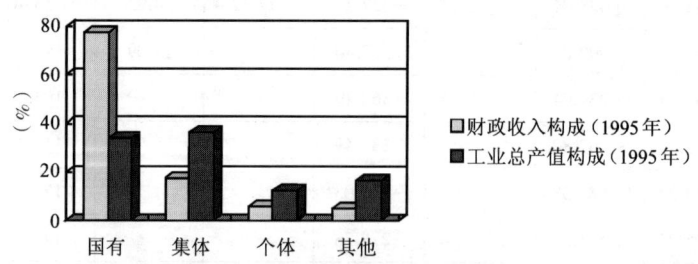

图3-1　1995年财政收入所有制构成

改革开放后,随着城乡集体经济、个体经济、私营经济的发展以及三资企业的增加和财税管理制度的进一步完善,来自这些经济成分的财政收入相应增加。国有经济上缴的收入占整个财政收入的比重也随之发生了一些变化,但国有经济作为财政收入支柱的地位基本不会改变。

三、财政收入部门结构

进行财政收入部门结构分析,在于说明各生产流通部门在提供财政收入中的贡献及其贡献程度。以我国1995年为例，由图3-2可知，我国工业部门对当年财政收入的贡献最大。当然这里的部门有双重含义：一是按传统意义上的部门分类，分为工业、农业、建筑业、交通运输业及服务业等；二是按现代意义上的产业分类，分为第一产业、第二产业和第三产业。这两种分类的依据虽然不一样，但对财政收入部门结构分析的意义却是一致的。

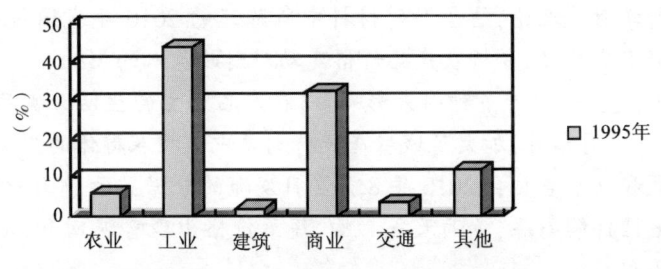

图3-2　1995年财政收入部门结构

由于各个国家的产业结构总是处在不断地调整和变化中，因此，在行业间存在平均利润率作用的情况下，财政收入的部门结构分析可以通过不同部门提供的收入在全部财政收入中的比重来反映不同产业部门在国民经济中的地位，提供财政收入比重较高的部门通常在国民经济中处于较重要的地位，反之则地位较弱。这种结构状态如果与各产业在国民经济结构中的实际地位相一致，又与政府产业政策的取向基本一致，则可以维持目前政府与各部门之间的分配关系；而如果这种结构与各产业在国民经济中的实际地位不一致，则反映了财政现行分配政策上的偏向性。如果要追求收入分配的中性政策，则应对现行分配政策进行调整。

财政收入　财政收入形式　财政收入来源　财政收入规模的绝对数指标　财政收入规模的相对数指标

1. 财政收入取得形式有哪些？
2. 请列举三种当前主要的财政收入取得形式，并比较它们的差异。
3. 财政收入的分类方法有哪些？
4. 衡量财政收入规模的指标有哪些？

5. 影响财政收入规模的主要因素是什么?
6. 如何从财政收入的产业来源角度理解财政收入结构?

案 例

请运用所学财政理论,结合下列材料中所陈述的2010年我国蔬菜、猪肉等农产品价格上涨现实情况,分析农产品价格变动对财政收入的影响。

7月份以来,受国内外多种因素影响,以农产品为主的生活必需品价格上涨较快,价格总水平逐月攀升,加大了城乡居民特别是中低收入群体的生活负担。

国家发展和改革委员会2010年8月2日发布的数据显示,7月中下旬以来,受全国大部分地区持续高温、多雨天气影响,蔬菜价格出现普遍回升,尤其叶类蔬菜价格上涨更为明显。

猪肉价格是农产品中涨价的另一大主类。6月份跌到谷底的猪肉价格连续7周回升,已经接近年内的最高价位。据新华社行情系统监测,相对于6月中旬,7月25日至7月31日猪后臀尖肉的周均价累计上涨了16.7%,猪五花肉则累计上涨了16.8%。据新华社行情系统四川攀枝花的信息采集员介绍,近日有大量外地的商贩涌入当地收购生猪,导致当地猪价上涨。福州的信息采集员说,受南方洪灾的影响,福建省生猪供应紧张,价格也在上涨。

之后,国务院就"稳定消费价格总水平保障群众基本生活"发出通知。

通知指出,为切实维护广大人民群众根本利益、保持社会和谐稳定,各地区、各部门要充分认识稳定市场价格的重要性和紧迫性,按照"立足当前、着眼长远、综合施策、重点治理、保障民生、稳定预期"的原则,及时采取有力措施,坚持扶持生产、保障供应与抑制不合理需求相结合,实施短期应急措施与建立长效机制相结合,理顺价格关系与保障群众基本生活相结合,维护企业正常经营活动与打击价格违法行为相结合,以经济和法律手段为主,辅之以必要的行政手段,进一步做好价格调控监管工作,稳定市场价格,切实保障群众基本生活。

通知强调,要大力发展农业生产,进一步落实扶持农业生产的各项政策措施,巩固和加强农业基础地位,保持农业稳定发展。要稳定农副产品供应,各地区要保持地方储备粮油的投放力度,落实小包装成品粮油储备制度。

案例分析

首先,价格变动对财政收入的影响,首先表现在价格总水平升降的影响上。在市场经济条件下,价格总水平一般呈上升趋势,一定范围内的上涨是正常现象,持续地、大幅度地上涨就是通货膨胀;反之,价格持续地下降就会形成通货紧缩。当财政收入随着价格水平的上升而同比例地增长时,财政收入就会表现为"虚增",即财政收入名义增长,而实际并无增长。在现实经济生活中,价格分配对财政收入的影响可能出现各种不同的情况。物价上升对财政收入影响的几种不同情况为:①当财政收入增长率高于物价上涨率时,名义财政收入增长,实际财政收入也增长;②当物价上涨率高于财政收入增长率时,名义财政收入为正增长,而实际财政收入为负增长;③当财政收入增长率与物价上涨率大体一致时,只有名义财政收入增长,而实际财政收入不增不减。因此,我们可以首先将2007年度的财政收入增长率与物价上涨率进行比较,作出当年价格总水平对财政收入规模影响的基本判断。

  其次,决定价格分配对财政收入影响的另一个因素是现行财政收入制度。并且,价格变动的情况不同,造成价格变动的原因不同,对财政收入规模的影响也不相同。在一定的财政收入制度下,当商品的比价关系向有利于高税商品(或行业)变动时,即高税商品价格涨幅大于低税商品价格涨幅时,财政收入会有更快的增长,即财政收入的规模将会变大;反之,当商品的比价关系向有利于低税商品(或行业)变动时,即低税商品价格涨幅大于高税商品价格涨幅时,财政收入的规模将会变小。我们知道,在废除农业税后,我国农副产品绝大部分是免税商品,在这一财政收入制度下,假设其他条件不变,因猪肉涨价而引发的农副产品价格上涨,必然使商品的比价关系向有利于低税商品(农产品业)变动,即低税商品价格涨幅大于高税商品价格涨幅时,财政收入的规模将会变小。但实际上其他条件不是不变,而是在发生着深刻的变化,尤其是在我国改革开放的深入和北京申办奥运、上海申办世博等因素的推动下,2010年我国GDP仍保持两位数增长,这使财政增收的影响远大于农产品涨价这一减收因素的影响。2010年,我国财政收入达到83 080亿元,比2009年增长了21.3%。财政收入继续保持较快增长,得益于我国经济发展质量、企业效益以及收入征管水平都在提高等。

第四章

国债原理与制度

国债作为一国中央政府的债务,是一种为弥补财政赤字而筹集的资金,本身既有天然的财政属性,又有附带的金融作用。本章作为本书基础理论的重要组成部分,主要考察了国债的产生和发展,国债理论的演变,国债的经济效应,国债负担,以及国债市场等有关原理与制度。掌握这些原理与制度的基本内涵,尤其是国债的功能、负担及国债市场及其功能等问题,是学习本章的主要目的。

第一节 国债概述

在信用经济高度发展的今天,为某种需要而举债已成为十分普遍的社会现象。举债的主体或借债人主要有两类:一类是私人和企业,另一类是政府。私人和企业举债的债务称为民间债务或私债,政府举债的债务称为国债或公债。国债是整个社会债务的重要组成部分。

一、国债的含义与特征

国债(national debt)亦称中央国债,是指中央政府在国内外发行债券或向外国政府和银行借款所形成的国家债务。国债是一种信用商品,它以偿还和付息为条件。从微观角度来看,它代表着一种向投资者出具的在一定时期内支付利息并到期归还本金的债务凭证;在宏观层面上,它反映出以国家为主体的一种分配方式。西方国家有的将公债(public debt)与国债等同起来,即公债与国债都是指中央政府的债务,而地方政府的债务则称为地方债或市政债券。然而,从严格意义上说,公债与国债并不相同,公债包括中央政府的债务和地方政府的债务两个方面,而国债专指中央政府的债务①。在我国,国家规定地方政府无权发债,只有中央政府才具有发债的资格,所以我国只存在国债。

---

① 本书考虑我国的具体国情和现实条件,重点研究国债。

从国债的定义可以看出,国债具有下列性质:

第一,国债是一国的中央政府的债务。所谓债务,从法律上说,它代表着所有权的转移,即从债权人手中转移到债务人手中,表现在国债上是指资金的所有权从投资者的手中转移至国家。不过,国债与普通的债务不同,国债的债务人是国家,是国家信用的一种表现形式。

第二,国债筹集的是一种财政资金。与货币信用的相关范畴有所区别,国债筹集的资金,通常首先成为财政资金,用来弥补财政赤字,然后再分配用于各项财政支出项目,甚至成为经济建设资金。需要指出的是,尽管国债的发行常常伴随着财政赤字的产生,但二者并不存在着必然的联系,发行国债并不一定意味着国家财政状况不好和经济面临困难。

第三,国债是一种有偿的资金使用形式。与其他来源的无偿财政收入不同,国家对国债的取得是以支付一定代价为条件的。投资者将资金的所有权在一定时间内让渡给政府,当债务期限届满时,投资者可以收回本金,并得到相应的利息收益。国债的担保物不是财产和收益,而是政府的信誉,在一般情况下,国债比私债要可靠得多,通常被称为"金边债券"。

(一)国债的财政特征

国债作为政府财政收入的一种重要形式,与政府的税收相比较,具有如下特征。

1. 自愿性。自愿性是指国债的发行或认购建立在认购者自愿承购的基础上。认购者买与不买,购买多少,完全由认购者自主决定,国家不能指派具体的承购人。国债的自愿性特点与税收的强制性有区别。

2. 有偿性。有偿性是指对政府而言,通过发行国债筹集的财政资金是一种负债,必须按期偿还。除此之外,政府还要按事先规定的认购条件向债权人支付一定数额的暂时让渡资金使用权的报酬,即利息。

3. 灵活性。所谓灵活性,是指国债发行与否以及发行量的多少,一般由政府根据财政资金的余缺状况和社会承受能力灵活地加以确定,而非通过法律形式预先规定。国债的这一灵活性特点与税收的固定性有区别。

(二)国债的金融特征

国债属于财政范畴的同时,在现实中又是一种金融商品。国债作为一种特殊的债券,其特殊性主要表现在以下几个方面。

1. 安全性高。国债是政府发行的债务,由政府承担还本付息的责任,是国家信用的体现,在各类债券中,国债的信用等级通常被认为是最高的,投资者购买国债,是一种较安全的投资。

2. 流通性强。国债是一种政府的债务,它的发行量一般都非常大。同时,国债信誉高,竞争力比较强,市场属性好,所以,许多国家国债的二级市场十分发达。发达的二级市场为国债的转让提供了方便,使其流通性大大增强。

3. 收益稳定。投资者购买国债，可以得到一定的利息。国债的付息由政府保证，其信用度最高、风险最小，因此，对于投资者来说，投资国债的收益是比较稳定的。此外，假如投资者认购国债后到二级市场上转让，因国债的本息多数固定并有保障，所以其转让价格一般不会像股票那样容易出现大的波动，转让双方也能得到相对稳定的收益。

4. 免税待遇。国债是政府的债务，为了鼓励人们投资国债，大多数国家规定对于购买国债所得的收益，可以享受税收上的免税待遇。这使国债与其他收益证券相比有了免税优势。比如，《中华人民共和国个人所得税法》规定，个人的利息、股息、红利所得应缴纳个人所得税，但国债利息可免缴个人所得税。

二、国债的产生与发展

国债是在私债的基础上产生和演变而来的，并随着资本主义的发展，国债获得了制度上的确立与发展。

(一) 国债的产生

根据苏联大百科全书《国家公债》记载，公元前4世纪，古希腊和古罗马出现了国家向商人、高利贷者和寺院借债的情况，这是有关国债的最早记载①。不过，古代社会的国债是少量的、偶然的。现代意义上的国债制度是在封建社会末期，随着资本主义生产关系的产生和发展而建立起来的。国债，即国家让渡，不论是在专制国家、立宪国家还是共和国，国债总是给资本主义时代打上自己的烙印。

12世纪末期，在当时经济极为发达的意大利城市佛罗伦萨，政府曾向金融业者募集资金，其后热那亚和威尼斯等城市相继仿效。在14世纪和15世纪期间，意大利各城市政府几乎都发行了国债。15世纪末16世纪初，随着美洲新大陆的发现和欧洲去往印度航路的开通，资本主义生产关系有了很大发展，国债也随之发展起来。16世纪和17世纪上半叶，欧洲各国面临严重的金融问题和财政困难，政府举债此时已成为一种经常现象。

政府发债的原因很多，而且在不同年代发债的动因各不相同，概括起来有以下三点：

第一，从政府的支出需求看，资本主义国家的对外扩张引起了财政支出的过度膨胀，迫使资本主义国家不得不扩大国债的规模。

第二，从发行的物质条件来看，充裕的社会闲置资金，是发行国债的物质条件，只有在商品货币经济发展到一定水平时，社会上才会有充足和稳定的闲置资金。资本主义制度下生产力的巨大发展和经济增长促使社会闲置资金规模不断扩大，

---

① 邓子基、张馨、王开国：《公债经济学——公债历史、现状与理论分析》，中国财政经济出版社，1990年版，第4~6页。

给国债发行提供了大量的、稳定的资金来源。

第三,资本主义时期金融机构的发展和信用制度的完善为发行国债提供了必需的技术条件。

(二) 国债的发展

现代意义上的国债制度的确立和发展,是在资本主义取得政权以后。国债的发展时期可以划分为自由资本主义时期和垄断资本主义时期两个发展阶段。

1. 自由资本主义时期的国债发展阶段。这一阶段的国债是随着西欧资本主义列强的先后崛起而不断发展的。16世纪末,资本主义强国荷兰为顺应当时国内资本充斥的情况,并使资本家获得更多利息,也为满足自身对海外扩张的支出需要,政府发行了大量国债。到17世纪末,荷兰经济地位被英国取代,国债的发展就转向了英国。至1856年财政年度,英国国债总额已达8.08亿英镑。不过,以后随着减债基金的实施和财政实际盈余的专门偿债,英国国债的数额也逐渐减少并稳定下来。

2. 垄断资本主义时期的国债发展阶段。在垄断资本主义时期,为延缓和克服频繁出现的经济危机,垄断资产阶级利用扩大国债的发行数量来应对危机。以美国为例,1930年爆发世界经济危机,美国不得不施行扩大财政支出的罗斯福新政,使得美国政府举借大量国债,从而使得1930年到1939年的联邦政府债务总额高达404亿美元。接着,第二次世界大战(以下简称"二战")又将美国国债推向了一个新的高峰,美国国债在1941年为563亿美元,到1945年二战结束时猛增到2 587亿美元。二战后,刺激经济发展的赤字财政政策和庞大的军费供应仍是美国国债迅速增长的主要原因。到1993年,美国国债总额达到了14 000亿美元①。

(三) 我国国债的形成与发展

我国国债在近代经历了一个曲折的过程。对旧中国来说,"国债属于资本主义国债的类型,但具有极为浓厚的半殖民地半封建的性质,它养肥了买办官僚、资产阶级;同时,促使广大劳动人民贫困化"②。首先,作为国债重要组成部分的外债,是伴随着西方列强对中国的军事侵略和掠夺而来的。从1853~1949年的近百年中,旧中国的历届政府共借外债约62.5亿元。其次,旧中国的国内举债历经了清政府时期、北洋军阀政府时期和国民党政府时期,除清政府三次国内发债失败以外,后二者均进行了资本主义方式的举债。这些国债主要应用于战争费用、军政开支和官僚资本的建立,变相掠夺和吸纳了广大人民的大量财富。

中华人民共和国成立以来,我国对国债政策的认识与运用也经历了一个曲折的过程。这一过程大致可分为以下三个阶段:

第一阶段:改革开放以前。从总体上看,这一阶段国债政策的作用没有得到充

---

① 张志超、李平:《政府财政政策的国际比较》,经济科学出版社,2001年版,第138页。
② 千家驹:《旧中国公债史资料(1894—1949)》,中华书局,1984年版,第3页。

分发挥。在这一阶段,我国共筹集国债资金92.77亿元,这些国债资金都是20世纪50年代筹集的,发行了"人民胜利折实公债",对国民经济恢复和加快国家重点建设发挥了重要作用。但1958年,我国停止了内债和外债的发行,并于1965年还清外债、1968年偿清了全部内债,1969年5月11日《人民日报》宣布我国成为既无内债又无外债的国家。这是由我国当时所处的国内外经济环境决定的。

第二阶段:1981—1995年。这一阶段利用国债筹集建设资金的功能正式确立和运用。在这一阶段,由于放权让利改革,致使财政支出增加较多,出现了财政赤字,于是,政府利用国债政策筹集资金来弥补赤字。经过几年的探索和实践,人们逐步认识并确定了国债是财政筹集建设资金的重要手段之一。与此同时,我国国债流通市场建设也在迅速发展。1988年,在哈尔滨等七大城市进行了建立国债流通市场的首批试点。到1991年,又将国债流通转让市场开放到地市级以上城市,加上同时进行的国债承购包销试验的成功,标志着我国国债市场初步形成。国债市场的发展为国债规模的扩大提供了便利条件。

第三阶段:从1996年至今。这一阶段国债政策的宏观调控功能正式确立。在这一阶段,在继续发挥国债政策筹资功能的基础上,国债政策的宏观调控功能开始发挥。1996年4月9日,中国人民银行首次向14家商业银行总行买进219亿元面值的国债,我国国债政策作为宏观调控重要手段的功能正式确定。至此,我国国债政策实现了由单一筹资功能向具有筹资与调控双重功能的转变。1998年,我国国债政策首次以筹资与调控双重身份登上宏观调控的大舞台,作为积极财政政策的核心唱上了主角。2006年国债发行增加到8 883亿元,2015年国债发行额已达21 285.06亿元[①]。国债的发行及其利用不但部分地解决了各项经济建设和社会事业发展缺少资金的问题,而且本身也成为政府调控宏观经济的重要政策工具。

三、国债的功能与经济效应

(一)国债的功能

国债的功能是国债本身客观存在的属性,是不以人的主观意志为转移的内在功能。国债的功能与作用主要体现在以下几个方面。

1. 弥补财政赤字。用发行国债来弥补财政赤字是国债产生的首要原因。弥补财政赤字一般有三种形式:增加税收,向中央银行透支或发行货币,举借国债。国债的自愿性、有偿性和灵活性特征,使得发行国债比用增税来弥补财政赤字更为简便,也避免了用透支或增发货币的办法来弥补财政赤字所造成的通货膨胀。同时,用发行国债弥补财政赤字可以让人们享受减税所带来的好处,人们乐于认购而且对未来的预期看好,有利于扩大投资和消费,尤其是在经济萧条时期,配合公共

---

① 资料来源:财政部网站,2015年和2016年中央财政国债余额情况表。

支出政策,对鼓励人们的信心和刺激需求大有裨益。我国在1994年以前,主要靠透支或借款的办法弥补财政赤字,这对前些年的通货膨胀有直接的影响。1994年以后,新的中央银行法规定,财政不得向银行借款或透支,从而确定了国债作为弥补赤字的主要手段。这有利于完善财政运行机制,调节财政与银行的关系,促进经济持续、稳定和快速发展。政府也可以采用增税和向银行透支的方式弥补财政赤字。但比较而言,以发行国债的方式弥补财政赤字,一般不会影响经济发展,可能产生的副作用也较小,原因在于:首先,发行国债只是部分社会资金的使用权的暂时转移,一般不会导致通货膨胀;其次,国债的认购通常遵循自愿的准则,基本上是社会资金运动中游离出来的资金,一般不会对经济发展产生不利的影响。当然,也不能把国债视为抑制财政赤字的"灵丹妙药"。

2. 筹集建设资金。举债弥补赤字只是临时性的,扩大建设规模才是国债发行的主要目的。政府活动无论是提供公共产品,消除自然垄断,还是兴建基础设施,一般都是费用发生在前,而投资收益在后。用举借国债来筹措资金,在归还时用税收或新债来偿还,就可以把建设费用由现在转移到未来,由直接享受公共工程福利的人们承担建设费用,既公平又合理。在经济萧条时期,这项功能的作用越来越明显。一方面,通过举借国债用于基础设施建设,拉动了需求,促进了经济增长,还可以通过基础设施的辐射作用,带动相关行业的发展,引导产业结构优化和升级。另一方面,通过加强重点项目的经济建设,可以解决经济发展过程中的"瓶颈"问题,调整和优化经济结构,为经济的复苏和繁荣创造条件。

3. 宏观调控。国债的宏观调控功能主要体现在以下两个方面。

(1) 国债作为一种财政政策手段,可以发挥调节社会总供给与总需求的功能。从对社会总供给的影响来看,一方面,国债有利于增加社会总供给,不管是内债还是外债,只要运用有方,投入社会再生产过程,就能促进经济增长,扩大未来的社会产出,从而扩大社会供给总量。另一方面,用国债资金进行政府投资,可以调节投资结构、促进产业结构调整,优化供给结构。国债的宏观调控功能更主要地表现在对社会总需求的调节上。一方面,国债能从多个角度调节社会需求总量,这表现在:第一,政府购买性支出是社会总需求的直接构成因素,而购买性支出的资金来源之一是国债收入;第二,国债利息的偿付可刺激非政府部门的消费需求和投资需求;第三,国债作为持有者的一种能增加财富的资产,将影响持有者的消费行为和投资行为,国债融资会刺激社会总需求。另一方面,当国债的来源和运用不同时,就会改变社会需求结构,即当个人或企业压缩现行消费或投资而购买国债时,政府就将个人的消费需求或企业的投资需求转化为政府的投资需求。因此,政府可以根据不同时期的经济状况,灵活地运用国债,以实现社会总供给和社会总需求在总量和结构上的平衡。据测算,1元国债投资就可拉动10元社会投资,由此可见,国债对促进国民经济持续快速健康发展发挥了重要作用。

(2)国债可作为货币政策工具,发挥调节经济的功能。国债不仅是财政政策手段,而且也是货币政策的工具。存款准备金、再贴现和公开市场业务被称为中央银行实施货币政策的三大法宝,其中,公开市场业务又是中央银行运用最频繁的日常管理手段。中央银行通过公开市场操作,买卖有价证券,吞吐基础货币,不仅可以有效地调节商业银行的流动性,而且还会对利率结构产生影响,从而影响整个社会的信用规模与结构。短期国债由于具有安全性好、流动性强的优点,成为各国中央银行进行公开市场业务的首选工具。中央银行通过在公开市场上买入或卖出国债,灵活地实施对经济的"微调",即在经济过热、需要减少货币供应时,中央银行卖出国债,收回金融机构或公众持有的一部分货币,使市场利率升高,从而抑制经济的过热运行;当经济萧条、需要增加货币供应量时,中央银行便买入国债,增加货币的投放,使市场利率降低,以刺激经济。

(二)国债的经济效应

政府借债的经济影响,一直是自亚当·斯密以来宏观经济学讨论的重要理论问题。下面主要从国债的资产效应、挤出效应以及货币效应等三方面来看国债对于消费、投资以及货币供给量的影响。

1. 国债的资产效应。国债的资产效应是指国债作为持有者的一种能增加财富的资产,国债余额的累积将影响持有者的消费行为。国债的资产效应与"国债错觉"的概念相联系。"国债错觉"是指消费者在持有国债时,认为自己的资产增加了,可能会增加消费。依据传统的宏观经济理论,总消费函数在国民收入决定中起着重要的作用,而且总消费被认为取决于当时的可支配收入和总财富。问题是人们所持有的国债是否被视为总财富的一部分。如果消费者将全部国债当作未来的纳税义务,这些债券就不能作为总财富的一部分;如果消费者没有意识到或者因某些原因并不去关心这些债券所含未来纳税义务的真实含义,这些债券就可作为总财富的一部分。这样,当以"国债错觉"的存在为前提时,国债就具有资产效应。以国债的资产效应为理论依据,国债被认为可以作为对付经济萧条的手段。由于国债的增加比税收的增加能增加民间资产,这样,一方面,人们因感到富有了而可能会增加消费支出;另一方面,人们的劳动意愿可能随之下降而减少储蓄。因此,发行国债在经济萧条时具有扩大消费需求而稳定经济的作用。

2. 国债的挤出效应。国债的挤出效应是指国债的发行会引起非政府部门投资的相应减少,即发行国债而增加的政府支出挤出了非政府部门的部分投资。一方面,当政府国债发行收入中有来自民间准备用于投资的资金时,形成了对民间投资的直接"挤出";另一方面,在整个经济运行的货币供应量不变的条件下,政府的国债发行实质上增加了市场上对货币的需求量,因而导致市场利率水平的提高,相应地抑制了民间对资金的需求,从而进一步导致民间投资的减少,这就是国债发行通过利率的上升间接挤出民间投资的情形。当然,国债的挤出效应是否发生及效应的大小,取决于一个国家的整体经济环境,包括民间投资经济能力、资本市场的发育状况以及投资对市场利率反映的敏感程度等。一般认为,当经济已经处于或接近充分就业状态时,政府发行国债会导致利率水平上升从而产生对私人投资的"挤出效应";反之,当经济处于非充分就业状态,特别是在经济处于衰退或不景气时,国债的发行可以启动闲置的生产能力,则不易发生国债的"挤出效应"。

3. 国债的货币效应。国债的货币效应是指国债发行对货币供给量产生的影响,国债的货币效应因认购者的不同而有所区别。

(1)以居民或企业作为国债发行对象。居民或企业认购国债时,意味着货币资金由商业银行账户向中央银行账户转移;而当财政部门将发行国债所得收入用于支出时,则意味着货币资金由中央银行账户向商业银行账户转移。前者表现为货币供给的总量收缩,后者表现为货币供给的总量扩张,两相抵消,不会增加或减少经济中的货币供给量。因此,一般认为,在向居民或企业发行国债时,对货币供给量的影响是中性的。

(2)以商业银行作为国债发行对象。当商业银行用超额准备金购买国债时,意味着货币资金由商业银行账户向中央银行账户转移,由于购买国债的超额准备金系商业银行原未动用的准备金,所以这一过程不会带来货币供给的总量收缩;而当财政部门将发行国债所筹集的货币资金使用出去的时候,货币资金又由中央银行账户向商业银行账户转移,这时则会带来货币供给的总量扩张。总的来看,商业银行用超额准备金购买国债会对货币供给量产生扩张性影响,而当商业银行用已收回的贷款或投资所得资金认购国债时,则与向居民或企业发行国债一样不会影响货币供给量。

(3)以中央银行作为国债发行对象。中央银行认购国债时,无论是从财政部门直接购买,还是从公开市场上间接买进,都会使财政部门的存款账户或商业银行存款账户上加记一笔数额相等的货币量,这意味着相应数额的基础货币被创造出来,并通过财政部门支用该笔货币资金或商业银行开展资产负债业务等活动而进入货币供给量倍数扩张的过程。因此,一般认为,由中央银行认购国债,对货币供给量会有扩张性影响。

第二节 国债发行与偿还

国债发行与偿还是中央政府举借国债的重要环节。科学地发行与偿还国债不仅会大幅度减少政府的筹资成本,而且还会从起步开始促进国债市场发展。

一、国债发行

要实现国债顺利发行,需要把握国债的种类、发行价格及发行方式等,并遵循市场的原则。

(一) 国债的种类

1. 按照国债偿还期限的长短,国债可分为短期国债、中期国债和长期国债。一般认为,偿还期限在1年以内的国债称为短期国债;偿还期限在1年以上10年以内的国债称为中期国债;偿还期限在10年或10年以上的国债称为长期国债。

2. 按照国债的流动性,国债可分为可转让国债和不可转让国债。可转让国债是指可在金融市场上自由流通买卖的国债。认购者在购入这种国债后,可随时根据本身的资金需求状况和金融市场的行情,将国债在市场上出售。不可转让国债是指不能在金融市场上自由流通买卖的国债。认购者在购入这种国债后,即使急需资金,也不能将其拿到金融市场上转让,兑付现金。目前,我国记账式国债可以流通转让,储蓄国债不可以流通转让。记账式国债是面向全社会各类投资者发行的国债,可以上市和流通转让,以电子记账手段登记,其期限包括短期、中期和长期。储蓄国债是主要面向广大居民个人发行的国债,不可以流通转让,但是可以提前兑取,其期限通常为3年或5年。

3. 按照国债的发行地域,国债可分为国内国债(以下简称"内债")和外债。内债是政府以债务人身份向本国境内的居民或单位发行的国债。内债是一国国债的主要组成部分。外债是政府在国外举借的债务。从世界各国经济发展历史看,一国往往因本国游资有限,内债不敷需要,而向外国借债。外债是一国国债总额中不可或缺的组成部分,但所占比例要低于内债。

4. 按照发行凭证,国债可分为凭证式国债和记账式国债。有纸国债是有券面的实物国债;记账式国债则是记录债权人姓名、金额等事项,以账簿方式发行的国债。记账式国债是金融电子化的产物,是一种无纸化的国债,不需要像发行实物国债那样多的发行费用,而且记账式国债交割方便,发行期短,发行效率高,符合国债发行高效率、低成本的原则。

(二) 国债的发行价格

受国债供求关系的影响,国债的发行价格围绕国债票面价值上下波动,会有平价发行、折价发行、溢价发行和贴现发行四种不同发行形式。

1. 平价发行。平价发行是指按国债标明的票面金额售卖,政府按票面金额取得收入,到期按票面金额还本。国债发行收入与偿还本金支出相等,有利于政府财政收入的计划管理和财政预算的顺利执行。

平价发行的前提条件是:①市场利率与国债发行利率差异不大;②政府信用良好,值得投资者信赖。市场利率与国债发行利率大体一致,除非利率处在政府管制之下。平价发行在发达的金融市场是不多见的。

2. 折价发行。折价发行就是按低于票面金额的国债发行价格售卖。政府按低于票面金额的折价取得收入,到期按票面金额还本。国债发行收入低于偿还本金的支出,这对于国家财政不利,甚至还会影响市场利率的稳定。

采取折价发行的原因在于,国债票面利率低于市场利率,为弥补认购者因此而遭受的损失而以折价形式作为补偿,或者是由于发行任务较重,为了鼓励认购国债,以折价形式作为认购者的额外收益,以保证国债的顺利发行。

3. 溢价发行。溢价发行就是按高于票面金额的国债发行价格售卖,政府按高于票面金额的溢价取得收入,到期按票面金额还本,国债发行收入高于偿还本金的支出。溢价发行比较有利于国家财政。但溢价发行偿还期长,利息支出有可能与收入相抵,不利于未来财政收入的计划管理和财政预算的顺利执行,另外也有损于国家信用,不利于今后国债的发行。

采取溢价发行的原因在于,在国债票面利率高于市场利率,其所得足以补偿溢价发行差价的条件下,认购者认为有利可图,溢价发行能够顺利进行,或者在预期市场利率下降的情况下,为了减少国家财政偿还利息的支出,采取溢价发行,可以提前取得价差收入以缓解未来的高息负担。

需要说明的是,折价发行或溢价发行必须要与市场化的发行方式相配套,引入竞争招标方式,吸引承销机构和投资者,确定折价或溢价的合理范围。

4. 贴现发行。贴现发行是按贴现利率计算出贴现利息,用票面金额扣除贴现利息后的国债发行形式,国债到期时,按票面金额兑付,不再计算利息。贴现发行虽然也是以低于票面金额的价格出售国债,但它不等于折价发行。折价发行按票面金额兑取本金时还要取得利息,发行时的折价只是作为损失的补偿或者额外收益;贴现发行则只按票面金额兑付,发行时的"折价"即为政府提前所付的利息。

(三) 国债的发行方式

1. 承购包销方式。所谓承购包销方式,是由拥有一定规模和较高资信的中介机构组成承购包销团,按一定条件向财政部门直接承购包销国债,并由其负责在市场上转售,未能售出的余额均由承销者自行认购。承购包销方式的特征是:第一,这种方法通过承销合同确定财政部门与承销团体的权利和义务,双方不是代理关系而是买卖关系,两者在确定发行条件方面是平等的,承销团体承担推销的风险。第二,发行价格和利率一般由政府与承销团体通过讨价还价协商决定,或由政府根据市场价格和利率单方面决定,较为符合资金的市场供求状况。目前,日本、德国、加拿大等国比较多地采取这一方式,这也是我国 20 世纪 90 年代中后期的主要发行方式之一。

2. 公募拍卖方式。公募拍卖方式也称公开招标方式,是指财政部门事先不规定国债的发行价格或发行利率,由投标人直接竞价,然后财政部门根据投标所产生的结果来发行国债。中标者既可以按一定的价格向社会转售,也可以自己持有国债成为国债认购者。公募拍卖方式根据所竞标的物的不同,分为价格招标和收益率招标。价格招标是指以国债的发行价格作为标的物的招标发行方式。在价格招标方式下,国债的利率与票面价格之间的联系固定不变,投标者根据固定利率及对未来金融市场利率变化的预期进行投标,投标价格可低于面值,也可高于面值。所有中标者根据各自不同的投标价格购买国债的招标方式称为"英国式招标",所有中标者都按统一价格购买国债的招标方式称为"荷兰式招标"。收益率招标是指以国债的实际收益率为标的物的招标发行方式。在收益率招标方式下,财政部门只确定发行规模和票面价格,发行国债的收益率由投标者投标确定,财政部门从报出的最低收益率开始依次选定认购者,直至完成预定的发行量。

3. 直接发行方式。直接发行方式亦称承受发行法,是指由财政部门直接与认购者谈判出售国债的推销方式。直接发行方式的主要特征是:第一,推销机构只限于政府的财政部门,如财政部,由它们直接与认购者进行交易,而不通过任何中介或代理机构。第二,发行对象主要限于机构投资者,如商业银行、储蓄银行、保险公司、社会保障基金等。第三,发行条件通过直接谈判确定,即在国债销售之前,由政府召集各机构投资者分别就国债发行的利息率、出售价格、偿还方法、期限等条件进行谈判并协商确定。直接发行方式主要用于某些特殊类型国债的推销。

4. 连续经销方式,也称"随买"方式。所谓连续经销方式,是指财政部门通过金融机构或邮政系统的网点持续卖出国债的方式。连续经销方式的特征是:第一,财政部门与金融机构或邮政系统是一种代理关系,财政部门按代销额的一定比例向代理销售机构支付委托手续费,代理销售机构不承担任何推销的风险。第二,发行条件可以灵活调整,即发行之前政府不预先规定国债的发行利率和发行价格,而是可以在经销期中根据市场行情变化相机决定。第三,经销期限不限定,代理销售机构可以持续经销,直至完成预定的发行数量。

从实践来看,各国很少只采用一种国债发行方式,往往是几种方式并用,即采取所谓的组合发行方式。

二、国债偿还

国债的偿还需要有明确的资金来源以及合理的偿还方式。

(一)国债偿还的资金来源

目前,各国用于国债还本付息的资金来源一般包括税收收入、债务收入、财政结余、国有资产的投资收益和偿债基金以及其他来源。

1. 税收收入。一般来说,在一国的财政收入中税收收入相对稳定,因此,以税收收入作为偿债的资金来源比较稳定可靠。具体而言,税收收入作为偿还国债的最基本的资金来源,理由在于:①税收收入是政府财政收入的主要来源。尤其是在现代,几乎所有国家税收占财政收入的比重都非常高。②从国债的使用来看,国债无非是用来弥补政府财政赤字或是用于建设,弥补财政赤字的资金理应来源于税收,如果因基础性、公益性的项目建设而发行债券,政府并不能直接取得收入,这部分国债最终还需要用税收来偿还。另外,在平衡预算下,以税偿债不会影响市场货币总量,也不会影响市场物价总水平。

2. 债务收入。债务收入就是国家通过发行新的债券为到期债券筹措偿还资金,即所谓的"借新还旧"。以债务收入作为国债还本付息的资金来源,实际上是延长了债务期限,推迟了偿债时间。这是大多数国家偿还国债的主要资金来源。由于当今世界上各国国债累积数额十分庞大,每年到期债务额已远非国家财政预算所能负担。为偿还这些债务,需通过发行新的国债为到期债务筹措还债资金。这已经成为中央政府偿还到期债务的基本手段。

3. 财政结余。财政结余是国家预算执行结果收大于支的余额,即预算盈余。以财政结余作为偿债资金的来源,就是用上年的财政结余来支付本年应偿还的国债本息。事实上,财政结余是一种潜在的偿债资金来源,现实可行性并不大。首先,从财政结余的使用方向上看,财政结余一般首先用于财政储备,弥补投资不足,兴办社会事业等,偿还国债并不是财政结余的第一位的使用方向。其次,财政结余作为偿债资金的来源,每年能够偿还国债本息的规模直接取决于财政是否结余和结余多少。当今世界多数国家政府都存在财政赤字,很少出现财政结余的年份,以财政结余作为偿债资金来源,在许多国家已经没有多少现实意义。

4. 国有资产的投资收益。国有资产的投资收益也可作为政府偿债资金的来源。这是因为,从资源配置效率的要求出发,资源使用的受益者应该同时也是其成本的承担者。这样,如果政府举借国债投资于某一工程项目,而这一工程项目又能为政府获得直接的资金收入,那么,政府就应该把这种投资收益作为政府偿债资金的来源,用这种收入还债。如果政府举借国债向社会提供的是某种公共产品(尤其指准公共产品),它并不会给政府带来直接的资金收入,在此情况下,为了符合享受利益与承担成本的一致性原则,政府就可以向公共产品(尤其指准公共产品)的利益享受者收费,以这部分的收入作为偿债的资金来源。

5. 偿债基金。偿债基金是一种政府设立的专门用于偿还债务的资金。政府每年根据预算安排,从国库中拨出一部分资金,用以收买国债。如果买回的国债未到期,仍然计算利息,此项利息连同次年国库新拨出的资金一起再并入偿债基金之中,继续收买国债。这样可以通过复利积累,使债务不致对政府形成太大的压力,甚至可以提前偿清债务。在国债尚未还清之前,每年的预算拨款不能减少,以逐年减少债务。因此,偿债基金又称为"减债基金"。设立偿债基金为国债的偿还提供了稳定的资金来源,可以平衡各年度的偿债负担,使偿债能够有计划地进行。从短期看,设立偿债基金会减少政府当期的可支配收入;从长期看,国债发行和偿还连年滚动,偿债基金可以起到均衡各年偿债负担的作用。从债务管理角度而言,建立偿债基金后,可以把债务收入和支出从正常预算收支中独立出来,便于更好地对债务资金的使用效果进行管理和监控。

（二）国债还本付息的方式

因国债的种类不同，其还本付息的方式也不尽相同，下面重点介绍几种国债的还本付息方式。

1. 期满一次偿还法。期满一次偿还法又称一次性还本付息法，即按照国家发行时约定的偿还期限，到期后一次偿还全部本息的一种偿还方法。例如，1988—1991年发行的国库券，本息偿还期限均定为3年，在发行后的第4年一次还本付息。采用期满一次偿还法的优点是国家债券还本管理工作简单，易于操作，且不必为国家债券的还本付息频繁地筹集资金，同时也便于持券者计划安排资金投向；缺点是国家集中一次性偿还国债本息，有可能造成国家财政支出的急剧增加，给中央财政带来较大的压力，同时增加了社会的资金运转量，容易引起资金市场的波动，不利于国家经济的发展。

2. 抽签分步偿还法。抽签分步偿还法，是指在国债偿还期内，分年度确定一定的偿还比例，由国家对中央政府的债券还本采取定期专门抽签的方法，确定各次归还债券的号码，如约偿还，直到偿还结束，全部国债中签偿清为止的一种方式。抽签分为一次性抽签和分次抽签两种。一次性抽签是对国家发行的某个时期债券，在它到期前的某个时间举行抽签仪式，集中把各个年度每次还本债券的号码全部抽出来，通过新闻媒介或其他方式将中签号码公布，通知债券持有者。我国1981—1984年度所发行的国库券都是采取一次抽签方式偿还债券。分次抽签是对国家发行的某个时期的国债，按分批还本的次数定期抽签，以确定还本债券的号码，分几批还本就分几次抽签。我国1954—1958年发行的国家经济建设国债就采取的是分次抽签法。

3. 分期还本偿还法。分期还本偿还法，是指中央政府对一种债券规定几个还本期，每期按一定比例还本，直至债券到期为止，本金全部偿还完毕。例如，5年期的国家债券分次在5年内偿还，每年偿还1/5，即票面额100元的国家债券持有人可以每年从中央政府收回20元，到5年期限结束收回全部本金100元。分期还本偿还法可以分散国债偿还对国库的压力，避免集中偿还可能给中央财政带来的困难，对政府发行的国债产生一种较强的债务约束；同时，分期还本偿还法还可以满足投资者对不同流动性的需求。但该方法由于在国债发行之初就规定了偿还顺序及额度，是强制性偿还制度下缺乏灵活性的一种还本付息方法；同时，由于国债偿还期限不同，收益率也会不同，从而人为造成债券市场价格的不稳定；而且该方法手续繁杂，工作量大，对偿债机构和债券持有者都不方便，故较少采用。

4. 提前偿还法。提前偿还法又称市场购销偿还法或买销法，是中央政府在市场上按照国债行市，适时购进国债，以此在该债券到期前逐步清偿，以致这种国债期满时，已全部或绝大部分被中央政府所持有。该方法实际上是以间接方式进行的还本付息，因而又称间接偿还法。它主要适用于各种期限的上市国债，并以短期国债为主,而且一般以自由性偿还制度为前提。在自由性偿还制度下,政府可以相机从债券市场上选择合适的国债种类,以市场价格适量购入。

5. 以新替旧偿还法。以新替旧偿还法又称"调换偿还法",是指政府以发行的新国债替换到期的旧国债,以达到偿债目的的一种方法。这种偿还方式的优点是,从财政角度看,可使到期的政府债务后延,增加了筹措还债资金的灵活性;从国债持有者角度看,只要其认为有利,便可拥有继续持有政府国债的优先权。其缺点是,如果经常使用这种偿还方式,很可能会有损政府信誉。

第三节 国债负担

国债负担是指国债的发行与偿还对各经济主体产生的压力,它包括认购者负担、政府负担、纳税人负担以及代际负担四个方面的内容。长期以来,对国债是否构成认购者的负担以及不同主体负担的分配等问题,一直存在着不同意见。

一、关于国债负担的争议

自国债出现以来,人们对国债负担问题存在着持续的争论。大体而言,依据不同时期国债理论的传播和影响,国债理论的发展可分为三个阶段:一是以古典学派为代表的正统观点阶段,二是以凯恩斯学派为代表的新兴观点阶段,三是20世纪70年代至今诸多市场经济国家对国债负担的再认识阶段。

(一)以古典学派为代表的正统观点阶段

18世纪以后,西欧各国纷纷进入自由资本主义时期,此时的古典经济学家一般信奉反对国家干预经济、主张自由竞争、关注经济效益的自由主义哲学思想。正是由于这种立场的确立,大多数古典经济学家认为政府税收比债务融资更有效。著名经济学家亚当·斯密、大卫·李嘉图、让·巴蒂斯特·萨伊等人都认为国债有害于国民经济,坚决反对政府举债和实行赤字财政。

古典学派关于国债的理论大致可概括如下:第一,从本质上讲,国债是延迟的政府税收。不过,由于存在"国债错觉"等原因,国债比政府税收更容易被纳税人接受,助长了政府靠举债度日的倾向,容易形成奢侈风气。第二,政府通过举借国债所筹资金通常用于非生产性支出。发行国债把私人生产性资本用于政府非生产性支出,妨碍了工商业的发展,损害了经济的长期增长力。第三,国债会造成不合理的收入分配结果。国债的大量增长,会造成国家每年得自生产的大部分公共收入,不得不用来偿还国债费用,从而养肥了金融界和高利贷者,而且国债一般利率很高,如不迅速偿还,就要加重下一代人的负担。

(二)以凯恩斯学派为代表的新兴观点阶段

1929—1933年的世界经济大萧条,动摇了经济学家对市场经济内在稳定的信念,凯恩斯主义应运而生,以凯恩斯为首的大多数经济学家认为国债有利于经济的观点占据了主导地位,这些观点被称为"国债新理论"。

凯恩斯在其1936年出版的《就业、利息和货币通论》一书中指出,由于人们心理的消费倾向和对货币的灵活偏好等因素影响的结果,必然是消费需求和投资需求的不足,这就无法实现充分就业,经济衰退甚至经济危机也就在所难免。为提高有效需求,实现充分就业,防止经济危机,就必须借助政府的力量。政府可通过扩大公共支出、减少税收、实行赤字预算来实现这一目的。而政府弥补财政赤字可以采用增税、增发通货和举债三种办法,但多征税会遭到社会各阶层的反对,通货膨胀会引起社会矛盾的激化,只有举债对当前社会、经济的震动最小,因而是弥补赤字的最佳办法。20世纪70年代,萨谬尔森在继承凯恩斯原有理论的同时,更进一步提出在经济上升时期也应当推行赤字预算的观点,要实行赤字预算,国债是不可或缺的选择。他还认为,国债除了弥补财政赤字这一最基本的作用外,还有两个作用:一是可以直接影响人们的消费和投资。持有国债的财富效应会提高人们的消费倾向,从而会增加消费和投资,并有助于减少失业。二是为中央银行的公开市场业务提供了更为广阔的回旋余地,通过国债数量的增减影响利率的升降和调节货币流通量,具有增加货币政策效果的作用。

(三)20世纪70年代至今诸多市场经济国家对国债负担的再认识阶段

20世纪70年代至今,许多市场经济国家对国债负担进行了再认识,对政府举借国债问题展开了激烈的争论。以布坎南为代表的公共选择学派认为,凯恩斯学派提出的财政赤字有益的观点,破坏了维多利亚时代财政平衡原则的道德界限,在民主政治中助长了政府扩大开支的倾向,二战后许多国家财政赤字持续增加,导致社会资本受到严重侵蚀,因此主张公开宣布长期不变地坚持预算平衡的原则。而主张继续运用国债政策的一方则确信,国债政策是政府宏观调控政策的重要组成部分,国债规模可以随着经济发展而增长,但国债负担即国债及利息占GDP的比重会越来越小,因而不足为虑。

这些争论深化了人们对国债政策的认识,并最终形成了基本共识:国债政策是市场经济条件下的重要调控手段,关键是要保持一个合理的债务规模和国债资金的建设性。到了20世纪90年代,许多市场经济国家都相继实施了保持合理债务规模的财政政策。例如,美国克林顿政府通过实行短期刺激与长期紧缩的政策,大力缩减财政赤字,减少国债发行;欧盟国家也规定,当年发债规模(用于弥补财政赤字和支付国债利息部分)占GDP的比重不能超过3%,债务余额占GDP的比例不能超过60%。

二、衡量国债规模的指标

国债本质上是一种特殊的借贷行为,其负担能力常常用举借国债规模来判断。国际上用一个指标体系来判断国债规模,通常用来判断国债规模的指标有国债依存度、国债负担率、国债偿债率等。

(一) 国债依存度

国债依存度是指当年国债发行额与当年财政支出的比值,反映了财政支出对债务式财政收入的依赖程度。财政当年国债依存度的计算公式为:

$$财政当年国债依存度 = \frac{当年国债发行额}{当年财政支出} \times 100\%$$

国债依存度这一指标有两种计算方法:一是当年的国债发行额与当年整个国家财政支出的比值,也称为国家财政债务依存度;二是当年国债发行额与中央财政支出的比值,也称为中央财政债务依存度。债务依存度过高,表明财政支出过分依赖债务收入,也反映了财政的脆弱性,并潜伏着财政危机的可能。国际上公认的控制线是国家财政债务依存度为15%~20%,中央财政债务依存度为25%~30%。如果一国债务依存度过高,表明财政支出过分依赖债务收入,国家债务以后年度的还本付息会对财政的未来发展产生潜在的威胁。国债依存度既直接反映了当年国债所引起的财政负担,同时也反映了国债偿还对财政支出的依赖程度,对当年国债发行规模有较大的参考作用。

(二) 国债负担率

国债负担率是指一国一定时期的国债累积发行余额与当年GDP的比率。其反映一国国民经济对国债的承受能力,主要体现国家总债务对经济的影响程度。通常,一国的GDP越大,国债负担率越小,国债的发行空间就越大,这为国债规模的继续扩大提供了余地。国债负担率的计算公式如下:

$$国债负担率 = \frac{国债累积发行余额}{当年GDP} \times 100\%$$

国债负担率是计量国债规模的宏观指标,不仅揭示了一国国民的国债负担情况,也反映了国债规模增长与GDP增长的相互关系。发达国家财政收入占GDP的比重较高,一般为40%~50%,因此,一般而言,国际公认的"马约"规定的成员国政府债务余额占国内生产总值的比重不应超过60%,这60%即为债务余额的警戒线。

(三) 国债偿债率

国债偿债率是指一年的国债还本付息额与当年财政收入的比率。债务收入的有偿性,决定了国债规模必然受到国家财政资金状况的制约,因此要把国债规模控制在与财政收入相适应的水平上。国债当年偿债率的计算公式为:

$$国债当年偿债率 = \frac{当年国债到期本息和}{当年财政收入} \times 100\%$$

国债是以国家为主体按信用原则举借的债务,不仅需要偿还,而且必须支付一定的利息,国债还本付息的最终来源是国民收入和财政收入。从偿还的角度来说,由于在国民收入中只有一部分收入归国家支配,因此,政府的偿债能力将取决于财政预算收支状况及预算收入中用于偿债的比重,国际公认的国债偿债率应控制在 8%~10%。

三、我国国债规模现状分析

在1981年恢复国债发行后的几十年里,我国国债发行规模不断扩大,年度国债举借额度从1979年的35.30亿元(当年仅有外债),增加到2005年的6 922.87亿元(包括内债和外债),如表4-1所示。国债品种有了较多的增加,市场建设取得了一定进展。国债发行不仅为国民经济发展筹集了大量建设资金,也在一定程度上满足了社会各类投资者投资国债的需要,同时也活跃和稳定了金融市场,并保证了财政政策和货币政策的有效实施。

表4-1　国家财政债务发行情况　　　　　　　　　　单位:亿元

年　份	国内债务	国外借款	国内其他债务	合　计
1979		35.30		35.30
1980		43.00		43.00
1985	60.61	29.24		89.85
1990	93.46	170.21	103.78	375.45
1991	199.30	180.13	81.97	461.40
1992	395.64	208.91	65.13	669.68
1993	314.78	357.90	66.54	739.22
1994	1 028.57	146.68		1 175.25
1995	1 510.86	38.90		1 549.76
1996	1 847.77	119.51		1 967.28
1997	2 412.03	64.79		2 476.82
1998	3 228.77	82.16		3 310.93
1999	3 702.13		12.90	3 715.03
2000	4 153.59	23.10	3.41	4 180.10
2001	4 483.53	120.47		4 604.00
2002	5 660.00		19.00	5 679.00
2003	6 029.24	120.68	3.61	6 153.53
2004	6 726.28	145.07	7.99	6 879.34
2005	6 922.87			6 922.87

注:1. 从1999年起国内其他债务项目为债务收入大于支出部分增列的偿债基金
　　2. 从2006年起实行债务余额管理,国家财政预决算不再反映债务发行收入
资料来源:根据《中国财政年鉴2008》有关数据整理

表 4-1 所示的统计数据表明,近年来我国每年举借国债都在 4 000 亿元至 7 000 亿元之间,不可否认,这对保持经济的快速增长做出了重要贡献。但是,巨额的国债发行导致国债规模大幅飙升,在政府债务规模持续扩大的情况下,不能忽视大量举借国债造成的风险。通过测定一些具体的反映上述两种能力的债务经济指标和比较国际上一些公认的安全警戒线标准,就可以大体对我国国债规模现状加以判断:是否将要发生国债风险以及风险的程度。

目前,我国国债面临的潜在风险有:首先,国债负担率随国债规模的不断扩张出现较快增长,1999 年仅占 11.8%,2000 年为 13.1%,2010 年为 16.3%,2019 年达到 16.8%(见表 4-2)。其次,统计数据显示,我国近年来的国债依存度过高,都在 20%以上,这说明财政支出有相当一部分是靠举债维持的。最后,我国目前财政的国债偿债率指标已突破了国际警戒线(10%)。国债偿债率持续扩张,使每年国债发行收入用于还债的比例逐年升高,已经接近 50%,说明我国国债规模进入了不断攀升的"发新债还旧债"的时期,应该引起警惕。

表 4-2 我国国债余额、国债负担率

年　度	国债余额(亿元)	国内生产总值(亿元)	国债负担率(%)
2010	66 987.97	412 119.3	16.3
2011	71 410.8	487 940.2	14.6
2012	76 747.91	538 580	14.3
2013	85 836.05	592 963.2	14.5
2014	94 676.31	643 563.1	14.7
2015	105 467.48	688 858.2	15.3
2016	118 811.24	746 395.1	15.9
2017	133 447.43	832 035.9	16.0
2018	148 208.62	919 281.1	16.1
2019	166 032.13	990 865.1	16.8

资料来源:根据国家统计局官方网站年度数据整理

由于我国国债在我国国民经济中主要发挥积极作用,且存在着对国债的强劲需求,因而应使我国国债发行规模逐步适度增长。我国国债规模虽然仍在合理范围之内,目前没有太大风险,但从整体趋势来看,我国国债规模扩张速度过快,这使我国国债规模处于应债能力宽松而财政债务负担沉重的状况。因此,有必要采取措施,适度控制国债规模扩张速度,防范潜在的财政债务风险。

2010 年以来全球最为关注的经济热点,莫过于欧盟部分国家出现主权债务危机。继迪拜债务延期偿付、冰岛宣布破产之后,希腊债务危机率先凸显,随后葡萄牙、爱尔兰、意大利、西班牙等国经济也相继亮起红灯。

美国次贷危机爆发以来,为应对国际金融危机和经济衰退,世界各国普遍采取了扩张性财政政策,金融机构救助和失业救济等方面的支出大幅增加,财政收入却由于经济下滑而锐减,导致许多国家财政赤字飘红,债台高筑,危机负担从民间转移到公共预算上,银行和企业债务转变为国家主权债务。2009年与2007年相比,欧盟27国赤字率(财政赤字占GDP比重)从0.8%升至6.8%,负债率(政府债务余额占GDP比重)从58.8%升至73.6%;欧元区16国赤字率从0.6%升至6.3%,负债率从66%升至78.7%。

欧洲主权债务危机为我国的财政债务尤其是地方债务敲响了警钟。这是因为,我国上级政府对下级政府实际上承担着无限责任,由财政或有债务形成的财政压力,会由基层政府向上层层传递,压力最终势必汇聚到中央政府。地方债务可划分为显性债务和隐性债务两种类型。显性债务一般包括外国政府与国际金融组织的贷款、国债转贷资金、农业综合开发借款、解决地方金融风险专项借款、拖欠工资、国有粮食企业亏损新老挂账、拖欠企业离退休人员基本养老金等,除了明确的负债外常表现为未支付的应付支出。隐性债务包括地方政府担保债务、担保的外债、地方金融机构的呆坏账、社会保障资金缺口等,在出现金融机构清算等情况时地方政府将承担资严损失。这些债务缺少有效、统一的监测和管理制度,隐蔽性强,已成为中国地方债务风险的主要出险区。

2010年,随着地方政府投融资平台数量的猛增和融资规模的迅速扩大,地方政府投融资平台的负债规模也在急剧扩大,即大规模的投融资给地方政府带来了大量债务。2010年5月26日,国务院总理温家宝主持召开国务院常务会议,部署加强地方政府融资平台公司管理。

加强对地方融资平台公司的管理,一要抓紧清理核实并妥善处理融资平台公司债务,按照分类管理、区别对待的原则,妥善处理债务偿还和在建项目后续融资问题;二要分类清理地方政府已设立的融资平台公司,划清职能,规范运作;三要加强对融资平台公司的融资管理和银行业金融机构等的放贷管理;四要坚决制止地方政府违规担保承诺行为。

四、国债规模管理方式及改革

国债规模是指国债的发行数量。国债的规模应当控制在一个合理的界限以内,这个界限主要是由一国的财政经济实力和国债管理水平决定的。我国自1981年恢复发行国债以来,一直采取逐年审批年度发行额的方式管理国债,简称"发行额管理"。这种管理方式存在五个方面的问题:年度国债发行额不能全面反映国债规模及其变化情况,控制年度国债发行额不利于合理安排国债期限结构,不利于促进国债市场平稳发展,不利于财政与货币政策协调配合,不利于提高国债管理效率。

第四章
国债原理与制度

我国现行的国债规模管理方式是"余额管理",是指立法机关不具体限定中央政府当年国债发行额度,而是通过限定一个年末不得突破的国债余额上限以达到科学管理国债规模的目的。国债余额包括中央政府历年预算赤字和盈余相互冲抵后的赤字累积额、向国际金融组织和外国政府借款统借统还部分(含统借自还转统借统还部分)以及经立法机关批准发行的特别国债累计额,是中央政府以后年度必须偿还的国债价值总额,能够客观反映国债负担情况。

但同时还应强调,不限定中央政府当年国债发行额度,而是限定一个年末不得突破的国债余额上限。这使得中短期债券的发行重获青睐,而这些具备高流动性、高安全性的国债品种某种程度上是中央银行票据的一种替代物,是中央银行实行公开市场操作的重要金融工具。因此,在国债余额管理的具体实施中也需要注意以下三个问题:首先,国债余额管理需考虑长中短期国债政策搭配;其次,国债余额管理需顾及挤出效应;最后,国债余额管理需考虑民生需求。国债余额管理调节的是国债供给,而需求的变化也会对供给调节政策的有效性带来重要影响。对国债民生需求的总量和结构有一个细致、深入的了解,对国债余额管理来说将不无裨益。

正是因为国债余额管理也存在一定局限性,财政部于2014年5月份印发的《财政部代理发行2014年地方政府债券发行兑付办法》(以下简称《办法》)规定,我国地方债发行实行年度发行额管理,全年债券发行总额不得超过国务院批准的当年发行额度。地方财政部门未按时足额向中央财政专户缴纳还本付息资金的,财政部采取中央财政垫付方式代为办理地方债还本付息。《办法》规定,地方债每期发行数额、发行时间等由地方政府与财政部协商确定。财政部代理发行地方债涉及地方政府的相关业务由地方财政部门负责办理。财政部代理发行地方债采用市场化招标方式。参与投标机构为2012—2014年记账式国债承销团成员。招投标结束至缴款日为地方债发行分销期。中标的承销团成员可于分销期内在交易场所采取场内挂牌和场外签订分销合同的方式向符合规定的投资者分销。《办法》还要求,地方财政部门违反相关规定,未按时足额向中央财政专户缴纳发行费、应还本息等资金的,按逾期支付额和逾期天数,以当期债券票面利率的两倍折成日息向财政部支付罚息。此外,财政部还同时印发《财政部代理发行2014年地方政府债券招标发行规则》,对投标标位限定、承销量、中标原则、债权登记和托管等予以明确。这些规定都将对加强地方债管理、防范债务风险发挥积极作用。

第四节 国债市场及其功能

国债市场作为政府发行和买卖国债的关系总和,是中央政府筹资的重要渠道,也成为政府宏观调控政策的重要工具和场所。下面重点介绍国债市场与我国国债市场的发展和完善。

一、国债市场

国债市场是政府通过证券市场发行和买卖国债的场所。按照国债交易的层次或阶段,国债市场可分为国债发行市场和国债流通市场。国债发行市场是指国债发行场所,又称国债一级市场或初级市场,是国债交易的初始环节,一般是发生在政府与证券承销机构如银行、金融机构和证券经纪人之间国债的交易。国债流通市场又称国债二级市场,是国债交易的第二阶段,一般是发生在国债承销机构与认购者之间的交易,以及国债持有者或政府与国债认购者之间的交易。

国债发行市场与流通市场是紧密联系,相互依存,互相作用的。一方面,国债发行市场是国债流通市场的基础和前提。任何种类的国债,都必须在国债发行市场上发行,否则政府就无法实现预订的筹资计划,投资者也就无处认购国债。同时,国债发行市场上国债的发行要素,如发行方式、发行时间、发行价格、发行利率等,对国债流通市场上国债的价格及流动性都会发生重大影响。另一方面,国债流通市场的交易又能促进国债发行市场的发展。首先,国债流动性的高低,直接影响和制约着国债的发行。国债流通市场为发行国债提供了便利交易,使国债的流动性有了实现的可能,有利于国债的发行。其次,国债流通市场上形成的国债价格以及流动性的强弱,是决定国债发行市场上新发行国债的规模、条件、期限的重要因素。例如,在发行条件一定的情况下,流通中的国债价格高、收益率低,则新债发行比较容易;反之,新债发行就相对困难,这时要保证新债发行顺利,其利率应相对提高。理想的国债市场体系应既有利于政府降低发行成本,又有助于投资者降低变现成本,这就要求国债的发行市场与流通市场有机地衔接起来,实现发行与交易一体化。

(一) 国债发行市场

国债发行市场,在狭义上,是指国债发行者将新国债销售给投资者的场所;在广义上,则是泛指实现国债销售的完整过程。国债发行市场的组成要素有市场主体、市场客体和市场运作形式。市场主体,即国债发行市场的参与者,包括发行者、投资者、中介机构等。市场客体是指国债发行市场买卖的对象,即新国债。通常情况下,国债的发行者与国债的投资者之间并不发生直接联系,一般是通过国债发行的中介机构来完成国债的发行和认购。国债发行的中介机构主要包括银行、证券公司和经纪人等,由他们首先承购国债,然后再向投资者出售。

世界各国较为公认的一个规范的国债发行市场应该包括几个方面:第一,利率水平的确定通过市场供求调节。市场资金的多少是相对的,利率可以调节资金的供求。利率在市场中表现为债券的价格,利率高时,债券价格低;反之,利率低时,债券价格高。当利率水平处于供需曲线的交点时,则可用最低的成本筹集到最大数量的资金。第二,以机构为承销或投标的主体。直接向个人发行,发行环节多,发行时间长,发行成本高,因此,个人不宜作为发行的主体,很多国家只在发行储蓄债券时使用这种方式。大多数国家主要是向银行和其他中介机构发行,个人主要在二级市场上购买国债。第三,有机构投资人的参与。机构投资人具有资金稳定、投资期限长等特点,最适合购买国债。由机构投资人直接投资国债,可以降低成本,延长国债的期限。

(二)国债流通市场

国债流通市场,狭义上是指国债持有者将其持有的已发行、未到期的国债转让给新投资者的场所;广义上,国债流通市场不仅仅指转让国债的有形柜台,而且泛指完成国债转让的整个过程。按照国债流通市场的组织形式可将其划分为场内市场和场外市场两类。

场内市场专指证券交易所内的国债交易,交易主体主要有证券经纪商和证券交易商等。证券经纪商代理客户买卖债券,赚取手续费,不承担交易风险;证券交易商为自己买卖债券,赚取差价,承担交易风险。国债的转让价格是通过竞争形成的,交易原则是"价格优先"和"时间优先"。场内市场交易的特点包括:一是有集中、固定的交易场所和交易时间;二是有较严密的组织和管理规则,包括自律性的管理机构和管理制度及从业人员;三是采用公开竞价交易方式,是持续性的双向拍卖市场;四是有完善的交易设施和较高的操作效率。我国目前场内市场由上海证券交易所和深圳证券交易所组成,参与者主要是证券公司和信托机构。

场外市场是相对于场内市场而言的,泛指在证券交易所以外的市场进行的债券交易。场外市场交易的证券大多为未在交易所挂牌上市的证券,也包括一些上市证券。场外市场是不固定交易场地和交易时间的无形市场,在场外市场上,投资人之间直接或间接(通过经纪人)采用协商议价的方式进行交易。场外市场的优点有:一是交易规则灵活,手续简便,为个人投资者投资于国债流通市场提供更方便的条件,可以吸引更多的个人投资者;二是交易的覆盖面和价格形成机制不受限制,方便中央银行进行公开市场操作;三是有利于商业银行低成本、大规模地买卖国债;四是有利于促进各市场之间的价格、收益率趋于一致。

国债流通市场存在的典型交易方式包括:第一,国债现货交易。这是指交易双方在成交后立即交割或在极短的期限内办理交割的一种交易方式。其作用在于,一方面可满足购买者的投资需要,另一方面可满足卖出者的变现需求。第二,国债期货交易。这是指以标准化的国债期货合约为交易对象的交易方式。交易者可以通过套期保值的方式规避因利率、通货膨胀等因素引起的国债价格波动的风险。所谓套期保值,是指投资者同时在期货市场和现货市场上进行数量相等、买卖方向相反的交易,通过预先"锁定"收益的方式来达到降低风险、减少损失的目的。第三,国债回购交易。这是指国债持有者在卖出一笔国债时,约定于未来某一时间以事先约定的价格再将等量的该种国债买回的交易方式。与这一程序相反的交易,则称作逆回购交易。国债回购交易实际上是以国债为担保物,期限在一年以内的一种短期资金融通。

二、国债市场的功能

总体来说,国债市场主要具有两种功能:一是实现国债的发行与偿还;二是合理有效地调节社会资金的运行,提高社会资金效率。通过国债市场,国债持有者持有国债到期不仅能收回本金,而且还能获得利息。通常,国债市场在金融方面衍生出的作用主要体现在以下几个方面:

第一,国债市场是一个基准性市场。对于金融市场来说,国债是一种基准性金融产品,其利率是市场的基准利率,国债市场是整个金融市场的基础,它提供了一种无风险的资产,成为全部金融上层建筑的基础,一切金融工具都依据它进行套算和操作,各个经济主体要凭借它来进行风险对冲。另外,国债市场上形成的利率期限结构,会成为全社会利率结构的一个基础,这个功能是其他金融市场都不可替代的。

第二,国债市场是中央银行实施公开市场业务的场所。对于中央银行来说,国债是其实施货币政策的主要操作对象,国债市场是其贯彻实施货币政策的主要渠道和场所。目前,大部分市场经济国家的中央银行基本上放弃存款准备金、再贴现等货币政策工具,主要是依靠买进卖出国债的公开市场操作实施货币政策,而公开市场操作要有效和富有弹性,就必须有一个相当大规模的国债市场存在。只有有了一个成熟和具备一定规模的国债市场,在国内经济出现通货膨胀或通货紧缩时,中央银行手中才会有可供用来作"对冲"操作的工具和手段去调节货币的供应。

第三,国债市场为金融机构、工商企业和居民资产提供流动性。对于金融机构来说,发达的国债市场是其实施流动性管理的一个基础。金融机构发现,要想在经济的原则上有效地管理自己的资产和负债,其持有的资产中必须有相当份额的高流动性、无风险的资产,这种资产非国债莫属。工商企业要实现稳健经营,必须要有手段来防范风险,要能够让暂时不用的资金得到运用,同时,在今后可能需要临时性资金的时候能够立刻获得,因而持有相当份额具有高流动性的国债资产非常必要。对于居民来说,一个具有深度和广度的国债市场,是他们建立有效的投资组合,进行风险防范的前提条件。

第四,对政府财政部门来说,存在一个有效的国债市场,毫无疑问会有效地降低政府的筹资成本。

三、我国国债市场的发展和完善

(一)我国国债市场的发展

我国从1981年开始发行国债,1988年开放国债二级市场。1991年,财政部又首次组织了国债的承购包销,将市场机制引进了国债一级市场,促进了二级市场的发展。之后,上海证券交易所、深圳证券交易所相继交易国债,国债又有了交易所流通市场。1996年是中国国债市场发展的关键一年,国债发行分别试验了价格招标、收益率招标和划款期招标等方式,在国债市场化道路上稳步前进。1999年9月,国泰等十家基金和七家券商开始获准参与银行间同业市场、债券交易托管结算业务,2013年,银行间市场拆借、现券和债券回购累计成交235.3万亿元。从2006年开始,我国参照国际通行做法,采取国债余额管理方式管理国债发行活动,使得大量滚动发行短期国债成为可能,为国债短期市场利率的形成提供了必要的支持,也为整个市场基准利率的形成提供了必要支撑。

总之,经过20多年的努力,我国无论是国债发行市场还是国债流通市场都得到了迅速的发展。国债市场也发展成为各类投资者投资国债、金融机构进行资产负债管理以及中央银行进行公开市场操作、调控货币政策的重要场所。

(二) 我国国债市场存在的问题

我国国债市场虽然获得了一定的发展,但总的来说仍是一个不成熟的市场,存在一些问题,具体表现在以下几个方面。

1. 国债市场分割局面严重。目前,交易所市场和银行间市场割裂,银行间市场在品种和存量上都占绝对的优势,但债券的流动性相对不足,价格发现功能也未能很好地实现;交易所市场债券的成交价格连续性相对较好,但现在债券存量比较小,品种单一。此外,由于银行等国债主力投资机构无法跨市场交易,造成两个市场间国债的交易价格出现差异,同券不同价、不同收益率的现象经常出现,两个市场存在不同的利益水平,还造成统一的市场基准利率难以形成。

2. 国债市场流动性有待进一步加强。国债流通市场目前成交量规模与债券托管总量相比,其换手率还是偏低。截至2005年年底,银行间市场国债托管总量超过27 000亿元,而现券全年的交易量仅11 000多亿元,换手率仅41%,与国外发达市场比起来相差很远。

3. 国债市场基准收益率曲线有待进一步完善。基准收益率曲线作为银行间债券市场定价的基础,自市场建立以来一直受到市场管理机构以及参与者的高度重视。经过几年的努力,我国银行间市场债券基准收益率曲线的建立已经初见成效,但由于市场的交易活跃、柜台市场未受到重视及虚假交易等原因,基准收益率曲线仍不够完善。

4. 国债市场缺乏有效的避险工具。从近几年债券市场的交易情况来看,银行间债券市场经常出现单边行情。我国的商业银行和保险公司都持有大量固定利率中长期债券,一旦利率波动,市场利率上升,则按照市值计算隐藏着巨额亏损,但是当商业银行等大型金融机构需要对自身的债券结构进行套期保值操作时,往往又无法找到交易对手,避险机制难以发生作用。

(三) 我国国债市场的完善

与发达国家的国债市场充当金融市场的调节器相比,我国国债市场的发展还有较长的一段路要走,应采取一些具体措施来完善国债市场。

1. 进一步优化国债发行。随着国债发行的日益市场化与电子化,各项手续费将会逐步降低,乃至取消,因此,国债发行利率期限结构优化将成为国债筹资成本优化的主要内容。这具体包括两方面的内容:一是在市场利率处于较低水平或逐步上升时,应发行期限较长的债券,其期限最好长到市场利率回复到现有水平;在市场利率处于较高水平或逐步下降时,应发行期限短的债券或利率随市场利率浮动的债券。二是发行国债应尽可能安排在银行降息之后与银行加息之前,这样可大大降低筹资成本。

2. 打通银行间市场和交易所市场,建立统一的国债市场。目前,国债市场的分割格局不利于国债功能的发挥,也是国债市场进一步发展的阻碍。建立统一的国债市场,关键在于实现国债在银行间债券市场和交易所两个市场的连通和自由流动,上市交易的国债均可在中央国债登记结算有限责任公司进行统一托管和结算,应允许商业银行进入交易所市场买卖债券,在债券市场上形成以银行间债券市场为场外市场,沪深交易所市场为场内市场的格局,让投资者根据自己投资需要和交易偏好自主选择,而不是由某个主管部门人为分割。

3. 建立完善国债做市商制度。国债做市商是国债场外市场上的一种特殊交易商,他们不间断地在其愿意的水平上报出国债的买入价和卖出价,并在其他交易商要求以其报出的价格交易任何数量的该种国债时保证随时成交。从国外经验来看,在发达的场外市场中,做市商制度对于增加市场流动性、形成价格发现机制、稳定市场波动等发挥了举足轻重的作用。针对我国国债市场现状,应由国债发行单位和市场监管部门共同制定做市商制度,选择有真实交易行为又有一定交易量的机构为做市商,明确做市商考核、融资融券、承销便利等相关问题,从而充分发挥做市商的作用,鼓励对国债进行做市。

4. 引入国债衍生产品,活跃市场,提高国债市场的流动性。国债品种的多样化是增强国债流动性的重要途径,也是国债市场进一步发展的前提。国际经验表明,国债期货市场提供给投资者的有效风险管理途径,能够平抑现货市场价格波动,并对市场繁荣、流动性增强有很大促进作用。在保证国债市场健康发展的基础上,我国应该有计划、有步骤地引入国债衍生产品,要适时开办国债远期交易和国债期货交易。我国国债期货市场曾于1993年试办但于1995年关闭,其原因主要在于当时现货市场容量过小,非市场化的利率机制及监管不力等。近年来,随着监管能力的不断加强以及债券市场容量迅速扩大,各方面的形势与几年前相比有很大区别,选择适当时机恢复国债期货交易应列入可行性研究之内。

第四章
国债原理与制度

 **重点概念**

国债　国债市场　国债的功能　国债依存度　国债负担率　国债偿债率　国债做市商制度　财政债务风险　地方债务　政府投融资平台

 **思考题**

1. 简述国债的含义与特征。
2. 国债具有哪些功能？
3. 如何理解国债负担？
4. 衡量国债规模合理与否的指标有哪些？请运用这些指标对我国国债规模现状进行分析。
5. 国债还本付息的资金来源有哪些？
6. 如何完善我国国债市场？

 **案例**

通常，中央银行实施货币政策有三种基本手段，即存款准备金、再贴现或者再贷款、公开市场业务，但最重要的手段是公开市场业务。所谓公开市场业务，是指中央银行在证券市场上公开买卖各种证券以控制货币供给量和利率的活动。国际上，公开市场业务的操作对象主要是国债。例如，在美国，联邦储备银行的90%以上的资产是以国债形式存在的，对基础货币的调控主要通过吞吐国债的公开市场业务来进行。

案例分析

20世纪90年代初，中国人民银行就开始利用中央银行票据、国债、政策性金融债等操作工具进行公开市场业务。目前，公开市场业务已成为我国重要的货币政策工具。中央银行票据需支付巨额利息，政策性企业债券则安全性不足，国债以国家信用作担保，明显比其他工具优良。尽管如此，值得注意的是，当前我国公开市场操作中具有一个与一般西方国家明显的不同之处，即较多地运用了中央银行发行的央行票据来操作,国债在中央银行公开市场操作中的地位并不突出。这其中很重要的原因在于我国目前的国债发行和流通制度还存在一些不成熟、不适合中央银行进行公开市场操作的地方:国债市场分割,市场流动性不足,市场产品品种单一,等等。那么,国债能成为中国人民银行公开市场操作的主要工具吗?虽然当前我国国债发行市场和国债流通市场发展不足,我国公开市场操作中,国债的地位并不突出,但是,经过对国债市场的各个方面逐步加以完善后,我国的国债市场将会发挥其应有的积极作用。

第五章

国家预算及预算管理体制

国家预算是政府的基本财政收支计划。它的功能首先是反映政府的财政收支状况。同时,由于国家预算要经过国家权力机构的审批方才生效,因而又是国家的重要立法文件,体现国家权力机构和全体公民对政府活动的制约与监督。本章将结合中国实际系统阐述国家预算一般原理及相关基本问题。因此,了解国家预算的编制、审批、执行和决算的过程以及预算外资金的现状,理解国家预算的组成、预算外资金的特点以及预算管理体制的实质,掌握复式预算及部门预算改革的主要内容以及现行的预算管理体制问题,是学习本章的主要目的。

第一节 国家预算

一、国家预算的概念、组成与形式

(一)国家预算的概念

国家预算是指经过法定程序编制、审批的国家年度财政收支计划。它是以收支一览表形式表现的、具有法律地位的文件,是国家财政实现计划管理的工具。从形式上看,国家预算是按一定标准将财政收入和支出分门别类地列入特定的表格,可以反映国家支配的财力规模和来源以及国家财力分配使用的方向和构成。从实际经济内容来看,国家预算中反映着政府的方针与政策,从根本上决定着国家活动的范围和方向。通过国家预算可以有计划地组织财政收入和合理地安排财政支出,贯彻执行国家的方针政策,保证各项收支任务的圆满完成,因此,国家预算是财政实现计划管理的工具。

国家预算是政府调节经济的重要手段,市场经济运行表现出周期性波动的特点,国家预算在为国家筹集分配财力的同时,作为调节和控制社会经济活动过程的重要经济杠杆,能够保证市场在国家宏观调控下对资源配置起基础性调节作用,促使经济持续、稳定发展。

（二）国家预算的组成

国家预算的组成是指国家预算体系的组成环节。我国国家预算的组成,是与我国国家政权结构和行政区域的划分密切相联系的,原则上凡属一级政权都应有一级预算。目前,我国国家预算由中央预算和地方预算组成。地方预算由省(自治区、直辖市),市(设区的市、自治州)、县(自治县、不设区的市、市辖区),乡(民族乡、镇)四级预算组成。不具备设立预算条件的乡(民族乡、镇),经省、自治区、直辖市政府确定,可以暂不设立预算。

从预算内容的分合关系来看,国家预算分为总预算和单位预算。总预算由本级政府预算和汇总的下一级总预算组成,如我国的省总预算是由省本级政府预算和其所属县(设区的市、自治州)总预算组成的。单位预算是指列入部门预算的国家机关、社会团体和其他单位的收支预算,它以资金形式反映着预算单位的各项活动。

（三）国家预算的形式

1. 单式预算和复式预算。按照国家预算编制的形式分类,国家预算可以分为单式预算和复式预算。

单式预算是传统的预算编制形式,它是指在预算年度内,将全部财政收支统一编在一个总预算内,而不再按各类财政收支的性质分别编制预算。复式预算是指年度内将全部财政收支按经济性质分别编成两个或两个以上的预算,通常分为经常预算和资本预算两个部分。《中华人民共和国预算法》(以下简称《预算法》)规定,国家预算按照复式预算编制,分为经常性预算和建设性预算。借鉴发达国家实行复式预算的经验,我国复式预算的目标模式是将由经常性预算和建设性预算组成的复式预算改为由政府公共预算、国有资产经营预算、社会保障预算和债务预算组成的复式预算体系。

单式预算和复式预算具有不同的特点和作用。从对财政活动的反映程度看,单式预算具有全面性和综合性,可以较为明确地反映财政活动的总体情况,更符合统一性和完整性的预算原则;其缺点是没有按财政收支的经济性质分别编列和平衡,看不出各项收支之间的对应平衡关系,特别是不能反映经济建设工程效益的具体情况,不利于进行宏观调节与控制。复式预算正好相反,虽然其总体功能较弱,但对收支结构和经济建设工程状况的反映则较为明确,可以根据财政收入的不同性质,分别进行分析与管理,有利于国家职能的分离,有利于提高财政支出的经济效益,有利于实行宏观决策和管理。从操作过程来看,单式预算简洁、清楚、全面,编制和审批也比较容易;复式预算科学、严谨,便于政府对财政活动进行分析,有利于对收支的控制。

2. 零基预算和增量预算。按照国家编制预算依据的内容不同,国家预算可以分为零基预算和增量预算。

（1）零基预算。零基预算是指在编制预算时,不考虑以前年度的收支执行情况,对原有的各项开支都要重新审核。零基预算的核心是打破基数加增长的预算编制方法,预算项目及其金额的确定不受以往年度"既成事实"的限制,强调一切从计划的起点开始,从合理性和可能性出发,改进本年度预算执行过程中花钱不当或方法不妥的地方,有利于加强预算管理,提高预算的科学性。但零基预算要求高,耗时长,工作量大,若运用不够得当,就不能排除不合理因素的影响,不利于调整利益格局和发挥预算职能。

（2）增量预算。增量预算是指在编制预算时,预算年度的财政收支指标以上年财政收支执行数为基础,再考虑新的年度国家经济发展情况加以调整确定。增量预算的最大特点是保持了国家预算的连续性,但是随着财政收支规模的不断扩大,这种方法可能会导致当期预算不科学,预算调整过多、约束性差等一系列问题。

3. 功能预算和部门预算。按照预算支出分类汇总依据不同,国家预算可以分为功能预算和部门预算。

（1）功能预算。长期以来,我国财政支出预算一直实行传统的支出按功能进行汇总的预算方式。功能预算是一种不分组织单位和开支对象,而是按照政府的概括目标或职能对开支进行分类的预算方法。其优点是便于了解政府在行使各职能方面的财政支出是多少,缺点是部门没有一本完整的预算,各部门预算只反映预算内收支,不反映预算外资金,这就很难满足全面、准确地反映各部门收支状况的要求。

（2）部门预算。部门预算是市场经济国家普遍采用的预算编制方法。部门预算是由政府各部门编制,经财政部门审核后报立法机关审议通过,反映部门所有收入和支出的预算,即一个部门一本预算。部门预算的收支分类是按政府的组成结构来进行的,即先按部门进行分类,然后在部门内部按所属预算单位进行分类。这种分类方式可以明确政府各部门的收支规模和财政权力,可以完整地反映政府的活动范围和方向,增强了预算的透明度和调控能力。

二、国家预算的编制、审批、执行和决算

(一)国家预算的编制

编制国家预算是一件复杂而又细致的工作,并且具有重要的政治经济意义。因此,在正式编制国家预算之前,需要做好一系列的准备工作。这一系列的准备工作主要包括:一是对上年度预算执行情况进行分析;二是拟定计划年度预算控制指标;三是颁发编制国家预算草案的指示和具体规定;四是修订预算科目和预算表格。

各级政府、各部门、各单位应当按照国务院规定时间编制预算草案。中央预算和地方各级政府预算,应当参考上一年预算执行情况和本年度收支预测情况,按照

复式预算进行编制。

中央政府公共预算不列赤字。中央预算中必需的建设性投资的部分资金,可以通过举借国内和国外债务等方式筹措,但是借债应当有合理的规模和结构。地方各级预算按照量入为出、收支平衡的原则编制,不列赤字。但从 2009 年开始,全国人民代表大会通过关于允许地方政府以发行地方债券的形式弥补地方赤字的提案,使地方政府冲破"债务"防线(虽然省一级预算依然不出现财政赤字),地方债券发行的额度为 2 000 亿元。2014 年度经财政部批准的地方债发行额度为 4 000 亿元,包括本期债券,财政部已代理招标发行 13 期,合计 2 908 亿元地方债。此外,财政部还批准 10 个省市发行合计 1 092 亿元的自发自还地方债,至 2014 年 9 月底,除深圳市的 42 亿元额度尚未发行外,其他省市均已完成发行。

各级预算收入的编制,应当与国民生产总值的增长率相适应,按照规定必须列入预算的收入,不得隐瞒、少列,也不得将上年的非正常收入作为编制预算收入的依据。各级预算支出的编制,应当贯彻厉行节约、勤俭建国的方针,统筹兼顾,保证重点,在保证政府公共支出合理需要的前提下,妥善安排其他各类预算支出。各级政府预算支出中应安排必要的资金,用于扶助老、少、边、穷地区发展经济文化建设事业;应当按照本级政府预算支出额的一定比例设置预备费,用于当年预算执行中的自然灾害救灾开支及其他难以预料的特殊开支;应当按照国务院的规定设置预算周转金。

(二)国家预算的审批

国务院应当及时下达关于编制下一年度预算草案的指示,具体事项由财政部门部署。各省、自治区、直辖市政府应按国务院规定的时间,将本级总预算草案报国务院审核汇总。预算审批主要经过以下几个阶段:第一,财政部门审核阶段。该阶段审核的内容主要包括预算收支是否有赤字,预算收支科目是否正确,预算收入测算是否准确,预算支出是否有缺口,汇总的部门预算数是否与财政部门下达的预算支出控制数一致等。第二,政府官员审核阶段。部门预算编报完后,财政部门应将汇总的部门预算和各部门报来的部门预算送政府审批,然后送交人民代表大会初审。第三,人民代表大会审核阶段。各级政府财政部门应在每年本级人民代表大会会议举行的一个月前,将本级预算草案的主要内容提交本级人民代表大会的专门委员会进行初审。各级政府在本级人民代表大会举行会议时,向大会做关于预算草案的报告。预算草案经由人民代表大会审查批准,方能成立。其中,中央预算由全国人民代表大会审查和批准,地方各级政府预算由本级人民代表大会审查和批准。第四,预算批复阶段。各级政府预算经本级人民代表大会批准后,本级政府财政部门应当及时向本级各部门批复预算,各部门应当及时向所属各单位批复预算。我国预算法实施条例规定,财政部要在人民代表大会通过预算后的 30 天内批复中央部门预算,各部门要在财政部批复部门预算15天内批复所属单位预算。

(三) 国家预算的执行

预算经过批准以后,就进入预算的执行阶段。预算执行是指组织预算收支任务实现的过程,包括组织预算收入、拨付预算支出资金、动用预备费和周转金以及预算调整等内容。

各级预算由本级政府组织执行,具体工作由本级财政部门负责,并按各项预算收入的性质和征收方法,分别由财政、税务、海关等部门负责征收和管理。预算收入征收部门必须依法及时、足额征收应征的预算收入。有预算收入上缴任务的部门和单位,必须依照法规的规定,将应上缴的预算资金及时、足额地上缴国库。各级财政部门必须依照法规的规定,及时、足额地拨付预算支出资金,并加强管理和监督。预算支出的执行由各支出机关具体负责组织,财政部门处于主导地位,其主要工作是按照预算的要求和组织预算执行的需要制定相关的法规政策和制度,根据部门预算,编制用款计划并按计划拨付资金,提高资金的使用效率等。

县以上各级预算必须设立国库。国库是国家金库的简称,是国家财政资金的出纳、保管机构,负责办理预算收入的收纳、划分、留解和预算支出的拨付业务。中央国库业务由中国人民银行办理,地方国库业务依照国务院的有关规定办理。

各级政府预算预备费的动用方案,由本级政府财政部门提出,报本级政府决定。各级政府预算周转金由本级政府财政部门管理,用于预算执行中的资金周转,不得挪作他用。

预算调整是预算执行中的一项重要工作,是组织新的预算收支平衡的一个重要方法。所谓预算调整,是指经过批准的各级预算,在执行中因特殊情况需要增加支出或者减少收入,使原批准的收支平衡的预算的总支出超过总收入,或者使原批准的预算中举借债务的数额增加的部分变更,包括动用预备费、预算的追加追减、经费流用和预算划转等。预算调整应当由各级政府编制预算调整方案,并须提请各级人民代表大会常务委员会审查和批准,未经批准,不得调整预算。各部门、各单位的预算支出应当按照预算科目执行。不同预算科目间的预算资金需要调剂使用的,必须按照国务院财政部门的规定报经批准。

(四) 国家预算的决算

决算是预算执行的总结和终结。决算草案由各级政府、各部门、各单位,在每一预算年度终了后按照国务院规定的时间编制,编制决算草案的具体事项由国务院财政部门部署。编制决算草案,必须符合法律、行政法规的规定,做到收支数额准确,内容完整,报送及时。决算草案的上报和审批同预算草案的上报和审批程序相同。各级政府决算经批准后,财政部门应当向本级各部门批复决算,地方各级政府应当将批准的决算报上一级政府备案。

三、复式预算

(一)我国复式预算编制体系的建立

中华人民共和国成立以来,我国的政府预算一直采用单式预算的编制方法,与计划经济体制下单一的经济结构相适应,将各项预算收支不分资金性质和用途统一编制在一个预算表格中。这种预算编制方法,结构比较简单,可以简明地反映预算收支的全貌。自20世纪90年代以来,随着社会主义市场经济体制的建立和完善,我国开始借鉴西方发达国家政府预算编制方法,自1992年起试编制复式预算。我国从1992年起编制的复式预算是由经常性预算和建设性预算组成的二式预算,其中,经常性预算主要反映政府一般行政上的经常性收支项目,其支出主要用于文教和行政管理、国防等方面的经费开支,其收入主要是税收;建设性预算是综合反映经济建设资金的来源与运用的预算,其支出主要用于生产建设性支出、企业挖潜改造和新产品试制费、支援农业生产支出等,其收入主要有经常性预算结余、国有资产收益和债务收入等。1995年国务院通过的《中华人民共和国预算法实施条例》规定,各级政府预算按照复式预算编制,分为政府公共预算、国有资产经营预算、社会保障预算和其他预算。

1994年3月22日,素有经济宪法之称的《中华人民共和国预算法》经全国人民代表大会批准后正式公布(当时法规条文共有79条)。经过四次修订,新《中华人民共和国预算法》(以下简称"新《预算法》")在2014年8月31日获全国人民代表大会通过并于2015年1月1日起施行。新《预算法》条文由过去的79条增加至100条。

新《预算法》在以下六个方面的规定,对完善我国复式预算编制体系具有重要意义。

第一,新《预算法》强调预算完整,规定预算包括一般公共预算、政府性基金预算、国有资本经营预算、社会保险基金预算,各项预算应当保持完整、独立。政府性基金预算、国有资本经营预算、社会保险基金预算应当与一般公共预算相衔接。

第二,新《预算法》强调预算公开。规定经本级人民代表大会或者本级人民代表大会常务委员会批准的预算、预算调整、决算、预算执行情况的报告及报表,应当在批准后20日内由本级政府财政部门向社会公开,并对本级政府财政转移支付安排、执行的情况以及举借债务的情况等重要事项作出说明。

第三,新《预算法》强调预算约束。规定经人民代表大会批准的预算,非经法定程序,不得调整。各级政府、各部门、各单位的支出必须以经批准的预算为依据,未列入预算的不得支出。

第四,新《预算法》规定国家实行财政转移支付制度。财政转移支付应当规范、公平、公开,以推进地区间基本公共服务均等作为主要目标。

第五,新《预算法》对地方政府债务管理作出明确规定。地方政府发行债券,举债规模必须由国务院报请全国人民代表大会或全国人民代表大会常务委员会批准。地方各级预算按照量入为出、收支平衡的原则编制,除本法另有规定外,不列赤字。经国务院批准的省、自治区、直辖市的预算中必需的建设投资的部分资金,可以在国务院确定的限额内,通过发行地方政府债券举借债务的方式筹措。举借债务的规模,由国务院报全国人民代表大会或者全国人民代表大会常务委员会批准。省、自治区、直辖市依照国务院下达的限额举借的债务,列入本级预算调整方案,报本级人民代表大会常务委员会批准。举借的债务应当有偿还计划和稳定的偿还资金来源,只能用于公益性资本支出,不得用于经常性支出。除前款规定外,地方政府及其所属部门不得以任何方式举借债务。除法律另有规定外,地方政府及其所属部门不得为任何单位和个人的债务以任何方式提供担保。

第六,新《预算法》规定了人民代表大会的权力。全国人民代表大会和地方各级人民代表大会对预算草案及其报告、预算执行情况的报告重点等具有审查权力,并主要对下列内容进行审查:①上一年预算执行情况是否符合本级人民代表大会预算决议的要求;②预算安排是否符合本法的规定;③预算安排是否贯彻国民经济和社会发展的方针政策,收支政策是否切实可行;④重点支出和重大投资项目的预算安排是否适当;⑤预算的编制是否完整,是否符合本法第四十六条的规定;⑥对下级政府的转移性支出预算是否规范、适当;⑦预算安排举借的债务是否合法、合理,是否有偿还计划和稳定的偿还资金来源;⑧与预算有关重要事项的说明是否清晰。

(二)进一步完善我国复式预算的设想

一是完善我国复式预算体系,应结合新修订的有关法律规定,清理规范重点支出与年度财政收支增幅或生产总值挂钩事项,一般不采取挂钩方式;政府收支要全部纳入预算,明确"四本"预算的收支范围和功能定位,加大相互之间的统筹力度。二是改进年度预算控制方式。预算审查的重点由平衡状态、赤字规模向支出预算和政策拓展。三是建立跨年度预算平衡机制,实行中期财政规划管理,并强化三年滚动财政规划对年度预算的约束。四是加强预算执行管理。硬化预算约束,预算未安排事项一律不得支出。根据新《预算法》的要求,我国各级预算中复式预算的改革目标是逐步建立包括一般公共预算、政府性基金预算、国有资本经营预算、社会保险基金预算的完整预算。

1. 政府公共预算。这是反映国家以社会管理者身份取得的收入和用于维持政府公共活动,保障国家安全和社会秩序等方面的支出的预算。政府公共预算收入包括各种税收、规费、罚没收入等。政府公共预算支出包括公益性基建支出、各项事业发展支出、行政国防支出、价格补贴支出、国内外债务利息支出等。政府公共预算坚持收支平衡,略有结余原则。

政府公共预算的分配主体是作为社会管理者的政府,分配的目的是为了满足社会公共需要；分配的手段是依靠政治权力经由非市场的渠道进行分配，具有强制性和无偿性；分配的形式是以税收收入为主要收入，并安排各项具有公共需要性质的支出，其中包括经费性支出和公共投资性支出，因而公共预算从性质上看是供给性预算。

2. 政府性基金预算。政府性基金预算是国家通过向社会征收以及出让土地、发行彩票等方式取得收入，并专项用于支持特定基础设施建设和社会事业发展的财政收支预算，是政府预算体系的重要组成部分。编制政府性基金预算，对于提高政府预算的统一性和完整性，增强预算的约束力和透明度，更好地接受人民代表大会和社会监督，具有十分重要的意义。目前，纳入政府性基金预算管理的基金共43项。按收入来源划分，向社会征收的基金31项，包括铁路建设基金、民航基础设施建设基金、港口建设费、国家重大水利工程建设基金等。其他收入来源的基金12项，包括国有土地使用权出让收入、彩票公益金、政府住房基金等。按收入归属划分，属于中央收入的基金9项，属于地方收入的基金20项，属于中央与地方共享收入的基金14项。按支出用途划分，用于公路、铁路、民航、港口等建设的基金9项，用于水利建设的基金4项，用于城市维护建设的基金8项，用于教育、文化、体育等事业发展的基金7项，用于移民和社会保障的基金5项，用于生态环境建设的基金5项，用于其他方面的基金5项。财政部公布的数据显示，2013年全国政府性基金收入52 239亿元，比上年增加14 704亿元，增长39.2%，其中，中央政府性基金收入4 232亿元，增长27.5%，主要是为支持可再生能源发展，近年依法新设立的可再生能源电价附加收入增加。地方政府性基金收入48 007亿元，增长40.3%，主要是土地出让合同成交价款增加较多，国有土地使用权出让收入41 250亿元，比上年增加12 732亿元，增长44.6%。2013年，全国政府性基金支出50 116亿元，比上年增长37.9%。中央本级政府性基金支出2 761亿元，增长26.9%；地方政府性基金支出47 355亿元，增长38.6%。其中，国有土地使用权出让收入安排支出40 600亿元，增长41.9%，主要是征地拆迁补偿等成本性支出增加较多。

3. 国有资产经营预算。这是反映国家以国有资产所有者身份取得的收入以及国家用于国有资产经营和经济建设的资本性支出情况的预算。经营性国有资产的主要特征是具有营利性而不是公共性。国有资产经营预算收入主要包括政府公共预算结余转入、经营性国有资产收益、资源性国有资产收益、各种建设性专项基金收入、基本建设贷款归还收入、固定资产投资方向调节税、资源税等。国有资产经营预算支出主要包括经营性基建支出、增拨流动资金、国企资本金的注入、支援农业生产性支出、国有企业生产性亏损补贴、支援不发达地区发展资金等。

国有资产经营预算所包含的分配主体是作为生产资料所有者代表的政府，它以国有资产的宏观经营并取得宏观经济效益为分配目的，以资产所有权为分配依据,并以竞争性市场为其活动范围,其收支内容基本上是围绕着对经营性国有资产进行价值管理和分配形成的。因此,国有资产预算属于经营性预算。

4. 社会保障预算。这是国家用来反映社会保障收支及各项社会保障基金投资运营情况的预算,一般可分为"板块式"社会保障预算方案和"一揽子"社会保障预算方案。"板块式"社会保障预算方案是将各种社会保障基金收支及结余单独编制预算,一般性税收收入安排的社会保障支出在政府公共预算中单独编列反映的方案。"一揽子"社会保障预算方案是将一般性税收收入安排的社会保障支出和各项社会保障基金收支作为一个有机整体,编制涵盖内容全面的方案。

从我国国情来看,我国宜采用"一揽子"社会保障预算方案,其优点是能全面反映社会保障资金收支情况和资金规模以及结余投资及调剂资金的使用情况,能体现国家整体的社会保障水平,可以对社会保障的资金需求作出全面、统一的安排,有利于社会保障事业的协调发展,有利于减轻财政负担。

四、部门预算

(一) 部门预算的内涵

部门预算改革始于 2000 年,是当前我国财政改革的主要内容。部门预算是以部门为依托,反映部门所有收入和支出的预算。部门预算由政府各部门编制,各部门预算由本部门所属各单位预算和本部门机关经费预算组成。编制部门预算要求各部门按照财政部门的统一规定和标准表格,全面、系统、准确地将本部门一般预算收支情况、基金收支情况以及预算外收支情况等都编入部门预算,即部门的所有开支都要在预算中加以反映,预算中没有列出的项目不得开支。作为财政预算管理的基本组织形式,部门预算的基本含义包括:一是部门是预算编制的基础单元,因而财政预算从部门编起,从基层单位编起;二是财政预算要落实到每一个具体部门,一个部门一本预算,改变财政资金按性质归口管理的做法,财政将不同性质的财政性资金统一编制到使用这些资金的部门;三是部门本身要有严格的资质要求,限定那些与财政直接发生经费关系的一级预算单位为预算部门。部门预算可以说是一个综合预算,既包括一般预算收支计划,又包括政府基金预算收支计划;既包括正常经费预算,又包括专项支出预算;既包括财政预算内拨款收支计划,又包括财政预算外资金收支计划。

(二) 传统的按功能编制预算的弊端

1. 部门没有一本完整的预算,缺乏统一性。传统预算只包括预算内资金,大量的财政性资金没有纳入预算管理,致使预算内容不完整。另外,传统预算在财政部门只是一个机构对若干部门同一性质的经费的管理,但实际上财政部门并不了解这些部门全部预算资金的使用情况。

2. 预算编制粗糙,缺乏有效监督机制。传统预算中财政资金采用"切块"管理,财政部门只知道划拨给一级财务单位的资金是多少,而基层单位划拨多少财政资金及用在何处的情况,财政部门并不掌握。传统的预算编制方法主要采用"基数加增长"的方法,导致单位之间分配不公,影响了财政支出效率。

3. 预算资金分配权分散。传统预算中一个部门的事业费、基建费等可以来自不同的渠道,由不同的部门管理,资金分配权没有集中到财政部门,导致资金管理分散,不利于财政资金使用效率的提高。

4. 预算约束软化,追加追减情况时有发生。传统预算编制方法在编制形式等方面还不能完全符合《预算法》的要求,普遍采用代编预算的方式,预算编制的法律性不强。

(三)编制部门预算的重要意义

1. 编制部门预算有利于提高国家预算的透明度。编制部门预算,可以体现出国家预算的公开性、可靠性、完整性和统一性原则,可以防止预算分配中的不规范行为和人为的随意性,有利于防止腐败,加强廉政建设。

2. 编制部门预算有利于提高预算的管理水平。编制部门预算,使预算编制、执行的程序和流程制度化、规范化和科学化,从而有利于财政部门控制预算规模和优化支出结构,减少追加支出的随意性,有利于部门和单位合理使用财政资金,充分发挥财政资金的使用效益。

3. 编制部门预算可以克服代编预算方式的弊端。传统预算存在着由部门替下属单位代编预算的情况,使预算缺乏科学性和合理性。而编制部门预算要求从基层单位编起,部门负责审核、汇总编制部门收支预算建议计划并报财政部门,使预算更加科学合理,有利于预算编制的真实性。

第二节 预算管理体制

预算管理体制是处理中央和地方以及地方各级政府之间的财政关系的基本制度,其核心是各级预算主体的独立自主程度以及集权和分权的关系问题。预算体制是国家预算编制、执行、决算以及实施预算监督的制度依据和法律依据,是财政管理体制的主导环节。

一、预算管理体制的含义与实质

(一)预算管理体制的含义

国家预算管理体制是在中央与地方政府以及地方各级政府之间规定预算收支范围和预算管理职权的一项根本制度。预算收支范围涉及的是国家财力在中央与地方以及地方各级政府之间如何分配的问题,而预算管理职权涉及的则是各级政府在中央统一领导下支配国家财力的责任和权限问题。预算管理体制主要包含两层含义,一层含义是指预算管理体系,即在一个国家中,中央与地方以及地方各级政府形成的预算管理体系,它包括预算管理的组织机构、组织形式、决策权限、监督方式等;另一层含义是指财权财力划分,即预算管理体制作为一种管理制度,其根本任务就是通过正确划分各级预算的收支范围和规定预算管理职权,使各级政府有稳定的收入来源,促进国民经济和社会的发展。

国家预算管理体制是国家财政管理体制的重要组成部分。国家财政管理体制有广义和狭义之分。广义的国家财政管理体制是规定各级政府之间以及国家同企业、事业单位之间在财政资金分配和管理职权方面的制度,包括国家预算管理体制、税收管理体制、国有企业财务管理体制、文教行政事业财务管理体制等。其中,国家预算管理体制是国家财政管理体制的主导环节。狭义的国家财政管理体制即国家预算管理体制。

(二)预算管理体制的实质

国家预算管理体制的实质是处理预算资金分配和管理上的集权与分权、集中与分散的关系问题。从经济基础角度看,国家预算管理体制是以制度的形式处理中央与地方政府之间所支配物质财富的集中与分散问题;从上层建筑角度看,国家预算管理体制是解决中央与地方政府之间的集权与分权问题。所谓的集权与分权,只是为了划分职权,分工负责,在中央统一领导下,照顾到地方的利益,充分发挥地方的积极性与主动性。但是,由于中央和地方所处的地位不同,考虑和处理问题时的角度不同,在根本利益一致的前提下,也还存在着各种矛盾,如国家整体利益与地方局部利益之间的矛盾,需要与可能的矛盾,集中与分散的矛盾,等等。国家预算管理体制中的集权与分权问题,主要通过在中央与地方政府之间的收支划分来解决。

二、预算管理体制的内容和形式

(一)预算管理体制的内容

1. 政府预算收支范围的划分。预算收支范围的划分,是在中央和地方政府之间划分收支范围以及确定划分收支范围的方法等问题的总称。预算收支范围的划分反映了各级预算活动的范围和财力分配的大小,是正确处理中央与地方之间分配关系的重要方面。

(1)各级政府的职能范围。各级政府的职能即事权,是指哪些事情由中央办,哪些事情由地方办,这是划分各级预算收支范围的基本依据。在界定政府职能范围的基础上,要根据分职治事原则与受益范围原则划定中央政府与地方政府的职能,确定其各自提供公共产品的范围。所谓分职治事,是指下一级政府能做的事,一般不上交上一级政府,上一级政府只处理下一级地方政府不能处理的事务。所谓受益范围,是指按公共产品受益范围来划分事权,如果受益范围遍及全国所有地

区,受益对象为全体公民,就应该由中央政府负责,如国防、外交、对外援助、跨省特大基础设施建设项目、特大自然灾害救济、中央政府行政管理等。如果受益范围局限在某一地区,就应由地方政府负责,如提供地方行政、社会治安、文化教育、卫生保健、就业训练等公共服务。

(2)企事业单位的隶属关系。这是指凡隶属于中央直接管辖的企事业单位的预算收支列入中央预算,凡隶属于地方直接管辖的企事业单位的预算收支列入地方预算。在实行分税制以后,中央与地方预算收入的划分已经打破了按企事业单位的隶属关系划分的传统,采用按税种划分中央与地方的预算收入;而目前在中央与地方政府事权尚未完全划分的情况下,中央与地方预算支出的划分仍依据企事业单位的行政隶属关系划分。

(3)各地区的经济发展水平。在以事权作为划分基本依据的基础上,还应该考虑实现各地区预算收支平衡的要求。由于我国幅员辽阔,各地区经济基础不同,经济发展也不平衡。为了调动中央和地方两方面的积极性,在划分收支时应适当考虑各地的经济条件,区别对待,对经济条件好的地区,在贯彻物质利益原则的基础上,鼓励其多上缴一些收入,为国家多做贡献;对经济条件差的地区,在促使其自力更生、增产增收的基础上,多留一些收入,以便实现中央和地方预算的收支平衡。

2. 政府预算收支划分的方法。中华人民共和国成立以来,我国预算收支在中央和地方之间的划分曾采用过的主要方法有以下几种。

(1)收入分类分成。这是一种收支挂钩的方法。所谓分类,是指将预算收入按项目分为中央固定收入、地方固定收入、中央与地方分成收入和调剂分成收入。采用这种方法时,首先将地方固定收入与地方正常支出相抵,如果不能抵补地方正常支出,则划给地方固定比例分成收入,如果仍不抵地方正常支出,再划给调剂分成收入。收入分类分成法的优点在于,对地方来说,不同种类的收入分别同地方支出挂钩,从而使地方全面关心各类收入,地方多收多得,少收少得,可以充分调动地方组织收入的积极性;其缺点是该方法计算比较复杂。

(2)总额分成。所谓总额分成,就是把地方组织的全部收入,不再区分为固定收入和各种分成收入,而是按地方组织的预算收入总额在中央和地方之间进行分成,地方预算支出占地方组织总收入的比例即为总额分成比例,其余为上缴中央总额分成比例。总额分成法的优点是把全部收入与地方支出挂钩,促使地方关心全国性收入,在经济情况变动较大的情况下,适应性强,计算方法简单;缺点是不利于调动地方组织零星收入的积极性,另外,地方增加的收入也纳入总额分成之内,不能全部归己,在一定程度上会挫伤地方增收的积极性。

(3)定额上缴(定额补助)。这种方法是指在中央核定的地方预算收支数额的基础上,凡收入大于支出的地区,对其收大于支的数额采用一定的方法上缴中央;凡是收小于支的地区,其收不抵支的差额由中央定额补助。这种方法能调动地方增收的积极性,便于地方主动安排收支计划。但是在实行包干体制下,中央不能从地方的增收中得到好处,不利于中央预算的收支平衡。

(4)分税制。分税制是在明确划分中央与地方事权及支出范围基础上,按照事权与财权统一的原则,划分中央与地方税收管理权限和税收收入的方法。分税制包括分税、分权和分管三个相互联系的内容。分税是按地方事权和地方预算支出需要,把税收划分为中央税、地方税、中央和地方共享税(以下简称"共享税")。分权是指中央与地方都对属于自己的税种有开停征权、调整税目税率权,同时赋予地方开征地方新税的权力。我国目前只处于分税制的初级阶段,中央税、共享税和大部分地方税的开停征权都由中央决定,地方并没有相应的税权。分管是指在分权分税模式下必须建立相应的税收分管系统,即建立国税局和地方税务局,分别负责管理和征收中央税(包括共享税)和地方税。分税制的实行使中央与地方政府有稳定的收入来源,打破了行政隶属关系的束缚,有利于全国统一市场的形成。另外,分税制在财权的划分上明确了中央政府的主导地位,有利于加强中央的宏观调控能力。

3. 预算调节制度。预算收支范围的划分并不能完全解决各级政府财政收支的均衡问题,因而须在既定的预算收支划分的基础上进行收支水平的调节,这种调节称为转移支付制度。具体来说,政府间的财政转移支付实质上是存在于政府间的一种再分配形式,是均衡各级预算主体之间收支不对称的一种预算调节制度。它是以各级政府之间所存在的财政能力差距为基础,以实现各地公共服务水平的均等化为主旨而实行的一种财政资金转移或财政平衡制度。各级政府的事权划分和收入划分不可能做到完全一致,因此,就会普遍存在政府财政收入能力与其支出责任不对称的情况。从理论上讲,既可能存在中央政府对地方政府的补助,也可能存在地方政府资金向中央政府的转移。但在现实中,为了保证全国市场的统一和税收征管的效率,尽量减少税收对市场机制的扭曲,具有全局性的重要税种往往集中于中央政府手中。而随着经济的发展,多样化的地方性公共产品在公共产品中的比重会不断上升,地方政府在资源配置方面的职能也在不断加强,因此,地方政府的事权大于财权是一种普遍存在的情况。这样,转移支付制度基本上在各国都表现为中央政府向地方政府单方面转移财政资金。转移支付的目的是使公共资金能够公平分配和有效使用,并达到各级政府事权与财权的最终统一。

(二)预算管理体制的形式

根据财力的集中与分散、财权的集权与分权的程度不同,可将我国预算管理体制大体上分为以下四种类型。

1. 统收统支的预算管理体制。统收统支的预算管理体制也称高度集中的预算管理体制,这种体制的基本特点是财力与财权高度集中于中央,地方组织的财政收入全部上缴中央,地方一切开支由中央核拨。这种"统收统支"的预算管理体制使地方的财权很小,机动财力很少。除了中华人民共和国成立初期外,我国20世纪60年代的三年经济调整时期和"文化大革命"时期的一些年份里,曾实行过这种类型的体制。这在当时特定的历史条件下,对集中必要的财力恢复和调整国民经济起过积极的作用,但它不利于发挥地方各级财政部门当家理财的积极性,在正常时期,不宜采取这种预算管理体制。

2. 统一领导,分级管理体制。这种预算管理体制的特点是财力和财权的相当大部分仍集中在中央,同时给地方一定的机动财力和财权,但都比较小。在这种体制下,由中央统一制定预算政策和制度,地方按预算级次实行分级管理,由中央核定地方收支指标,由中央统一进行地区间的调剂,收大于支的地方向中央财政上缴收入,支大于收的地方则由中央财政给予补助。在1953—1980年的多数年份里,实行的就是这种体制。它比统收统支体制前进了一大步,但仍不利于充分调动地方的积极性。

3. 划分收支,分级包干体制。这种预算管理体制的特点是在中央统一领导和统一计划下,地方有较大的财权,地方财力大大增强。预算包干体制对原体制有重大突破,是我国预算管理体制的一次重大改革。这种体制充分调动了地方理财的积极性,但也存在不少问题。这些问题主要是指:中央集中的财力过少,中央财政收入占全部财政收入的比重下降,中央财政负担过重;中央与地方的收支之间相互挤占,关系没有理顺;地方财力大大增强,多投资于利润大、见效快的项目,加剧了当时的经济过热现象。

4. 分税制分级预算管理体制。这是我国现行预算管理体制,是我国在借鉴国际上发达国家的先进经验并结合我国国情的基础上,于1994年实行的在分税制基础上的分级预算管理体制。其基本内容是:根据中央政府和地方政府的不同职能划分支出范围,按税种来划分中央收入和地方收入;分别设置机构,分别征税;中央预算通过转移支付制度实现对地方预算的调剂和控制。

三、我国现行的预算管理体制

(一)分税制的含义及重要意义

1. 分税制的含义。分税制是分税制预算管理体制的简称,是在划分中央与地方政府事权的基础上,按税种划分各级政府财政收入的一种预算管理体制。不能把分税制仅仅理解为划分税种,分税制的内涵极为丰富,它包括分税、分权、分征、分管等多方面内容。分税是指按税种将全部税收划分为中央与地方两套税收体系。依据分税程度的不同,分税方法有两种形式:一种做法是彻底分税制,即把全部税种划分为中央税和地方税,不设中央与地方共享税;另一种做法是适度分税制,即除了按税种划分中央税和地方税之外,还设置中央与地方的共享税。分权是指划分各级政府在税收方面的立法权、征管权和减免权。通常,中央税、中央与地方共享税和全国统一实行的地方税立法权集中在中央,地区性地方税收的立法权只限于省级立法机关或经省级立法机关授权的同级政府。分征是指分别设置中央税和地方税两套税务机构,分别征税。中央政府设置国家税务局(以下简称"国税局"),负责中央税和共享税的征收;地方政府设置地方税务局(以下简称"地税局"),负责地方税的征收,以保证各级税收收入能够稳定、足额入库。分管是指中央政府和地方政府分别管理和使用各自的税款,涵养税源,不得相互混淆、平调或挤占。建立规范化的中央预算对地方的转移支付制度,实现中央对地方的宏观调控和调节地区之间的财力分配,这是实现分税制预算管理体制的关键。

2. 分税制的重要意义。与其他类型的预算管理体制相比,分税制预算管理体制在处理中央与地方财政分配关系上更加科学化和规范化。这具体表现在以下几点上。

(1)明确划分了各级政府的事权。划分事权是实行分税制的前提条件,即只有在划分各级政府事权的基础上,才能根据各级政府行使职能的需要,相应地划分其所应拥有的财政管理权限和财力。中央政府事权主要集中在提供具有全国性的公共产品和劳务,协调受益外溢的产品和劳务,以及调剂跨地区余缺和维护社会公平等方面。地方政府更多地承担与政府职责相对应的一些区域性的政治经济事务。

(2)理顺并规范了各级政府间的财政分配关系。分税制预算管理体制消除了政府之间财力分配的随意性,使各级政府真正建立起独立的一级预算。分税制按税种合理划分中央与地方的收入范围,界定了各级政府之间的利益边界,可以避免出现中央与地方之间互相挤占收入等现象,而各自独立、稳定的收入来源则是各级政府建立一级独立预算的财力保证。

(3)确定了中央财政的主导地位。分税制预算管理体制有利于调动中央和地方两方面的积极性,能够在促进整个财政收入增长的同时逐步提高中央财政收入占全国财政收入的比重,有利于增强中央财政的宏观调控能力。

(4)建立了科学规范的转移支付制度。分税制预算管理体制通过建立统一、规范的中央对地方收入的转移支付制度,有利于加强中央对贫困地区的财政支援,可以逐步缩小地区间的差距。

(5)打破了地区分割,规范了地方政府行为。实行分税制后,可以避免地方政府为争夺财政收入而画地为牢、干预企业、重复建设、保护落后,促使生产要素的合理流动和全国统一市场的形成;也有利于地方政府转换职能,致力于提高公共产品的供给效率和公共服务的水平。

(二)分税制改革的指导思想

为了进一步理顺中央与地方的财政关系,增强中央政府的宏观调控能力,国务院决定从1994年1月1日起改革多种形式的包干体制,对各省、自治区、直辖市及计划单列市实行分税制预算管理体制。分税制改革的指导思想有以下几点。

1. 坚持统一领导与分级管理相结合的原则。"统一领导"代表中央的全局利益,"分级管理"代表地方的局部利益。分税制改革应该在确定中央占主导地位的前提下,充分调动地方的积极性。在划分税种上不仅要考虑中央与地方的收入分配,还必须考虑税收对经济发展和社会分配的调节作用。中央税以及重要的地方税的立法权都要在中央,以保证中央政令统一,维护全国统一市场和企业平等竞争。征收机构分设国税局和地税局,实行分级征管,中央税和共享税由国税局负责征收,共享税中的地方部分由国税局直接划入地方金库,地方税由地税局负责征收。

2. 正确处理中央与地方的利益关系。促进国家财政收入合理增长,逐步提高中央财政收入的比重。分税制改革既要考虑地方利益,调动地方发展经济、增收节支的积极性,又要适当增加中央财力,在促进国家财政收入增长的同时,逐步提高中央财政收入占全国财政收入的比重,增强中央财政的宏观调控能力。为此,分税制改革在存量不变的情况下,中央要从财政收入的增量中适当多得一些,以保证中央财政收入的稳定增长。

3. 合理调节各地区之间的财力分配。分税制改革既要有利于经济发达地区继续保持较快的发展势头,防止"鞭打快牛"现象的发生,又要通过中央对地方的税收返还和转移支付制度,扶持经济不发达地区的发展和老工业基地的改造,同时促使地方加强对财政支出的约束。

4. 坚持整体设计与逐步推进相结合的原则。分税制改革既要借鉴国外发达国家的先进经验,又要从本国实际出发,符合中国国情。在明确改革目标的基础上,分税制的实施办法应力求规范化,但必须抓住重点,分步实施,逐步完善,应通过"存量不动,增量调整"的办法,逐步提高中央财政收入的比重,逐步调整地方利益格局。总之,应通过渐进性、温和性的改革,在建立分税制基本框架的基础上,不断完善分税制改革。

(三)分税制改革的主要内容

我国从1994年起实行分税制预算管理体制改革,主要包括以下内容。

1. 中央与地方事权和支出的划分。根据现在中央政府与地方政府事权的划分,中央财政主要承担国家安全、外交和中央国家机关运转所需经费,调整国民经济结构、协调地区发展、实施宏观调控所必需的支出以及由中央直接管理的事业发展支出。其具体包括国防费,武警经费,外交和援外支出,中央级行政管理费,中央统管的基本建设投资,中央直属企业的技术改造和新产品试制费,地质勘探费,中央财政安排的支农支出,由中央负担的国内外债务的还本付息支出,以及中央本级负担的公检法支出和文化、教育、卫生、科学等各项事业费支出。地方财政主要承担本地区政权机关运转所需支出以及本地区经济、事业发展所需支出。其具体包括地方行政管理费,公检法支出,部分武警经费,民兵事业费,地方统筹的基本建设投资,地方企业的技术改造和新产品试制费,支农支出,城市维护和建设经费,地方文化、教育、卫生等各项事业费,价格补贴支出以及其他支出。

2. 中央与地方收入的划分。根据事权与财权相结合的原则,按税种划分中央与地方的收入,将维护国家权益、实施宏观调控所必需的税种划为中央税;将同国民经济发展直接相关的主要税种划为中央与地方共享税;将适合地方征管的税种划为地方税,并充实地方税种,增加地方税收收入。中央固定收入包括:关税,海关代征进口环节增值税和消费税,消费税,车辆购置税,中央企业上缴利润等。地方固定收入包括:地方企业上缴利润,城镇土地使用税,房产税,车船税,耕地占用税,契税,土地增值税,国有土地有偿收入等。

中央与地方共享收入主要包括:(不含进口环节海关代征部分的)增值税中央分享50%,地方分享50%;企业所得税(除中国铁路总公司、各银行总行以及海洋石油企业缴纳的部分全部归中央外)其余部分中央与地方按60%与40%的比例分享;个人所得税(除储蓄存款利息所得)其余部分中央与地方按60%与40%的比例分享;资源税中,海洋石油企业缴纳的部分归中央,其余部分归地方;城市维护建设税中国铁路总公司、各银行总行、各保险总公司集中缴纳的部分归中央,其余部分归地方;证券交易印花税归中央,其他印花税归地方。

2002年,我国对所得税分享办法进行了重大调整,改革原来按企业的行政隶属关系划分所得税收入的办法,对企业所得税和个人所得税收入实行中央和地方按比例分享。改革的内容主要是:第一,分享范围。除了铁路运输、国家邮政、中国工商银行、中国农业银行、中国银行、中国建设银行、国家开发银行、中国农业发展银行、中国进出口银行以及海洋石油天然气企业缴纳的所得税作为中央收入外,其他企业所得税、个人所得税收入由中央与地方按比例分享。第二,分享比例。2002年中央分享50%,地方分享50%;2003年中央分享60%,地方分享40%;2003年以后年份的分享比例根据实际收入情况再行考虑。第三,中央因改革所得税收入分享办法增加的收入全部用于地方(主要是中西部地区)的一般性转移支付。

中央与地方共享收入包括增值税、资源税、证券交易税、企业所得税和个人所得税等。其中,增值税中央分享50%,地方分享50%;资源税按不同的资源品种划分,大部分资源税作为地方收入,海洋石油资源税作为中央收入;证券交易税原定中央与地方各分享50%,1997年以后对证券交易税的分享比例进行了几次调整,到2002年中央为97%,地方为3%,从2016年起将证券交易印花税全部调整为中央收入;所得税也改为中央与地方的分享税种。

3. 中央财政对地方税收返还数额的确定。1994年的分税制预算管理体制改革,将原来属于地方支柱财源的消费税和增值税的75%上划给中央,若不采取相应措施,会触及地方的既得利益,增大分税制改革的阻力。为了保持原有地方既得利益格局,逐步达到改革的目标,中央财政对地方税收返还数额以 1993 年为基期年核定,即按照 1993 年地方实际收入以及税制改革和中央与地方收入划分情况,核定 1993 年中央从地方净上划的收入数额(即:消费税+75%的增值税-中央下划收入)。1993 年中央净上划收入全额返还地方,保证原有地方既得财力,并以此作为以后中央对地方税收返还的基数。1994 年以后,税收返还额在 1993 年基数上逐年递增,递增率按各地区增值税和消费税的平均增长率的 1∶0.3 系数确定,即上述两税平均每增长 1%,中央财政对地方的税收返还增长 0.3%。如果 1994 年以后中央净上划收入达不到 1993 年的基数,则相应扣减税收返还数额。

从分税制实施后的情况看,运行基本正常,其主要成果是转变了中央与地方之间的收入分配机制,提高了中央财政收入所占比重和宏观调控能力。这主要表现在:①在包干体制下,在收入增量中地方多留,中央收入的比重必然逐步下降,而实行分税制后,通过税种划分,保证中央收入占主导地位,然后再返还给地方使用,加强了中央的宏观调控能力,主动权在中央手中。②新的分税制返还办法,在保持地方原有既得利益的格局下,在以后增量的分配中,中央得大头,地方得小头,可以保证中央支配的收入逐步增长。③通过税收的合理分权和分设国税局与地税局,使中央的收入得到保证,不再受制于地方,减少了中央收入的流失。

4. 原体制下中央补助、地方上解以及有关结算事项的处理。分税制在重新划分中央财政收入与地方财政收入的基础上,相应地调整了政府间财政转移支付的数量和形式,除保留原体制下中央财政对地方的定额补助、专项补助和地方上解外,根据中央财政固定收入范围扩大、数量增加的新情况,着重建立了中央财政对地方财政的税收返还制度。具体办法是,中央税收上缴完成后,通过中央财政支出,将一部分收入返还给地方使用。

为顺利推行分税制预算体制改革,1994 年实行分税制以后,原体制的分配格局暂时不变,过渡一段时间再逐步规范化。原体制中央对地方的补助继续按规定补助。原体制下地方上解仍按不同体制类型执行:实行递增上解的地区,按原规定继续递增上解;实行定额上解的地区,按原确定的上解额,继续定额上解;实行总额分成的地区和原分税制试点地区,暂按递增上解办法,即按 1993 年实际上解数,并核定一个递增率,每年递增上解。原中央拨给地方的各项专款,该下拨的继续下拨。地方 1993 年承担的 20%部分出口退税及其他年度结算的上解和补助项目相抵后,确定一个数额,作为一般上解或一般补助处理,以后按此额结算。

(四) 关于分税制改革的进一步完善

分税制实施十余年来,运行状况基本良好,初步达到了预期的目标。这主要表现在:一是政府间的分配关系趋于规范。各级政府的事权划分进一步明晰,各级政府的收支范围、责权进一步明确,预算约束趋于硬化。分税制按税种划分中央与地方的财政收入,使中央与地方政府之间的利益边界更加清晰,避免了相互挤占收入等现象的发生。二是较大幅度地提高了中央财政占全部财政收入的比重,增加了全国性基础设施和公共工程投入,加大了对西部地区和部分贫困地区的财政转移支付力度。三是建立了比较规范的转移支付制度,灵活地解决了纵向平衡、横向平衡以及专项补助问题。完善一般性转移支付稳定增长机制,逐步提高一般性转移支付所占比重;对专项转移支付进行清理、整合、规范,逐步取消竞争性领域专项和地方资金配套,同时严格控制新增项目和资金规模;建立专项转移支付定期评估和退出机制。

1994年进行的分税制改革虽然取得了一定成果,但还有以下问题需要完善:

第一,进一步明确中央与地方政府事权的划分范围。目前的分税制是以当前既定的政府事权划分为前提的,随着经济体制和政治体制改革的深入,各级政府的职责划分必须作相应调整。各级政府事权划分的基本依据是公共需要的层次性和集权与分权的关系。其中,有些事权的划分是十分明确的,如国防基本属于中央事权,但大部分事权是交叉的,如基础设施、文教科卫、支农等是各级政府共有的事权,这些交叉性的事权要力求边界清晰,避免混淆不清,相互干扰,要以法律形式具体化,力求分工明确,依法办事。而这些在短期内难以达到完善的地步,只能随着经济体制改革的不断深入逐步达到预定的目标。

第二,进一步调整和规范预算收入的划分。2002年,中央对所得税分享办法进行了重大调整,企业所得税打破行政隶属分享办法,改成中央与地方按6∶4的比例分成。近年来,中央财力的集中程度显著提高。当然,适当集中中央的财权财力,对加强中央政府的宏观调控能力是非常必要的,但是如果集中的程度过大、速度过快,必然会对地方各级财政造成负面影响。2016年全国一般公共预算收入159 552亿元,其中:中央一般公共预算收入72 357亿元,同比增长4.7%;地方一般公共预算本级收入87 195亿元,同比增长4.2%。目前,中央财政收入占全国财政总收入的比重约为45.35%,而中央所承担的事权平均在30%左右,地方则达到70%左右。地方各级政府在财权逐步减少的总体趋势下,事权并没有相应减少,出现严重不对称,这也是一些县、乡财政普遍反映的困难之一。

第三,实行规范的转移支付制度。转移支付制度是均衡各级预算主体之间收支不对称的预算调节制度,主要是指中央政府(或上级政府)对地方政府(或下级政府)进行无偿的财政资金转移所制定的制度,包括转移支付的原则,实现的目标,转移的形式、标准等方面的规定。转移支付制度是分税制预算管理体制的一个重要组成部分,是中央政府实行宏观调控的重要手段,因为实行分税制并不要求地方政府拥有足以自我平衡的财政收入,仅仅是使地方财政预算拥有一定量的稳定收入,其差额由中央财政预算补助,从而实现中央财政对地方财政的调控。目前,我国实行的税收返还制度就是转移支付制度的一种形式,但该制度还很不规范。税收返还实际是维护既得利益的"基数法"的延续,而规范的转移支付制度要求逐步过渡到按客观因素测定标准收支,因此,逐步减少税收返还也是进一步完善转移支付制度的关键。

第四,完善地方税收体系。建立中央与地方两套税收体系是分税制的一个重要内容。目前,我国地方税收体系尚不完善,地方没有"当家"的税种,不利于调动地方涵养税源的积极性。根据存在的问题,需要做以下工作:一是要扩大地方税收规模,增强地方政府预算自求平衡的能力;二是要扩大地方对地方税收的立法权和执法权,除了一些重要的地方税种需要由中央统一立法外,还应该给予地方开设一些地方税种的权力;三是各级政府都应有自己的主体税种,以保证各级财政有稳定的收入来源。

2018年3月,为降低征纳成本,理顺职责关系,提高征管效率,为纳税人提供更加优质、高效、便利的服务,我国将省级和省级以下国税、地税机构合并,具体承担所辖区域内各项税收、非税收入征管等职责。为提高社会保险资金征管效率,将基本养老保险费、基本医疗保险费、失业保险费等各项社会保险费交由税务部门统一征收。国税、地税机构合并后,实行国家税务总局与省(自治区、直辖市)政府双重领导管理体制(以国家税务总局为主)。国家税务总局要会同省级党委和政府加强税务系统党的领导,做好党的建设、思想政治建设和干部队伍建设工作,优化各层级税务组织体系和征管职责,按照"瘦身"与"健身"相结合的原则,完善结构布局和力量配置,构建优化、高效、统一的税收征管体系。这表明,中国分税制改革进入了新阶段。

重点概念

国家预算　复式预算　零基预算　部门预算　预算执行　政府公共预算
分税制预算管理体制　转移支付制度

1. 如何理解国家预算的含义?
2. 单式预算与复式预算有何不同?
3. 简述我国复式预算的改革模式。
4. 如何理解分税制预算管理体制的含义及意义?
5. 简述分税制预算管理体制的内容。

6. 我国为什么要对预算外资金进行管理？
7. 管理预算外资金应采用哪些措施？
8. 预算管理体制有哪些类型？
9. 如何理解部门预算的内涵？
10. 如何进一步完善分税制预算管理体制的改革？
11. 为什么要加强国家预算执行中的监督？如何使国家的钱花得物有所值？
12. 新《预算法》规定全国及地方各级人民代表大会对预算草案及其报告、预算执行情况的报告重点等具有审查权力,其审查的主要内容有哪些？

案 例

预算审查,就是对政府如何花钱的监督,就是要为13亿中国人看好"钱袋子"。预算要"闯六关"。从全国人大前两次初审,到大会期间代表审阅、财经委审查,从主席团会议通过审查结果报告,到大会最终表决,国家预算要在全国人大"连闯"大大小小六道"关口",才能最后得到批准。

按法律规定,在全国人大召开前的一个半月,全国人大常委会预算工作委员会听取上一年预算执行情况和来年预算草案初步方案的汇报,并向财政部书面提出对预算草案的意见和建议,财政部据此进行第一次修改。大会召开前的一个月,全国人大财经委和有关专门委员会须听取财政部的汇报,并对预算草案进行初步审查。

每年全国人大召开期间,在代表们对预算进行审查的同时,全国人大财经委也在对预算草案进行又一轮的审查,并根据各代表团和有关专门委员会的审查意见,向大会主席团提交审查结果报告。大会主席团的表决结果,使国家年度财政预算迎来了最后,也是最重要的一关——大会表决。

预算监督实现由程序性审查向实质性审查的转变。宪法明确规定,财政预算由人民代表大会审查批准。然而,长期以来,由于没有具体的操作程序和实施监督的细则,各级人民代表大会对财政预算的审查监督,全国人大及其常委会对中央预算的审查监督基本上是程序性的。有鉴于此,全国人大常委会于1998年12月成立预算工作委员会,作为常委会的工作机构,其主要职责就是协助全国人大财经委员会承担全国人大及其常委会审查预决算、预算调整和监督预算执行的具体工作。1999年6月,在第九届全国人大常委会第十次会议上,一些常委会组成人员为审计报告揭露的一些政府部门挤占挪用财政资金用于投资、购置办公楼和宿舍甚至炒股等问题所震惊,呼吁通过立法手段,强化预算管理和监督。全国人大常委会随后通过了关于加强中央预算审查监督的决定和关于加强对经济工作监督的决定。全国人大及其常委会的这些措施,大大推动了国务院有关部门的预算制度改革,增强了监督的可操作性。到2005年,国务院向全国人大提交的部门预算从最初的几个扩大到35个,160多个中央一级预算单位全部编制了部门预算。

按照惯例,每年6月,全国人大财经委都将召开全体会议,听取审计署和财政部的有关汇报,对上一年的财政决算进行初步审查。随后举行的全国人大常委会会议,也将听取和审议决算报告、审计工作报告,审查和批准上一年的中央决算。听取审计报告是对预算执行进行监督的重要手段。

全国人大监督的广度和深度不断延伸。报送全国人大审议的部门预算数量已从2000年的4个部门增加到2016年的100个,基本涵盖所有非机密的中央部门,报送的预算信息不断细化,全部支出已细化到项级科目。2016年,有102家中央部门公开了部门预算,101家中央部门公开了"三公"经费预算,公开信息数量和细化程度逐年增加。

资料来源:《中央部门预算编制指南2017》。

这是有关国家预算审查和监督的案例。看好13亿中国人的"钱袋子",是全国人民代表大会最重要职权之一。国家预算在审批之前称为预算草案,通过人大代表对预算草案进行充分的审查、修改和监督,大大提高了预算草案的科学性、规范性和可操作性,可以使国家的每一分钱都花得更加物有所值,最后经全国人民代表大会审批之后的国家预算具有法律效力,各地区、各部门必须认真组织实施。预算规定的收入任务,必须保证完成,做到及时足额地上缴国库,预算规定的各项支出必须及时拨付。要加强预算收支执行过程中的管理和监督。预算审计是对预算执行进行监督的重要手段,可以及时发现预算编制、执行、管理和预算资金使用效益方面存在的突出问题,并针对存在的问题运用相应的解决办法。

第六章

财政平衡与财政政策

　　财政收支矛盾是财政分配的基本矛盾。任何国家在经济发展任何阶段的财政,都面临财政收支总量关系的处理问题。因此,如何理解财政平衡的含义,尤其是如何判定一个国家或一级政府的财政是否平衡,是财政上的重要问题。财政政策是政府为了达到一定目的而制定的指导财政活动、处理各种财政关系的基本准则和措施的总和。政府部门在管理调控经济时,往往会通过财政政策来对经济进行调节。在政府调节宏观经济以求达到财政平衡的过程中,又可能会出现财政赤字。掌握财政平衡和财政政策的基本原理及相关问题,是学习本章的主要目的。

第一节　财政平衡

　　财政平衡是指国家预算收支在量上的对比关系,按我国的统计口径,是就当年的收支对比而言的。收支对比不外乎三种结果:一是收大于支有结余;二是支大于收有逆差,即赤字;三是收支相等。国家预算作为一种平衡表,收与支是恒等的,而结余或赤字是从某种政策含义上,就收支的经济内容特别是就收入要素的分析所得出的结果。从经济内容上分析,收支正好相等的情况在理论上是可以成立的,但在实际经济运行中又几乎是不存在的,而且当今世界各国中年年有预算结余的国家也为数很少,预算逆差则是收支对比的常态。就现代市场经济国家而言,财政赤字已经是一种世界性经济现象。因此,财政平衡不过是把收支对比的一种理想状态作为预算的编制和执行追求的参照系而已。

一、财政平衡、财政失衡与财政赤字

(一) 财政平衡

　　按现行的统计口径,财政收支平衡是指当年的财政收支在数量上基本对称,即财政收支的差额基本控制在财政收入或支出的3%以内。财政平衡是一种相对平衡,具体包括三种形式:一是财政收支平衡、略有结余的稳固平衡,一般以财政结余

数占财政总收入的3%左右为度。二是财政收支完全平衡,即财政收支绝对相等。根据历史经验,财政结余占财政总收入的2%以下可视为财政收支完全平衡。三是财政收支基本平衡,即财政收入小于财政支出略有赤字。略有赤字以财政赤字占财政总收入的3%以内为度。

财政收支平衡反映了财政收支之间彼此依存、互相统一的内在关系,也是正常状态下政府预算管理的目标。这是因为:第一,财政收入与财政支出的目的相同,都代表着相等价值的资源,都是为了现代化建设和满足人民不断增长的需要。第二,财政收入是财政支出的来源,财政支出是财政收入的运用。财政收入的规模、增长速度决定了财政支出的规模、增长速度。财政收入是财政收支矛盾的主要方面,直接制约着财政支出。要增加财政支出,满足人们日益增长的需要,就必须大力增加财政收入。第三,财政支出促进和影响财政收入,它是保证财政收入增加的条件。财政支出的规模、增长速度与支出结构将直接影响经济增长与经济效益,从而影响财政收入的规模和增长速度。如果财政支出规模适当,而财政支出结构(如在投资与消费,农、轻、重,第一、第二、第三产业,社会性消费与个人消费,购买性支出与转移性支出之间的比例)又比较合理,那么,将有力促进国民经济的发展和增加财政收入。

(二)财政失衡

与财政收支平衡相对应的是财政收支失衡:收大于支有较多财政结余;收小于支有较多财政赤字。在各国的财政实践中,财政收支失衡状况是经常出现的,这是由客观存在的财政收支矛盾所决定的。

首先,需要与可能的矛盾在财政领域经常反复出现,具体表现为财政支出需要经常大于财政收入可能,这也是财政收支不平衡最主要的原因。如我国当前:因世界风云变幻,国防投入需要增加;进一步的社会主义现代化建设,需要大量基础设施建设投资;让民众享受经济成长的成果,教育、医疗卫生、社会保障等社会事业的发展更需要资金……凡此种种,构成加速扩张的支出需要。财政收入尽管增速很快,但仍然不能满足财政支出的需要。

其次,财政决策的失误、计划与实际的不一致也会引起财政收支矛盾。由于人们的认识往往落后于客观实际,在制定与执行政策计划时,不容易符合客观经济规律,以致既定的财政收支计划虽然是平衡的,但执行的结果往往有较大出入。如年度计划考虑不周,或工作指导失误而造成的计划偏高或偏低,与实际经济运行和预算执行情况不一致,出现较多财政盈余或赤字,也会导致财政不平衡。而某些意外事故如遇到严重自然灾害、安定团结局面遭到破坏或临时发生战争等情况都会影响到财政年度收支的平衡。

最后,财政收入与财政支出在时间上不一致。一般来说,财政收入具有均衡性,而有些财政支出具有集中性。这样即使财政年度收支预算平衡,在收支过程中也会出现支多收少或收多支少的情况。

(三) 财政赤字及其计算

财政失衡的主要表现形式是财政赤字。所谓财政赤字,是指财政年度中财政支出大于财政收入导致的财政失衡的一种财政现象,它反映了财政年度内国家财政入不敷出的基本状况。财政赤字不同于赤字财政。赤字财政是政府在编制预算时安排的一个入不敷出、列有赤字的年度收支预算。赤字财政导源于凯恩斯的政府干预论,即通过赤字刺激有效需求以达到政府的宏观目标。财政赤字是收不抵支的数字,赤字财政则是一个年度收支计划或政策。

财政赤字的计算方法不同,得出的财政收支所处的状态可能会有差别。财政赤字通常有两种不同的计算方法:

第一种方法:

$$赤字(结余) = (财政收入 + 债务收入) - (财政支出 + 债务支出)$$

第二种方法:

$$赤字(结余) = 财政收入 - 财政支出$$

值得注意的是,这里的财政收入是指政府通过税收、非税收入等法定渠道所取得的财政收入;财政支出是发挥各项政府职能所安排的支出,包括相关的投资、消费和转移性支出;债务收入包括国家在国内外的直接借款和发行的债券收入;债务支出是指还本付息的支出。

第一种方法,债务收入计入经常财政收入,相应的债务还本付息计入经常财政支出,计算出来的赤字称为硬赤字。这种计算方法存在的问题是:第一,它掩盖了财政赤字的真实情况,因为按这种方法计算,只有财政向中央银行透支时才有赤字,否则即使财政发生了较大赤字,只要不向银行透支,从账面上看,收支都是平衡的,有时甚至出现结余。第二,这种方法大大缩小了赤字的数额,使得人们对财政困难认识不足,从而导致政府支出的扩张。第三,财政赤字数额不能得到真实反映,难以准确分析财政支出对经济运行所产生的影响。

第二种方法,债务收入与支出均不计入财政收支,计算出来的赤字称为软赤字。按这种计算方法,如果财政出现赤字,就表明财政在其正常收入之外增加了一笔支出,它可能增加社会总需求。对于这个差额,政府只能在税收之外设法予以弥补(如发行国债)。运用这种计算方法能够较为真实地反映财政赤字的状况及财政收支对国民经济的影响。

这两种财政赤字计算方法的差别主要在于如何看待债务收支,即是否将债务收支计算在正常的政府收支之内。世界各国的处理方法不尽相同。例如,日本把国债分为建设国债和赤字国债,仅将赤字国债收入作为弥补赤字的来源,而美国等西方国家大多不把公债收入作为正常的财政收入,苏联历来把债务收入列为经常收入而不作为弥补赤字的来源。国际货币基金组织编制的有关文献把国内外债务收入同弥补赤字联系在一起。国际货币基金组织编制的《政府财政统计年鉴》计量财政赤字或结余的口径为:财政赤字或结余=(总收入+无条件赠款)-(总支出+净增贷款)。我国在1993年前,中国财政部公布的赤字都是硬赤字;1994年后,依照《预算法》,财政部不得再向中国人民银行透支,国家不允许有财政硬赤字,财政部每年向全国人民代表大会报告的预算赤字和决算赤字均是软赤字。

二、财政平衡与社会总供求平衡

(一)社会总供求及其平衡

总供给是指一定时期内一国所生产出来的最终商品和劳务的市场价值之和。总需求则是一个国家在一定时期内花在商品和劳务上的支出总和,包括消费、投资和政府购买三部分。总供给的大小是由生产过程决定的,而总需求是由分配过程决定的。由于生产过程和分配过程往往是分离的,从而造成了总供给与总需求不平衡的可能性。为了使社会再生产不致中断,就必须保持生产与分配的协调、社会总供给与总需求的平衡。

如同财政收支平衡一样,在现实生活中,社会总供给与社会总需求在数量上的绝对平衡是不存在的。能够做到的只是使二者达到基本平衡,即一定的弹性区间内的协调一致。

社会总供给与总需求的平衡,是市场经济的客观要求。市场中的商品是为出卖而生产的劳动产品,它的使用价值是为他人而不是为生产者提供的,它的价值只有在商品使用价值的让渡得到完成、商品脱离它的生产者之后才能实现。这时商品生产的目的才算达到,商品生产才能继续进行。为了保证商品价值的顺利实现,作为提供商品使用价值一方的总供给必须与购买这些使用价值的有货币支付能力一方的总需求相适应,也就是说,总供给与总需求必须平衡。总供给与总需求不平衡有两种情况:一是总供给大于总需求,其后果是,生产出来的一部分商品不能实现其价值,不能进入生产消费或生活消费领域,表现为商品积压过剩和其他一些资源的闲置,形成社会财富的浪费;二是总需求大于总供给,其后果是,商品供应紧张,一部分有支付能力的需求得不到满足,购买不到所需的商品,在价格自由波动的情况下,则会出现物价上涨,单位货币的购买力下降。以上两种情况的出现都会引起社会经济秩序的混乱和政治局面的动荡,都是不符合市场经济要求的,故应创造条件,努力实现总供给与总需求的平衡。

(二)财政平衡与社会总供求平衡的关系

财政收支作为一种货币收支同国民经济其他货币收支体系是相互交织在一起的。财政部门作为一个经济部门,其收支同家庭、企业部门以及对外部门的收支有着密切的联系而且是互补余缺的。因此,财政平衡是一种综合平衡,不能就财政平衡论财政平衡,只有从国民经济全局出发研究财政平衡才可能分析财政平衡状况的成果,探求改善财政状况的对策,才可能运用财政政策有效地调节经济运行,达到优化资源配置、公平分配和稳定发展的目标。

根据现代西方经济学原理,在政府干预经济和存在对外经济往来的条件下,总供给与总需求的均衡公式是:

$$C+S+T+M=C+I+G+X$$

式中,C 为消费;I 为投资;S 为储蓄;G 为政府支出;T 为政府收入(主要是指税收);X 为出口;M 为进口。

等式左边为总的收入流量,右边为总的支出流量。财政收支的变动,会影响社会总供给与总需求的对比状况。这说明,当社会总供给和总需求失调时,政府通过财政收支可对其起到调节作用。当总需求大于总供给时,即当 $C+I+G+X>C+S+T+M$ 时,政府可以通过财政收支进行调节,主要有三种途径。

第一,直接削减财政支出以抑制总需求膨胀,从而使总供求达到平衡,即:

$$C+I+G\downarrow +X=C+S+T+M$$

第二,可以用增加税收的办法扩大供给,使总供求达到平衡,即:

$$C+I+G+X=C+S+T\uparrow +M$$

第三,可以双管齐下,即在缩小总需求的同时增加总供给,从而使总供求达到平衡,即:

$$C+I+G\downarrow +X=C+S+T\uparrow +M$$

如果出现总供给大于总需求的情况,则政府财政收支调节可采取与上述相反的措施。

第一,扩大财政支出,即:

$$C+I+G\uparrow +X=C+S+T+M$$

第二,削减税收,即:

$$C+I+G+X=C+S+T\downarrow +M$$

第三,双管齐下,即:

$$C+I+G\uparrow +X=C+S+T\downarrow +M$$

三、财政赤字及其经济影响

(一)关于财政赤字对经济影响的基本观点

关于财政赤字对经济的影响,国内外理论界的认识一直存在较大的分歧。

1. 西方经济学家对财政赤字经济影响的不同论点。凯恩斯以前的经济学家认为赤字对经济会产生"坏"的影响,因此对赤字持否定态度,认为赤字是战争、自然灾害使经济遭到破坏所产生的结果,财政赤字只是加大了政府的非生产性支出。沉重的赤字拖累并迫使国家滥发铸币和纸币所造成的后果:一是赤字会降低资本积累,减缓经济发展过程;二是赤字会引起货币贬值,使人民蒙受灾难。凯恩斯及其追随者认为,在经济萧条时期,有效需求不足,大量失业者存在,因而执行赤字政策,扩大支出刺激有效需求,实现充分就业,可以达到促进经济发展的目的,认为赤字财政是一种财政政策工具,当经济周期处于谷底时,政府可以通过反周期的赤字财政政策,使经济爬出谷底恢复繁荣。从发达国家实践看,凯恩斯主义理论确实拯救了20世纪30年代陷于"大萧条"中的资本主义经济。20世纪70年代以后,由于资本主义经济中"滞胀"的出现,新的一些经济学派又开始否定凯恩斯的理论,认为财政赤字是一种公害,它引起通货膨胀,抬高利率,导致贸易经常项目的逆差,对私人投资具有排挤效应等。直至目前,对财政赤字的经济影响仍是众说纷纭,褒贬不一。

2. 我国理论界对财政赤字经济影响的不同态度。持否定态度的认为,财政赤字有百害而无一利,它导致通货膨胀,形成虚假购买力,加剧消费与积累比例的失调,等等。相反的意见则认为,上述认识过于绝对化,无法解释我国近20年间连年赤字但经济改革和经济发展仍取得重大成就的现实。对财政赤字的利弊不能一概而论,对财政赤字是否导致通货膨胀,是否能成为调节总供给的手段之一,等等,都要进行具体分析。在一定条件下,财政赤字也会产生积极作用。

(二)财政赤字的经济影响

财政赤字的经济影响主要表现在两个方面:一是赤字规模不同将带来不同的经济影响;二是赤字弥补方式不同也将产生不同的经济影响。合理适度的赤字规模,将有利于经济发展。如国际公认的"马约"①标准,即国际上衡量财政赤字规模的警戒线标准,是财政赤字占GDP的比重不能超过3%(同时因赤字是政府支出的一部分,人们还强调政府的财政赤字不能超出财政总支出的一定比例)。一旦超过警戒线,说明赤字太大了,就有可能出现财政风险。赤字的弥补方式不同也将产生不同的经济影响。一般说来,弥补财政赤字的方法有以下几种:动用历年财政结余、增加税收、增发货币、发行国债。

1. 动用历年财政结余。动用历年财政结余就是使用以前年度财政收大于支形成的结余来弥补财政赤字。财政出现结余,说明一部分财政收入没有形成现实的购买力。在我国,由于实行银行代理金库制,因此,这部分结余从银行账户上看表现为财政存款的增加,当动用财政结余时就表现为银行存款的减少。因此,只要结余是真实的结余,动用结余就不会存在财政向银行透支的问题。但是财政结余已构成银行信贷资金的一项来源,随着生产的发展而用于信贷支出。财政动用结

---

① 在中国讨论有关赤字和国债规模时,许多学者以及政府官员经常提到"马约"(欧洲马斯特里赫条约)。所谓"马约",是指欧盟对成员国财政状况的规定:一是规定成员国政府赤字与当年国内生产总值的比例不应超过3%;二是规定成员国政府债务余额占国内生产总值的比重不应超过60%。"马约"提出的这个赤字和债务标准经常被相关人员称为"警戒线",政府部门的经济工作亦在某种程度上受这一标准的影响。

余就意味着信贷资金来源的减少,如果银行的准备金不足又不能及时通过适当的收缩信用规模来保证财政提款,就有可能导致信用膨胀和通货膨胀。因此,财政动用上年结余,必须协调好与银行的关系,搞好财政资金与信贷资金的平衡。

2. 增加税收。增加税收包括开征新税、扩大税基和提高税率。首先,税收的法律规定性,决定了不管采用哪一种方法增加税收都必须经过一系列的法律程序,这使增加税收的时间成本增大,难以解决政府的燃眉之急。其次,因为增加税收必定加重纳税人的负担,减少纳税人的经济利益,所以,纳税人对税收的增减变化是极为敏感的,这就使得政府依靠增税来弥补财政赤字往往有很大的阻力,从而使增税可能议而不决。最后,拉弗曲线告诉我们,增税是受到限制的,不可能无限地增加,否则,必将是杀鸡取卵,给国民经济造成严重的恶果。因此,增加税收不是弥补财政赤字稳定可靠的方法。

3. 增发货币。增发货币是弥补财政赤字的一个方法,至今许多发展中国家仍采用这种方法。"剑桥公式"揭示了通货膨胀的决定因素。该公式为:

$$m+v=p+y$$

式中,m 为货币的增长率;v 为货币乘数的变化速度;p 为通货膨胀率;y 为国民生产总值的实际增长率。

由上式可得:$p=m+v-y$。由此可知,影响通货膨胀率的因素有三个:货币的增长率,货币乘数的变化速度,国民生产总值的实际增长率。货币的增长率和货币乘数的变化速度会加速通货膨胀,而国民生产总值的实际增长率会减少通货膨胀。在通常情况下,一国的实际国民生产总值的增长是相对稳定的,货币乘数在短期内虽然变化较大,但在长期内却相对稳定。从长期来看,通货膨胀在很大程度上取决于货币的增长速度,过量的货币发行必定会引起通货膨胀,因此,用增发货币来弥补财政赤字只是一个权宜之计。

4. 发行国债。通过发行国债来弥补财政赤字是世界各国通行的做法。从某种程度上来说,发行国债无论是对政府还是对认购者都有好处:从债务人的角度来看,国债具有自愿性、有偿性和灵活性的特点;从债权人的角度来看,国债具有安全性、收益性和流动性的特点。虽然通过发行国债来弥补财政赤字最易于为社会公众所接受,政府发行国债对经济影响的答案也并不明确,但大多数经济学家认为:在货币供给不变的情况下,国债发行会对私人部门产生"挤出效应";当中央银行持有国债时,通过货币乘数会产生通货膨胀效应。因此,政府以发行国债来弥补财政赤字并不意味着一国经济由此而避免了通货膨胀压力。另外,债务作为弥补财政赤字的来源,会随着财政赤字的增长而增长。而且债务是要还本付息的,债务的增加也会反过来加大财政赤字。

第二节　财政政策

财政政策贯穿于财政工作的全过程,体现在收入、支出、预算平衡和国家债务等各个方面。因此,财政政策是由税收政策、支出政策、预算平衡政策、国债政策等构成的一个完整的政策体系。在市场经济条件下财政功能的正常发挥,主要取决于财政政策的适当运用。财政政策运用得当,就可以保证经济的持续、稳定、协调发展;财政政策运用失当,就会引起经济的失衡和波动。

一、财政政策概述

在市场经济条件下,政府对国民经济的宏观调控通常要借助一系列经济政策来实现,其中最常用的是财政政策和货币政策。财政政策由税收政策、财政支出政策(包括政府购买、公共工程投资、补贴和转移交付等)、预算政策(赤字或盈余)等具体政策组成。

(一)财政政策的定义和性质

财政政策是指以特定的财政理论为依据,运用各种财政工具为达到一定的财政目标而采取的财政措施的总和。简言之,财政政策是体系化了的财政措施。它是国家(或政府)以特定的财政理论为依据,运用各种财政手段以达到一定财政目标的经济政策,是国家经济政策的重要组成部分,其制定和实施的过程也是国家实施财政宏观调控的过程。

1. 财政政策是政府有意识活动的产物,属于上层建筑范畴。财政政策是依据一定的反映客观的分配关系及其运动规律的财政理论而制定的,因此它是主观见之于客观的东西。财政政策作为规范人们经济行为的准则之一,对客观世界的经济运行具有指导和控制作用,带有主观性,但这种主观指导是根据客观经济的实际制定的,是客观经济规律的反映,有其客观性。人们在财政实践活动中形成了各种各样的财政理论,这些理论凝聚着人们对财政实践的认识成果,但这些认识成果不能直接规范人们的行为,一般要通过财政政策这一中介来完成。财政政策是基于经济发展规律和财政状况的认识制定的,政策制定的基础是客观的,但制定出来的政策正确与否,要取决于政府的主观认识程度。

2. 国家可以利用财政政策达到其预定目标。不论是资本主义国家还是社会主义国家,财政政策总是为国家实现其预定目标服务的。这些目标如矫正"市场缺陷"、消除经济周期波动,使资源在促进充分就业、价格稳定和满意的经济增长率等方面得到最充分利用。财政政策就是为经济运行最大限度地接近这些发展目标提供手段和措施。

3. 财政政策是政府干预经济运行的主要调控手段。财政政策主要通过税收、支出、国债和预算等工具以利益机制和强制力来影响经济活动。税收、支出、国债、预算等工具都要通过财政收支活动来得到充分运用,财政收支活动也总是在特定的财政政策指导下运用税收、支出、国债、预算等工具来进行的。

(二) 财政政策分类

财政政策主要有两种分类方法,一是根据财政政策调节经济周期的作用来划分,二是根据财政政策在调节国民经济总量方面的不同功能来划分。

1. 按财政政策调节经济周期的作用分类。根据财政政策调节经济周期的作用来划分,可以将财政政策分为自动稳定的财政政策和相机抉择的财政政策。

(1) 自动稳定的财政政策。这是指某些能够根据经济波动情况自动发生稳定作用的政策,它无须借助外力就可产生调控效果。财政政策的自动稳定性主要表现在三个方面:一是税收的自动稳定效应。税收具有自动调节社会总需求的内在稳定机制。当经济处于繁荣时,税收自动增加,缩小社会总需求,可以抑制经济过热;当经济处于萧条时,税收自动减少,扩大总需求,可以刺激经济复苏。这主要体现在累进个人所得税和企业所得税的课税制度上。二是公共支出的自动稳定效应。某些政府支出项目同样可以发挥内在稳定功效,这主要表现在符合规定条件的失业救济、福利支出等个人转移支付上。当经济萧条时,失业增加,符合救济的人数增多,失业救济和其他社会福利开支就会相应增加,这样就可以抑制人们收入特别是可支配收入的下降;当经济繁荣时,失业减少,失业救济和其他福利费支出也会自然下降,从而可以抑制可支配收入和消费的增长。三是农产品价格维持制度。当经济萧条时,国民收入下降,农产品价格下跌,但政府按照支持价格收购农产品,可使农民收入和消费维持在一定水平上;当经济繁荣时,国民收入上升,农产品价格上涨,这时政府减少农产品的收购并抛售农产品,限制农产品价格上涨,也抑制农民收入的增长,从而减少总需求的扩张。政府税收、政府支出和农产品价格维持对宏观经济活动能起到稳定作用,构成经济波动的第一道防线。

(2) 相机抉择的财政政策。这是指某些财政政策本身没有自动稳定的作用,需要借助外力才能对经济产生调节作用。一般来说,这种政策是政府根据当时的经济形势相机采取的财政措施,以消除通货膨胀或通货紧缩,是政府利用国家财力有意识干预经济运行的行为。相机抉择的财政政策又包括汲水政策(pump-priming policy)和补偿政策(compensatory policy)。

汲水政策,从字面上看,这种政策就是水泵里缺水不能吸上地下水时,需要注入少许引水,以恢复水泵抽出地下水的能力。汲水政策是对付经济波动的财政政策,是在经济萧条时靠付出一定数额的公共投资使经济自动恢复其活力的政策。汲水政策有四个特点:第一,汲水政策是一种诱导经济复苏的政策;第二,汲水政策的载体是公共投资,以扩大公共投资规模作为启动民间活跃投资的手段;第三,财政支出规模是既定的,不进行超额支出(即调整支出结构),只要使民间投资恢复活力即可;第四,汲水政策是一种短期的财政政策,随着经济萧条的消失而不复存在。

补偿政策,是政府有意识地对当时的经济状态进行反方向调节的财政政策,以达到稳定经济波动的目的。在经济繁荣时期,为了减轻通货膨胀压力,政府通过增收减支等政策以抑制和减少民间的过剩需求;而在经济萧条时期,为了减轻通货紧缩压力,政府又必须通过增支减收等政策来增加消费和投资需求,谋求整个社会经济有效需求的增加。

可以看出,汲水政策和补偿政策虽然都是政府有意识的干预政策,但其区别也是很明显的:第一,汲水政策只是借助公共投资以补偿民间投资的减退,是医治经济萧条的处方;而补偿政策是一种全面的干预政策,它不仅在经济从萧条走向繁荣中得到应用,而且还可用于控制经济过度繁荣。第二,汲水政策的实现工具只有公共投资,而补偿政策的载体不仅包括公共投资,还有所得税、消费税、转移支付、财政补贴等。第三,汲水政策的公共投资增加只能在支出规模既定的前提下,通过调整支出结构来实现,而补偿政策的财政支出可以超额增长。第四,汲水政策的调节对象是民间投资,而补偿政策的调节对象是社会经济的有效需求。

2. 按财政政策在调节国民经济总量方面的不同功能分类。根据财政政策在调节国民经济总量方面的不同功能来划分,财政政策可以分为以下三种类型。

(1)扩张性财政政策。扩张性财政政策又称膨胀性财政政策或"松"的财政政策。它是指通过降低财政收入或增加财政支出来刺激社会总需求的政策。财政支出大于财政收入,结果表现为财政赤字。在经济衰退时期,国民收入小于充分就业的均衡水平,总需求不足,这时政府通常要采取扩张性的财政政策,其主要内容是增加政府支出和减少政府税收。

增加政府支出包括增加公共工程的开支,增加政府对物品或劳务的购买,增加政府对个人的转移性支出。这样,一方面可使社会总需求中的政府开支部分提高,从而直接增加总需求;另一方面也可刺激私人消费和投资,从而间接增加总需求。不仅如此,在政府支出乘数的作用下,增加政府支出还可引起国民收入和就业量成倍数增长。

减少政府税收包括降低税率、废除旧税以及实行免税和退税,其结果也可以扩大总需求。这是因为,减少个人所得税可以使个人拥有更多的可支配收入,从而增加消费;减少公司所得税可以使厂商拥有更多税后利润,从而刺激投资;减少各种对商品和劳务课征的间接税,也可导致商品和劳务价格下降,增加可支配收入的实际价值,从而刺激消费和投资。不仅如此,在税收乘数的作用下减少税收还可引起国民收入一轮又一轮的增长,国民收入的增加额可以达到政府税收减少额的数倍。

(2)紧缩性财政政策。紧缩性财政政策是指通过增加财政收入或减少财政支出以抑制社会总需求的政策,其结果通常表现为财政盈余。在经济繁荣时期,国民

第六章
财政平衡与财政政策

收入高于充分就业的均衡水平,存在过度需求,这时,政府通常采取紧缩性的财政政策,其内容是减少政府支出和增加政府税收。

减少政府支出包括减少公共工程的开支,减少政府对物品和劳务的购买,减少政府对个人的转移性支出。这样,一方面可使社会总需求中的政府开支部分降低,从而直接减少总需求;另一方面也可抑制私人消费和投资,从而间接减少总需求。而且在政府支出乘数的作用下,减少政府支出还可以引起国民收入一轮又一轮的减少,国民收入的减少额可以达到政府支出额的数倍。为此,政府执行紧缩性的财政政策,减少政府支出,造成国民收入减少,压缩了社会总需求,达到了抑制通货膨胀的目的。

增加政府税收包括提高税率和设置新税,其结果可以缩小总需求。这是因为,增加个人所得税,可以减少个人可支配收入,从而减少消费;增加企业所得税,可以减少厂商税后利润,从而减少投资;增加各种对商品和劳务课征的间接税,也通过商品和劳务价格的提高减少可支配收入的实际价值,从而抑制消费和投资。在税收乘数的作用下,增加税收还可引起国民收入一轮又一轮的减少,国民收入的减少额可以达到政府税收增加额的数倍。

(3)中性财政政策。中性财政政策又称平衡性财政政策,是指通过财政收支的大体平衡,以保持社会总需求与总供给基本平衡的政策。其政策的功能在于保持社会总供求的同步增长,以维持社会总供求对比的既定格局;政策实施表现为财政收支在数量上基本一致。因此,中性财政政策对社会总供求关系不具有倾向性的调节作用。

从我国实践来看,中性财政政策就是要服务于改革发展大局,服务于中央宏观调控大局,宏观上既要防止通货膨胀的苗头继续扩大,又要防止通货紧缩的趋势重新出现;既要坚决控制投资需求膨胀,又要努力扩大消费需求;既要对投资过热的行业降温,又要着力支持社会经济发展中的薄弱环节。

(三)财政政策的目标和工具

1. 财政政策的目标。财政政策作为一国政府运用财力调节宏观经济运行的手段,有其自身的目标取向。从历史发展的进程看,财政政策目标经历了由单一到多元的发展过程。20世纪40年代中期,英美等国把凯恩斯主义奉为制定财政政策的指导思想,财政政策的目标是实现充分就业。20世纪50年代末至60年代,西方国家把经济增长看成主要目标,形成了以高增长为目标的财政政策,结果却酿成了70年代高通货膨胀和失业并存的"滞胀"。"滞胀"出现后,西方各国纷纷改弦更张,以多元目标代替单一目标。

目前,多元的财政政策目标一般包括四个方面的内容,即充分就业、物价稳定、经济增长和国际收支平衡。

(1)充分就业。充分就业并不意味着没有失业现象,而是把失业率限定在一

定范围内。大多数经济学家认为失业率不超过4%为充分就业,当实际失业率超出该标准时,就应采取各种政策予以调节,增加就业机会,以确保社会经济稳定。失业包括摩擦性失业、结构性失业、季节性失业和周期性失业。前三种失业的存在可能与劳动力市场和商品市场的实际结构性特征有关,也可能与市场信息的不完全性、寻找工作的成本和劳动力转移的成本有关。由这些因素引起的失业称为自然失业。周期性失业则与自然失业不同,是指经济萧条时期出现的失业。针对不同类型的失业,政府应采取不同的干预政策。

(2)物价稳定。通货膨胀使各种商品和劳务、各种生产要素及各种债务的价格并非按照同一比例变动。通货膨胀的非均衡性会给经济生活带来不良的影响,它既会导致社会资源的配置失当,也会引起收入和财富的再分配,损害某些集团的利益,影响社会公平正义。因此,抑制通货膨胀、稳定物价水平成为财政政策的主要目标之一。当然,抑制通货膨胀并不等于将价格总水平的增长控制为零。一般认为,温和的通货膨胀能在一定程度上刺激投资,是加速经济增长的润滑剂。通货紧缩则会严重挫伤经营者的信心,抑制企业的投资积极性,降低经济效率。因此,客观上要求政府利用财政收支与总供求之间的内在联系,既抑制通货膨胀,又防止通货紧缩的发生。

(3)经济增长。经济增长是指一国产品和劳务数量增加,准确地说,是指人均实际产出的增加,一般用人均GDP的增长率表示。决定一国经济增长的主要因素包括劳动、物质资本、技术进步、人力资本等。一般来说,经济增长的过程是在周期性波动中前进的,而经济的周期性波动阻碍了经济的稳定增长。因此,财政政策的重要目标就是,通过财政收支的调节,减弱经济周期性波动的幅度。

(4)国际收支平衡。从国际收支造成的经济影响看,各国政府更为关心的是国际收支赤字。长期的国际收支赤字会导致国际储备不断减少,本币地位不断下降。同时,政府被迫大量举借外债,利息的偿付导致本国资源的大量流出,不仅会进一步恶化国际收支,还会削弱一国在世界经济中的地位。国际收支赤字倾向于降低一国进口水平,而对于扩大生产能力来说,适当的进口可能是至关重要的。国际收支平衡的实现在很大程度上依赖于政府财政的税收、国债、补贴等手段的运用。

值得注意的是,上述四种财政政策目标之间既有相互统一的一面,又有相互冲突的一面。一般说来,充分就业与物价稳定是矛盾的,因为要实现充分就业,就必须运用扩张性财政政策和货币政策,而这些政策又会由于财政赤字的增加和货币供给的增加引起通货膨胀。充分就业与经济增长有一致的一面,也有矛盾的一面。这就是说,一方面,经济增长会提供更多的就业机会,有利于充分就业;另一方面,经济增长中的技术进步又会引起资本对劳动的替代,相对地缩小对劳动的需求,使部分工人,尤其是文化技术水平低的工人失业。充分就业与国际收支平衡之间也有矛盾,因为充分就业的实现引起国民收入增加,国民收入的增加往往引起进口增加,从而使国际收支状况恶化。

　　财政政策的各项目标之间的冲突与矛盾,要求政策制定者既要对这些政策目标进行协调,也要确定重点的政策目标。政府在进行宏观经济政策的决策时,既要考虑国内外各种政治、经济因素,又要受社会可接受程度的制约。而不同流派的经济学家,又会有不同的政策目标选择。例如,凯恩斯主义者比较重视充分就业与经济增长,而货币主义者则较为重视物价稳定。这些分歧对一国政策目标的确定都有相当的影响。

　　2. 财政政策的工具。财政政策目标的实现,依赖于相应的政策工具或手段。一般说来,可供选择的财政政策工具主要包括税收、财政支出、国债、财政预算等。

　　(1) 税收。税收作为调节手段,一是调节社会总供给和总需求的关系,二是调节收入分配关系。总供求关系的调节主要通过两个过程实现:一个是自动稳定机制过程,另一个是相机抉择过程。例如,在经济繁荣时期,国民收入增加,税收收入自动增加,个人可支配收入减少,这在一定程度上减轻了需求过旺的压力,此时如果总需求和总供给的缺口仍然很大,政府则要采取相机抉择的税收政策,如扩大税基、提高税率、减少税收优惠等。在经济衰退时期,国民收入下降,税收收入会自动减少,增加了个人可支配收入,这在一定程度上缓解了有效需求不足的矛盾,此时如果经济仍然不景气,政府就可采用相机抉择的税收政策,如缩小税基、降低税率、增加税收优惠等。

　　(2) 财政支出。财政支出包括购买性支出和转移性支出。购买性支出包括财政投资性支出和财政消费性支出。政府通过财政投资可以扩大或缩小社会总需求,调整国民经济结构,改善社会投资环境。政府通过消费政策可以直接增加或减少社会总需求,引导私人生产发展方向,调节经济周期性波动。转移性支出主要包括社会保障和财政补贴支出。社会保障包括两大政策支柱——社会救助和社会保险,它们是实现国民收入再分配和社会公平的主要工具。财政补贴可分为消费性补贴和生产性补贴。消费性补贴直接增加消费者的可支配收入,鼓励消费者增加消费需求;生产性补贴直接增加生产者的收入,提高生产者的投资和供给能力。

　　(3) 国债。国债最初是政府组织收入、弥补财政赤字的重要手段。随着信用制度的发展,它已成为调节货币供求、协调财政与金融关系的重要政策工具。当经济萧条时,政府可以通过相关的国债政策提高社会资金的流动、促使银行扩大信贷规模,从而刺激投资和消费需求;当经济过热时,则采取相反的国债政策。

　　(4) 财政预算。财政预算包括中央预算和地方预算。预算调节经济的作用主要反映在财政收支的规模和收支差额上。赤字预算体现的是一种扩张性财政政策,在有效需求不足时,可以对总需求的增长起到刺激作用。盈余预算体现的是紧缩性财政政策,在总需求过旺时,可以对需求膨胀起到抑制作用。平衡预算体现的是一种中性财政政策,在总需求和总供给均衡时,可以保持经济的稳定增长。财政预算主要用于提高充分就业水平,促进经济增长以及约束政府的不必要开支。

二、财政政策的传导机制和效应

(一)财政政策的传导机制

从制定主体财政政策,到通过各种政策工具实施财政政策,再到最终实现财政政策的目标,需要一个过程。财政政策的传导机制,就是指从财政政策工具运用到财政政策目标实现之间的传导媒介作用机制,这一机制贯穿在财政政策工具变量到财政政策目标变量转变的全过程中。财政政策的传导媒介包括货币供应、收入分配和价格。

1. 货币供应。财政政策最核心的传导媒介是社会的货币供应。所有财政政策工具作用的发挥,都要通过影响财政收支差额,进而影响社会中货币流通量加以实现。无论是总需求大于总供给,还是总需求小于总供给,都与流通中货币量有关。而财政收支差额无论是结余还是赤字,也都会影响流通中货币量,进而影响社会总需求。财政赤字无论采用何种弥补方式,都会具有扩张货币供应量的作用,从而取得扩大社会总需求的效应;而财政结余则通过货币供应量的紧缩,取得压缩社会总需求的效应。可以说,任何财政政策工具的运用,都必须通过货币供应这一传导媒介发生作用,从宏观角度看,不通过货币供应产生作用的财政政策事实上是不存在的。

2. 收入分配。收入分配也是财政政策的传导媒介之一。增税或减税的变化特别是政府转移支出的变化,必然改变社会成员的实际收入水平,即使整个社会货币流通量不变,也会改变社会成员的货币收入额和实际购买力。这方面很明显的例证是,政府完全可以通过增税使一部分社会成员的实际货币收入下降或通过财政补贴使一部分社会成员的收入增加。社会成员货币收入的上升与下降可以改变其消费欲望和消费心理,使其增加消费而减少储蓄或者增加储蓄而减少消费。这将从另一个角度影响社会总需求,进而影响财政政策目标的实现。

3. 价格。价格同样也是财政政策的重要传导媒介之一。价格与供求之间存在着函数关系,我们可以通过财政政策工具调节价格,进而通过价格影响社会总供给和总需求。如果价格体系不合理,价格形成机制不完善,价格便不能如实反映供给与需求的状况,这一重要的传导媒介就会被阻断。目前,我国正处在向市场经济转轨的过程中,市场价格形成机制还很不完善,为数众多的政府垄断行业存在着明显不合理的垄断价格,这对财政政策目标的实现形成了明显的阻碍。

以货币供应为核心,以收入分配和价格为辅助的财政政策传导媒介越是畅通,财政政策实施后见效越快;反之,这三大传导媒介如果发生了阻滞,财政政策实施后见效越慢,其效果也越会大打折扣。应当特别指出的是,财政政策的主体是政府,是由政府制定和推行的,因此,财政政策的传导机制具有明显的政府行为的特点。从这一点上说,财政政策的传导机制是直接性和政府性的,这与货币政策的传导机制明显不同。

(二)财政政策的效应

财政政策的效应是指政府为了实现一定的政策目标,一旦操作、运用一定的政策工具,即财政政策措施一经付诸实践,必将对社会经济活动产生作用,同时社会经济各方面对此也将作出相应反应。财政政策的效应包括两方面的含义:一是财政政策对社会经济活动产生的有效作用;二是在财政政策的有效作用下社会经济作出的反应。财政政策在其作用过程中产生的效应主要表现在以下几个方面。

1."内在稳定器"效应。所谓"内在稳定器",是指这样一种宏观经济的内在调节机制:它能在宏观经济不稳定的情况下自动发挥作用使宏观经济趋向稳定。财政政策的这种"内在稳定器"效应无须借助外力就可直接产生调控效果,财政政策工具的这种内在的、自动产生的稳定效果可以随着社会经济的发展,自行发挥调节作用而不需要政府专门采取干预行动。如前所述,财政政策的"内在稳定器"效应主要表现在累进的所得税制、公共支出尤其是社会福利支出和农产品价格维持制度三个方面。

2. 乘数效应。财政政策的乘数效应包括三方面的内容:第一,投资或公共支出乘数效应。它是指投资或政府公共支出变动引起的社会总需求变动对国民收入增加或减少的影响程度。一个部门或企业的投资会转化为其他部门的收入,这个部门把得到的收入在扣除储蓄后用于消费或投资,又会转化为另一部门的收入。如此循环下去,就会导致国民收入以投资的倍数递增。以上道理同样适用于投资的减少。投资的减少将导致国民收入以投资的倍数递减。公共支出乘数的作用原理与投资乘数相同。第二,税收乘数效应。它是指税收的增加或减少引起国民收入成倍地减少或增加的程度。由于增加了税收,消费和投资需求就会下降,一个部门收入的下降又会引起另一个部门收入的下降,如此循环下去,国民收入就会以税收增加的倍数下降,这时税收乘数为负值。相反,减少了税收,使私人消费和投资需求增加,又由于乘数效应,国民收入增加很多,这时税收乘数为正值。一般来说,税收乘数小于投资乘数和政府公共支出乘数。第三,预算平衡乘数效应。它指的是这样一种情况:当政府支出的扩大与税收的增加相等时,国民收入的扩大量正好等于政府支出的扩大量或税收的增加量;当政府支出的减少与税收的减少相等时,国民收入的缩小量正好等于政府支出的减少量或税收的减少量。乘数效应包括正反两个方面:当政府投资或公共支出扩大、税收减少时,对国民收入有加倍扩大的作用,从而产生宏观经济的扩张效应;当政府投资或公共支出削减、税收增加时,对国民收入有加倍收缩的作用,从而产生宏观经济的紧缩效应。

3. 奖抑效应。奖抑效应主要是指政府通过财政补贴、各种奖惩措施、优惠政策对国民经济的某些地区、部门、行业、产品及某种经济行为予以鼓励、扶持或者限制、惩罚而产生的有效影响。

4. 货币效应。一方面,财政政策的货币效应表现为政府投资、公共支出、财政补贴等本身形成的一部分社会货币购买力,从而对货币流通形成直接影响,产生货币效应;另一方面,财政政策的货币效应主要体现在国债上,国债政策的货币效应又取决于国债认购的对象和资金来源。如果中央银行用纸币购买国债,这无异于增加纸币发行,从而产生通货膨胀效应;如果商业银行购买国债,且可以用国债作为准备金而增加贷款的话,那么,也会导致货币发行增加,从而使流通中的货币增加。

三、财政政策与货币政策的配合

(一)财政政策与货币政策相互配合的必要性

财政政策与货币政策是国家宏观调控、实现经济稳定发展的两大政策体系。财政政策与货币政策既联系密切,又相互区别。一方面,二者经济调节的目标相同,而且,财政政策需要通过由货币政策直接调控的货币供应量这一传导媒体才能最终发挥作用。财政政策与货币政策的共性为二者的配合打下了基础。另一方面,财政政策与货币政策分别有着特定的调节领域和作用机制,基本功能也各有侧重,它们对社会供求平衡的作用点及调节力度存在着差别。财政政策与货币政策不可相互替代,必须协调配合,才能实现调控效益的最大化。财政政策与货币政策的共性说明了它们可以配合,而二者的特性和区别则说明了它们必须配合,财政政策与货币政策的区别主要表现为以下几点。

1. 政策目标的侧重点不同。财政政策与货币政策都对总量和结构进行调节,但财政政策通过向谁征税和给谁资金等分配手段,实施鼓励和限制的措施,通过分配活动达到社会资源配置和经济结构调整的目标,有结构调节特征;而货币政策的功能并不在于资源配置和经济结构调整,而在于利用信用体系对利率和货币供应进行调控,影响借贷主体的融资成本,并不直接作用于社会资源的配置,货币政策的重点是调节社会需求总量,具有总量调节特征。

2. 政策调节范围不同。财政政策和货币政策都是以调节社会总需求为基点来实现社会总供求平衡的政策,但二者的调节范围却不尽相同。这具体表现为:财政政策主要在分配领域实施调节,而货币政策对社会总需求的影响则主要是通过影响流通中的货币量来实现的,其调节行为主要发生在流通领域。正是这种调节范围的不同,使得不论是财政政策还是货币政策,对社会总供求的调节都有局限性。

3. 传导机制不同。财政的分配活动总是和政府直接联系在一起的,任何财政政策工具的运用和财政政策的实施,都是政府直接作用的结果,因此,财政政策更具有政府直接性、行政性和强制性传导机制的特点;而货币政策是一种间接的政

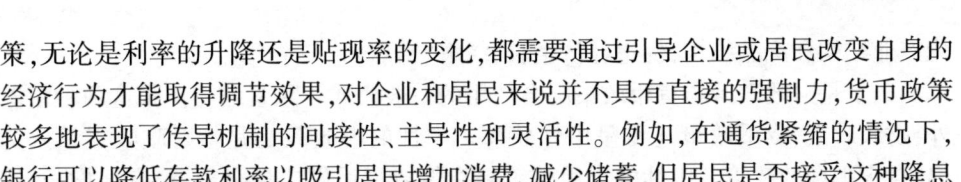

策,无论是利率的升降还是贴现率的变化,都需要通过引导企业或居民改变自身的经济行为才能取得调节效果,对企业和居民来说并不具有直接的强制力,货币政策较多地表现了传导机制的间接性、主导性和灵活性。例如,在通货紧缩的情况下,银行可以降低存款利率以吸引居民增加消费、减少储蓄,但居民是否接受这种降息的刺激,是否会减少储蓄而增加消费,银行并不具有强制力。如果居民不接受这种间接的刺激,仍然将钱大量存入银行,则货币政策的效用就会降低。

4. 政策时滞性不同。在一般情况下,财政政策与货币政策都存在着政策的时滞。这种时滞一般可以分为认识时滞、行政时滞、决策时滞、执行时滞和效果时滞。其中,认识时滞、行政时滞和决策时滞称为内部时滞,执行时滞和效果时滞称为外部时滞。财政政策需要改变现行的政策与制度,这种改变很多需要立法机构的审批,因而内部时滞较长。但由于财政政策直接影响消费总量和投资总量,从而直接影响社会的有效需求,因而外部时滞较短。而货币政策直接由中央银行决策,通过利率、法定存款准备金率等政策工具的运用引导经济活动的改变,对社会总需求的影响是间接的。因此,货币政策与财政政策相比,内部时滞较短而外部时滞较长。

(二) 财政政策与货币政策的配合模式

1. 松的财政政策和松的货币政策,即"双松"政策。当社会总需求严重不足,生产资源大量闲置,解决失业和刺激经济增长成为宏观调控的首要目标时,适宜采取以财政政策为主"双松"的财政政策与货币政策配合模式。财政政策可扩大支出或降低税率,扩大有效需求,以刺激经济增长,但这可能会产生"挤出效应",这时若中央银行采取扩张性的货币政策增加货币供应量,降低市场利率,则会更有效地实现调节目标。

2. 紧的财政政策和紧的货币政策,即"双紧"政策。当社会总需求极度膨胀,社会总供给严重不足和物价大幅度攀升,抑制通货膨胀成为首要调控目标时,适宜采取"双紧"(或适度从紧)的财政政策与货币政策配合模式。财政部门通过削减政府支出、提高税率等方式压缩社会有效需求;同时,中央银行采取紧的货币政策,减少货币供应量,调高利率,抑制投资和消费支出。二者相互配合使用,可对经济产生有力的紧缩作用。

3. 紧的财政政策和松的货币政策。当政府开支过大,物价基本稳定,经济结构合理,但企业投资并不十分旺盛,经济也非过度繁荣,促使经济较快增长成为经济运行的主要目标时,适宜采取"紧财政、松货币"的配合模式。

4. 松的财政政策和紧的货币政策。当社会运行表现为通货膨胀与经济停滞并存,产业结构和产品结构失衡,治理"滞胀"、刺激经济增长成为政府调节经济的首要目标时,适宜采取松的财政政策和紧的货币政策配合模式。紧的货币政策有助于抑制通货膨胀,但为了不造成经济的进一步衰退,有必要实施减税和增加财政支出等扩张性财政政策加以配合,同时还应注意发挥财政政策的结构调节功能,优

141

化产业结构和产品结构,促进经济增长,缓解"滞胀"。

以上是财政政策与货币政策配合使用的一般模式。除紧缩与扩张这两种情况外,财政政策、货币政策还可呈中性状态。中性的财政政策是指财政收支量入为出、自求平衡的政策。中性的货币政策是指保持货币供应量合理、稳定地增长,维持物价稳定的政策。若将中性货币政策与中性财政政策分别与上述松紧状况搭配,又可产生多种不同配合。

当前,我国正步入经济发展的新阶段。为保持宏观经济平稳健康发展,就需要摆正财政和货币政策在宏观调控中的地位,这就对政府决策部门提出了很高的要求,只有在把握社会经济运行的客观规律、充分而又准确地掌握经济信息的前提条件下,确定适当的宏观调控目标,选择适当的财政政策与货币政策搭配类型及实施方案,才能有效地发挥财政政策与货币政策的作用,实现政府的经济政策目标,才能根据经济形势的需求致力于目标的实现,形成政策合力,更好地促进经济发展。

重点概念

财政平衡　财政赤字　自动稳定的财政政策　相机抉择的财政政策　汲水政策
补偿政策　扩张性、紧缩性和中性财政政策

思考题

1. 如何理解财政平衡?
2. 阐述财政平衡与总量平衡的关系。
3. 试述财政赤字的经济影响。
4. 近年来,我国财政赤字急剧下降的原因有哪些?
5. 怎样认识与评价财政政策的效应?
6. 为什么财政政策与货币政策必须相互配合?
7. 试述财政政策与货币政策配合的不同政策组合。

案　例

从 2003 年的 2.9% 到 2007 年的 1.1%,我国中央财政赤字率正与国际上通常要求的警戒线 3% "渐行渐远",到 2017 年赤字率拟按 3% 安排。

资料显示,1999 年,我国赤字率跃上 2% 的台阶,在 2000—2003 年的连续 4 年中,赤字率均逼近3%这一国际警戒线。其中,在2003年和2004年,我国财政赤字一直维持在3 198亿元这一中华人民共和国成立以来的最高位。"国民经济近几年持续向好,经济总量不断扩大,财政蛋糕也越做越大,既增强了政府的宏观调控能力,又使财政赤字占GDP的比重相对变小,财政风险得到了有效控制。"财政部有关负责人指出。

然而,为应对2008年金融海啸对我国经济造成的冲击,我国政府采取了积极的财政政策,制定了旨在救市的"四万亿"的投资计划,拉动国内需求增长,减小出口动力不足对经济的影响,而这无疑会造成大规模的财政赤字。资料显示,2009年政府安排财政赤字规模达到9 500亿元,2010年更是突破"万亿大关",安排赤字规模达到10 050亿元,这样的赤字规模如果不加以控制,则无疑会给我国财政带来风险。但是,两年大规模的财政赤字所带来的经济效应也是有目共睹的。在全球经济低迷的另一面,中国依然以8%以上的全年GDP增速保持着经济的高速增长。因此,在"后危机"和"后四万亿"时代,在经济触底回升阶段,我国政府及时调整目光的聚焦点,更加应注重赤字问题的治理。国务院总理温家宝2011年3月5日在政府工作报告中说:"2011年继续实施积极的财政政策,保持适当的财政赤字和国债规模,拟安排财政赤字9 000亿元。"从2011年拟安排的财政赤字不难看出,我国经济正在向常态恢复,财政赤字在经济危机中的历史使命已经基本完成,作用在慢慢淡化。但是,随后中国的经济发展迎来了"新常态",为了保证经济中高速增长以及进行减税降费、供给侧结构性改革,赤字率从2012年1.5%的低位开始连年增加,到2016年,赤字率提高到3%。为了使2017年财政政策要更加积极有效,赤字率拟按3%安排,财政赤字2.38万亿元,比2016年增加2 000亿元。其中,中央财政赤字1.55万亿元,地方财政赤字8 300亿元。安排地方专项债券8 000亿元,继续发行地方政府置换债券。赤字率保持3%不变,主要是为了进一步减税降费,全年再减少企业税负3 500亿元左右、涉企收费约2 000亿元。至此,中国的赤字率达到了3%这一国际警戒线。

利用财政赤字应对经济危机并非中国独创,世界各国都在积极地采用赤字财政政策以抵御经济危机的影响。美国2009年财政赤字为1.416万亿美元,占当年GDP的10%,2010年财政赤字为1.294万亿美元,占当年GDP的8.9%;英国2009财政年度的财政赤字可能达GDP的9.6%,2010年甚至达到11%。由此看来,世界上很多国家面对经济危机,都将财政赤字当成一个极为重要的工具。

资料来源:齐中熙、刘羊旸,《我国财政赤字率与国际警戒线渐行渐远》,新华网,2007年3月5日。

《李克强:2017年赤字率拟按3%安排 财政赤字2.38万亿元》,人民网,2017年3月5日。

  这是一个有关财政赤字和财政风险的案例。财政赤字是政府支出超过收入的部分,是衡量财政风险的一个重要指标。赤字率即财政赤字占 GDP 的比重。在国际上,评价财政赤字风险通常使用的指标是赤字率不超过 3%。

  我国 1998 年开始的赤字财政积累了大量的财政赤字,一度使得我国的赤字率接近警戒线,财政风险和财政压力巨大。近年来,随着国民经济的发展,财政收入基本保持平稳增长,财政赤字率维持在 3% 以下,财政压力得以缓解,财政风险总体可控。

  由这一案例,我们可以看出三点:一是公共部门的适当规模的赤字有效地维护了社会总供求平衡和经济稳定增长;二是经济稳定增长反过来也促进了财政收入的增长,进而使财政风险也能得以控制;三是财政赤字是当前国际上较为流行的财政政策,适当规模的财政赤字对于加快一国经济发展、渡过经济难关具有绝对的积极意义。

第七章

税收原理

在现代市场经济条件下,在全社会资金运行的各个环节,都可以观察到税收的存在以及税收对经济的影响。如何从现代市场经济有效运行的角度解释税收存在的客观必然性,理解税收的内涵尤其是税收在经济运行中的作用,是公共财政理论研究中的重要问题,也是学习本章的主要目的。

第一节 税收概述

税收是一个人们十分熟悉的古老的经济范畴,自其产生至今,经历了不同的社会形态,有几千年的历史。奴隶社会、封建社会以及资本主义社会都存在税收,社会主义社会也仍然存在税收。社会主义税收的概念是从历史上沿用下来的,一方面保留了旧的形式,另一方面又加入了社会主义生产关系的新内容。

一、税收的含义

税收是国家为满足社会公共需要,凭借其政治权力,运用法律手段,按法律规定的标准,强制、无偿地参与国民收入分配,取得财政收入的一种方式。它是各国政府取得财政收入的最基本形式。

税收属于分配范畴,这是税收的基本属性。税收的分配主体是国家,税收是最早出现的一个财政范畴,它是随着国家的产生而产生的。税收与国家的存在有本质的联系,正如马克思所说,"赋税是政府机器赖以存在并实现其职能的物质基础,而不是其他任何东西","国家存在的经济体现就是捐税"。税收是以国家为主体进行的分配,而不是社会成员之间的分配,由国家将一部分社会产品集中起来,再根据社会公共需要,通过财政支出分配出去。国家满足社会公共需要是面向整个社会公众的,它所带来的利益并不局限于个别社会成员。在征税过程中,居于主体地位的总是国家,纳税人居于从属地位。

税收征收依据的是国家政治权力。在对社会产品的分配过程中,存在着财产

权利和政治权力。财产权利,也就是所有者的权利,即依据对生产资料和劳动力的所有权取得产品的权利。依据政治权力国家可以把私人占有的一部分产品变为国家所有,这就是税收。税收是一种特殊的分配,之所以特殊,就在于它是凭借国家政治权力而不是凭借财产权利实现的分配。国家征税不受所有权的限制,对不同所有者普遍适用。

征税需运用法律手段,按法律规定来进行。征税行为和程序本身也应当以税收法律法规为准绳。各国税法按照其基本内容和效力不同,分为税收基本法和税收普通法;按照税收职能作用的不同,分为税收实体法和税收程序法。它们都在不同层面规范征纳双方的行为。

二、税收的形式特征

税收的形式特征,通常被概括为"税收三性",即税收作为一种分配形式,同其他分配形式相比,具有强制性、无偿性和固定性的特征。这是税收这种财政收入形式区别于其他财政收入形式的基本标志。

(一)税收的强制性

税收的强制性,是指税收的征收凭借的是国家的政治权力,是通过国家法律形式予以确定的。纳税人必须根据税法的规定照章纳税,违反的要受到法律制裁。税收的强制性表现为国家征税的直接依据是政治权力而不是生产资料的直接所有权,国家征税是按照国家意志依据法律来征收的,而不是按照纳税人的意志自愿缴纳的。税收的强制性,要求将征税主体和纳税主体全部纳入国家的法律体系之中,实际上是一种强制性与义务性的结合。

(二)税收的无偿性

税收的无偿性,是指税收是价值的单方面的转移(或索取),是指国家取得税收收入既不需要偿还,也不需要对纳税人付出任何代价。正如列宁所说:"所谓赋税,就是国家不付任何报酬而向居民取得东西。"税收的这种无偿性特征,是针对具体的纳税人而言的,即税款缴纳后和纳税人之间不再有直接的返还关系,税收的无偿性使得国家可以把分散的财力集中起来统一安排使用,满足国家行使其职能的需要。然而,国家征税并不是最终目的,国家取得税收收入还要以财政支出的形式用于满足社会公共需要。每个纳税人都会或多或少地从中取得收益,尽管其所获收益与所纳税款在量上不对等。因此,税收的无偿性也不是绝对的,从长远看是"取之于民,用之于民"的。

(三)税收的固定性

税收的固定性,是指征税要依据国家法律事先"规定"的范围和比例,并且这种"规定"要有全国的统一性、历史的连续性和相对的稳定性。国家在征税前就要通过法律形式,预先规定课征对象和征收数额之间的数量比例,把对什么征、对谁征和征多少固定下来,不经国家批准不能随意改变。税收的固定性还有征收的连续性的含义,即国家通过制定法律来征税,就要保持它的相对稳定性,而不能"朝令夕改",这样有利于纳税人依法纳税。当然,对税收固定性的理解也不能绝对化,随着社会生产力和生产关系的发展变化、经济的发展以及国家利用税收杠杆的需要,税收的征收对象、范围和征收比例等不可能永远固定不变,只是在一定时期内稳定不变。因此,税收的固定性只能是相对的。税收的固定性有利于保证国家财政收入的稳定,也有利于维护纳税人的法人地位和合法权益。

税收的三个形式特征反映了一切税收的共性,它不会因社会制度的不同而有所改变。税收的三个基本特征是密切联系的,是统一的,是缺一不可的。税收的强制性,决定着征收的无偿性,因为如果是有偿的话就无须强制征收。而税收的无偿性,必然要求征税方式的强制性,因为国家征税,收入即归国家所有,不直接向纳税人支付任何报酬,一般而言,纳税人不能做到自愿纳税,必须要求其依法纳税。强制性和无偿性又决定和要求税收征收具有固定性,既然征税是强制的,就不能没有限度,否则将变成滥征,会引起纳税人的强烈不满,严重的会影响一个国家政权的稳定。

三、税制构成要素

(一)纳税人

纳税人是税法规定的直接负有纳税义务的单位和个人,它是纳税的主体。纳税人可以是自然人,也可以是法人。所谓自然人,又分为居民纳税人和非居民纳税人。他们以个人身份来承担法律规定的纳税义务。所谓法人,是指依法成立并能独立行使法定权利和承担法律义务的社会组织,也分为居民企业和非居民企业。法人一般应当具备的条件有:一是依法成立;二是有必要的财产和经费;三是有自己的名称、组织机构和场所;四是能够独立承担民事责任。法人可以包括全民所有制企业、集体所有制企业、中外合资企业、中外合作经营企业和外资企业等,除此以外还可以包括机关、事业单位和社会团体法人等。

与纳税人相关的概念有两个:负税人和扣缴义务人。负税人是最终负担税款的单位和个人,它和纳税人之间的关系非常密切。在纳税人能够通过各种方式把税款转嫁给别人的情况下,纳税人只起了缴纳税款的作用,纳税人并不是负税人。如果税款不能转嫁,纳税人同时就又是负税人。为便于征收管理,有些税款由向纳税人取得收入或支付款项的单位代扣代缴,这些按税法规定负有扣缴税款义务的单位和个人,称为扣缴义务人。

(二)课税对象

课税对象又称征税对象,是指税法规定的征税的目的物,是征税的根据。课税对象是一种税区别于另一种税的主要标志。

课税对象与税目关系密切,税目是课税对象的具体化,反映具体的征税范围,体现了征税的广度,一般通过确定税目划定征税的具体界限,凡列入税目者征税,不列入税目者不征税。通过这种分类便于贯彻国家的税收政策,即对不同的税目进行区别对待,制定高低不同的税率,为一定的经济政策目标服务。

与课税对象相关的另一个概念是税源,税源是指税收的经济来源或最终出处。有的税种的课税对象与税源是一致的,如所得税的课税对象和税源都是纳税人的所得,有的税种的课税对象与税源是不一致的,如财产税的课税对象是纳税人的财产,而税源往往是纳税人的收入。课税对象解决对什么征税的问题,税源则表明纳税人的负担能力。由于税源是否丰裕直接制约着税收收入规模,因而积极培育税源始终是税收工作的一项重要任务。

(三) 税率

税率是税额与课税对象数额之间的比例。税率是计算税额的尺度,反映征税的深度。在课税对象既定的条件下,税额的大小决定于税率的高低。税率是税收制度的中心环节,税率的高低,直接关系到国家财政收入和纳税人的负担,是国家税收政策的具体体现。

1. 我国现行税率的类型。我国现行税率可以分为以下三种。

(1) 比例税率。比例税率是对同一课税对象,不论其数额大小,统一按一个比例征税,它一般适用于对流转额的课税。在比例税率下,同一课税对象的不同纳税人的负担相同,因而该税率具有鼓励生产、调动生产者积极性、有利于税收征管的优点。比例税率的缺点,是有悖于量能负担原则,对调节个人所得的效果不太理想。

(2) 累进税率。累进税率是就课税对象数额的大小规定不同等级的税率。课税对象数额越大,税率越高。实行累进税率,可以有效地调节纳税人的收入。它一般适用于对所得税的征收。累进税率按累进程度不同又分为全额累进税率和超额累进税率两种。

全额累进税率是指课税对象的全部数额都按照与之相适应的税率征税,即按课税对象适应的最高级次的税率统一征收,如表7-1所示。假设某纳税人应税所得额为2 500元,根据表7-1所示的全额累进税率得知,应按与之相应的税率15%征税,则应纳税额为375(2 500×15%)元。

超额累进税率是把课税对象按数额的大小划分为若干不同等级部分,对每个等级部分分别规定相应的税率,分别计算税额,一定数额的课税对象可以同时使用几个等级部分的税率。假设某纳税人的应税所得额仍为2 500元,如果按超额累进税率计算(税率见表7-1),则纳税人的应纳税额为250(500×5%+1 500×10%+500×15%)元。

第七章 税收原理

表 7-1 全额累进税率表

级 次	应税所得额级距	税 率
1	1 500 元以下（含 1 500 元）	5%
2	超过 1 500 元至 2 000 元	10%
3	超过 2 000 元至 5 000 元	15%
4	超过 5 000 元至 10 000 元	20%
5	超过 10 000 元至 40 000 元	25%
6	40 000 元以上	30%

全额累进税率与超额累进税率相比具有不同的特点,主要表现在:第一,在名义税率相同的情况下,全额累进税的累进程度高,税负重;超额累进税的累进程度低,税负轻。如上例,2 500 元的所得额,名义税率是 15%,按全额累进税率征税,税额为 375 元,而按超额累进税率征税,税额为 250 元。第二,在所得额级距的临界点附近,按全额累进税率征税会出现税负增加超过所得额增加的不合理现象,按超额累进税率征税则不存在这个问题。假设纳税人甲应税所得额为 1 500 元,纳税人乙应税所得额为 1 501 元,按全额累进税率计算,纳税人甲应税所得额为 1 500 元,对应的税率为 5%,应纳税额为 1 500×5% = 75(元),纳税人乙应税所得额为 1 501元,对应的税率为 10%,应纳税额为 1 501×10% = 150.1(元),即乙应税所得额比甲多 1 元,而乙应纳税额则要比甲多 75.1 元,这显然是极不合理的。第三,在计算上,按全额累进税率计算简便,按超额累进税率计算复杂。但这只是技术上的问题,可采取"速算扣除数"的办法予以解决。"速算扣除数"即按全额累进税率计算的税额减去按超额累进税率计算的税额之间的差额。这可以用公式表示为:

速算扣除数 = 全额累进税额 - 超额累进税额

根据所得额级距和相应税率,运用上述公式,可以预先计算出各级距的速算扣除数,然后用应税所得额乘以适用税率,再减去速算扣除数,即超额累进税额。其公式是:

超额累进税额 = 应税所得额×适用税率 - 速算扣除数

累进税率的优点在于能够体现公平税负的原则,即所得多的多征,所得少的少征,无所得的不征,最适合调节纳税人的收入水平。累进税率的缺点在于计算比较复杂。通过比较全额累进税率与超额累进税率的特点可以看出,超额累进税率比全额累进税率具有较大的优越性,因此,在实际运用上,一般都采用超额累进税率。

（3）定额税率。定额税率是指按单位课税对象直接规定一个固定税额,而不采取百分比的形式,如资源税,直接规定每吨税额为多少或每升税额为多少;又如土地使用税,按使用土地的面积规定每平方米税额为多少,它实际上是比例税率的

一种特殊形式。定额税率和价格没有直接联系,它一般适用于从量定额征收,因而又称为固定税额。定额税率在计算上更为便利,但是它是基于一个固定的数额,随着税基规模的增大,纳税的比例变小,故此税率具有累退的性质,对纳税人来说,税负不尽合理,因而该税率只适用于特殊的税种。

2. 课税依据。课税依据是指国家征税时的实际依据。国家征税时出于政治和经济政策考虑,并不是对课税对象的全部进行课税,往往允许纳税人在税前扣除某些项目。课税依据的设计一般要考虑课税对象的性质、课税目的以及社会环境等多种因素。

3. 课税基础。课税基础又简称"税基",是指确立某种税或一种税制的经济基础或依据。它不同于课税对象,如商品课税对象是商品,但其税基则是厂家的销售收入或消费的货币支出;它也不同于税源,税源总是以收入的形式存在,但税基却可能是支出。税基的选择是税制设计的重要内容,它包括两个方面的问题:一是以什么为税基,现代税收理论认为以收益、财产为税基是合理的,但也有一种观点认为以支出为税基更为科学;二是税基的宽窄问题,税基宽则税源多,税款多,但有可能对经济造成较大的副作用,税基窄则税源少,税款少,但对经济的不利影响也较小。

4. 附加、加成和减免税。纳税人负担的轻重,主要是通过税率的高低来调节的,但除此之外,还可以通过附加、加成和减免税等措施来调整纳税人的负担。

附加和加成是属于加重纳税人负担的措施。附加是在正税以外附加征收的一部分税款。通常把按国家税法规定的税率征收的税款称为正税,而把在正税以外征收的附加称为副税。加成是加成征税的简称,是对特定纳税人的一种加税措施。有时为了实现某种限制政策或调节措施,对特定的纳税人实行加成征税,加一成等于加正税税额的10%,加二成等于加正税税额的20%,以此类推。属于减轻纳税人负担的措施有:减税、免税以及规定起征点和免征额。减税就是减征一部分税款。免税就是免缴全部税款。减免税是为了发挥税收的奖限作用或照顾某些纳税人的特殊情况而作出的规定。起征点是对税法规定的课税对象开始征税的最低界限。对未达到起征点的课税对象,不征税;但达到或超过起征点时,对全部课税对象都要征税。免征额是课税对象中免予征税的数额。起征点和免征额有相同点,即当课税对象小于起征点和免征额时,都不予征税。二者也有不同点,即当课税对象大于起征点和免征额时,采用起征点制度的要对课税对象的全部数额征税,采用免征额制度的仅对课税对象超过免征额的部分征税。在税法中规定起征点和免征额是对纳税人的一种照顾,但二者照顾的侧重点不同,起征点照顾的是低收入者,免征额则是对所有纳税人的照顾。

税法具有严肃性,而税收制度中关于附加、加成和减免税的有关规定则把税收法律制度的严肃性和必要的灵活性密切地结合起来,使税收法律制度能够更好地因地因事制宜,贯彻国家的税收政策,发挥税收的调节作用。

5. 违章处理。违章处理是对纳税人违反税法行为的处置,它对维护国家税法的强制性和严肃性有重要意义。

纳税人的违章行为通常包括偷税、抗税、骗税、逃税、欠税等不同情况。其中,偷税、抗税、骗税、逃税一般为违法行为。偷税是指纳税人有意识地采取非法手段不缴或少缴税款的违法行为。抗税是指纳税人以暴力、威胁等方法对抗国家税法拒绝纳税的违法行为。骗税是指纳税人采取对所生产或经营的商品假报出口等欺骗手段骗取国家出口退税款的行为。逃税是指纳税人故意或无意采用非法手段减轻税负的行为,包括隐匿收入、虚开或不开相关发票、虚增可扣除的成本费用等方式。欠税即拖欠税款,是指纳税人不按规定期限缴纳税款的违章行为。对纳税人的违章行为,可以根据情节轻重的不同,分别采取不同方式进行处理,如批评教育、强行扣款、加收滞纳金、罚款、追究刑事责任等。

四、税收分类

(一)按课税对象的性质分类

按课税对象的性质分类,可将我国现行税种分为流转课税、所得课税、资源课税、财产课税和行为课税五大类,这是常用的分类方法。

1. 流转课税。流转课税又称商品课税,是指以商品交换或提供劳务的流转额为课税对象的税类。流转课税的经济前提是商品生产和交换,其计税依据是商品销售额或营业收入额等。属于流转课税的税种包括增值税、消费税和关税等。流转课税是目前大多数发展中国家普遍采用的一种税,并且在税收总额中占较大比重。在我国,流转课税是主体税种,是我国目前最大的税类。

2. 所得课税。所得课税又称收益课税,是指以所得(或收益)额为课税对象的税类。所得课税可以根据纳税人的不同分为对企业所得课税和对个人所得课税两大类,前者称为企业所得税,后者称为个人所得税。我国目前开征的所得税主要有企业所得税、个人所得税等。在西方国家,社会保障税、资本利得税等一般也列入此类。所得税是大多数西方国家的主体税种。

3. 资源课税。资源课税是以自然资源为课税对象的税类。该税种能够对从事自然资源开发的单位和个人所取得的级差收入进行适当调节,以促进资源的合理开发和使用。由于级差收入也是一种所得,因此有些国家也将资源课税并入所得课税。目前,我国的资源课税有资源税、耕地占用税和土地使用税等。

4. 财产课税。财产课税是指以纳税人拥有或支配的财产为课税对象的税类。我国目前开征的房产税、契税、车船税等,就属于财产课税。西方国家有一般财产税、遗产税、赠与税等。

5. 行为课税。行为课税是指以纳税人的某种特定行为为课税对象的税类。开征这类税一方面可以增加财政收入,另一方面可以通过征税对某种行为加以限制或加强管理监督。我国现行属于行为课税的有印花税、证券交易税、城市维护建设税等。

(二)按税收与价格的关系分类

按税收与价格的关系分类,可将税收分为价内税与价外税。凡税金构成价格组成部分的,属于价内税;凡税金作为价格以外附加的,则属于价外税。与之相适应,价内税的计税价格称为含税价格,价外税的计税价格称为不含税价格。西方国家的消费税大都采用价外税的方式。我国的流转课税以价内税为主,但现行的增值税采用价外税。

(三)按税负能否转嫁分类

按税负能否转嫁,可将税收分为直接税与间接税。凡是税负不能转嫁的税种,属于直接税。在直接税下,由纳税人直接负担各种税收,纳税人就是负税人。如所得税和财产税属于直接税,税负不能转嫁。凡是税负能够转嫁的税种,属于间接税。在间接税下,纳税人能将税负转嫁给他人,纳税人不一定是负税人。如以商品为课税对象的消费税等属于间接税,税负能够转嫁。一般认为,在市场经济条件下由于实行市场价格,存在税负转嫁问题,但税负转嫁取决于客观的经济条件。

(四)按税收的计量标准分类

按税收的计量标准分类,可将税收分为从价税与从量税。从价税是以课税对象的价格为计税依据的税类。从量税是以课税对象的数量、重量、容积或体积为计税依据的税类,如目前我国开征的资源税、车船税和部分消费品的消费税等。从价税的应纳税额随商品价格的变化而变化,能够贯彻合理负担的税收政策,因而大部分税种都采用这一计税方法。从量税的税额随课税对象数量的变化而变化,具有计税简便的优点,但税收负担不能随价格高低而增减,不尽合理,因而只有少数税种采用这一计税方法。

(五)按税收的管理权限分类

按税收的管理权限分类,可将税收分为中央税、地方税和中央与地方共享税。中央税是指由中央管辖课征并支配的税种,如我国目前开征的消费税、关税等;地方税是指由地方管辖课征并支配的税种,如我国目前开征的房产税、车船税、耕地占用税等。中央税与地方税的划分在不同国家有所不同。有些国家(如美国)的地方政府拥有税收立法权,可以自行设立税种,并对设立的税种有开征、停征及税率调整权,这种税显然是地方税;而中央政府开征的税种属于中央税。有些国家的税种由中央政府统一设立,但根据财政管理体制的规定,为了调动地方的积极性,将其中的一部分税种的管辖权和使用权划给地方,称为地方税;而归中央管辖和使用的税种属中央税。此外,有的国家还设立共享税,其税收收入在中央与地方之间按一定比例分成。我国目前就属于这种情况,如我国目前开征的增值税、资源税、证券交易税等就属于中央与地方共享税。

(六)以征收实体为标准分类

以征收实体为标准分类,可将税收分为实物税和货币税两大类。实物税是以实物形式缴纳的各种税收,它是自然经济社会税收的主要分配形式。历史上奴隶社会的"布帛之征""粟米之征"都是实物税的具体形式。货币税是以货币形式缴纳的各种税种,它是商品经济社会税收的基本分配形式。当今世界各国的税收分配都主要采用货币形式。

第二节 税收原则

税收原则是政府在设计税制和实施税法过程中所遵循的准则,也是评价税收制度优劣和考核税务行政效率的基本标准。它反映了一个国家在一定时期、一定社会经济条件下的治税思想。

一、税收原则的产生与发展

在西方国家,税收原则的演进大致经历了三个阶段。一是资本主义上升时期的亚当·斯密的税收四原则。古典经济学奠基人亚当·斯密在其代表作《国民财富的性质和原因的研究》一书中提出了著名的税收四原则,即平等、确实、便利和最少征收费用原则。亚当·斯密的税收四原则是对税收原则最系统的阐述,它体现了资本主义上升时期经济自由发展,国家不干预或少干预的客观要求。二是资本主义垄断时期的瓦格纳的课税原则,即财政收入原则、国民经济原则、社会公正原则和税务行政原则。财政收入原则,包括充足原则和弹性原则;国民经济原则,包括税源的选择和税种的选择两方面;社会公正原则,包括普遍原则和平等原则;税务行政原则,包括确实、便利、最少征收费用原则。可以看出,进入垄断资本主义时期的税收原则已不完全等同于自由资本主义时期的税收政策。瓦格纳提出税收充足并有弹性以及普遍平等的纳税原则,是适应了当时国家从消极的"守夜者"到社会政策执行者职能转变的需要的,而且他提出税源和税种的选择要以保护税本为前提,这就把经济与税收的关系放到了突出的地位。三是现代的"公平与效率"两大税收原则。20世纪30年代以来,随着经济形势的变化,税收原则也发生了变化。适应国家干预经济的需要而提出的现代税收原则,可以概括为公平和效率两大原则。公平强调税收在经济与社会领域的一视同仁,效率则提倡以最小的税收成本获取最大的税收利益。

二、税收的公平原则

税收的公平原则是指国家征税要使纳税人承受的负担与其经济状况相适

应,并使纳税人之间的负担水平保持平衡。税收的公平原则包括普遍征税和平等征税两个方面。所谓普遍征税,通常是指征税遍及税收管辖之内的所有法人和自然人。所谓平等征税,通常是指国家征税的比例或数额与纳税人的负担能力相称。那么,如何来衡量税收是否公平呢?衡量税收公平的标准主要有以下三条。

(一)量能负担原则

量能负担原则要求按照人们的负担能力来分担税收,通常用收入水平来衡量人们的负担能力,按照人们收入的多少进行课税。根据这一原则,所得多、负担能力强的人多纳税,所得少、负担能力弱的人少纳税。普遍征税是征税的一个基本前提,但政府征税的一个目的,就是通过政府支出改善人们的生活条件和生活环境,提高人们的生活水平,所以对那些负担能力弱或没有负担能力的人,为了保证其基本生活需要,政府不应向其征税。而且,在一定条件下政府要通过财政转移支付,向他们提供必要的生活补助。

(二)机会均等原则

机会均等原则要求按企业或个人获利机会的多少来分担税收。获利机会多的企业和个人多纳税,获利机会相同的企业或个人缴纳相同的税。企业或个人获利机会的多少是由他拥有的经济资源决定的,包括人力资源、财力资源和自然资源等。对这些资源在占有方面的差异,使得一部分企业或个人在市场竞争中处于有利地位,而另一部分企业或个人则处于不利地位。处于有利地位者可以凭借其各种经济优势,扩大市场占有份额甚至垄断市场,妨碍市场竞争,降低资源配置效率。因此,国家应当通过适当的税收政策调节、改变以至消除由于资源占有状况的不同而形成的不平等竞争环境,使竞争者大致站在同一起跑线上展开公平竞争。

(三)受益原则

受益原则要求按纳税人在政府公共支出中受益程度的大小来分担税收。根据这种标准,从政府公共服务中享受相同利益的纳税人,意味着具有相同的福利水平,因此,他们应负担相同的税,以实现横向公平;享受到较多利益的纳税人,具有较高的福利水平,这就是说,他们应负担较高的税,以实现纵向公平。因此,谁受益谁纳税,受益多的人多纳税,受益少的人少纳税,受益相同的人负担相同的税是非常公平的。在现实生活中,如对公路、桥梁通行费征收营业税以及征收社会保障税等往往体现了受益原则,但在许多情况下收益水平是不好衡量的,如国防费和行政管理费等,因享用程度不可分解而不适用受益原则。

三、税收的效率原则

税收的效率原则指的是以尽量小的税收成本取得尽量大的税收收益。税收的效率通过税收成本和税收收益的比率来衡量,但这种对比关系不是单一的,而是多层次的。这里的税收收益与税收成本都是一个广义的概念,税收收益不仅包括取得的税收收入,还包括因税收的调节提高了资源配置效率,优化了产业结构,促进了社会经济稳定发展的正效应即间接收益;而税收成本不仅包括税收的征收和管理费用,还包括税收对社会经济的不当调节而产生的负效应即间接成本。因此,税收效率包含两个方面的内容:首先,是从税收与经济的相互关系,特别是从税收对经济的影响方面进行成本和收益的比较,即税收的经济效率;其次,是税务机关本身进行税务行政或税收管理而产生的成本和收益的比较,即税收的行政效率。

(一)税收的经济效率

税收的经济效率是指政府征税应有利于资源有效配置和经济机制的运行,即促进经济效率的提高或者对经济效率的不利影响最小。税收的经济效率是从整个经济系统的范围来看税收的效率原则的,主要从征税过程对纳税人以及整个国民经济的正负效应方面来判断税收是否有效率。这就有一个税的经济成本与经济收益的比较问题。一般来看,对税收的经济效率主要从两个方面来考察:一是税收的额外负担最小化;二是税收的额外收益最大化。

现代经济学运用帕累托效率来衡量经济效率。帕累托效率是指这样一种状态,即资源配置的任何重新调整都已不可能使一些人的境况变好而又不使另一些人的境况变坏,那么这种资源配置已经使社会效用达到最大,这种资源配置状态就是资源的最优配置状态,称为帕累托最优。如果达不到这种状态,就说明资源配置的效率不是最佳,还可以进行重新调整。由于在现实经济生活中,大多数的经济活动都可能是通过使一部分人的境况变坏,从而使另一部分人的境况变好,但总的社会效益变得更好,所以,效率的实际含义可以解释为经济活动上的任何措施都应当使"得者的所得大于失者的所失",或从全社会看宏观上的所得要大于宏观上的所失。如果做到这一点,经济活动就可以说是有效率的。一般认为,征税同样存在"得者的所得大于失者的所失"的利弊比较问题。征税在将社会资源从纳税人手中转移到政府部门的过程中,势必会对经济产生影响。若这种影响限于征税数额本身,则为税收的正常负担;若除了这种正常负担之外,经济活动因此受到干扰和阻碍,社会利益因此受到削弱,便会产生税收的额外负担。

征税过程会对经济运行产生积极的影响。政府征税可以将政府的意图体现在税收制度和税收政策中,起到调节经济、稳定经济的作用,社会经济活动因此而得到促进,社会利益因此而得到增加,征税过程特别是税收政策的运用能够提高资源配置效率和宏观经济效益,这样就产生了税收的额外收益。如国家通过征税引导产业结构、矫正负的外部经济行为等,都会促进资源的有效配置,提高宏观经济效益。在经济可持续发展战略的条件下,通过征收环境税以及其他政策措施,运用税收限制环境污染的产生,鼓励环保产业的发展,使整个税制体现环保要求,抑制或减少环境污染和生态破坏,并最终实现可持续发展,这就是典型的税收产生的额外收益。因此,不仅要着眼于税收额外负担最小化,还要着眼于税收额外收益最大化,税收的效率原则就是要尽量增加税收的额外收益,减少税收的额外负担。

(二)税收的行政效率

税收的行政效率是指征税管理部门本身的效率,它可以通过一定时期直接征纳成本与入库的税收收入的对比来进行衡量。入库的税收收入是税收的直接收益。而税收的征纳成本,一是税务机关的行政费用,包括税务机关工作人员的工资、津贴等人员经费和税务机关在征税过程中所支付的交通费、办公费、差旅费等公用费用,以及用于建造税务机关办公大楼等的各种费用开支;二是纳税执行费用,包括纳税人雇用会计师、税收顾问、职业税务代理人等所花费的费用,企业为个人代缴税款所花费的费用,以及纳税人在申报纳税方面发生的其他各种费用等。一般地说,税收的征纳成本与入库的税收收入之间的比率越小,税收行政效率就越高;反之,则越低。

(三)税收的公平与效率的两难选择

税收的公平与效率是密切相关的,从总体上说,税收的公平与效率是相互促进、互为条件的统一体。首先,税收的公平是提高税收效率的必要条件,因为税收不公平必然会挫伤企业和个人的积极性,甚至还会引起社会矛盾,从而使社会缺少动力和活力,自然也无效率可言。只有保持税收分配的公平,防止两极分化,才能激发企业和个人的积极性,才能营造生产顺畅运行的社会环境,使税源充足,财政收入稳定足额入库。其次,税收的效率是税收公平的前提。如果税收活动阻碍了经济发展,影响了 GDP 的增长,那么,即使它是公平的,也是没有意义的。税收作为一种分配手段是以丰裕的物质产品为基础的,只有提高税收的效率才能为税收的公平提供强大的物质基础,而没有效率的公平便成为无本之木。税收的公平与效率原则既有矛盾性,又有统一性。过分强调税收的公平原则必然会弱化利益刺激对税收效率的促进效应,而过分强调税收的效率原则必然扩大贫富差别,会挫伤企业和个人的积极性。

20 世纪 80 年代以来,各国出现了世界性的税制改革浪潮。改革之时各国税制普遍存在的问题有:税收对经济运行的过度和过细干预,严重扭曲了正常的经济活动;过分强调税负公平特别是税负的纵向公平,造成了经济效率的低下,人们投资和工作积极性的下降;过分重视税收的经济效率而相对忽视税收行政效率,造成税制日趋复杂、烦琐以及税收行政效率低下。针对这些问题,各国对税制进行了大幅度的调整和改革,在税制改革过程中,税收原则也出现了调整和发展的新趋势。只有同时兼顾公平与效率的税收原则才是最完美的,但是税收的公平与效率的统一并不是绝对的。就具体的税种来说,两者会有矛盾和冲突,往往不是低效率、高公平,就是高效率、低公平,高效率、高公平的最优组合是少有的。例如,商品课税可以通过各类奖限政策促进资源合理配置和发展生产,一般认为它是有效率的,但由于它背离了量能纳税的原则,有时会造成纳税人的苦乐不均,通常又被认为是不公平的;相反,所得课税具有负担合理、课征公平的优点,但它距离经济运转过程较远,很难直接调节生产和流通,又有效率不高的缺点。因此,对税收公平与效率的研究必须跳出具体的税种或某项税收政策的圈子,而从整个税制或税收总政策来考虑。仅就某一个税种来说,可能要么以公平为主,要么以效率为主,但通过各税种的互相补充,完全有可能组成一个公平与效率兼备的好税制。有些国家从本国国情出发,在建设本国税制时实行以公平与效率二者之一作为侧重点的税收政策,从而形成了效率型税制或公平型税制,这样的税制往往更具实践价值。将税制的设计同本国国情和长远发展战略结合起来,显然是对税收公平与效率更高层次的兼顾。

税收原则的调整和发展的趋势,反映了各国对公平与效率关系的新思考,到目前仍影响着各国税制改革过程中的税收政策的调整。这主要体现在:一是在税收的经济效率原则上,由主张对经济的全面干预转向主张进行适度干预,避免税收对市场机制本身的干扰和破坏。二是在税收公平与效率原则的两难权衡上,由偏向公平转向更为注重效率,以刺激经济增长,摆脱经济困境。三是在税收公平原则的贯彻上,由偏重纵向公平转向追求横向公平。四是在税收效率原则的贯彻上,由注重经济效率转向经济效率与行政效率并重。

第三节 税收负担与税收效应

税收负担水平是税制的核心问题,体现税收与政治、经济之间的相互关系。合理确定一个国家的税负水平,对确保政府满足公共需要的财力,调节经济结构,促进经济发展,保证政治稳定,都有着重要的意义。

一、税收负担

税收负担是指纳税人因向国家缴纳税款而承受的收入损失或经济利益损失,在数量上体现政府征收的税收收入和可供征税的税基之间的对比关系。税收负担问题是税收制度的核心问题,也是税收与经济的关系问题。合理界定一定时期的税收负担,对于保证政府履行其职能所需要的财力和促进经济发展有着重要的意义。

(一)税收负担的实质

税收负担的实质是政府与纳税人之间的分配关系。税收负担表现为因政府征税使纳税人承担了一定量的税额,相应地减少了纳税人的一部分收入或利润,并给纳税人造成经济利益损失,其实质表现的是政府与纳税人之间的一种分配关系。

这种分配关系有以下三个层次的含义。

1. 政府与单个纳税人之间的分配关系。二者对既定的剩余产品存在占有或支配的此增彼减的关系，就单个纳税人而言，在收入一定的前提下，政府对其征税越多，纳税人税后自己可支配的用于投资或消费的收入就越少，经济利益损失就越大。

2. 私人产品与公共产品之间的配置和消费关系。从税款运动的全过程来看，政府从纳税人手中强制征收的税款，相当大的一部分通过财政支出用于生产或提供各种公共产品或公共服务，以满足企业生产和居民生活的公共需要，这实质上体现了以政府为中介调节私人产品与公共产品之间的配置结构，以满足全社会对公共产品消费需要的分配关系。

3. 纳税人相互之间的分配关系。政府在征税与不征税、多征税与少征税之间的选择，以及政府在将征收的税款通过转移性支出转化为一部分社会成员的收入的过程中，客观上起到了调节纳税人相互之间对收入或财富占有关系的作用。就政府提供的公共产品而言，因公共产品在地区结构或品种结构上存在的差异，政府也不可能做到让纳税人等量损失、等量消费。因此，政府的税收分配和再分配，客观上起到了调节纳税人相互之间的分配关系的作用。

(二)税收负担的分类

由于税收负担的形式比较复杂，为了研究税收负担水平、税收负担分布以及分析税收负担的经济效应和影响税收负担的各种因素，以便政府在税制建设以及制定和实施税收政策时确定合理、适度的税收负担，有效发挥税收筹集财政资金和调控经济运行的功能，有必要从不同角度、按照不同标准对税收负担进行科学的归纳和分类。

1. 按照税收负担的承受主体，可将税收负担分为宏观税收负担和微观税收负担。宏观税收负担是指一个国家在一定时期内税收收入占 GDP 的比重。在考察一个国家的税收负担总水平或对不同国家的税收负担总水平进行比较研究时，一般采用宏观税收负担。研究宏观税收负担，旨在解决税收在宏观方面促进资源合理配置、经济稳定增长和国民收入合理分配中带有全局性和整体性的问题。

微观税收负担是指某个纳税人(自然人或法人)的税收负担，表明某个纳税人在一定时期内所承受的税款总额。衡量微观税收负担的指标主要有：一是企业税负指标，通常用企业所得税负担率来衡量，即企业缴纳的所得税占企业利润总额的比率，该指标表明国家与企业之间的利润分配关系。二是城镇居民税负指标，通常用个人所得税负担率来衡量，即城镇居民缴纳个人所得税占居民个人收入的比率。研究微观税收负担旨在为政府制定税收政策和税收制度进而实施对宏观经济活动的有效调控提供最基本和最直接的依据。

2. 按照税收负担的构成，可将税收负担分为直接税收负担和间接税收负担。

直接税收负担是指纳税人直接向政府纳税而最终承受的税收负担。在市场经济条件下,由于存在着税负转嫁,法律上的纳税人不一定是实际税负的承担者。如果纳税人向政府实际缴纳的税额不能以某种方式转嫁给他人,纳税人最终承担的税额即未实现转嫁的部分便构成纳税人的直接税收负担。

间接税收负担是指被转嫁者实际负担的由他人转嫁过来的税额。在存在税负转嫁机制的条件下,纳税人依法直接向政府缴纳税款并不意味着税款最终全部由纳税人自己负担,纳税人有可能通过某种途径全部或部分地将税收负担转嫁出去。这样,被转嫁者虽然没有直接向政府纳税,但却实际负担了一部分由他人转嫁过来的税款,即间接税收负担。只要存在税负转嫁,就存在间接的税收负担。就全社会来说,它虽然因纳税人之间税负的此增彼减,不会增加全体纳税人的税收负担,即宏观税收负担不变,但却会改变微观税收负担的最终分配结构。就某一纳税人而言,其既可能作为转嫁者因实现了税负转嫁而使其实际负担的税额比向政府缴纳的税额还小,又可能作为被转嫁者而使其实际负担的税额比向政府缴纳的税额还大。在某些情况下,可能税收的间接负担者根本就不是税法所规定的纳税义务人,但却负担了由他人转嫁过来的税款。

3. 按纳税人承受税收负担的实际情况,可将税收负担分为名义税收负担和实际税收负担。名义税收负担是指按法定税率和计税依据计算的纳税人应承担的税款总额。名义税收负担率简称"名义税负率",它可用纳税人按法定税率和计税依据计算的应纳税额占其盈利或各项收入总额的比率来衡量。实际税收负担是指纳税人实际缴纳税款所形成的税收负担。实际税收负担率简称"实际税负率",它可用纳税人实纳税额占其盈利或各项收入总额的比率来衡量。

名义税负与实际税负从不同角度表现了纳税人的税负状况,前者侧重反映纳税人的税负承受能力,后者侧重反映纳税人实际承担的税负水平。由于各种因素的综合影响,同一纳税人的名义税负与实际税负常常存在着差异,实际税负率可能低于名义税负率,也可能高于名义税负率。导致二者偏离的因素,除了通货膨胀、避税、逃税等因素外,主要还包括税收优惠和减免、税收附加和加成、执行费用、税负转嫁等。与名义税负相比,实际税负水平的变化对纳税人经济行为有着更为直接的影响,因而它是研究、制定和调整税收法律和税收政策的主要依据。

二、税负转嫁

(一)税负转嫁与归宿的含义

税负转嫁是指在商品交换中,纳税人将其缴纳的税款通过各种途径转移给他人负担的过程。税负归宿是指处于转嫁中的税负的最终落脚点。由于税负转嫁这种经济现象可能发生,也可能不发生,因而税负归宿也就有直接归宿与间接归宿之分。直接归宿是指纳税人所纳税款无法转嫁,完全由自己负担,即法律上的纳税义务人与经济上的实际税负承担者完全一致;间接归宿是指因为税负发生了转嫁,税负部分或全部转嫁给了他人承担,致使法律上的纳税义务人与经济上的实际税负承担者不一致,税负最终归宿到了被转嫁者身上。

(二)税负转嫁的形式

按照经济交易过程中实现税负转嫁的不同途径分类,税负转嫁主要有四种具体形式。

1. 前转。前转又称顺转,是指纳税人将其所纳税款通过提高商品销售价格的办法,向前转嫁给购买者负担的一种转嫁形式。前转是税负转嫁的最典型和最普遍的形式,大都发生在对商品和劳务的课税上,它通过提高课税商品的价格来实现。例如,在生产环节对消费品征的税款,生产者就可通过提高商品出厂价格把税负转嫁给批发商,批发商和零售商也可以用同样的方式把税负最终转嫁给消费者,消费者是税收负担的实际承担者,即负税人。

2. 后转。后转又称逆转,是指纳税人将其所纳税款通过压低商品进价的方法向后转嫁给商品销售者的一种转嫁形式。后转一般是在受市场供求条件的约束,纳税人无法将其所纳税款以提高商品销售价格的方法向前转移时所选择的转嫁途径。因为商品课税后若提高销售价格,往往会导致需求量下降,商品经营者不得不降价出售,所以税负难以向前转嫁给消费者,只能采用压低进货价格的办法把税负转嫁给批发商,批发商再转嫁给生产商,生产商又通过压低原料价格、劳动力价格(工资)或延长工时等办法,把税负转嫁给原料供给者和工人等。

3. 混转。混转又称散转,是指纳税人同时采用前转和后转的一种税负转嫁形式。前转与后转是税负转嫁的两种基本形式,但在现实经济生活中,税负无论是前转还是后转,其转嫁程度和转嫁形式都要受许多客观经济条件的限制,有时能够把全部税款转嫁出去,有时则只能部分地转嫁,有时可完全采用前转或后转,但相对容易的方式则是对同一税款,一部分采用提高售价的方式向前转嫁,另一部分则采用压低进价的方式向后转嫁。

4. 税收资本化。税收资本化又称资本还原,是指在某些资本品(如土地、房屋、股票)的交易中,商品的购买者将应纳税款通过从购入价格中预先扣除(即压低商品的购买价格)的方法,转嫁给生产要素的出售者。这种情况多发生于土地买卖或其他收入来源较具永久性的财产(如有价证券)的税负转嫁上。例如,政府征收土地税,土地购买者就会将预期缴纳的土地税税款折入资本,采用压低土地购买价格的方法将以后若干次应纳税额一次性地转嫁给土地出售者,此后,名义上虽由土地购买者按期纳税,但实际上税款由土地出售者负担。

(三)税负转嫁的实现条件

如果纳税人有独立的物质利益,那么只要有税收负担就必然会有纳税人转嫁税负的主观愿望,以减轻经济损失。但是,在现实经济生活中,税负能否转嫁以及转嫁多少,并不是以纳税人的主观意志为转移的,而是由客观经济条件决定的,这些条件包括以下几个方面。

1. 商品经济的存在和发展。税负转嫁是在商品交换过程中通过商品价格的变动实现的。没有商品生产和商品交换的存在,就不会有税负转嫁。因此,商品经济是税负转嫁的前提条件。在自然经济条件下,由于社会生产力不发达,社会成员生活必需品的自给程度很高,产品一般不经过市场交换,而是直接从生产领域进入消费领域,自给有余的少部分产品也以物物交换、调剂余缺为主,纳税人无法转嫁税收。随着生产力的发展,尤其是资本主义生产方式在一些国家确立以后,以货币为媒介的商品交换突破了时间和地域的限制,一切商品的价值都要通过货币形式表现为价格,在经济结构中商品、货币经济占据了统治地位,这就为建立以商品流转额为课税对象的间接税体系创造了经济条件,而一切以商品流转额为课税对象的税种必然与商品价格联系在一起,并逐渐成为商品价格的有机构成部分,这就为纳税人通过压低商品购入价格或抬高商品销售价格进行税负转嫁提供了可能性和前提条件。因此,税负转嫁是商品交换发展到一定阶段的产物,是一个历史的经济现象。

2. 价格的市场化。税负转嫁是和价格运动直接联系的,一般通过提高货物的售价或压低货物的进价来实现。无论哪种转嫁形式,都依赖于价格的变动。因此,价格的市场化是税负转嫁存在的基本条件。若政府实行指令性价格制度,纳税人没有定价权,那么就既无法提高售价向前转嫁,也无法降低进价向后转嫁。只有在市场经济和自由价格制度下,生产经营者才有可能完全根据市场供求关系的变化自由地确定产量和价格,税负转嫁才有可能通过价格变动得以实现。

3. 商品供求弹性。纳税人缴纳的税款通过价格变动能够转嫁出去多少,最终是由商品的供求弹性决定的。商品的供求弹性反映了商品的供给和需求数量对于市场价格升降作出反应的灵敏程度。纳税人税收负担能否转嫁、能够转嫁多少,主要取决于商品供求弹性的大小。一般来讲,需求弹性较大,供给弹性较小的商品税负不易转嫁,税负将主要由纳税人自己承担;而需求弹性较小,供给弹性较大的商品税负较易转嫁,税负将主要由其他人负担。税负转嫁的情形,从理论上说只与四种情况相对应:需求完全无弹性、需求完全有弹性、供给完全无弹性、供给完全有弹性。在第一种和第四种情况下,税负可以完全转嫁给购买者负担;在第二种和第三种情况下,税负完全由纳税人自己负担。当然,需求和供给完全有弹性或完全无弹性的情况都是理论上的假定,在现实生活中是罕见的。在现实经济社会中,绝大多数商品或生产要素的需求和供给处于这两个极端之间,属于富有弹性和缺乏弹性这两种情况。因此,在税负转嫁上,完全可以转嫁或完全不能转嫁的情况基本上是不存在的,通常的情况是税收负担由纳税人与其商品的购买者分别承担,分别承担的比例取决于该商品的需求弹性和供给弹性的大小。如果需求弹性大于供给弹性,商品供给者通过提高商品售价向前转嫁税负的能力相对较弱,因而不得不减少利润,承担较多的税负,即税负会更多地落在生产者或生产要素提供者的身上;如果供给弹性大于需求弹性,则消费者接受涨价、承担税负的比例要大一些,即税负会通过提高售价更多地落在购买者身上;如果供给弹性与需求弹性相等,则税负由供需双方平均分担。

4. 课税范围的宽窄。课税范围宽广的商品较易转嫁税负,课税范围狭窄的商品难以转嫁税负。税负转嫁必然引致商品价格的升高,若另外的商品可以代替加价的商品,消费者往往会转而代之,从而使税负转嫁失败。但若一种税收范围很广,甚至波及同类商品的全部,消费者无法找到价格不变的代用品时,只好承受税负转嫁的损失。

5. 税收的计量标准。一般说,从价课税的税负容易转嫁,从量课税的税负不容易转嫁。从量课税是按课税对象的数量、重量、容积、面积、体积征税,税额不受价格变动的影响,税负不易转嫁。在从价课税条件下,价格随税负转嫁而上升,购买者不易察觉,相对说来比较容易转嫁。

应当指出,企业经营都是以谋求尽可能多的利润为活动目标的,税负转嫁也是为这一目的服务的。但是生产者谋求利润的目标有时与税负转嫁是相矛盾的,如企业为了把税负全部转嫁出去必须把商品销售价格提高到一定水平,而销售价格提高会直接影响产品的销售数量,进而影响企业经营总利润。这时,经营者必须比较税负转嫁所得的好处与商品销量减少所受的损失,若后者大于前者,则经营者宁愿负担一部分税款也要保证商品销量。因此,税负转嫁是有条件的,税负转嫁的愿望一定要与企业生产者谋求利润的长远目标联系起来才是现实的。

(四) 我国的税负转嫁

我国曾长期实行高度集中的计划经济体制,在这种经济体制下,税负转嫁的主观条件和客观条件都是不存在的。这是因为:一是当时实行由政府统一规定的计划价格体制,不存在价格自由浮动机制,因而也不存在税负转嫁的客观条件;二是当时的企业不构成商品生产的实体,不存在独立的经济利益,没有在利益机制驱动下的转嫁税负的动机。改革开放后,我国在经济发展过程中逐步转向社会主义市场经济体制,企业不仅存在税负转嫁的动机,也具备了充分的税负转嫁的条件。这是因为:第一,税负转嫁是以价格的自由浮动为条件的,而我国价格的市场化为税负转嫁提供了充分条件;第二,企业是市场经济下的自主经营、自负盈亏的经济实体,在竞争中求生存和发展,有了自身独立的经济利益,在物质利益驱动下,利用税收转嫁机制减轻税负以获取更大的自身利益的动机强化了;第三,我国实行以商品课税为主体的税制,也为税负转嫁提供了充分条件。可见,只要存在税负转嫁现象,它就会对社会生活产生广泛影响。税负转嫁是经济体制转换带来的新问题,也是我国税收理论和实践正在积极研究和探索的一个新课题。

第七章
税收原理

税负转嫁与设计税收制度有密切的关系。税负转嫁可能改变预定税负分配格局,抵消税收的经济调节作用或造成税负的不公平。因此,在制定税收政策和税收制度时必须充分考虑各类商品的供求关系和价格趋势,并合理选择税种、税率以及课征范围。税负转嫁会引发纳税人的逃税行为,当税负转嫁不顺畅时,纳税人很有可能用逃税来取代税负转嫁,使财政收入受到损失。因此,税务机关要制定出切实可行的措施,防止逃税行为的发生。

目前,我国税制是以商品课税为主体的,而税负转嫁又主要发生在商品流通领域,因而深入地研究税负转嫁的机理,有着重要的现实意义。税负转嫁从本质上说是物质利益的再分配,商品生产者和经营者会因税负转嫁而改变其在竞争中的地位,消费者会因税负转嫁而增加其负担。例如,生活必需品需求弹性小,即使物价上涨消费者也不能放弃选择,纳税人很容易把税负转嫁给消费者,增加消费者负担,因此,一般国家对生活必需品都采取限价政策,以满足社会成员基本生活需要和社会的安定。对于一些自然垄断行业,由于其税负转嫁具有优势,国家应加强对其进行价格管理。通常将垄断分为自然垄断和人为垄断两大类,国家可以通过支持和鼓励竞争消除或限制人为垄断,但对自然垄断则不能完全靠市场竞争来消除。由于自然垄断具有规模越大、效益越高的特征。在市场经济条件下,若国家不进行适当干预,自然垄断行业,如电力、供水、交通等行业,就会通过减产提价来获取超额利润。在市场经济条件下,对自然垄断行业既要引入一定的市场调节,又不能像对一般竞争行业那样主要靠市场调节。对这些行业,在遵循供求规律的前提下,政府有必要在价格方面实施一定程度的干预和控制,才能有效地控制该类行业为减轻税收负担而进行不正当的税负转嫁。

我国目前是以商品课税为主体的税制结构,所得课税的比重偏低。从税制改革的方向来看,由于所得税属于直接税,不易进行税负转嫁,所以应该提高所得税的比重,这样有利于缩小税负转嫁的范围和空间,缓解税负转嫁的负面影响,有利于强化税收的调节作用。从商品课税来看,我国大部分商品课税属于价内税,增值税属于价外税。价内税是作为价格的组成部分,表现为含税价格;价外税是作为价格的附加,价格与税收分离,表现为不含税价格。从现实生活来看,消费者在购买商品的时候,价内税的税款和价格同时支付,税款不单独列出;而价外税的税款与不含税价格分别列出,消费者能非常清楚地看到所购商品中应支付的税额。价内税价税合一,淡化了税负转嫁和最终归宿的透明度,混淆了纳税人与负税人的区别,使价格信号失真,因而不能充分地体现价格与税收的不同功能。实行价外税,税款和价格分开,使纳税人与实际负税人分离,有利于增强税负转嫁和最终归宿的透明度,有利于培养公民的纳税意识,也有利于更好地发挥税收和价格两个经济杠杆调节经济的作用。因此,我国可以有步骤地扩大价外税范围。

三、税收效应

(一)税收效应的含义

税收效应,是指纳税人因政府征税而在其经济选择或经济行为方面作出的反应,或者从另一个角度说,是指国家课税对消费者的选择以及生产者决策的影响。在市场经济条件下,纳税人作为经济活动中的投资者、生产者和经营者,税收对他们而言是政府强制、无偿的征收,因而如同原材料和工资等成本一样,是从事投资和生产经营活动时所必须付出的经济代价。因此,政府对投资和生产经营活动是采取全部征税还是采取部分征税,在政府的征税领域,政府是采取统一税率征税还是采取差别税率征税,对纳税人的利益会产生截然不同的影响。作为纳税人的企业和个人,是市场经济中自主经营、自负盈亏的微观经济主体,有追求自身利益最大化的内在动力,同时也面临着为了生存和发展而进行激烈竞争的外在压力。在内在动力与外在压力的相互作用下,政府课税必然会使纳税人作出相应的反应,并进行经济决策和行为选择。

税收效应可分为收入效应和替代效应两种不同的类型。税收的收入效应是指国家征税减少了纳税人可支配的收入,从而降低了商品购买量和消费水平。当然,纳税减少了纳税人的收入,这一方面会减少商品购买量,另一方面会激励纳税人比原先更加努力地工作,以赚取更多的收入,弥补由于征税而造成的损失。税收的替代效应是指纳税人针对不同经济行为税收待遇的不同,而有意识采取的行为选择。当政府对不同的商品实行征税或不征税、重税或轻税的区别对待时,会影响商品的相对价格,使纳税人减少征税或重税商品的购买量,而增加无税或轻税商品的购买量,即以无税或轻税商品替代征税或重税商品。例如,如果银行存款获得利息需要纳税,但购买国债所得利息不需纳税,在利率等其他条件相当的情况下,人们就会选择购买国债而不是银行存款。也就是说,在利益的驱动下,人们会尽量地回避征税,会选择课征低税的经济行为来替代课征高税的经济行为,以不征税的经济行为来替代征税的经济行为。

在市场经济条件下,纳税人的经济选择或经济行为是多方面的,主要包括商品购买、劳动投入、储蓄和投资等。而且需要注意的是,在社会化大生产和市场经济体制下,纳税人的行为不是孤立的,生产者之间、生产和消费之间、生产和投资之间都存在十分密切的联系。一个纳税人经济选择或经济行为的改变必然会影响到其他纳税人的行为,从而产生更为广泛的效应。因此,对单个纳税人税收效应的分析只是基本的方面。

(二)税收的经济影响

1. 税收对劳动供给的影响。税收减少了劳动者的既得收入,政府征税会使人们对工作产生不同的反应,人们会在工作以取得收入或是闲暇之间进行选择。工

第七章
税收原理

作时间越多和工作质量越高,收入就越多,生活就越富裕,但要取得收入就要放弃闲暇。人们对两者的选择受个人的偏好、工资的高低以及政府征税率等诸多因素的影响。税收对劳动供给的影响,是通过收入效应和替代效应来表现的。

税收对劳动供给的收入效应,是指征税后减少了个人可支配收入,促使其为维持既定的收入水平和消费水平而减少或放弃闲暇,增加工作时间。税收对劳动供给的替代效应是指由于征税使劳动和闲暇的相对价格发生变化,劳动收入下降,闲暇的相对价格降低,促使人们选择闲暇以替代工作,也就是说,政府课税会造成劳动投入量的下降,税负越重,劳动投入量越少。如果收入效应大于替代效应,征税对劳动供给主要是起激励作用,它促使人们增加工作;如果收入效应小于替代效应,征税对劳动供给就会形成超额负担,人们可能会用闲暇替代劳动。在各税种中,个人所得税对劳动供给的影响较大,在个人收入主要来源于工资收入,且工资水平基本不变的前提下,征收个人所得税通过对人们实际收入的影响,改变着人们对工作和闲暇的选择。

我国目前是一个劳动力供给十分充裕的大国,对我国现实情况而言,税收几乎不影响劳动的供给,而且个人所得税在短期内也不会成为主体税种,因此,我国目前和今后相当长的时期内需要解决的不是如何增加劳动供给,而是如何消化劳动力过剩的问题。

2. 税收对居民储蓄的影响。影响居民储蓄行为的两个重要因素是个人收入总水平和利率水平。个人收入越多,储蓄倾向越强;储蓄利率越高,对人们储蓄的吸引力就越大。税收对居民储蓄的影响,主要是通过个人所得税、利息税等影响居民的储蓄倾向及全社会的储蓄率。

对个人所得是否征税以及征收多少,会影响个人的实际可支配收入,并最终影响个人的储蓄行为。如果对储蓄的利息所得不征税,征收个人所得税对居民储蓄只有收入效应,即征收个人所得税会减少纳税人的可支配收入,迫使纳税人降低当前的消费。由于征收个人所得税,个人的消费与储蓄水平同时下降了。所以,税收对储蓄的收入效应是指在对个人所得征税后,个人的实际收入下降,纳税人为了维持既定的储蓄水平而被迫减少现期消费。如果对储蓄利息征利息税,会减少储蓄人的收益,从而降低储蓄报酬率,影响个人储蓄和消费倾向。具体来说,对储蓄利息征税使得未来的消费价格变得昂贵了,而当前的消费价格相对下降了,个人将增加当前的消费,于是产生了收入效应和替代效应。此时的收入效应在于对利息征税降低了个人的实际收入,纳税人将用既定的收入减少当前或未来的消费;而替代效应是指对利息征税减少了纳税人的实际利息,使未来的消费价格变得昂贵,降低了人们储蓄的意愿,从而引起纳税人以消费代替储蓄。

近年来,我国家庭储蓄增长速度很快。就我国的情况而言,税收对储蓄的影响并不明显,这说明人们对储蓄的态度还取决于税收以外的诸多因素,如居民未来消费的预期、未来可支配收入的预期及其他投资渠道等,因此,政府应适当运用税收杠杆促进储蓄向投资转化,如公积金缴费免征所得税,中国人民银行推出的教育储蓄免征利息税等。虽然,从表面上看税收优惠政策会减少政府的即期收入,但实际上随着居民投资的发展,资本市场日益繁荣,居民金融资产将不断升值,反过来能够促进远期消费向即期消费转化,从而推动经济增长和财政收入的增加。

3. 税收对投资的影响。税收对企业投资决策的影响,除了其对储蓄水平的间接影响以外,这一效应主要是通过税收对投资收益率和折旧因素的影响体现出来的。

对企业来说,税率与投资收益率是反方向变化的。在其他因素一定时,税率提高,投资收益率下降,因此,税率的变动会直接引起投资收益与投资成本的比例发生变动,并对纳税人的投资行为产生方向相反的两种效应:如果征税的影响是降低投资对纳税人的吸引力,就会造成纳税人减少投资而以消费来替代投资,即税收对投资产生了替代效应;如果征税的影响是减少纳税人的可支配收入,就会促使纳税人为了维持其以往的收益水平而增加投资,即税收对投资产生了收入效应。同时,通过税收制度规定的税收折旧率与实际折旧率通常是不一致的。若二者相等,则税收对私人投资的影响表现为中性;若税收折旧率高于实际折旧率,则税收对私人投资的影响表现为一种激励;若税收折旧率低于实际折旧率,则税收对私人投资的影响表现为一种抑制作用。

一般来说,征税会导致投资的收益率下降,产生税收对投资的替代效应,从而抑制投资。但是,由于税法中存在一些鼓励投资的规定,如加速折旧、投资抵免等,会对投资起到激励作用,因此,政府应合理运用税收政策,调控投资需求,从而促进经济发展,实现社会总供求的平衡。

四、税收"中性"

(一)税收的超额负担

税收的"中性"和税收超额负担相关,或者说税收"中性"是针对税收的超额负担提出的,国家征税是将社会资源从纳税人转向政府部门,在这个转移过程中,除了会给纳税人造成相当于纳税税款的负担外,还可能给纳税人或社会带来超额负担。超额负担主要表现为两个方面:一方面,国家征税在减少纳税人支出的同时增加政府部门支出,若因征税而导致纳税人的经济利益损失大于因征税而增加的社会经济效益,则发生在资源配置方面的超额负担;另一方面,由于征税改变了商品的相对价格,对纳税人的消费和生产行为产生不良影响,则发生在经济运行方面的超额负担。由于征税会产生税收的额外负担,税收的额外负担越大,意味着给社会经济运行带来的消极影响就越大。税收理论认为,税收的超额负担会降低税收的效率,而减少税收的超额负担的重要途径,在于尽可能遵循税收的中性原则。一般而言,所得税只产生收入效应,对市场的干预程度较小,商品课税也因税种和税率的设置不同而有所不同,如避免重复课税的税种和税率档次较少,对市场的干预程度也较轻。

(二)税收"中性"原则的含义

因为税收超额负担的存在,财政学者提出了税收"中性"的原则。所谓税收"中性",是指政府课税不扭曲市场机制的正常运行,或者说不影响私人部门原有的资源配置状况。如果政府课税改变了消费者以获取最大效用为目的的消费行为,或改变了生产者以获取最大利润为目的的市场行为,就会改变私人部门原来(税前)的资源配置状况,这种改变就被视为税收的非中性。税收"中性"包含两层含义:一是国家征税使社会所付出的代价以税款为限,尽可能不给纳税人或社会带来其他的额外损失或负担;二是国家征税应避免对市场经济正常运行的干扰,特别是不能使税收超越市场机制而成为资源配置的决定因素。

税收"中性"的较早倡导者是马歇尔,他主张增加直接税,减少间接税,而使税收保持"中性"。其后,又有经济学家对直接税的"中性"问题进行研究,得出了直接税也有干扰市场经济的不良影响的结论,主张应避免直接税的超额负担。第二次世界大战之后,西方经济学界推崇凯恩斯主义的政府全面干预经济学说,认为税收可在市场失灵时具有"非中性",主张运用税收杠杆来纠正市场存在的缺陷,调节经济的运行。20世纪70年代以来,在政府干预市场经常部分失灵或失效的情况下,税收"中性"思潮又有复归。但现在更多的经济学家认为税收毕竟只是调节经济运行的手段之一,在什么情况下保持"中性",在什么情况下保持"非中性",要由是否有利于经济有效运转来决定。

重点概念

税收　纳税人　课税对象　税率　累进税率　起征点和免征额　流转课税
价内税与价外税　直接税　间接税　税收负担　税负转嫁　税收效应

1. 如何理解税收的形式特征?
2. 纳税人与负税人有何区别和联系?
3. 比较起征点和免征额的异同。
4. 如何理解税收的公平与效率原则?
5. 税负转嫁的形式有哪些?

6. 如何理解税负转嫁的实现条件?
7. 试述税收的经济影响。
8. 如何理解税收的收入效应与替代效应?
9. 如何理解税收负担的实质?
10. 如何理解税收的"中性"原则?

 案 例

新《税收征管法实施细则》正式实施,明确三大税收原则:规定了税务机关根据保证国家税款及时足额入库、方便纳税人、减低税收成本的原则,确定税款的征收方式;规定了实行简易申报、简并征期的申报纳税制度;规定了对已经办理税务登记的扣缴义务人,只在税务登记证件上登记扣缴税款事项,不再另外发放扣缴税款登记证件等。

新《税收征管法实施细则》第一次在行政法规上明确体现了降低征税成本、方便纳税人办税、提高办税效率等几个重要的税收原则,并从扣缴税款登记、纳税申报、税款征收等方面优化、简化了一些税收征管措施。

资料来源:陈来,《国家税务总局负责人:新征管法确立三大税收原则》,中华工商时报,2002年10月16日。

降低征税成本、方便纳税人办税、提高办税效率这几个税收原则是隶属于"效率"原则的。事实上,税收效率原则除了对这些征税过程本身效率的追求外,还追求税收的经济效率。

第八章

税收制度与税收管理制度

税收制度的确立是为实现税收职能服务的。一个国家制定什么样的税收制度,是由生产力发展水平、生产关系性质、经济管理体制、产业结构以及国家的税收政策等多种因素所决定的。学习本章的主要目的是:掌握税收制度的概念和内涵、类型和影响税制结构的因素,了解我国税制的建立和改革脉络,熟悉税收征收管理制度的发展变化,进而更好地把握税收制度的基本原理及其管理制度。

第一节 税收制度

税收制度简称"税制",理论界通常从两个角度去研究税收制度,一是从工作规范和管理章程角度;二是从税收活动的经济意义角度。税收制度的概念有传统与现代之分,传统的税收制度的概念往往是从第一个角度来定义税收制度的,现代的税收制度的概念往往侧重于从第二个角度定义税收制度。传统税收制度的概念有广义和狭义之分。传统狭义的税收制度概念主要是指国家各种税收法律、法规、规章、征收管理办法和税收管理体制的总称。传统广义的税收制度概念除包括上述狭义税收制度之外,还包括税务机构设置、计划会计统计、税务行政复议、征管组织形式及税务机关内部各项管理制度。税收制度明确规定国家和纳税人的征纳关系,是国家征税和纳税人纳税必须共同遵守的法律依据和规程。

现代税收制度的概念吸收了西方学者对税收体系的理解,如陈共教授曾给税收制度下这样的定义:税收制度是国家按照一定政策原则组成的税收体系,其核心是主体税种的选择和各种税的搭配问题。更多的是结合传统概念与现代概念,将税收制度定义成:税收制度不仅是指国家各种税收法律、法规、规章、征收管理办法和税收管理体制的总称,也体现了多种税相互联系、相互配合所形成的税收体系。

鉴于税收与经济的关系,税收制度不是一成不变的,在不同的社会制度下或同一社会制度的不同发展阶段中,税收制度是不相同或不完全相同的。与客观经济基础相适应的税收制度,能够促进社会生产力的发展;与客观经济基础不相适应的

税收制度,将破坏和阻碍生产力的发展。

一、税制类型

税制类型是指按照一定标准对税收制度进行分类而形成的类别模式。税收制度分为单一税制和复合税制,这是税收制度的基本分类。如果以主体税种为标准,还可将税制分为以所得税为主体的税制,以流转税为主体的税制,以财产税为主体的税制和以所得税、流转税为双主体的税制等。

(一)单一税制

单一税制是指一个国家只征收一种税的税收制度。这种税制只在理论上存在,难以在实践中施行。在税收理论发展史上,与不同时期的政治主张、经济学说相呼应,曾有不少学者提出过实行单一税的理论主张,大致可归为单一土地税、单一消费税、单一财产税和单一所得税等。

1. 单一土地税论。单一土地税制由18世纪初以布阿吉尔贝尔为代表的重农学派首创,布阿吉尔贝尔提出土地纯收益税论,并认为只有土地才是价值的源泉,土地生产剩余产品并形成土地所有者的纯收益,故应课征于土地,实行单一土地税制。土地税不能转嫁,若课征于他物,最终还要由土地纯收益负担。19世纪中叶美国庸俗资产阶级经济学家亨利·乔治倡导土地价值税论。按照他的观点,每年要对土地所有者所获得的经济租金征收100%或接近100%的税款。经济租金完全是一种不劳而获的剩余,这种剩余不应归土地所有者占有而应交给国家,以满足国家的全部开支。他认为,实行单一税制可消除不平等和贫困,是促进经济发展的税收政策的一种工具。

2. 单一消费税论。英国人霍布斯(1588—1677)以17世纪刚刚萌芽的利益说为理论依据,主张单一消费税制。他认为,消费税可以反映人民受自国家的利益。19世纪中叶,德国人普费菲等倡导从税收的社会原则出发,税收应以个人支出为课征标准,人人消费,则人人纳税的消费税最能符合税收的普遍原则;同时还认为,消费是纳税人的纳税能力的体现,消费多者负税能力大,消费少者负税能力小,这也符合税收的平等原则。

3. 单一财产税论。法国人计拉丹和门尼埃曾提出单一资本税制,他们所指的资本基本上是指不产生收益的财产。他们认为,课征单一财产税,既可以刺激资本用于生产,又可以促使资本的产生。

4. 单一所得税论。16世纪后叶的法国人波丹、18世纪初的福班等人都主张过单一所得税制,但也认为在必要时需要以关税等为辅。进入18世纪以后,德国税官斯伯利才明确提出单一所得税制,德国社会民主党在1869年就曾以单一所得税制为纲领。

单一税制的主张之所以能产生,是因为主张者们认为单一税有如下的优点:征

税范围明确,便于征纳;课税次数较少,利于生产流通;纳税人易于接受,减少苛扰之弊;稽征手续简单,可以减少征管机构,节约征管费用。反对单一税制主张的许多学者则认为单一税制有如下缺点:筹资渠道单一,财政收入难以保障;调节落点单一,难以充分和全面发挥税收作用;收入弹性很小,难以适应各方面需要;课税范围狭小,难以达到普遍征收的目的;税负偏重一方,有失公平、合理。

由于单一税制结构无法保证财政收入的充裕、稳定和可靠,也不能充分发挥税收对社会经济进行有效的调控作用,且课税对象单一,容易导致税源枯竭,妨碍国民经济协调发展,更无法实现税负公平,因而它只不过是一种纯理论上的设想,只停留在理论讨论阶段,至今世界各国无一付诸实施。各国实行的税收制度都是复合税制。

(二)复合税制

复合税制是指一个国家同时开征两个以上税种的税收制度。由于复合税制具有多种税同时征收的特点,可在税制系统内部税种之间发挥相互协调、相辅相成的功效;就财政收入而言,税源广,弹性充分,能保证财政收入充裕可靠;就税收政策而言,具有平均社会财富,稳定国民经济的功能;就税收负担而言,税收落点全面、普遍、公平;就税收作用而言,多种税并用,可以充分发挥税收的作用。鉴于复合税制具有这些优点,世界各国均采用复合税制。我国采用的也是复合税制。

在当今世界各国,复合税制都包括若干税种,每一种税都有不同的课税对象,但所有税的纳税人不外乎企业和个人,这就对税制设计提出了更高的要求。在选择税种、税源,确定税目、税率等方面,应根据本国国情,既要考虑到能否符合税收原则的要求,还要考虑每种税之间的关系和搭配,更要考虑税收负担和税收负担能力、征管能力。

为了便于对税制的研究,制定科学的税收制度,还有必要对组成复合税制的税种进行分类。比如,可以根据课税对象,将税种分成流转税、所得税、财产税和行为税;可以以存续时间为标准,将税种分为经常税、临时税;可以按税收征收形式,将税种分为实物税、货币税和劳役税;可以按课征目的,将税种分为一般税、特定税;可以按税收负担方式,将税种分为直接税和间接税。按照这些方法划分的税收类别,也是税制类型另一个侧面的体现。

二、税制结构

税制结构是指一国税收体系的整体布局和总体构造,是由税类、税种、税制要素和征收管理层次所组成的,分别主次、相互协调、相互补充的整体系统。税制结构主要包括三个层次:第一个层次是不同税类的地位和相互关系。第二个层次是同一税类内部和不同税类的各个税种之间的相互关系。第三个层次是各个税制要素之间的相互关系。税制结构问题可以说是税制设计的根本战略问题,合理的税制结构是实现税收职能作用的首要前提,它决定税收作用的范围和深度。

(一)税制结构的分类

税制结构的划分标准有不同的角度,可以从税源角度划分、从课税客体性质角度划分、从税种特点角度划分、从负担能力角度划分、从社会再生产过程中的资金运动角度划分、从税收管辖权角度划分。通常情况下,可以把税制结构分为单一主体税种的税制结构和双主体税种的税制结构两大类。

1. 单一主体税种的税制结构。单一主体税种的税制结构根据主体税种的不同,在当今世界各国主要存在两大模式,一个是以所得税为主体,另一个是以商品税(流转税)为主体。

在以所得税为主体的税制结构中,个人所得税、社会保障税、企业所得税占据主导地位,同时辅之以选择性商品税、关税和财产税等以弥补所得税功能的欠缺。以所得税作为直接税,税负不易转嫁,并且可采用累进税率,实现对高收入者多课税、对低收入者少课税原则,体现纵向和横向公平,对社会分配的公平起到了调节作用。其次,以所得税为主体的税制结构在促进宏观经济稳定方面可以发挥重要的作用。在经济发展的高涨时期,通过税率的自动爬升,把更多的收入从纳税人手中征集到政府手中,从而降低整个社会的需求能力,能够在一定程度上缓解经济过热的局面,保持总供给与总需求的平衡;在经济萧条时期,通过税率的自动降低,把更多的收入留在纳税人手中,从而提高整个社会的购买能力,能够在一定程度上刺激社会需求的回升。累进税制富有弹性,对宏观经济具有自动稳定的功能。

在以商品税为主体的税制结构中,一般营业税、增值税、销售税、货物税、消费税等税种作为国家税收收入的主要筹集方式,其税额占税收收入总额比重大,并对社会经济生活起主要调节作用,而所得税、财产税、行为税等作为辅助税,发挥弥补商品税功能欠缺的作用。以商品税为主体的税制结构的突出优点首先体现在筹集财政收入上,由于商品税的计税依据一般为经营过程中的流转额,一般选择在生产和流通环节征税,征收范围广、税源充足,可保证财政收入及时、稳定、可靠。其次,在促进经济效率的提高上,商品税也可以发挥重要的作用。商品税是间接税,易于转嫁,但只有其产品被社会所承认,税负才能转嫁出去,因此,商品课税对商品经营者具有一种激励机制。另外,从征收效率角度来看,商品税征管容易,征收费用低。

2. 双主体税种的税制结构。双主体税种的税制结构即以所得税、商品税为双主体的税制结构。在这类税制结构中,商品税和所得税并重,均居主体地位,这两类税收的作用相当,互相协调配合,兼容两种税制模式的各自优势,可更好地发挥税收的整体功能,既能保持流转税征税范围广、税源充足,保证财政收入的及时性和稳定性以及征收简便等特点,也能发挥所得税按负担能力大小征收、自动调节经济和公平分配等特点,即两个主体税类优势互补。这类税制结构不仅在发展比较快的发展中国家适用,而且也开始引起采用以所得税为主体税种的发达国家的重视。

自1994年税制改革以来,我国一直坚持"流转税与所得税并重的多种税、多环节征收"的复合税制结构。

(二)影响税制结构的因素

各国税制结构的选择受诸多方面的影响,主要包括以下方面。

1. 生产力水平。税收取自于社会财富,生产力水平的高低,直接决定着人均国民生产总值的高低,经济发展水平影响税收收入的源泉。

2. 经济结构。经济结构决定税源结构,从而决定税制结构。税制结构只能建立在既定的经济结构之上,受既定的经济结构的影响。以产业结构为例,产业结构直接影响着税种的设置和不同税种的地位,有什么样的产业才有什么样的税源,有什么样的税源,才能根据这样的税源开征相应的税种。

3. 政府调节经济的意图。由于不同税种对经济具有不同的调节作用,各国政府调节经济的意图不同,税制结构就会不同。

4. 税收征管水平。税制结构的预期目标要通过税收征管来实现,一定的税收征管水平又会制约税制结构的选择。

5. 历史原因。一个国家税制结构的选择,会受历史传承、重大事件(如战争)等因素影响。

6. 国际影响。在经济全球化的今天,一国税制还往往受到别国税制的影响。税收的国际竞争,会使各国关注别国税制的变化,以避免在国际竞争中处于劣势地位。

三、税制改革:我国税制改革的历史演进

中华人民共和国成立以来,税收制度经历了一个建立和不断发展的过程:1950年,中华人民共和国税收制度建立;1958年,进行了简化税制的改革;1973年,进行了片面的简化税制改革;1983年和1984年,进行了利改税改革;1994年,全面改革工商税制;2003年,启动了新一轮税制改革。总体来讲,我国税制改革发展过程大体可以分为以下几个阶段。

(一)1950—1957年的中华人民共和国税制建立与调整

1. 1950年统一全国税收,建立社会主义新税制。中国共产党领导中国人民走的是一条农村包围城市,最终夺取政权的武装斗争的道路。在农村的老革命根据地,由于长期处在国民党政权的分割包围之中,各根据地实行的农业税制度并不统一,而新夺取的城市又沿用了国民党时期的主要税种,因此,在1949年中华人民共和国成立时,税收制度并不统一和完整。

中华人民共和国成立时,国家财政经济面临着巨大的困难。当时人民解放战争还在继续进行,军需供应费用十分浩大;党对旧军政人员实行"包下来"的政策,

要解决 900 多万军政人员的吃饭问题;农村的灾荒又造成 4 000 万灾民的救济需求;亟待恢复的铁路、交通等重要经济部门也需要投入巨额资金。面对严峻的局面,中华人民共和国政府必须加强税收工作,争取实现财政收支平衡,物价平稳,使经济走上健康发展的道路。

当时,加强税收工作最迫切的一项任务,就是要统一全国税政,建立新税制。统一全国税收,建立新税制的指导原则是:"国家的税收政策,应以保障革命战争的供给、照顾生产的恢复和发展及国家建设的需要为原则,简化税制,实行合理负担。"依照这一原则,1950 年 1 月,中央人民政府政务院颁布《关于统一全国税政的决定》的通令,并同时颁布《全国税收实施要则》。这两个文件是整理和统一全国税政的纲领性法规,明确确定了中华人民共和国税收政策、税收制度和税务机构建立的原则等重大问题。

《全国税收实施要则》规定,除农业税外,全国统一征收 14 种税,即货物税、工商业税、盐税、关税、薪给报酬所得税、存款利息所得税、印花税、遗产税、交易税、屠宰税、房产税、地产税、特种消费行为税、使用牌照税。随后,政务院陆续公布了各有关税收的暂行条例,在全国范围内统一执行;后来又公布了《契税暂行条例》,开征契税。

以上各税在全国统一施行以后,就实现了统一全国税制,标志着中华人民共和国社会主义税收制度的建立。当时建立的我国工商税收制度的一个重要特点是"多税种,多次征"。这种税制,对同一个商品在从产到销的整个流转过程中,规定征收几种税、几次税。这种"多税种、多次征"的复税制体系,适应了当时我国多种经济成分并存的经济情况。随着新的税收制度的建立和贯彻执行,城市工商税收收入得到迅速增长,改变了以往国家财政收入主要依靠农村公粮收入的局面。中华人民共和国成立初期的困难局面迅速扭转,财政收支接近平衡,通货膨胀得到抑制,物价趋向稳定。

1950 年 7 月,国家对税制作了进一步调整,以照顾经济恢复中遇到困难的工商业,调整的内容主要包括:减并税种,把房产税和地产税合并为城市房地产税;决定薪给报酬所得税和遗产税暂不开征;减并货物税和印花税税目;调低税率,增加所得税级距,把盐税、所得税、货物税和房地产税的某些税率调低;改进工商税收的征收办法和纳税手续。1951 年 4 月,为了配合棉纱统购统销政策和保证财政收入,开征了棉纱统销税。

2. 1953 年的税制修正。1952 年以后,中华人民共和国成立初期所建立起来的多税种、多次、多环节征收的税收制度,同这一时期经济发展的形势不相适应的现象开始出现。这一时期,工商企业的经营方式发生了较大的变化,工商企业和合作社大量用委托加工、代购代销、内部调拨、组织联合经营、深购远销、产销直接见面等经营方式,使商品流转环节减少,从而工业环节和商业环节的营业税都随之下降,出现了"经济日渐繁荣,税收相对下降"的现象。并且,当时国家要加强对经济的计划管理和促进国有企业经济核算,而中华人民共和国成立初期建立起来的工商税收制度比较烦琐,与此不相适应。在这种状况下,依据"保证税收,简化税制"的精神,中央政府对原来的工商税收制度作了若干修正,1953年1月1日开始实行。这次修正税制的主要内容是试行商品流通税。

商品流通税是对某些特定商品按其流转额从生产到消费实行一次课征的税收。它是把商品在生产环节应纳的货物税、营业税、印花税以及在商业批发环节和商业零售环节缴纳的营业税、印花税合并为一种税,在销售时一次征收。其突出特点就是,从生产到零售环节,实行一次征收制。凡已缴纳商品流通税的商品,在流转过程中,都不再征收所有属于流转额的税收。

商品流通税的征税范围包括烟、酒、麦粉、火柴、棉纱、水泥、酸、碱、化肥、原木、钢材、生铁、矿物油等22种产品,取消棉纱统销税,将原来缴纳的棉纱统销税、交易税并入商品流通税的"棉纱"税目征收。这些商品都是由国有企业大量生产和控制的,有些是国家专卖或统购统销的商品,或是流转过程比较简单的商品,因此,征税项目虽然不多,但在税收收入上却占有较大的比重。

此外,还修订了货物税和工商业税,取消了特种消费行为税,停征药材交易税和粮食、土布交易税,改征货物税。

(二)1958年的税制改革

1958年,我国进行了工商税制改革和实现了全国农业税制的统一。

1. 改革工商税制。我国在1958年基本上实现了对农业、手工业和资本主义工商业的社会主义改造,社会经济结构由多种经济成分并存变为基本上单一的社会主义经济,纳税主体由以资本主义工商业为重点变为以社会主义全民所有制和集体所有制经济为重点。原来在多种经济成分并存条件下制定的税收制度已不适应新的经济情况,各方面要求简化税制的呼声很高。因此,1958年对工商业税制进行了一次较大的改革。这次改革的方针是"基本上在原有税负基础上简化税制",改革的主要内容是试行工商统一税。

工商统一税是将原有的商品流通税、货物税、营业税、印花税合并而成的一个税种,是对工商业和个人按其经营业务的流转额和提供劳务的收入额征收的税。简化了计税价格和税目税率,对工农业产品,从生产到流通实行两次课征制。

2. 统一全国农业税制。中华人民共和国成立初期,由于革命根据地与新解放区的情况不同,采用的农业税制度也不相同。1956年农业合作化以后,不论是原来的老解放区还是新解放区,继续实行不同的农业税制已无必要。为了适应这种新的情况,1958年6月,由中华人民共和国主席毛泽东亲自批准公布了《中华人民共和国农业税条例》,废除了原来在革命根据地实行的累进税制,在全国范围内统一实行分地区的差别比例税制,并继续采取"稳定负担,增产不增税"的政策。1958年的这次统一农业税的举措,主要政策延续执行近50年,直到2005年12月,全国人民代表大会常务委员会废止了《中华人民共和国农业税条例》,作出在全国停止征收农业税的决定。

(三)1958—1973年前税制的其他变动

1. 1959年"税利合一"的试点。在生产资料的社会主义改造完成以后,我国受苏联"非税论"的影响,认为在社会主义社会,国有企业的生产资料归国家所有,对国有企业征的税,只是带有税的外壳,实质上是上缴利润的性质,因此,税收可以"寿终正寝"了。从1959年上半年开始,在成都等七个城市进行"税利合一"的试点,即实行"以利代税",取消税收。但是,"税利合一"的试点工作只实行了半年就以失败而告终。"税利合一"的主要问题,一是掩盖了经营核算上的矛盾,不利于促进企业加强经营管理;二是上缴利润不具有税收"三性"特征,滞欠现象较为严重,影响了政府财政收入。

2. 1962年开征集市交易税。1961年集市贸易恢复后,为了调解交易价格、平衡税收负担、加强市场管理、保护合法贸易,国务院于1962年4月决定全面开征集市交易税,并批准了财政部制定的《集市交易税试行规定》,由各省、市、自治区制定具体办法贯彻执行。

3. 1963年调整工商所得税。中华人民共和国成立初期的工商业税包括工商营业税和工商所得税两部分,1958年改革税制时,将其中的营业税部分并入工商统一税,这样,工商所得税便成了一个独立的税种。这一税种的基本政策是规定不分经济性质和经济业务,一律按照21级全额累进税率征税。1963年对工商所得税进行调整的原则是"贯彻执行合理负担政策,限制个体经济,巩固集体经济",以便调整集体经济和个体经济之间、集体经济经营不同业务的不同企业之间的负担水平。其具体政策是,个体经济重于集体经济,合作商店重于其他合作经济。

这次调整受当时"左"的思想影响,急于推进个体经济向集体经济过渡,对个体经济和合作商店税收负担调整过重,一定程度上影响了它们对国民经济应有的补充作用。

(四)1973年改革工商税制

在十年动乱期间,由于受"左"倾错误路线的影响,我国工商税收制度被批判为"有利于资本主义,不利于社会主义",是"烦琐哲学",认为随着国有经济的进一步扩大和非社会主义经济的进一步缩小,社会主义税收除了在积累国家资金方面仍能发挥作用以外,在调节经济方面的作用就没有了。因此,必须大力简化税制,越简化越好,以利于企业的经济核算。在这种情况下,1973年对工商税制进行了一次较大的改革。这次改革提出的原则是"在保持原税负的前提下,合并税种,简化征税办法",改革的主要内容是试行工商税。

工商税是把企业原来缴纳的工商统一税及其附加、城市房地产税、车船使用牌照税、屠宰税、盐税合并而成的税种。1973年工商税"五税合一"的改革使得对整个商品流转额只征一种税,致使工商税的内容十分庞杂,变成了性质不清的多种税的混合体。这个税的征税对象既有对商品流转额的课征,也有对行为的课征,还有对财产的课征和对资源的课征。由于工商税税率和税目是按经营行业设计的,以满足一个企业适用一个税率的要求,因而大大削弱了流转税的调节作用,税负失衡严重而且不利于经济核算。"五税合一"试行工商税以后,几种地方税基本被挤掉了,合并以后,国有企业只需缴纳一种工商税,集体企业只需缴纳工商税和工商所得税两种税。

1973年的税制改革,片面追求税制简化,不适当地合并税种,大大削弱了税收调节经济的作用。

(五)1983年和1984年两步利改税的实施

从1979年开始至1984年,我国税制进行了一次全面改革,这次改革的核心是实行利改税,即把原来国有企业向国家上缴利润的方法改为征税的方法。

我国从1979年开始,陆续在全国的一些企业进行了利改税的试点,取得了较好的效果。同年11月,第五届全国人民代表大会第五次会议通过的《关于第六个五年计划报告》中,充分肯定了利改税方向,并把国有企业逐步推行以税代利列为第六个五年计划后三年经济体制改革重点要做三件事中的第一件事。

1. 1983年利改税的第一步改革。这次改革依据的总原则是,要把国家、企业、职工三者的利益分配关系处理好。其中,最重要的是管住两头:一头是把企业搞活;一头是国家要得大头,企业得中头,个人得小头。这次改革的主要内容是对国有企业普遍征收所得税,但对国有大中型企业征收所得税后的利润,采取多种形式上缴国家,实行税利并存。其具体做法是:对小型国有企业实行较彻底的利改税,税率按照原工商所得税使用的老八级超额累进税率征收,征收所得税后的剩余利润归企业自行支配,实行自负盈亏,少数税后利润较多的企业,再上缴一部分承包费;对大中型国有企业按55%的比例征收所得税,税后利润除了企业的合理留利以外,采取递增包干、定额包干、固定比例包干和调节税等多种形式上缴国家。

2. 1984年利改税的第二步改革。利改税第二步改革的基本内容是:将国有企业应当上缴国家的财政收入按八个税种向国家缴税,也就是由"税利并存"逐渐过渡到完全的"以税代利",税后利润归企业自己安排使用。其具体内容包括:

(1)对盈利的国有企业征收所得税。国有大中型企业按55%的比例税率缴纳所得税,其税后利润还要征收调节税,调节税率按企业的不同情况分别核定。国有小型企业按新的八级超额累进税率缴纳所得税。新拟定的八级超额累进税率,调整了累进起点和级距,减轻了所得税负担,并适当放宽了小型企业的划分标准,使更多企业能够逐步过渡到国家所有、自主经营、自负盈亏的管理体制。

(2)把原来的工商税按性质划分为产品税、增值税、营业税和盐税四种税,同时,把产品税的税目划细,适当调整税率,以发挥税收调节生产和流通的杠杆作用。

(3)对某些采掘企业开征资源税,以调节由于自然资源和开发条件的差异而形成的级差收入,促进企业加强经济核算,有效地管理和利用国家资源。

(4)恢复和开征房产税、土地使用税、车船使用税和城市维护建设税四种地方税,以利于合理地节约使用土地、房产,适当地解决城市维护建设的资金来源。

1984年8月,第六届全国人民代表大会常务委员会第七次会议审议了利改税第二步改革的方案。根据会议的建议,决定授权国务院在实施国有企业利改税和改革工商税制的过程中拟定税收条例,以草案形式发布了产品税、增值税、盐税、营业税、资源税、国有企业所得税六个税收条例(草案)和国有企业调节税征收办法。

经过两步利改税,我国工商税制进行了一次全面的改革,形成了新的税制体系(共33个税种),其中包括:流转税7个,包括产品税、增值税、营业税、关税、牲畜交易税、集市交易税、工商统一税;所得税9个,包括国有企业所得税、国有企业调节税、集体企业所得税、私营企业所得税、城乡个体工商业户所得税、外商投资企业和外国企业所得税、个人所得税、个人收入调节税、农业税;资源税4个,包括资源税、盐税、耕地占用税、城镇土地使用税;财产税3个,包括房产税、契税、城市房地产税;行为税10个,包括奖金税、国有企业工资调节税、烧油特别税、印花税、筵席税、屠宰税、车船使用税、车船使用牌照税、城市维护建设税、固定资产投资方向调节税。

利改税作为重大的税制改革,其核心是对国有企业开征所得税,它突破了长期以来对国有企业不能征收所得税的理论禁区,是国家与国有企业分配关系的重大突破。利改税有利于国有企业成为相对独立的经济实体。企业依法纳税后,税后利润按照规定进行分配,很大部分归企业自行支配,企业和职工所得多少,同企业经营管理状况直接联系起来。在利改税过程中还进行了一次对工商税制的全面改革,逐步建立了一个适应我国国情的多税种、多层次、多环节调节的复税制体系。可以说,利改税使我国税收工作在理论和实践上都发生了转轨性的变化,税务部门地位得到提高,税务机构功能大大加强。但是,我们也应看到,由于对利改税的理论准备不足,将利改税称为"以税代利",这体现出当时对税收概念这样一个最基本的理论问题尚认识不清。国家对国有企业以管理者身份凭借政治权力征税和以投资者身份凭借财产权利收取利润,是依据不同身份、凭借不同权力取得财政收入的两种形式,有各自存在的客观必然性,都有各自的作用和特点,是不能相互取代的。而进行利改税的改革时,"利税合一"造成企业名义税率过高。为保证既定的财政收入,对国有企业不但征收所得税,还开征了调节税,使得利改税枉担了重税的名声。为了保证企业的活力,国家又不得不采取"税前还贷"和"以税还贷"等方法来增强企业活力。而税前还贷,实际上使国家又参与了资产投资活动,利改税为企业筑起的成为相对独立经济实体的外部边界,又被税前还贷淡化了,形成了高税率、多优惠、松管理的不良税制。

第八章
税收制度与税收管理制度

"利改税"否定了"非税论",而"以税代利"却走向了"税收万能论"的极端。税收作为一个经济杠杆,与其他经济杠杆一样,有着其发挥作用的广度和深度,税收不是万能的。滥用税收名义,只能削弱税收的作用,毁坏税收的名声,这是我们在今后税制改革中要引以为戒的问题。

(六)1994年税制的重大改革

1994年,为建立和完善市场经济,加强国家宏观调控,进行以分税制为主要内容的财政体制改革,理顺中央与地方分配关系,尽快与国际惯例接轨,我国进行了一次重大的工商税制的全面改革。

1. 1994年税制改革的指导思想和原则。1994年税制改革的指导思想是:统一税法,公平税负,简化税制,合理分权,理顺分配关系,保障财政收入,建立符合社会主义市场经济要求的税制体系。1994年税制改革必须遵循的原则如下。

(1)要有利于加强中央的宏观调控能力。在税制改革过程中,要调整税制结构,合理划分税种和确定税率,实行分税制,理顺中央与地方的分配关系;通过税制改革,逐步提高税收收入占国民生产总值的比重,提高中央财政收入占整个财政收入的比重。

(2)要有利于发挥税收调节个人收入相差悬殊和地区间经济发展差距过大的作用,促进协调发展,实现共同富裕。

(3)体现公平税负,促进平等竞争。公平税负是市场经济对税收制度的一个基本要求,要逐步解决目前按不同所有制、不同地区设置税种税率的问题,通过统一企业所得税和完善流转税,使各类企业之间税负大致公平,为企业在市场中实现平等竞争创造条件。

(4)体现国家产业政策,促进经济结构的有效调整,促进国民经济整体效益的提高和持续发展。

(5)简化、规范税制。在税制改革过程中,要取消与经济形势发展不相适应的税种,合并那些重复设置的税种,开征一些确有必要开征的税种,实现税制的简化和高效;在处理分配关系的问题上,要重视参照国际惯例,尽量采用较为规范的方式,保证税制的完整,以利于维护税法的统一性和严肃性。

2. 1994年税制改革的内容。1994年税制改革的内容包括以下几个方面。

(1)流转税改革。建立起以规范化增值税为核心的,与消费税、营业税互相协调配套的流转税制,增值税征收范围延伸到批发和零售,消费税同增值税交叉征收,服务业继续征收营业税。流转税改革后适用于内外资企业。

(2)所得税改革。所得税改革分别表现为企业所得税改革和个人所得税改革。从1994年起统一内资企业所得税,为以后条件成熟再统一内外资企业所得税打下了基础。统一内资企业所得税后,取消国有企业调节税和能源交通重点建设基金,同时用税法规范企业所得税前的列支标准,并取消税前还贷,把原来的个人所得税、个人收入调节税和城乡个体工商业户所得税合并,建立统一的个人所得税。

(3)其他税种的改革。其他税种的改革包括:开征土地增值税;研究开征证券交易税和遗产税;简并税种,取消盐税、集市交易税、牲畜交易税、特别消费税、烧油特别税、奖金税和工资调节税,其中特别消费税和烧油特别税并入起特殊调节作用的消费税,盐税并入资源税;将屠宰税和筵席税下放省级地方管理。

1994年税制改革涉及面广,政策性强,是中华人民共和国税制建设历史上的重要里程碑式的改革。

(七)2003年以来的新一轮税制改革

自从1994年全面改革工商税制以来,我国社会经济状况发生了巨大的变化。如果说1950—1983年我国实行的是计划经济的税收制度,1983—1994年实行的是有计划商品经济的税收制度,到了2003年,我国经济已进入市场化发展时期,启动新一轮税制改革有了新的动因:

首先,社会经济发展水平呼唤改革,这体现在两个方面:一是市场化程度明显提高,需要适应市场经济的税收制度相配合;二是居民收入分配差距拉大,即农村内部收入差距、城镇内部收入差距、城乡之间收入差距、地区之间的收入差距都不同程度地拉大了,需要税收制度的变革进行调节。

其次,从国家宏观经济政策角度看,宏观经济运行态势呈现出新的特征,如出现了公共财政框架下的税收问题、内外区别对待呼唤国民待遇问题、如何启动低收入者的消费需求问题、构建自动稳定的税收结构的问题。

再次,税收征收管理能力加强,体现在税收实际征收率迅速提升。我国税收的实际征收率在1994年仅为50%多,但到2003年,已经达到70%以上。

最后,世界税收制度的发展也在促进我国的税制改革。在经济全球化趋势下,税收国际竞争日趋激烈,传统税收模式受到冲击,国际税收竞争日趋激烈,这些都是我国新一轮税制改革的新的动因。

2003年启动的新一轮税制改革遵循12字原则:简税制、宽税基、低税率、严征管。新一轮税制改革的主要内容有:统一企业所得税制度;适当扩大消费税的征收范围;增值税转型;强化个人所得税的征收管理;加快农村税费制度的改革;全面调整出口退税政策;适时择机开征物业税;大力推进环境税收制度的建立和完善;适时开征燃油税。

2006年4月1日起,我国调整了消费税的税目、税率及相关政策。这次政策调整是自1994年税制改革以来对消费税最大规模的一次调整,更进一步增强了消费税的消费引导作用。

2009年1月1日起,修订后的《中华人民共和国增值税暂行条例》《中华人民共和国消费税暂行条例》《中华人民共和国营业税暂行条例》开始实施。由此,我国增值税实现了由生产型向消费型的重大改革,进一步适应了经济社会发展的需要。

第八章
税收制度与税收管理制度

2011年6月30日第十一届全国人民代表大会常务委员会第二十一次会议对《关于修改〈中华人民共和国个人所得税法〉的决定》进行第六次修正,将费用减除标准进一步提高到3 500元,并调整工薪所得税税率结构,由9级调整为7级,取消15%和40%两档税率,将最低的一档税率由5%降为3%,新《税法》自2011年9月1日起实施,大幅度减轻了中低收入纳税群体的负担,对高收入者的调节力度有所加大。

2011年,经国务院批准,财政部、国家税务总局联合下发营业税改征增值税(简称"营改增")试点方案。从2012年1月1日起,在上海交通运输业和部分现代服务业开展"营改增"试点。至此,货物劳务税收制度的改革拉开序幕。截至2013年8月1日,"营改增"已推广试行到全国。自2014年6月1日起,建筑和不动产被纳入"营改增"范围。"营改增"促进了企业设备更新改造和第二、第三产业融合发展。自2016年5月1日起,中国全面推开"营改增"试点,将建筑业、房地产业、金融业、生活服务业全部纳入"营改增"试点,至此,营业税退出历史舞台,增值税制度将更加规范。同时,全面推开"营改增"试点后,增值税收入中央与地方划分比例由此前的75∶25变成50∶50。这是自1994年分税制改革以来,财税体制的又一次深刻变革。

2016年12月25日第十二届全国人民代表大会常务委员会第二十五次会议通过《中华人民共和国环境保护税法》,有利于保护和改善环境,促进社会节能减排,推进生态文明建设。

2017年4月19日召开的国务院常务会议决定推出进一步减税措施。从2017年7月1日起,将增值税税率由四档减至17%、11%和6%三档,取消13%这一档税率,将农产品、天然气等的增值税税率从13%降为11%。自2017年1月1日至2019年12月31日,将小型微利企业年应纳税所得额上限由30万元提高到50万元,符合这一条件的小型微利企业减半计算应纳税所得额并按20%优惠税率缴纳企业所得税。自2017年1月1日至2019年12月31日,将科技型中小企业开发新技术、新产品、新工艺实际发生的研发费用在企业所得税税前加计扣除的比例由50%提升至75%。自2017年7月1日起,将商业保险个人所得税税前扣除试点政策推至全国,对个人购买符合条件的商业健康保险产品的支出,允许每年最高按2 400元的限额予以税前扣除。

2018年3月,为深化增值税改革,进一步减轻市场主体税负,国务院决定,将制造业等行业增值税税率从17%降至16%,将交通运输、建筑、基础电信服务等行业及农产品等货物的增值税税率从11%降至10%;同时,统一增值税小规模纳税人标准。将工业企业和商业企业小规模纳税人的年销售额标准由50万元和80万元上调至500万元,并在一定期限内允许已登记为一般纳税人的企业转登记为小规模纳税人,让更多企业享受按较低征收率计税的优惠。

第二节 税收管理制度

税收管理是国家财政管理和财政监督的重要组成部分,是国家组织财政收入的基础性工作,也是贯彻实施国家税收政策法规、实现税收职能、发挥税收作用的基本保证。

一、税收管理制度的概念及分类

税收管理是国家以法律为依据,根据税收的特点及其客观规律,对税收参与社会分配活动全过程进行决策、计划、组织、协调和监督控制的一系列活动。税收管理的具体内容包括税收法制管理、税收征收管理、税收计划管理、税务行政管理。为保证税务管理活动实施的法律、法规、规章、规范构成税收管理制度。

税收管理制度有广义和狭义之分,广义的税收管理制度按其管理内容可划分为四类:①税收法制管理制度。该制度涉及税法的制定和实施,具体包括税收立法、税收执法和税收司法全过程的制度。②税收征收管理制度。这是一种执行性管理制度,是指税法制定之后,税务机关组织、计划、协调、指挥税务人员,将税法具体实施的制度,具体包括税务登记管理、纳税申报管理、税款征收管理、减税免税及退税管理、税收票证管理、纳税检查和税务稽查、纳税档案资料管理。③税收计划管理制度。该制度主要包括税收计划管理、税收重点税源管理、税收会计管理、税收统计管理等方面的制度。④税务行政管理制度。该制度又称税务组织管理制度,是有关税务机关内部的机构设置和人员配备的制度和规范,具体包括税务机构的设置管理、征收机关的组织与分工管理、税务工作的程序管理、税务人员的组织建设与思想建设管理、对税务人员的监督与考核、税务行政复议与诉讼的管理等方面的制度和规范。狭义的税收管理制度是指税收征收管理制度,这是征纳双方关注的焦点。在税收问题上,除了税制设计外,政府最重要的工作莫过于强化税收征收管理,税收征收管理是税务管理的核心,在整个税务管理工作中占有十分重要的地位。

二、税收管理制度的功能

税收管理对于决定实际的或有效的税收制度起着关键作用。要保证国家满足公共需要和行使职能的需要,使税收能够及时、足额地上缴国库,并充分发挥税收的职能作用,就离不开税务管理制度的规范。

(一) 保护征纳双方的利益

税收管理过程实质上就是依法确保税收收入的过程。税收管理制度作为管理依据和规程,可以要求征纳双方严格遵守税法,依法征税和纳税,做到有法可依,有章可循,即规范纳税人的纳税行为,规范征收机关和税务人员的征税行为,尤其是提高执法人员的执法意识,尽量减少违规执法或执法不当的现象,保护征纳双方的权益。

(二) 实现税收职能

税收管理制度是税收制度得以顺利实施的重要保证,也是税收职能得以实现的重要保证。征收管理活动是围绕着税款征收这一中心任务展开的,征收管理制度的制定和实施可以保证税款征收工作的顺利完成,在管理过程中能够了解国民经济发展情况、纳税人对税法的执行情况、税制设计是否符合客观经济状况,并能及时把这些信息反馈给国家决策机关,实现税收的财政职能、调节职能和监督职能。

(三) 完善法律法规体系

税收制度和税收管理制度都是国家法律法规体系的重要组成部分。税收管理制度从程序和管理角度规范征纳双方行为,在税收制度层面不可或缺。完整的税法体系应当包含四部分:完备的税收法律规范体系、高效的税收法治实施体系、严密的税收法治监督体系以及有力的税收法治保障体系。十八届四中全会提出,实现立法和改革决策相衔接,做到重大改革于法有据、立法主动适应改革和经济社会发展需要。这对加快完善法律法规体系提出了高要求。我国部分税收法律存在滞后问题。以目前使用的《税收征管法》为例,从启动修订到现在已经6年。2013年6月7日,《税收征管法修订稿(征求意见稿)》由国务院法制办公室公布,向社会各界广泛征求意见。税务总局办公厅2014年10月以加急方式向各省、自治区、直辖市和计划单列市国家税务局、地方税务局发文,征求对《税收征管法修订稿(征求意见稿)》的意见,作最后阶段的意见征求和修改。完善税收争议处理机制、增加纳税人权益保护、建立多部门税收信息向税务局公开制度等是本次《税收征管法》修改的重点。

三、纳税人、扣缴义务人的权利和义务及法律责任

纳税人作为税收法律关系中负有纳税义务的一方当事人,税收法律法规赋予其权利、义务,并明确了其相关法律责任。

(一) 纳税人、扣缴义务人的权利

改革开放以来,纳税人的权利在我国税法中得到越来越多的体现,我国现行税法中赋予纳税人的权利主要包括以下几种。

1. 知情权。纳税人和扣缴义务人有权向税务机关了解国家税收法律、行政法规的规定以及纳税程序等有关情况。

2. 隐私保密权。纳税人有权要求税务机关对自己的生产经营和财务状况及有关资料等保守秘密。

3. 申请减免税权。纳税人有依法申请减免税的权利,享受税法规定的减税免税优待。

4. 陈述权、申辩权、索赔权等。纳税人、扣缴义务人对税务机关所作出的决定,享有陈述权、申辩权,依法享有申请行政复议、提请行政诉讼和请求国家赔偿权。纳税人对税务机关作出的具体行政行为有申请复议和向法院起诉及要求听证的权利。认为税务机关具体行政行为不当,使纳税人的合法利益遭受损失的,纳税人有权要求税务机关赔偿。

5. 延期纳税权。纳税人因为特殊困难,不能按期缴纳税款的,经县以上税务局(分局)批准,可以延期纳税,但最长不得超过3个月。

6. 多缴税款申请退还权。对于多缴纳的税款,以下两种情形做分别处理:①纳税人超过应纳税额缴纳的税款,税务机关发现后应当立即退还;②纳税人自结算税款之日起3年内发现的,可以向税务机关要求退还多缴的税款并加算银行同期存款利息,税务机关及时查实后应当立即退还。

7. 委托税务代理权。纳税人有权委托税务代理中介机构和人员代为办理税务事宜。

8. 享受纳税服务权。纳税人有权要求在纳税过程中得到税务人员的礼貌对待和享受高效率的服务。

9. 筹划权。纳税人在合法和具有正常商业目的的前提下,筹划、安排自身经营、理财、核算的行为应该得到保护。

10. 纳税人按规定不负有代收、代扣、代缴义务的,有权依法拒绝税务机关要求其执行代收、代扣、代缴税款义务。

11. 纳税人有权对税务机关及其工作人员的各种不法行为进行揭露、检举和控告,有权检举违反税收法律、行政法规的行为。

(二)纳税人、扣缴义务人的义务

纳税人的义务一直是税法规范的重点和核心,相关规定分别在宪法、实体法和程序法中列示。首先,我国宪法第五十六条规定:"中华人民共和国公民有依照法律纳税的义务。"其次,从纳税主体角度看,税收实体税法内容确定的即纳税主体的基本义务。最后,在税收程序法中也规定了纳税主体的相关义务。

《中华人民共和国税收征收管理法》从程序法角度规定的纳税主体的主要义务有:依法办理纳税登记、变更登记或重新登记;依法设置账簿,合法使用有关凭证;按规定定期向税务机关报送纳税申报表、财务会计报表和其他有关资料;按期进行纳税申报,及时、足额地缴纳税款;按规定保管和使用发票;欠缴税款的纳税人或者其法定代表人在出境前应按照规定结清应纳税款、滞纳金或者提供纳税担保;主动接受和配合税务机关的纳税检查;违反税法规定的纳税人,应按规定缴纳滞纳金、罚款,并接受其他法定处罚。

第八章
税收制度与税收管理制度

(三)法律责任

法律责任是指税收征税主体和纳税主体双方违反税收法律法规而必须承担的法律上的责任,也就是由于违法行为而应当承担的法律后果。法律责任与法律制裁相联系,违法行为是法律责任的前提,法律制裁是法律责任的必然结果。按照违法的性质、程度不同,法律责任可以分为刑事责任、行政责任和民事责任,法律制裁相应分为刑事制裁、行政制裁(行政处罚、处分)和民事制裁。

1. 违反税务管理的法律责任。纳税人有下列行为之一的,如不按规定的期限申报办理税务登记、变更或注销登记的,不按规定设置、保管账簿或者保管记账凭证和有关资料的,不按规定将财务、会计制度或者财务、会计处理办法和会计核算软件报送税务机关备查的,未按照规定将其全部银行账号向税务机关报告的,未按照规定安装、使用税控装置,或者损毁、擅自改动税控装置的,由税务机关责令限期改正,可处以2 000元以下的罚款;情节严重的,可处以2 000元以上1万元以下的罚款。

不办理税务登记的,由税务机关责令限期改正;逾期不改正的,经税务机关提请,由工商行政管理机关吊销其营业执照。

未按照规定使用税务登记证件,或者转借、涂改、损毁、买卖、伪造税务登记证件的,处2 000元以上1万元以下的罚款;情节严重的,处1万元以上5万元以下的罚款。

不按规定的期限办理纳税申报和报送纳税资料的,由税务机关责令限期改正,可处以2 000元以下的罚款;情节严重的,可处以2 000元以上1万元以下的罚款。

扣缴义务人未按规定设置、保管代扣代缴、代收代缴税款账簿或保管代扣代缴、代收代缴税款记账凭证和有关资料的,由税务机关限期改正,可处以2 000元以下的罚款;情节严重的,可处以2 000元以上5 000元以下的罚款。

扣缴义务人未按规定的期限向税务机关报送代扣代缴、代收代缴税款报告表的,由税务机关责令限期改正,可处以2 000元以下的罚款;情节严重的,可处以2 000元以上1万元以下的罚款。

2. 偷税的法律责任。纳税人采取伪造、变造、隐匿、擅自销毁账簿、记账凭证,或者在账簿上多列支出或者不列、少列收入,或者采取虚假的纳税申报的手段,不缴或少缴应纳税款的,属偷税行为,税务机关应追缴其所偷税款并处50%以上、5倍以下的罚款。

对于偷税数额占应纳税额的10%以上并且偷税数额超过1万元的,或因偷税被税务机关给予两次行政处罚又偷税的,视其情节轻重,处3年以下、3年以上7年以下有期徒刑,并处偷税数额1倍以上5倍以下罚金。

扣缴义务人采取上述手段,不缴或少缴已扣、已收税款,数额占应纳税额的10%以上并且数额在1万元以上的,依照上述规定处罚。

3. 抗税的法律责任。以暴力、威胁方法拒不缴纳税款的,属抗税行为,处 3 年以下有期徒刑或者拘役,并处 1 倍以上 5 倍以下罚金;情节严重的,处 3 年以上 7 年以下有期徒刑,并处拒缴税款 1 倍以上 5 倍以下罚金。

4. 欠税的法律责任。纳税人欠缴应纳税款,采取转移或隐匿的手段,致使税务机关无法追缴税款,数额在 1 万元以上的,视其情节轻重,处 3 年以下、3 年以上 7 年以下有期徒刑,并处欠缴税款 1 倍以上 5 倍以下罚金。

纳税人向税务人员行贿,不缴或少缴税款的,移送司法机关处理。

5. 虚开、伪造和非法出售增值税专用发票的法律责任。其具体如下:

(1)虚开增值税专用发票或者虚开用于骗取出口退税、抵扣税款的其他发票的,视其情节轻重,可处 3 年以下、3 年以上、10 年以上有期徒刑或者无期徒刑,并处罚金或者没收财产;骗取国家税款数额特别巨大、情节特别严重、给国家利益造成特别重大损失的,处无期徒刑或者死刑,并处没收财产。

(2)伪造或者出售伪造的增值税专用发票的,视其情节轻重,可处 3 年以下、3 年以上、10 年以上有期徒刑或者无期徒刑,并处罚金或者没收财产;伪造并出售伪造的增值税专用发票,数量特别巨大、情节特别严重、严重破坏经济秩序的,处无期徒刑或者死刑,并处没收财产。

(3)非法出售增值税专用发票的,视其情节轻重,可处 3 年以下、3 年以上、10 年以上有期徒刑或者无期徒刑,并处罚金或者没收财产。

(4)非法购买增值税专用发票或者购买伪造的增值税专用发票的,处 5 年以下有期徒刑或者拘役,并处或者单处 2 万元以上 20 万元以下罚金。

(5)伪造、擅自制造或者出售伪造、擅自制造其他发票的,视其情节轻重,可处 2 年以下、2 年以上 7 年以下有期徒刑,并处罚金。

6. 擅自减税免税的法律责任。任何机关单位和个人不得违法,擅自作出税收开征、停征以及减税、免税、退税、补税的决定。违法擅自决定税收的开征、停征或者减税、免税、退税、补税的,除依照规定撤销其擅自作出的决定外,补征应征未征税款,退还不应征而征收的税款,并由上级机关追究其直接责任人员的行政责任。

7. 税务人员违法的法律责任。其具体如下:

(1)税务人员利用职务之便,收受或者索取纳税人、扣缴义务人财物或谋取其他不正当利益,构成犯罪的,按照受贿罪追究刑事责任;未构成犯罪的,依法给予行政处分。

(2)税务人员与纳税人、扣缴义务人勾结,唆使或者协助纳税人、扣缴义务人犯偷税、抗税罪,构成犯罪的,按照刑法关于共同犯罪的规定处罚;未构成犯罪的,依法给予行政处分。

(3)税务人员徇私舞弊或玩忽职守,不征或者少征应征税款,致使国家税收遭受重大损失,构成犯罪的,依照刑法第一百八十七条的规定追究刑事责任;未构成犯罪的,依法给予行政处分。税务人员违反规定,在发售发票、抵扣税款、出口退税工作中玩忽职守,致使国家利益遭受重大损失的,处5年以下有期徒刑或拘役。

(4)税务人员滥用职权,故意刁难纳税人、扣缴义务人的,调离税收工作岗位,并依法给予行政处分。

四、我国税收管理制度的改革实践

(一)我国税收征管改革的历史沿革

从20世纪50年代到80年代初,我国实行计划经济体制时期的税收征管模式,税收征管采取的是"一员进厂、各税统管、征管查合一"的征管模式,即税务专管员全能型管理模式。

1988年,我国税收征管模式进行改革,开始实施有计划的商品经济时期的税收征管模式,由传统的全能型管理向按税收征管业务职能分工的专业化管理转变,建立"征、管、查三分离"或"征管与稽查两分离"的征管模式。由税收征管方式的突破到税收征管体系的全面改革是我国税收征管理论与实践的重大发展。

1993年,我国开始建立社会主义市场经济体制下的税收征管模式,国务院批转的《国家税务总局工商税制改革方案》(即1994年税制改革方案)提出"建立申报、代理、稽查三位一体的税收征管新格局"。1996年国务院批转的国家税务总局《关于深化税收征管改革的方案》进一步明确我国税收征管改革的目标模式是"以纳税申报和优化服务为基础,以计算机网络为依托,集中征收,重点稽查",2004年7月,在全国税收征管工作会议上,谢旭人提出增加"强化管理"。"以纳税申报和优化服务为基础"是指,从纳的方面看,纳税人自行申报纳税是法定义务;从征的方面看,纳税服务是行政执法的组成部分。纳税申报和优化服务在税收征管工作中处于基础地位。"以计算机网络为依托"体现了推进税收信息化建设,注意人机结合。"集中征收"则强调地域上相对集中地受理审核申报纳税资料和征收税款。"重点稽查"体现强威慑力,注重防范与查处相结合。"强化管理"是对税收征管的总要求,其中突出了加强税源管理。

2015年10月13日,中央全面深化改革领导小组第17次会议审议通过《深化国税、地税征管体制改革方案》,这是1994年税制改革后最为宏大的一场税收征管改革。此次改革,重在"三合"推动国税、地税合作:"服务深度融合"是指各地采取国税和地税互设窗口、共建办税服务厅、共驻政务服务中心等方式,构建"前台一家受理、后台分别处理、限时办结反馈"的服务模式,逐步实现纳税人"进一个厅、到一个窗、上一个网、办两家事";"执法适度整合"是指各地国税、地税局通过联合确定稽查对象、联合进户执法检查、统一税务行政处罚裁量权基准等18项具体措施,减少对纳税人正常生产经营的影响;"信息高度聚合"是指依托金税三期工程,共享应用双方内部涉税信息,联合采集第三方涉税信息,共同开展风险识别分析、经济税收分析和协同监督管理,推动税收管理方式由"以票控税"向"合作管税"和"信息管税"转变。

(二)税收征管理论与实践的发展

1. 对税收征管效率的再认识。提高税收工作的质量和效率,是税收征管工作的基本目标。税收征管的质量和效率是税收征管改革的核心问题。征管的质量直接影响税法能否被准确贯彻执行,这就要求提高执法规范度,要严格执法、公正执法、文明执法,确保各项税收政策落实到位。亚当·斯密提出的"最少征收费用"原则,就体现了征管效率的思想。但是过去我国长期重视降低征税成本,忽视纳税成本(遵从费用、奉行费用)。检验税收征管水平的四项标准应该是:执法规范、征收率高、成本降低、社会满意。这四条标准的第二、三条是效率标准。征收率高,使税款实征数不断接近法定应征数,保持税收收入与经济协调增长,作为参考指标,要保持税收(分解为各税种相对于税基)增长的弹性系数大于1,使宏观税负水平逐步得到提高。成本降低,意味着既要降低税务机关的征税成本,又要降低纳税人的纳税成本。目前,有学者提出了税收征管总成本的概念,提出应该从征税成本、纳税成本、税款损失流失规模这三个方面(税收征管总成本)来全面考虑税收的效率。

2. 开展对政府税收征管能力的研究。征管能力是政府对税收进行征管的主观能力和客观环境的综合反映,体现在征管技术手段、征管队伍素质、政府及政府部门对税收的支持、税收法制环境四个方面。与发达国家相比,目前我国税收征管能力整体较低,地区差异大且差异在不断扩大。

3. 提出纳税服务的理念。纳税服务已经被界定为一种行政行为,强调服务也是一种管理。在公共财政框架之下,政府正努力改善和提高税务部门和税务人员的形象。纳税服务与税务管理有着密切的联系,纳税服务是加强税收管理的一项基础性工作。强化纳税服务不会弱化管理,通过服务方便纳税人及时足额纳税,可以提高税收管理的质量与效率。从这个意义上讲,服务不仅仅是税务机关对纳税人履行的一种义务,也是税务机关提高管理水平的重要措施。加强税收管理,可以有效地维护和保障纳税人的合法权益,促进税收的公平、公正,更好地为纳税人服务。因此,管理中体现服务,进一步提高税收征管的质量与效率,可以促进税收各项工作的全面进步。

4. 税源监控理论与实践得到发展。税源管理是税收征管的基础和核心,要多管齐下,全面、准确掌握各税种税基的规模和分布情况,对税源实行动态监管。加强税源监管的举措主要有九个方面:强化税收经济分析、加强纳税人户籍管理、全面落实税收管理员制度、深入开展纳税评估、积极实施分类管理、加强发票管理、推广税控收款机、密切国地税局之间的协作、推进税务部门与各有关部门的协调配合。

第八章
税收制度与税收管理制度

5. 税务管理员制度的改革与完善。税务管理员制度不同于传统的税收专管员制度。1951年产生的税收专管员制度遵守"驻厂办事规则",一人到户,各税统管,是保姆式的以征代纳。1988年以后取消了税收专管员制度,要求纳税人主动纳税,税务机关提供柜台式服务,但疏于管理。2004年,国家税务总局开始进行以完善税务管理员制度为中心的改革,这是对传统税收专管员制度的扬弃。税务管理员的主要职责是按片负责对纳税户的税源管理工作,不直接从事征税和稽查工作。"管户"与"管事"相结合的税务管理员制度是深化税收征管改革要求下对原有税收专管员制度的扬弃和发展,最大限度地调动和激发了税务人员的积极性和创造性,使税收管理富于人性化。但是,任何制度在创立之初并不是完美无缺的,税务管理员制度还要在实践中不断完善和发展,才能够更好地加强税源管理、提高纳税服务,进一步提升税收征管的质量和效率。

重点概念

税收制度　单一税制　复合税制　税制结构

思考题

1. 简述影响税制结构的因素。
2. 如何理解税收制度的内涵？正确理解税收制度的内涵有何意义？
3. 如何优化我国的税制结构？为什么？
4. 税收法律法规赋予纳税人的权利和义务主要有哪些？
5. 现行税务管理员制度与传统的税收专管员制度有何区别？如何完善？

案　例

2005年5月,湖北省恩施州地税局稽查局在对恩施州公路管理局进行纳税检查时,发现如下问题:2004年度该单位在支付职工工资时应代扣代缴19万元,少代扣个人所得税34万元,已代扣15万元。对此,税务机关除要求该单位补扣补缴税款外,还依据《中华人民共和国税收征收管理法》(以下简称《税收征管法》)第六十九条的规定,对该单位处以应代扣代缴未代扣代缴税款1倍的罚款即15万元。

接到处罚通知书后,该单位感到十分为难,一是单位经费紧张,无缴纳罚款的资金来源,二是即使筹资缴纳了罚款,按照上级部门有关财务制度,这笔罚款也不能作为正常的经费开支,财务上不便处理。于是,该单位领导及财务人员经过磋商

后决定,按照税务稽查查出的应代扣代缴未代扣代缴的税款数额向职工个人收取现金,将收取的这笔资金全部用于缴纳罚款。

请分析回答:该单位让职工承担罚款的做法是否正确?

　　这种行为实际上是作为个人所得税扣缴义务人的单位向作为纳税人的职工个人转移法律责任的错误做法。我们知道,依法代扣代缴税款是税法规定的扣缴义务人的法定义务,未按规定代扣代缴税款就应当承担法律责任。依据《税收征管法》第六十九条的规定,扣缴义务人应扣未扣税款的,对扣缴义务人处应扣未扣税款50%以上5倍以下的罚款,由税务机关向纳税人追缴税款。因此,应扣未扣税款的法律责任应由作为扣缴义务人的单位承担,而不能由作为纳税人的职工个人承担。也就是说,上述罚款应当由恩施州公路管理局缴纳,而不能转嫁给职工个人。

第九章

货物和劳务课税

我国现行税制中主要有流转课税、所得课税、资源课税、财产课税和行为课税五大类税种。其中,流转课税(又称"商品课税"),是指以商品交换和提供劳务为前提,以商品流转额和非商品流转额为课税对象的税种。我国现行税制中属于流转税的税种有增值税、消费税和关税。掌握商品课税各税种的基本原理及其税额计算等基本问题,是学习本章的主要目的。

第一节 货物和劳务课税的含义和一般特征

货物和劳务税泛指所有以货物和劳务为征税对象的税类。就我国现行税制而言,包括增值税、消费税和关税。

一、货物和劳务税的含义

货物和劳务税是指对商品的流转额和非商品营业额(提供个人和企业消费的商品和劳务)课征的各税种的总称,在国际上也通称为"商品和劳务税",也简称为"货劳税",它与财产税和所得税共同构成当代税收的三大体系,是各国取得财政收入的主要手段。

货劳税的计税依据是商品或劳务流转过程中发生的毛收付额,因而货劳税也被称为"流转税",2016年5月1日全面推开"营改增"之后,营业税退出历史舞台,现行税制中的流转税主要包括增值税、消费税和关税三个税种。货劳税的各税种之间联系密切,各税种覆盖了商品的生产、交换、分配和消费等环节,这使得只要发生市场交易行为就要课征货劳税,因而有力地保证了国家获得大量稳定的税收收入。我国在20世纪50年代开征货劳税,经过1989年和1994年两次税制改革,货劳税的主体税种地位得到了加强。

二、货物和劳务税的一般特征

货物和劳务税同其他税类相比,具有以下几方面的特性。

(一)课税对象是货物和劳务

货劳税是对物税,其课税对象是货物和劳务,而不是所得和财产,这是货劳税与所得税和财产税的重要区别。

(二)以流转额为计税依据

货劳税的计税依据是商品或劳务的流转额,即商品或货物流通、转让的价值额。这里的流转额既可能是流转总额(如销售额、营业额等),也可能是流转的增值额,由此也就形成了货劳税的各个税种之间的主要差别。

(三)存在重复课税

一般来说,货劳课税存在多环节课征问题,即每一商品进入最终消费者手中要经过多道环节,每道环节都有可能征税。而消费税与增值税构成对流转额交叉征税(双重征收)的格局。缴纳增值税的货物并不都缴纳消费税,但缴纳消费税的货物都是增值税征税范围的货物。因此,许多商品会存在重复课税问题("营改增"后增值税从原理上说可以解决营业税导致的重复征税问题,但仍存在增值税与消费税间重复征税问题)。

(四)税负容易转嫁

由于货劳课税是在商品流通中进行的,所以货劳税是典型的间接税。只要商品能够销售、流转,则税负即可转嫁,故纳税人会很容易通过提高商品价格或压低购进价格,将税负转嫁给购买者或供应商。

第二节　增值税

一、增值税的概念与特点

(一)增值税的概念

增值税是对商品生产与流通中或者提供劳务过程中实现的增值额征收的一种税,它在20世纪50年代由法国财政部官员法里斯·劳拉首先提出并率先在该国实行,后被世界许多国家普遍采用。

增值税是以增值额为课税对象的一种流转税。就计税原理而言,增值税是对商品生产和流通过程中各环节的新增加值或商品附加值进行的征税,所以称之为"增值税"。这里的增值额是指纳税人在一定时期内所取得的商品销售(或提供劳务)收入额大于购进商品(或取得劳务)所支付金额的差额。

从马克思的劳动价值理论上看,增值额相当于商品价值$W(W=C+V+M)$扣除在商品生产过程中所消耗的生产资料转移价值(C)的余额,即由劳动者在生产经营过程中新创造的价值$(V+M)$,这部分由劳动者所创造的新价值被称为增值额。

我们从一个生产经营单位来看,增值额是指该单位商品销售收入额或营业收入额扣除生产该商品所消耗的外购原材料、辅助材料等价款后的余额,也就是商品生产经营中的进销差。例如,一家生产服装的企业,一件服装销售价格为100元,该服装成本是85元,其中包括外购布料价值60元,外购辅助材料价值15元,燃料动力等项目价值10元,则该服装增值额为15[100-(60+15+10)]元。如果从商品生产经营的全过程来看,一件商品最终实现消费时的最后销售额,相当于该商品从生产到流通各个经营环节的增值额之和。

(二) 增值税的特点

1. 增值税的基本特点。增值税是社会化大生产发展到一定阶段的产物,是对传统以销售收入全额为课税对象的商品税制度的改革,更适应经济日益社会化、专业化和国际化的要求。增值税以销售或进口货物、提供加工修理修配劳务的增值额为课税对象,在吸收传统商品税的优点的同时,也呈现出如下特点。

(1) 按增值额征税,避免重复征税。增值税是一个多环节连续课征的税种,因其仅就商品销售额中的增值部分征税,避免了征收的重叠性。这是增值税最本质的特点,也是增值税区别于其他流转税的一个最显著的特征。这说明增值税的征收,对任何缴纳增值税的人来说,只就本纳税人在生产经营过程中新创造的价值征税,对以前环节已征过税的部分不再征税,即只就本环节生产经营者没有纳过税的新增的价值征税,从而有效地解决了重复征税问题。

(2) 具有征收的广泛性。从计税原理上说,增值税是对商品生产、流通和劳务服务中多个环节的新增价值或商品的附加值征收的一种流转税。从征收面看,增值税具有征收的广泛性。凡是纳入增值税征收范围的,只要经营收入具有增值额就要征税。因此,增值税的课税范围涉及商品生产、流通的各个领域。所有从事货物销售和提供应税劳务的生产经营者,都必须缴纳增值税,从而使它成为对生产经营实行普遍调节的一个中心税种,有利于保证财政收入的稳定、可靠。这已经被实行增值税的国家(如欧盟各国)所证明。

(3) 具有税收中性。税收中性是指政府课税并不对纳税人有效率的经济决策产生干扰,从而不至于使纳税人在支付税款之外,还要因纳税而不得不改变自己有效率的生产、投资或消费等经济行为而蒙受损失①。因为增值税是对商品的增值部分征税,所以避免了重复征税。就同一商品来说,它的总体税负是由各个经营环节的税负累积相加而成的。如果使用相同税率的商品最终售价相同,其总税负就

---

① 马海涛主编:《中国税制》,中国人民大学出版社,2006年版,第36页。

必然相同,而与其经过多少个流转环节无关。而在现实中,很多国家对绝大多数商品与劳务按一个统一的基本税率征税,这就使增值税对经济活动的干扰减弱,对资源配置不会产生扭曲性影响,也使得增值税有利于企业结构优化,有利于建立公平税负、平等竞争的市场经济机制。

2. 我国增值税的特点。我国增值税是对在中华人民共和国境内销售货物或者提供加工、修理修配劳务以及进口货物的单位和个人,就其取得的货物或应税劳务的销售额以及进口货物的金额计算税款,并实行税款抵扣制的一种流转税。我国在1994年的税制改革中,对原有增值税制度进行了各方面的修改,形成了具有中国特色的增值税制度,其主要的特点表现在以下几个方面。

(1)价外计税。价外计税是指以不含增值税税额的价格为计税依据,即在销售商品时,增值税专用发票上要分别注明增值税税款和不含增值税的价格,以消除增值税对成本、利润和价格的影响。例如,甲企业销售给乙企业应缴增值税的商品,计收款项117元,增值税税率为17%。则这117元中,销项税额为17[117÷(1+17%)×17%]元,实际商品销售价款为100(117-17)元。乙企业购买甲企业的商品时,除了需向甲企业支付100元的商品价款外,应同时负担甲企业的销项税额17元。甲企业在增值税专用发票上分别填列销售价款100元和销项税额17元。

(2)专用发票抵扣法。我国增值税实行凭发票注明税款进行抵扣的制度,即企业对外销售应税货物或劳务时,必须向购买方开具增值税专用发票,并在开出的专用发票上注明价款和税款,购买方可据销售时增值税专用发票上记载的销项税款与购买时所付进项税款核定企业当期应纳的增值税。增值税专用发票避免了重复征税现象,明确了购销双方之间的纳税利益关系。

(3)对于不同的纳税人实行不同的税款计征和管理办法。由于我国增值税实行专用发票抵扣制,因此要求纳税人会计制度健全。但是,鉴于我国中小企业多,会计核算水平参差不齐,《中华人民共和国增值税暂行条例》(以下简称《增值税暂行条例》)将纳税人按经营规模大小及会计核算健全与否分为一般纳税人和小规模纳税人两种,对一般纳税人采用购进扣税法计算征税,对小规模纳税人采用简易征税办法计税。

(4)实行生产型增值税。目前,我国仍实行生产型增值税,即只对企业外购的原材料、燃料、动力、包装物和低值易耗品等的进项税款准予抵扣,对外购固定资产所含税金不允许抵扣。2004年1月1日,我国对东北地区包括装备制造业、汽车制造业等在内的8个行业实行由生产型增值税向消费型增值税转型的试点,2007年又在中部部分省市进行转型试点。2009年1月1日全国所有地区、所有行业全面实施增值税转型改革,实行消费型增值税。

2016年5月1日起"营改增"全面推行,试点范围扩大到建筑业、房地产业、金融业、生活服务业,并将所有企业新增不动产所含增值税纳入抵扣范围,确保所有行业税负只减不增。

二、增值税的类型

各国的政治经济状况不同,作为征税对象的增值税在计税依据的确定上与理论增值额上有一定的差别。从各国的实践来看,作为计税依据的增值额是指法定增值额。所谓法定增值额,就是各国政府税法中所规定的据以计算增值税应纳税额的增值额。这种增值额可以大于或小于理论上的增值额。一般情况下,实行增值税的国家在计算法定增值额时,对外购原材料、燃料、辅助材料等流动资产价款都允许抵扣,但是在计算应纳税额时,对于外购的固定资产已纳税额的抵扣,各国的规定则不尽相同,增值税也因此而分为三种不同的类型。

(一) 消费型增值税

消费型增值税在计算增值额时,在对外购原材料、燃料、辅助材料等流动资产价款都允许抵扣的同时,允许将当期购入的全部固定资产已纳税金一次性全部扣除。对企业来说,用于生产的全部外购生产资料价款均不在课税范围之内;对整个社会而言,实际上相当于只对消费资料征税,对生产资料不征税,所以称之为消费型增值税。消费型增值税最能体现按增值额征税的计税原理,有利于鼓励投资,加速设备更新。西方国家多采用这种类型的增值税。我国已从 2009 年 1 月 1 日起实行消费型增值税。

(二) 收入型增值税

收入型增值税在计算增值额时,在对外购原材料、燃料、辅助材料等流动资产价款都允许抵扣的同时,只允许将当期固定资产折旧从销售额中予以扣除。也就是说,法定增值额大体相当于纳税人当期工资、利润、利息、租金等项目之和。就整个社会而言,其增值部分实际相当于国民收入,所以称之为收入型增值税。用公式可以表示为:

$$增值额 = 销售收入 - 外购商品及劳务支出 - 折旧$$
$$= 工资 + 租金 + 利息 + 直接税 + 利润$$

从理论上说,收入型增值税的法定增值额与理论增值额一致,属于一种标准的增值税。但由于固定资产价值的损耗与转移是分批分期进行的,而在转移过程中没有任何凭证,凭发票扣税法在实际操作中很难实现,所以,采用收入型增值税的国家较少,只有阿根廷、摩洛哥和部分原实行计划经济的中东欧国家采用。

(三) 生产型增值税

生产型增值税在计算应纳税时,除对外购原材料、燃料、辅助材料等流动资产价款都允许抵扣外,不允许抵扣任何外购固定资产的价款(包括折旧)。生产型增值税对企业外购的原材料、燃料、动力、包装物和低值易耗品等的进项税款都准予抵扣,对固定资产的税金不予抵扣。从国民经济整体而言,其增值部分实际相当于国民生产总值,故称之为生产型增值税。用公式可以表示为:

$$增值额=销售收入-外购商品及劳务支出$$
$$=折旧+租金+利息+直接税+工资+利润$$

这种增值税存在明显的重复征税现象,不利于鼓励投资,所以,目前只有印度尼西亚等国采用。

增值税三种类型的具体区别,我们可以通过以下案例清晰地看到。

【案例1】某企业实现销售收入100万元,购入流动资产45万元,固定资产36万元,当期计提折旧5万元,具体如表9-1所示。确定其法定增值额。

【解】

表9-1 增值税三种类型所确定的增值额　　　　　　　　　单位:万元

增值税类型	销售额	扣除外购流动资产	扣除外购固定资产	法定增值额
生产型	100	45	0	55
收入型	100	45	5	50
消费型	100	45	36	19

三、增值税的征收制度

(一)征税范围和纳税人

1. 征税范围。根据1993年12月13日国务院颁布的《中华人民共和国增值税暂行条例》的规定,在中华人民共和国境内销售货物或提供应税劳务,发生应税行为以及进口货物,都属于增值税的征收范围。

2016年5月1日全面"营改增"之后增值税征税范围包括:①销售货物;②提供加工修理修配劳务;③销售服务;④销售无形资产;⑤销售不动产;⑥进口货物。增值税的征税范围已经包含了生产、流通、服务领域。

2. 纳税义务人。《增值税暂行条例》规定:凡在中华人民共和国境内销售货物或者进口货物、提供应税劳务和销售服务、无形资产和不动产的单位和个人,为增值税的纳税义务人。这里的"单位"包括企业和行政单位、事业单位、军事单位、社会团体等非企业性单位。个人是指个体工商户和其他个人。以承包、承租、挂靠方式经营的,承包人、承租人、挂靠人(以下统称"承包人")以发包人、出租人、被挂靠人(以下统称"发包人")名义对外经营并由发包人承担相关法律责任的,以发包人为纳税人;否则,以承包人为纳税人。

3. 扣缴义务人。境外的单位或个人在境内销售应税劳务而在境内未设有经营机构的,其应纳税款以购买方为扣缴义务人。

(二)征税对象

增值税的征税对象具体包括如下内容。

1. 一般规定。一般规定的具体内容如下。

(1)销售或进口货物。销售货物是指在生产、批发、零售环节有偿转让货物的所有权。"有偿"不仅指从购买方取得货币,还包括取得货物或其他经济利益。"进口"是指申报进入我国海关境内。而"货物"则是指有形动产,包括热力、电力和气体在内,但是不包括土地、房屋和其他建筑物。

(2)提供加工、修理修配劳务。"加工"是指受托加工货物,即委托方提供原料、主要材料,受托方按照委托方的要求制造货物并收取加工费的业务;"修理修配"是指受托对损伤和丧失功能的货物进行修复,使其恢复原状和功能的业务。但单位或个体经营者聘用的员工为本单位或雇主提供的劳务,不属于增值税征收范围。

(3)提供应税服务。自2016年5月1日起,"应税服务"是指交通运输业服务、邮政业服务、电信业服务、建筑服务、金融服务、生活服务和部分现代服务业服务:①交通运输业服务是指使用运输工具将货物或者旅客送达目的地,使其空间位置得到转移的业务活动,包括铁路运输服务、陆路运输服务、水路运输服务、航空运输服务和管道运输服务;②邮政业服务是指中国邮政集团公司及其所属邮政企业提供邮件寄递、邮政汇兑、机要通信和邮政代理等邮政基本服务的业务活动,包括邮政普通服务、邮政特殊服务和其他邮政服务(不包括邮政储蓄业务);③电信业服务是指利用有线、无线的电磁系统或者光电系统等各种通信网络资源,提供语音通话服务,传送、发射、接收或者应用图像、短信等电子数据和信息的业务活动,包括基础电信服务和增值电信服务;④建筑服务是指各类建筑物、构建物及其附属设施的建造、修缮、装饰,线路、管道、设备、设施等的安装及其他工程作业的业务活动,包括工程服务、安装服务、修缮服务、装饰服务和其他建筑服务;⑤金融服务是指经营金融保险的业务活动,包括贷款服务、直接收费金融服务、保险服务和金融商品转让;⑥生活服务是指为满足城乡居民日常生活需求提供的各类服务活动,包括文化体育服务、教育医疗服务、旅游娱乐服务、餐饮住宿服务、居民日常服务和其他生活服务;⑦部分现代服务业服务是指围绕制造业、文化产业、现代物流产业等提供技术性、知识性服务的业务活动,包括研发和技术服务、信息技术服务、文化创意服务、物流辅助服务、租赁服务、鉴证咨询服务、广播影视服务、商务辅助服务和其他现代服务。

(4)销售无形资产。这是指转让无形资产所有权或者使用权的业务活动。无形资产是指不具有实物形态,但能带来经济利益的资产,包括技术、商标、著作权、商誉、自然资源使用权和其他权益性无形资产。

(5)销售不动产。这是指转让不动产所有权的业务活动。不动产是指不能移动或者移动后引起性质、形状改变的财产,包括建筑物、构建物等。

2. 特殊规定。除了以上的一般规定之外,增值税的征收范围还包括特殊的货物和特殊行为。其中,特殊货物包括货物期货(包括商品期货和贵金属期货)、银行销售的金银、典当业销售的死当物品、寄售业代委托人销售的寄售物品、集邮商品(如邮票、首日封等)以及邮政部门以外的单位和个人销售的集邮商品(如电力公司向发电企业收取的过网费)。特殊行为包括以下几种。

(1)视同销售行为。现行税法规定,单位和个人以下10种行为虽然未取得销售收入,但是视同销售货物征收增值税:①将货物交付给其他单位或个人代销;②销售代销货物;③设有两个以上机构并实行统一核算的纳税人,将货物从一个机构移送其他机构用于销售,但相关机构设在同一县(市)的除外;④将自产或委托加工的货物用于非应税项目;⑤将自产、委托加工的货物用于集体福利或个人消费;⑥将自产、委托加工或购买的货物分配给股东或投资者;⑦将自产、委托加工或购买的货物作为投资,提供给其他单位或个体经营者;⑧将自产、委托加工或购买的货物无偿赠送他人;⑨单位和个体工商户向其他单位或者个人无偿提供交通运输业、邮政业和部分现代服务业服务,但以公益活动为目的或者以社会公众为对象的除外;⑩财政部、国家税务总局规定的其他情形。

(2)混合销售行为。混合销售行为是指一项销售行为既涉及货物,又涉及劳务,两者之间有紧密相连的从属关系。如销售家电产品并提供有偿送货服务,就是混合销售行为。

我国税法规定,按照纳税人主营项目划分,混合销售的征税分为按照销售货物征税和按照销售服务征税。从事以货物生产、批发或零售为主的企业、企业性单位及个体经营者的混合销售行为,按照销售服务缴纳增值税。

(3)混业销售。混业销售是指纳税人兼有增值税不同税率或征收率的应税项目,即纳税人从事增值税不同税率或征收率的经营活动。混业销售的税务处理要求分别核算不同税率或征收率的销售额,未分别核算销售额的一律从高从重计税。

(三)税率及征收率

我国增值税税率设计是以价外税为基础,遵循中性和简便原则,考虑到大多数纳税人的承受能力等诸多因素确定的。目前,我国对一般纳税人采取四档增值税税率即基本税率和两档低税率以及零税率的模式(自2017年7月1日起,简并增值税税率结构,取消13%的增值税税率),对小规模纳税人采用征收率的模式。2019年,为了推进增值税实质性减税,财政部、税务总局、海关总署联合发布了《关于深化增值税改革有关政策的公告》〔2019〕39号),目前增值税税率如下。

1.纳税人销售或进口货物,提供加工、修理修配劳务,提供有形动产租赁服务,一般实行基本税率13%(除适用低税率和零税率)。

2.纳税人提供交通运输服务、邮政服务、基础电信服务、建筑服务、不动产租赁服务,以及销售不动产、转让土地使用权,实行9%的低税率。此外,纳税人销售或进口下列货物,税率为9%:农产品(含粮食)、自来水、暖气、石油液化气、天然气、食用植物油、冷气、热水、煤气、居民用煤炭制品、食用盐、农机、饲料、农药、农膜、化肥、沼气、二甲醚、图书、报纸、杂志、音像制品、电子出版物。

3. 纳税人出口货物,税率为零,但是国务院另有规定的除外("国务院另有规定的"是指国家禁止出口和限制出口的部分货物,如矿砂及精矿、铜铁初级产品、原油、车用汽油、煤炭、焦炭、原木、木炭、纸、石灰、尿素产品、杀虫脒、山羊绒、鳗鱼苗、某些援外货物等)。财政部和国家税务总局规定的跨境应税行为,税率为零,主要包括国际运输服务、航天运输服务和向境外单位提供的完全在境外消费的下列服务:研发服务、合同能源管理服务、设计服务、广播影视节目(作品)制作和发行服务、软件服务、电路设计及测试服务、信息系统服务、业务流程管理服务、离岸服务外包业务、转让技术。境内单位和个人以无运输工具承运的方式提供的国际运输服务,有境内实际承运人的,适用增值税零税率;无运输工具承运业务的经营者,适用增值税免税政策。

4. 纳税人兼营不同税率的货物或者应税劳务,应当分别核算不同税率货物或者应税劳务的销售额。未分别核算销售额的,从高适用税率。

5. 纳税人提供现代服务(租赁服务除外)、增值电信服务、金融服务、生活服务和销售无形资产(转让土地使用权除外)适用增值税税率为6%的低税率。

6. 增值税小规模纳税人和适用简易征收办法的一般纳税人,适用法定征收率3%(除全面"营改增"适用5%征收率外的货物销售和应税劳务)。其中,自2019年1月1日至2021年12月31日,小规模纳税人发生增值税应税销售行为,合计月销售额未超过10万元(以1个季度为1个纳税期的,季度销售额未超过30万元)的,免征增值税。小规模纳税人发生增值税应税销售行为,合计月销售额超过10万元,但扣除本期发生的销售不动产的销售额后未超过10万元的,其销售货物、劳务、服务、无形资产取得的销售额免征增值税;适用增值税差额征税政策的小规模纳税人,以差额后的销售额确定是否可以享受本规定的免征增值税政策。自2019年1月1日起,以1个季度为纳税期限的增值税小规模纳税人,因在季度中间成立或注销而导致当期实际经营期不足1个季度,当期销售额未超过30万元的,免征增值税。

7. 全面"营改增"过程中的特殊项目适用特殊征收率5%:

(1)小规模纳税人销售其取得(含自建)的不动产,应以取得的全部价款和价外费用减去该项不动产购置原价或者取得不动产时的作价后的余额为销售额,按照5%的征收率计算应纳税额。

(2)一般纳税人选择简易计税方法计税的不动产销售。

(3)房地产开发企业中的小规模纳税人,销售自行开发的房地产项目。

(4)其他个人销售其取得(不含自建)的不动产(不含其购买的住房),应以取得的全部价款和价外费用减去该项不动产购置原价或者取得不动产时的作价后的余额为销售额,按照5%的征收率计算应纳税额。

(5)小规模纳税人出租其取得的不动产(不含个人出租住房)。

(6)其他个人出租其取得的不动产(不含住房)。

(7)个人出租住房,应按照5%的征收率减按1.5%计算应纳税额。

(8)一般纳税人选择简易计税方法计税的不动产经营租赁。

(9)一般纳税人和小规模纳税人提供劳务派遣服务选择差额纳税的。

(10)一般纳税人提供人力资源外包服务,选择适用简易计税方法的。

(四)税收优惠政策

税收优惠是国家税制的一个组成部分,是政府为了达到一定的政治、社会和经济目的而对纳税人实行的税收鼓励,包括减免税、税收扣除、税收抵免、优惠退税等形式。增值税的税收优惠主要体现在以下几个方面。

1. 实行免收增值税政策。其项目如下。

(1)农业生产者销售自产农业产品,但销售外购农产品不免税,而应该按照13%的税率或者征收率征税。

(2)销售和进口避孕药品和用具。

(3)销售和进口向社会收购的古旧图书。

(4)直接用于科学研究、科学实验和教学的进口仪器和设备。

(5)外国政府、国际组织无偿援助的进口物资和设备。

(6)由残疾人组织直接进口专供残疾人使用的设备。

(7)个人(不包括个体经营者)销售自己使用过的物品。

(8)"营改增"试点优惠政策中的免税项目:①托儿所、幼儿园提供的保育和教育服务;②养老机构提供的养老服务;③残疾人福利机构提供的育养服务;④婚姻介绍服务;⑤殡葬服务;⑥残疾人员本人为社会提供的服务;⑦医疗机构提供的医疗服务;⑧从事学历教育的学校提供的教育服务。

(9)学生勤工俭学提供的服务。

(10)农业机耕、排灌、病虫害防治、植物保护、农牧保险以及相关技术培训业务,家禽、牲畜、水生动物的配种和疾病防治。

(11)纪念馆、博物馆、文化馆、文物保护单位管理机构、美术馆、展览馆、书画院、图书馆在自己的场所提供文化体育服务取得的第一道门票收入。

(12)寺院、宫观、清真寺和教堂举办文化、宗教活动的门票收入。

(13)行政单位之外的其他单位收取的符合《试点实施办法》第十条规定条件的政府性基金和行政事业性收费。

(14)个人转让著作权。

(15)个人销售自建自用住房。

(16)2018年12月31日前,公共租赁住房经营管理单位出租公共租赁住房。

(17)台湾航运公司、航空公司从事海峡两岸海上直航、空中直航业务在大陆取得的运输收入。

(18)纳税人提供的直接或者间接国际货物运输代理服务。

(19)以下利息收入:①2016年12月31日前,金融机构农户小额贷款;②国家助学贷款;③国债、地方政府债;④人民银行对金融机构的贷款;⑤住房公积金管理中心用住房公积金在指定的委托银行发放的个人住房贷款;⑥外汇管理部门在从事国家外汇储备经营过程中,委托金融机构发放的外汇贷款;⑦统借统还业务中,企业集团或企业集团中的核心企业以及集团所属财务公司按不高于支付给金融机构的借款利率水平或者支付的债券票面利率水平,向企业集团或者集团内下属单位收取的利息。统借方向资金使用单位收取的利息,高于支付给金融机构借款利率水平或者支付的债券票面利率水平的,应全额缴纳增值税。

(20)被撤销金融机构以货物、不动产、无形资产、有价证券、票据等财产清偿债务。

(21)保险公司开办的一年期以上人身保险产品取得的保费收入。

(22)下列金融商品转让收入:①合格境外投资者(QFII)委托境内公司在我国从事证券买卖业务;②香港市场投资者(包括单位和个人)通过沪港通买卖上海证券交易所上市A股;③香港市场投资者(包括单位和个人)通过基金互认买卖内地基金份额;④证券投资基金(封闭式证券投资基金、开放式证券投资基金)管理人运用基金买卖股票、债券;⑤个人从事金融商品转让业务。

(23)金融同业往来利息收入。

(24)同时符合下列条件的担保机构从事中小企业信用担保或者再担保业务取得的收入(不含信用评级、咨询、培训等收入)3年内免征增值税:①已取得监管部门颁发的融资性担保机构经营许可证,依法登记注册为企(事)业法人,实收资本超过2 000万元;②平均年担保费率不超过银行同期贷款基准利率的50%,平均年担保费率=本期担保费收入/(期初担保余额+本期增加担保金额)×100%;③连续合规经营2年以上,资金主要用于担保业务,具备健全的内部管理制度和为中小企业提供担保的能力,经营业绩突出,对受保项目具有完善的事前评估、事中监控、事后追偿与处置机制;④为中小企业提供的累计担保贷款额占其两年累计担保业务总额的80%以上,单笔800万元以下的累计担保贷款额占其累计担保业务总额的50%以上;⑤对单个受保企业提供的担保余额不超过担保机构实收资本总额的10%,且平均单笔担保责任金额最多不超过3 000万元人民币;⑥担保责任余额不低于其净资产的3倍,且代偿率不超过2%。

(25)国家商品储备管理单位及其直属企业承担商品储备任务,从中央或者地方财政取得的利息补贴收入和价差补贴收入。

(26)纳税人提供技术转让、技术开发和与之相关的技术咨询、技术服务。

(27)对同时符合下列条件的合同能源管理服务免征增值税:①节能服务公司实施合同能源管理项目相关技术,应当符合国家质量监督检验检疫总局和国家标准化管理委员会发布的《合同能源管理技术通则》(GB/T 24915—2010)规定的技术要求;②节能服务公司与用能企业签订节能效益分享型合同,其合同格式和内容应当符合《中华人民共和国合同法》和《合同能源管理技术通则》(GB/T 24915—2010)等的规定。

(28)政府举办的从事学历教育的高等、中等和初等学校(不含下属单位),举办进修班、培训班取得的全部归该学校所有的收入。

(29)政府举办的职业学校设立的主要为在校学生提供实习场所并由学校出资自办、由学校负责经营管理、经营收入归学校所有的企业,从事《销售服务、无形资产或者不动产注释》中"现代服务"(不含融资租赁服务、广告服务和其他现代服务)、"生活服务"(不含文化体育服务、其他生活服务和桑拿、氧吧)业务活动取得的收入。

(30)家政服务企业由员工制家政服务员提供家政服务取得的收入。

(31)福利彩票、体育彩票的发行收入。

(32)军队空余房产租赁收入。

(33)为了配合国家住房制度改革,企业、行政事业单位按房改成本价、标准价出售住房取得的收入。

(34)将土地使用权转让给农业生产者用于农业生产。

(35)涉及家庭财产分割的个人无偿转让不动产、土地使用权。

(36)土地所有者出让土地使用权和土地使用者将土地使用权归还给土地所有者。

(37)县级以上地方人民政府或自然资源行政主管部门出让、转让或收回自然资源使用权(不含土地使用权)。

(38)随军家属就业。

(39)军队转业干部就业。

(40)各党派、共青团、工会、妇联、中科协、青联、台联、侨联收取党费、团费、会费,以及政府间国际组织收取会费。

(41)青藏铁路公司提供的铁路运输服务。

(42)中国邮政集团公司及其所属邮政企业提供的邮政普遍服务和邮政特殊服务。

(43)自2016年1月1日起,中国邮政集团公司及其所属邮政企业为金融机构代办金融保险业务取得的代理收入,在"营改增"试点期间免征增值税。

(44)中国信达资产管理股份有限公司、中国华融资产管理股份有限公司、中国长城资产管理公司和中国东方资产管理公司及各自经批准分设于各地的分支机构(以下称"资产公司"),在收购、承接和处置剩余政策性剥离不良资产和改制银行剥离不良资产过程中开展的以下业务:①接受相关国有银行的不良债权,借款方以货物、不动产、无形资产、有价证券和票据等抵充贷款本息的,资产公司销售、转让该货物、不动产、无形资产、有价证券、票据以及利用该货物、不动产从事的融资租赁业务。②接受相关国有银行的不良债权取得的利息。③资产公司所属的投资咨询类公司,为本公司收购、承接、处置不良资产而提供的资产、项目评估和审计服务。中国长城资产管理公司和中国东方资产管理公司如经国务院批准改制后,继承其权利、义务的主体及其分支机构处置剩余政策性剥离不良资产和改制银行剥离不良资产,比照上述政策执行。上述政策性剥离不良资产,是指资产公司按照国务院规定的范围和额度,以账面价值进行收购的相关国有银行的不良资产。上述改制银行剥离不良资产,是指资产公司按照《中国银行和中国建设银行改制过程中可疑类贷款处置管理办法》(财金〔2004〕53号)、《中国工商银行改制过程中可疑类贷款处置管理办法》(银发〔2005〕148号)规定及中国交通银行股份制改造时国务院确定的不良资产的范围和额度收购的不良资产。上述处置不良资产,是指资产公司按照有关法律、行政法规,为使不良资产的价值得到实现而采取的债权转移的措施,具体包括运用出售、置换、资产重组、债转股、证券化等方法对贷款及其抵押品进行处置。资产公司(含中国长城资产管理公司和中国东方资产管理公司如经国务院批准改制后继承其权利、义务的主体)除收购、承接、处置本通知规定的政策性剥离不良资产和改制银行剥离不良资产业务外,从事其他经营业务应一律依法纳税。除另有规定者外,资产公司所属、附属企业,不得享受资产公司免征增值税的政策。

(45)全国社会保障基金理事会、全国社会保障基金投资管理人运用全国社会保障基金买卖证券投资基金、股票、债券取得的金融商品转让收入。

(46)下列国际航运保险业务免征增值税:①注册地在上海、天津的保险企业从事国际航运保险业务。②注册地在深圳市的保险企业向注册在前海深港现代服务业合作区的企业提供国际航运保险业务。③注册地在平潭的保险企业向注册在平潭的企业提供国际航运保险业务。

(47)对社保基金会、社保基金投资管理人在运用社保基金投资过程中,提供贷款服务取得的全部利息及利息性质的收入和金融商品转让收入。

(48)自2018年9月1日至2020年12月31日,对金融机构向小型企业、微型企业和个体工商户发放小额贷款取得的利息收入,免征增值税。金融机构可以选择以下两种方法之一适用免税:①对金融机构向小型企业、微型企业和个体工商户发放的,利率水平不高于人民银行同期贷款基准利率150%(含本数)的单笔小额贷款取得的利息收入,免征增值税;高于人民银行同期贷款基准利率150%的单笔小额贷款取得的利息收入,按照现行政策规定缴纳增值税。②金融机构向小型企业、微型企业和个体工商户发放单笔小额贷款取得的利息收入中,不高于该笔贷款按照人民银行同期贷款基准利率150%(含本数)计算的利息收入部分,免征增值税;超过部分按照现行政策规定缴纳增值税。金融机构可按会计年度在以上两种方法之间选定其一作为该年的免税适用方法,一经选定,该会计年度内不得变更。小额贷款,是指单户授信小于1 000万元(含本数)的小型企业、微型企业或个体工商户贷款;没有授信额度的,是指单户贷款合同金额且贷款余额在1 000万元(含本数)以下的贷款。金融机构向小型企业、微型企业及个体工商户发放单户授信小于100万元(含本数),或者没有授信额度,单户贷款合同金额且贷款余额在100万元(含本数)以下的贷款取得的利息收入,可继续按照《财政部税务总局关于支持小微企业融资有关税收政策的通知》(财税〔2017〕77号)的规定免征增值税。

(49)境外教育机构与境内从事学历教育的学校开展中外合作办学,提供学历教育服务取得的收入免征增值税。中外合作办学,是指中外教育机构按照《中华人民共和国中外合作办学条例》(国务院令第372号)的有关规定,合作举办的以中国公民为主要招生对象的教育教学活动。上述"学历教育""从事学历教育的学校""提供学历教育服务取得的收入"的范围,按照《营业税改征增值税试点过渡政策的规定》(财税〔2016〕36号)有关规定执行。

(50)自2018年1月1日起至2020年12月31日,免征图书批发、零售环节增值税。

(51)自2018年1月1日起至2020年12月31日,科普单位的门票收入,以及县级及以上党政部门和科协开展科普活动的门票收入。

(52)自2019年1月1日至2021年12月31日,国家级、省级科技企业孵化器、大学科技园和国家备案众创空间向在孵对象提供孵化服务取得的收入。孵化服务是指为在孵对象提供的经纪代理、经营租赁、研发和技术、信息技术、鉴证咨询服务。国家级、省级科技企业孵化器、大学科技园和国家备案众创空间应当单独核算孵化服务收入。在孵对象是指符合前款认定和管理办法规定的孵化企业、创业团队和个人。

(53)纳税人取得的财政补贴收入,与其销售货物、劳务、服务、无形资产、不动产的收入或者数量直接挂钩的,应按规定计算缴纳增值税。纳税人取得的其他情形的财政补贴收入,不属于增值税应税收入,不征收增值税。在2020年1月1日实施前,纳税人取得的中央财政补贴继续按照《国家税务总局关于中央财政补贴增值税有关问题的公告》(2013年第3号)执行;已经申报缴纳增值税的,可以按现行红字发票管理规定,开具红字增值税发票,将取得的中央财政补贴从销售额中扣减。

2. 实行即征即退增值税政策。其项目如下。

（1）增值税一般纳税人销售其自行开发生产的软件产品，按13%税率征收增值税后，对其增值税实际税负超过3%的部分实行即征即退政策。

（2）一般纳税人提供管道运输服务，对其增值税实际税负超过3%的部分实行增值税即征即退政策。

（3）经人民银行、银监会或者商务部批准从事融资租赁业务的试点纳税人中的一般纳税人，提供有形动产融资租赁服务和有形动产融资性售后回租服务，对其增值税实际税负超过3%的部分实行增值税即征即退政策。商务部授权的省级商务主管部门和国家经济技术开发区批准的从事融资租赁业务和融资性售后回租业务的试点纳税人中的一般纳税人，2016年5月1日后实收资本达到1.7亿元的，从达到标准的当月起按照上述规定执行；2016年5月1日后实收资本未达到1.7亿元但注册资本达到1.7亿元的，在2016年7月31日前仍可按照上述规定执行，2016年8月1日后开展的有形动产融资租赁业务和有形动产融资性售后回租业务不得按照上述规定执行。

（4）自2018年5月1日至2020年12月31日，对动漫企业增值税一般纳税人销售其自主开发生产的动漫软件，按照13%的税率征收增值税后，对其增值税实际税负超过3%的部分，实行即征即退政策。上述所称增值税实际税负，是指纳税人当期提供应税服务实际缴纳的增值税额占纳税人当期提供应税服务取得的全部价款和价外费用的比例。

（5）纳税人安置残疾人应享受增值税即征即退优惠政策。其中纳税人，是指安置残疾人的单位和个体工商户；纳税人本期应退增值税额为本期所含月份每月应退增值税额之和，月应退增值税额为纳税人本月安置残疾人员人数与本月月最低工资标准的4倍的乘积。月最低工资标准是指纳税人所在区县（含县级市、旗）适用的经省（含自治区、直辖市、计划单列市）人民政府批准的月最低工资标准。纳税人新安置的残疾人从签订劳动合同并缴纳社会保险的次月起计算，其他职工从录用的次月起计算；安置的残疾人和其他职工减少的，从减少当月计算。

（6）增值税的退还。纳税人本期已缴增值税额小于本期应退税额，不足退还的，可在本年度内以前纳税期已缴增值税额扣除已退增值税额的余额中退还，仍不足退还的可结转本年度内以后纳税期退还。年度已缴增值税额小于或等于年度应退税额的，退税额为年度已缴增值税额；年度已缴增值税额大于年度应退税额的，退税额为年度应退税额。年度已缴增值税额不足退还的，不得结转以后年度退还。

（7）纳税人享受增值税即征即退政策，有纳税信用级别条件要求的，以纳税人申请退税税款所属期的纳税信用级别确定。申请退税税款所属期内纳税信用级别发生变化的，以变化后的纳税信用级别确定。

3. 实行扣减增值税政策,其项目如下。

(1)退役士兵创业就业。

(2)重点群体创业就业。

4. 实行增值税先征后退政策,其项目如下。

自 2018 年 1 月 1 日起至 2020 年 12 月 31 日,对宣传文化执行下列增值税先征后退政策。

对下列出版物在出版环节执行增值税 100% 先征后退的政策:第一,中国共产党和各民主党派的各级组织的机关报纸和机关期刊,各级人大、政协、政府、工会、共青团、妇联、残联、科协的机关报纸和机关期刊,新华社的机关报纸和机关期刊,军事部门的机关报纸和机关期刊。上述各级组织不含其所属部门。机关报纸和机关期刊增值税先征后退范围掌握在一个单位一份报纸和一份期刊以内。第二,专为少年儿童出版发行的报纸和期刊,中小学的学生课本。第三,专为老年人出版发行的报纸和期刊。第四,少数民族文字出版物。第五,盲文图书和盲文期刊。第六,经批准在内蒙古、广西、西藏、宁夏、新疆五个自治区内注册的出版单位出版的出版物。第七,列入通知规定的图书、报纸和期刊。

(1)对下列出版物在出版环节执行增值税先征后退 50% 的政策:第一,除规定执行增值税 100% 先征后退的出版物以外的各类图书、期刊、音像制品、电子出版物。第二,列入通知规定的报纸。

(2)对下列印刷、制作业务执行增值税 100% 先征后退的政策:第一,对少数民族文字出版物的印刷或制作业务。第二,列入通知规定的新疆维吾尔自治区印刷企业的印刷业务。

5. 金融企业发放贷款后,自结息日起 90 天内发生的应收未收利息按现行规定缴纳增值税,自结息日起 90 天后发生的应收未收利息暂不缴纳增值税,待实际收到利息时按规定缴纳增值税。

6. 实行暂免征收政策。

(1)自 2019 年 1 月 1 日至 2021 年 12 月 31 日,对月销售额 10 万元以下(含本数)的增值税小规模纳税人,免征增值税。

(2)自 2019 年 2 月 1 日至 2020 年 12 月 31 日,对企业集团内单位(含企业集团)之间的资金无偿借贷行为,免征增值税。

(3)自 2019 年 1 月 1 日至 2022 年 12 月 31 日,对单位或者个体工商户将自产、委托加工或购买的货物通过公益性社会组织、县级及以上人民政府及其组成部门和直属机构,或直接无偿捐赠给目标脱贫地区的单位和个人,免征增值税。在政策执行期限内,目标脱贫地区实现脱贫的,可继续适用上述政策。

(4)自 2019 年 6 月 1 日至 2025 年 12 月 31 日,为社区提供养老、托育、家政等服务的机构,提供社区养老、托育、家政服务取得的收入,免征增值税。

(5) 自 2019 年 1 月 1 日至 2023 年 12 月 31 日,对电影主管部门(包括中央、省、地市及县级)按照各自职能权限批准从事电影制片、发行、放映的电影集团公司(含成员企业)、电影制片厂及其他电影企业取得的销售电影拷贝(含数字拷贝)收入、转让电影版权(包括转让和许可使用)收入、电影发行收入以及在农村取得的电影放映收入,免征增值税。对广播电视运营服务企业收取的有线数字电视基本收视维护费和农村有线电视基本收视费,免征增值税。

7. 实行加计扣除政策。自 2019 年 4 月 1 日至 2021 年 12 月 31 日,允许生产、生活性服务业纳税人按照当期可抵扣进项税额加计 10%,抵减应纳税额。

8. 个人将购买不足 2 年的住房对外销售的,按照 5% 的征收率全额缴纳增值税;个人将购买 2 年以上(含 2 年)的住房对外销售的,免征增值税。上述政策适用于北京市、上海市、广州市和深圳市之外的地区。

9. 实行出口退税政策。

10. 规定增值税的起征点。规定增值税的起征点是对纳税人的一种照顾。目前,增值税起征点只适合于个人(包括个体经营者及其他个人)。其具体规定如下:

(1) 销售货物的,为月销售额 5 000~20 000 元(含本数);

(2) 销售应税劳务的,为月销售额 5 000~20 000 元(含本数);

(3) 提供应税服务的,为月销售额 5 000~20 000 元(含本数);

(4) 按次纳税的,为每次(日)销售额 300~500 元(含本数)。

此处的销售额不包括应征增值税税额的销售额。国家税务局直属分局在上面规定幅度内根据实际情况确定本地区适用的起征点,并报国家税务总局备案。

四、增值税的计算

《增值税暂行条例》将纳税人按经营规模大小及会计核算健全与否划分为一般纳税人和小规模纳税人两种,并实行不同的征收管理办法。

(一)一般纳税人应纳税额的计算

1. 一般纳税人和小规模纳税人的划分标准。小规模纳税人是指年销售额在规定标准以下,并且会计核算不健全,不能按规定报送有关税务资料的增值税纳税人。根据《关于统一增值税小规模纳税人标准的通知》(财政部、税务总局财税〔2018〕33 号),增值税小规模纳税人的认定标准是:年应征增值税销售额 500 万元及以下。

2. 一般纳税人的应纳税额。一般纳税人的应纳税额等于当期销项税额减当期进项税额。其可以用公式表示为:

$$应纳税额 = 当期销项税额 - 当期进项税额$$

此处的当期是指税务机关依照税法规定对纳税人确定的纳税期限。

3. 销项税额的计算。销项税额是指纳税人销售货物或提供应税劳务,按照销售额或应税劳务收入和规定的税率计算并向购买方收取的税额。其计算公式如下：

$$销项税额 = 销售额(不含税) \times 税率$$

$$不含税销售额 = 含税销售额 \div (1+税率)$$

这里的销售额是指纳税人销售货物或者提供应税劳务向购买方收取的全部价款和价外费用，但是不包括收取的销项税额。其中，价外费用是指随同销售货物或提供应税劳务向购买方收取的手续费、补贴、基金、集资费、返还利润、奖励费、违约金（延期付款利息）、包装费、包装物租金、储备费、运输装卸费、代收款项、代垫款项及其他各种性质的价外收费，但是不包括向购买方收取的销项税额、受托加工应征消费税的消费品所代收代缴的消费税和纳税人代垫但同时将承运部门开具给购买方的运费发票转交给购买方的运费。

除了销售额的一般规定外，我国对特殊销售方式的销售额作了如下规定。

（1）折扣折让销售。折扣销售又称商业折扣，是商家为鼓励购买者多买货物而给予购买者的一种价格优惠。如购买10件9折销售，购买30件8折销售。税法规定，如果销售额和折扣额是在同一张发票上分别注明的，以折扣后的余额作为销售额；如果折扣额另开发票，不论财务如何处理，均不得从销售额中减除折扣额。销售折扣又称现金折扣，是销货方在销售货物或应税劳务后，为鼓励购货方尽早付清货款而许诺给予购货方的一种价格优待。如10天付清货款，可按售价折扣2%；20天付清货款，可按售价折扣1%；30天付清货款，没有折扣。因为折扣销售发生在销货之后，属于一种融资行为，故税法规定折扣额不得从销售额中减除。

销售折让是货物售出后，作为已售产品出现品种、质量问题销货方给予购货方的补偿，是原销售额的减少，税法规定折让额可以从销售额中减除。

（2）以旧换新销售。以旧换新是指纳税人在销售自己的货物时，有偿收回旧货的行为。税法规定，采取以旧换新方式销售的，按新货同期销售价格确定销售额，不得扣减旧货收购价格。但对金银首饰以旧换新业务，可以按照销售方实际收取的不含增值税的全部价款征收增值税。

（3）还本销售。还本销售是指纳税人在销售货物后，到一定期限由销售方一次或分次退还给购货方全部或者部分货款。税法规定，采取还本方式销售的，不得扣减还本支出。

（4）以物易物销售。以物易物是指买卖双方进行交易时，不以货币进行结算，而是以同等价款的货物进行结算。税法规定，采取以物易物方式销售的，双方均作购销处理，以各自发出的货物核算销售额并计算销项税额，以各自收到的货物核算购货额并计算进项税额。

（5）销售带包装物的货物及包装物押金。税法规定，纳税人为销售货物而收取的包装物押金，如果单独记账核算，时间在一年以内，又未超过企业规定期限的，不并入销售额征税（啤酒、黄酒按是否逾期处理，啤酒、黄酒以外的其他酒类产品收取的押金,无论是否逾期一律并入销售额征税)。因逾期(以一年为限)未收回包装物不再退还的押金,应并入销售额征税。

(6)直销的税务处理。直销企业先将货物销售给直销员,直销员再将货物销售给消费者,直销企业的销售额为其向直销员收取的全部价款和价外费用;直销企业通过直销员向消费者销售货物,直接向消费者收取货款,直销企业的销售额为其向消费者收取的全部价款和价外费用。

(7)视同销售货物。视同销售行为会出现无销售额的现象,税法规定,对视同销售而无销售额者,按以下顺序确定销售额:①按纳税人当月同类货物平均售价;②如果当月没有同类货物,按纳税人最近时期同类货物平均售价;③如果近期没有同类货物,就要按组成计税价格,组成计税价格=成本×(1+成本利润率),式中成本利润率按10%计算。如果该货物是应税消费品,公式中还应加上消费税金,但这时的成本利润率不再按10%计算,而应按消费税有关规定加以确定。

(8)贷款服务的销售额。以提供贷款服务所取得的全部利息及利息性质的收入为销售额。

(9)直接收费金融服务。以提供直接收费金融服务收取的手续费、佣金、酬金、管理费、服务费、经手费、开户费、结算费、过户费、转托管费等各类费用为销售额。

4. 进项税额的计算。进项税额是纳税人购进货物或接受应税劳务所支付或负担的税额,它与销售方收取的销项税额相对应,即销售方收取的销项税额就是购买方支付的进项税额。在我国实行增值税专用发票抵扣制,故税法规定允许直接抵扣的进项税只有三种:一是从销售方取得的增值税专用发票(含税控机动车销售统一发票)上注明的税额;二是从海关取得的海关进口增值税专用缴款书上注明的税额;三是从境外单位或者个人购进服务、无形资产或者不动产而取得的解缴税款的完税凭证上注明的增值税额。

考虑到在实际经营活动中,有些购销活动不能取得增值税专用发票,税法又规定在一些特殊情况下取得的普通发票可以按照一定比例计算抵扣进项税额。这些特殊情况包括以下几种。

(1)购进农业生产者销售的农副产品,或者向小规模纳税人购买农副产品,允许按照农产品收购发票或者销售发票上注明的农产品买价和13%的扣除率计算进项税额。其进项税额的计算公式如下:

$$进项税额=买价×13\%$$

(2)增值税一般纳税人支付的通行费(指有关单位依法设立并收取的过路、过桥和过闸费用),暂凭取得的通行费发票(不含财政票据)上注明的收费金额按照下列公式计算可抵扣的进项税额:

$$销项税额=销售额(不含税)×税率$$

$$不含税销售额=含税销售额÷(1+税率)$$

可抵扣进项税额＝高速公路通行费发票上注明的金额÷(1+3%)×3%

可抵扣进项税额＝一级公路、二级公路、桥、闸通行费发票上注明的金额÷(1+5%)×5%

(3)按比例分次抵扣进项税。针对2016年5月1日后取得并在会计制度上按固定资产核算的不动产或2016年5月1日后取得的不动产在建工程,进项税额自取得之日起分2年从销项税额中抵扣,第一年抵扣比例为60%,第二年抵扣比例为40%,但不包括房地产开发企业自行开发的房地产项目。纳税人2016年5月1日后购进货物和设计服务、建筑服务,用于新建不动产,或者用于改建、扩建、修缮、装饰不动产并增加不动产原值超过50%的,其进项税额依照上述规定分两年抵扣。

(4)其他有关可抵扣进项税的规定。增值税一般纳税人在资产重组过程中,将全部资产、负债和劳动力一并转让给其他增值税一般纳税人,并按照程序办理注销税务登记的,其在办理注销税务登记前尚未抵扣的进项税额可结转至新纳税人处继续抵扣。

(二)简易征税方法应纳税额的计算

简易征税方法的应纳税额,按照不含税销售额和规定的征收率计算应纳税额,不得抵扣进项税额。其计算公式如下:

应纳税额＝(不含税)销售额×征收率(3%或5%)

(不含税)销售额＝含税销售额÷(1+征收率)

(三)进口货物应纳税额的计算

不论是一般纳税人还是小规模纳税人,进口货物均按照组成计税价格和规定的税率(13%或17%,同国内货物)计算应纳税额,不是用征收率,并且不得抵扣进项税额。其计算公式如下:

应纳进口增值税＝组成计税价格×税率

组成计税价格＝关税完税价格+关税

如果进口的货物应征消费税,则上述公式中的组成计税价格的计算公式为:

组成计税价格＝关税完税价格+关税+消费税

五、出口货物退(免)税规定

出口货物退(免)税政策是为了提高本国出口货物在国际市场上的竞争力,鼓励和扩大本国产品出口而采取的一种国际通行政策。我国对出口货物也实行此项政策。我国的出口退税是指出口环境免税且退还以前纳税环节的已纳税款。我国出口退(免)税的基本政策有:出口免税并退税;出口免税不退税;出口不免税也不退税。

(一)出口货物的退税率

出口货物的退税率是指出口货物的实际增值税征税额与退税计税依据的比例。我国现行出口货物退税,在具体计算时分不同情况采用规定的退税率、适用税率、征收率。除财政部和国家税务总局根据国务院规定而明确的增值税出口退税率外,出口货物的退税率为其适用税率。服务和无形资产的退税率为《营改增试点实施办法》中规定的增值税适用税率。

(二)出口货物应退税额的计算方法

我国对出口货物规定了两种退税计算方法:一种是"免、抵、退"方法,主要用于生产企业出口货物、劳务;另一种是"先征后退"方法,主要用于收购货物出口的外贸企业。

1. "免、抵、退"税的计算方法。"免"税,是指对生产企业出口的自产货物不计销项税额;"抵"税,是指生产企业出口自产货物所耗用的原材料、零部件、燃料、动力等所含应予退还的进项税额,抵顶内销货物的应纳税额;"退"税,是指生产企业出口的自产货物在当月内应抵顶的进项税额大于应纳税额时,对未抵顶完的部分予以退税。

(1)当期应纳税额的计算。其计算公式如下:

$$应纳税额 = 当期内销货物的销项税额 - (当期进项税额 - 当期免抵退税不得免征和抵扣税额) - 上期留抵税额$$

式中:

$$不得免征和抵扣税额 = 当期出口货物离岸价 \times 外汇人民币折合率 \times (出口货物征税率 - 出口货物退税率) - 免抵退税不得免征和抵扣税额抵减税额$$

出口货物离岸价(FOB)以出口发票计算的离岸价为准。出口发票不能如实反映实际离岸价的,企业须按实际离岸价向主管国税机关申报,主管税务机关也有权按有关规定予以核定。

$$\frac{免抵退税不得免征和抵扣税额和抵减额}{} = \frac{当期免税购进原材料价格}{} \times \left(\frac{出口货物}{征税率} - \frac{出口货物}{退税率} \right)$$

免税购进原材料包括从国内购进免税原材料和进料加工免税进口料件,其中,进料加工免税进口料件的价格为组成计税价格。其计算公式为:

$$进料加工免税进口料件的组成计税价格 = 货物离岸价 + 海关实征关税和消费税$$

(2)免抵退税额的计算。其计算公式如下:

$$免抵退税额 = 出口货物离岸价 \times 外汇人民币折合率 \times 出口货物退税额 - 免抵退税额抵减额$$

式中:

$$免抵退税额抵减额 = 免税购进原材料价格 \times 出口货物退税率$$

(3)当期应退税额和免抵税额的计算。其计算公式如下:

若当期期末留抵税额 ≤ 当期免抵退税额,则:

$$当期免抵税额 = 当期免抵退税额 - 当期应退税额$$

若当期期末留抵税额 > 当期免抵退税额,则:

$$当期应退税额 = 当期免抵退税额$$

$$当期免抵税额 = 0$$

2. "先征后退"的计算方法。外贸企业以及实行外贸财务制度的工贸企业收购货物出口,其出口销售环节的增值税免征;其收购货物的成本部分,因外贸企业

在支付收购货物的同时也支付了生产经营该类商品的企业已纳的增值税款,因此允许退还已纳的增值税款。其计算公式如下:

应退税额=外贸收购不含增值税购进金额×退税率

【案例2】某卷烟厂(增值税一般纳税人)2013年6月从农业生产者处收购烟叶生产卷烟,收购凭证上注明价款50万元和价外补贴5万元。该卷烟厂6月份收购烟叶可抵扣的进项税额为(　　)。

A.6.5万元　　　　　　　　　　B.7.15万元
C.8.58万元　　　　　　　　　　D.8.86万元

【答案】C

【解】　　　烟叶收购金额=50+5=55(万元)
　　　　　烟叶应纳税额=55×20%=11(万元)
　　　准予抵扣进项税额=(55+11)×13%=8.58(万元)

【案例3】甲服装厂为增值税一般纳税人,2013年9月销售给乙企业300套服装,不含税价格为700元/套。由于乙企业购买数量较多,甲服装厂给予乙企业7折的优惠,并按原价开具了增值税专用发票,折扣额在同一张发票的"备注"栏注明。甲服装厂当月的销项税额为(　　)。

A.24 990元　　　　　　　　　　B.35 700元
C.36 890元　　　　　　　　　　D.47 600元

【答案】B

【解】　　甲服装厂当月的销项税额=700×300×17%=35 700(元)

【案例4】某农机生产企业为增值税一般纳税人。2014年3月,该企业向各地农机销售公司销售农机产品,开具的增值税专用发票上注明金额500万元;向各地农机修配站销售农机零配件,取得含税收入90万元;购进钢材等材料取得的增值税专用发票上注明税额59.5万元;取得的货物运输业增值税专用发票上注明运费金额3万元。取得的发票均已在当月通过主管税务机关认证或比对。该企业当月应纳增值税是多少万元?

【解】农机整机适用13%的税率,农机零件适用17%的税率。运输业增值税专用发票经认证可计算抵扣运输费用11%的进项税。则:

当期销项税额=500×13%+90÷(1+17%)×17%=78.08(万元)
当期进项税额=59.5+3×11%=59.83(万元)
当期应纳增值税=78.08-59.83=18.25(万元)

第三节 消费税

一、消费税的概念和特点

(一)消费税的概念

消费税是对规定的消费品和消费行为征收的一种税。它是当今世界各国普遍征收的一种税,不仅是国家财政收入的一项来源,也是贯彻国家产业政策、调节消费的一种手段。如我国就对奢侈品、高档消费品及资源不可再生性的产品征收消费税。当前,世界上共有120多个国家和地区征收消费税。我国在1994年将消费税作为一个新税种在全国范围内开征。目前,我国的消费税由国家税务总局负责征收管理(进口环节的消费税由海关代为征收管理),是中央财政收入中仅次于增值税的第二大税源。

(二)消费税的特点

消费税与其他商品税相比具有寓禁于征的目的性。而为了实现这一目的,消费税在课税范围、税率和课税环节等方面都有特殊规定,也显示了如下特征。

1. 征收范围具有可选择性。消费税不是对所有的消费品和消费行为都征税,只是对所选择的部分消费品或消费行为征税。而所选择的这些消费品基本上具有消费量大、需求弹性大和税源普遍的特点。这主要包括非生活必需品、奢侈品、嗜好品、高能耗消费品、不可再生的资源消费品等。从国际上的实施情况看,大多是在对全部产品征收增值税的基础上,再选择部分消费品征收消费税,互为补充。

2. 征收方法具有多样性。消费税征收范围确定后,根据消费品的不同种类、档次实行不同的征收方法,既有从价定率征收方法,又有从量定额征收方法,还有把从价定率和从量定额的计税方法相结合的复合计税征收方法。

3. 征收环节由单一环节转为多环节。目前,消费税主要是在生产、委托加工或进口环节征收。根据国发〔2019〕21号文件,按照健全地方税体系改革要求,在征管可控的前提下,将部分在生产(进口)环节征收的现行消费税品目逐步后移至批发或零售环节征收,先对高档手表、贵重首饰和珠宝玉石等条件成熟的品目实施改革,再结合消费税立法对其他具备条件的品目实施改革试点。改革调整的存量部分核定基数,由地方上解中央,增量部分原则上将归属地方,确保中央与地方既有财力格局稳定。

4. 因属于价内税而具有转嫁性。消费税属于价内税,无论在哪个环节征收,纳税人都可以通过提高销售价格的方式将自己所纳的消费税转嫁给消费者。

5. 一般没有减免税规定。开征消费税的目的之一是引导消费结构,对特殊消费品或消费行为进行调节。因此,居民必需消费品就不在消费税的征收范围之内,也就没有必要进行税收减免。

二、消费税的征收制度

(一)征税范围和纳税人

1. 征税范围。消费税的征税范围是在中华人民共和国境内销售、委托加工和进口的应税消费品。目前,我国征收消费税的消费品可以分为五大类:一是过度消费会对人类健康和生态环境等方面造成不利影响的消费品,如烟、酒、鞭炮等;二是非生活必需品和奢侈品,如贵重首饰和珠宝玉石、游艇等;三是高能耗的消费品,如汽车、摩托车等;四是不可再生和不可替代的资源类消费品,如成品油、实木地板等;五是有利于筹集财政资金,增加财政收入的消费品,即对较普遍的产品如汽车轮胎、化妆品等课以消费税。

2. 纳税人。在中华人民共和国境内销售、委托加工和进口应税消费品的单位和个人,为消费税的纳税人。这里的"单位"包括国有企业、集体企业、私有企业、股份制企业、外商投资企业和外国企业、其他企业以及行政单位、事业单位、军事单位、社会团体和其他单位;"个人"是指个体经营者和其他个人。消费税纳税人具体包括:生产应税消费品的单位和个人;进口应税消费品的单位和个人;委托加工应税消费品的单位和个人。其中,委托加工应税消费品由受托方提货时代扣代缴,但若受托方为个体经营者,则应由委托方回委托方所在地申报纳税。自产自用应税消费品,由自产自用单位和个人在移送使用时缴纳消费税。

(二)征税对象

根据《中华人民共和国消费税(征求意见稿)》的新规定,目前消费税的征税对象包括烟、酒、化妆品、汽车、游艇、高尔夫球等15个项目,有的项目又被细分为若干子项目。消费税的具体税目如下。

1. 烟。这是指以烟叶为原料加工生产的产品,包括卷烟(进口和国产)、雪茄烟和烟丝三大类。

2. 酒。酒是指酒精度在1度以上的各种酒类饮料,包括白酒、黄酒、啤酒和其他酒。

3. 高档化妆品。高档化妆品包括高档美容、修饰类化妆品,高档护肤类化妆品,以及成套化妆品,主要指生产(进口)环节销售(完税)价格(不含增值税)在10元/毫升(克)或15元/片(张)及以上的美容、修饰类化妆品和护肤类化妆品。但是,舞台、戏剧、影视演员化妆用的上妆油、卸妆油、油彩等不属于本税目。

4. 贵重首饰及珠宝玉石。此税目包括金银珠宝首饰和经采掘、打磨和加工的各种珠宝玉石。

5. 鞭炮、焰火。

6. 成品油。此税目下设包括汽油、柴油、石脑油、溶剂油、航空煤油、燃料油和润滑油在内的7个子税目。

7. 电池。此税目包括原电池、蓄电池、燃料电池、太阳能电池和其他电池。

8. 小汽车。此税目下设乘用车、中轻型商用客车和超豪华小汽车三个子税目。2016年12月1日起,超豪华小汽车在生产(进口)环节按现行税率征收消费税的基础上,在零售环节加征消费税。电动汽车、沙滩车、雪地车、卡丁车、高尔夫车等均不属于本税目征税范围。

9. 摩托车。不含气缸容量250毫升(不含)以下的小排量摩托车。

10. 高尔夫球及球具。

11. 高档手表。这是指销售价格(不含增值税)每只在10 000元(含)以上的各类手表。

12. 游艇。

13. 木制一次性筷子。

14. 实木地板。

15. 涂料。

(三)税率

我国的消费税采用比例税率和定额税率两种形式。其中,黄酒、啤酒和成品油实行定额税率,即依据单位重量或单位体积确定单位税额;高档化妆品、高档手表等应税消费品实行比例税率,如高档化妆品的税率为15%,铅蓄电池的税率为4%。除此以外,还有比例税率加定额税率的复合计税形式。目前,我国只对白酒和卷烟两种应税消费品实行复合计税。其中,白酒定额税率为每500克0.5元,比例税率为20%。生产、进口环节卷烟定额税率为每标准箱(50 000支)150元。每标准条(200支,下同)调拨价格在70元(不含增值税)以上的卷烟,生产(进口)环节税率调整为56%;每标准条调拨价格在70元(不含增值税)以下的卷烟,生产(进口)环节的税率调整为36%。批发环节卷烟定额税率为每标准箱(50 000支)250元,比例税率为11%。

(四)税收优惠政策

首先,纳税人自产自用的应税消费品,用于连续生产应税消费品的,不纳税。委托加工的应税消费品,委托方用于连续生产应税消费品的,所纳税款准予按规定抵扣。

其次,对纳税人出口应税消费品,免征消费税。

最后,经国务院批准,金银首饰消费税由10%的税率减按5%的税率征收。本规定自1994年1月1日起执行。

三、消费税的计算

(一)消费税的计税依据

1. 销售额的确定。应税消费品的销售额是指纳税人销售应税消费品向购买方收取的全部价款和价外费用。其中,价外费用主要包括价外收取的基金、集资款、返还利润、补贴、违约金、品牌使用费(主要是指白酒的品牌使用费)、代收款项、代垫款项和其他各种形式的价外费用等。但是,价外费用不包括向购买方收取的增值税税款、受托加工应征消费税的消费品所代扣代缴的消费税和纳税人代垫但同时将承运部门开具给购买方的运费发票转交给购买方的运费。价外费用通常按含税价格收取,因此,计算时要转换成不含税的销售额。

2. 销售数量的确定。销售数量是指应税消费品的数量,具体为:销售应税消费品的,为应税消费品的销售数量;自产自用应税消费品的,为应税消费品的移送使用数量;委托加工应税消费品的,为纳税人收回的应税消费品数量;进口应税消费品的,为海关核定的应税消费品进口征税数量。

(二)消费税的应纳税额的计算

消费税采用从价定率计征、从量定额计征和复合计征三种方法来计算应税消费品应缴纳的消费税额。

从价定率应纳税额的计算公式如下:

$$应纳税额 = 应税消费品的销售额 \times 适用税率$$

从量定额应纳税额的计算公式如下:

$$应纳税额 = 应税消费品的销售数量 \times 适用单位税额$$

我国消费税对黄酒、啤酒和成品油实行定额税率,采用从量定额的办法征税。

从价定率和从量定额相结合的复合计算公式如下:

$$应纳税额 = 应税消费品的销售额 \times 适用税率 + 应税消费品的销售数量 \times 适用单位税额$$

我国消费税对烟、粮食及薯类、白酒实行从量定额和从价定率相结合的复合计税办法来计算应纳税额。

除了上述一般性规定外,还对下列行为作了具体规定。

1. 自产自用应税消费品应纳税额的计算。自产自用通常指的是纳税人生产应税消费品后,不是直接用于对外销售,而是用于连续生产应税消费品或用于其他方面。按照《中华人民共和国消费税暂行条例》规定,纳税人自产自用的应税消费品,用于连续生产应税消费品的,不纳税。如卷烟厂外购烟叶加工烟丝,用烟丝生产卷烟,烟丝作为中间产品用于卷烟连续生产时不纳税。但纳税人自产自用的应税消费品用于其他方面(生产非应税消费品和在建工程、管理部门、非生产机构、提供劳务,以及用于馈赠、赞助、奖励等),视同销售纳税,在移送使用环节纳税。

对于自产自用的应税消费品用于其他方面,在计算应纳税额时,如果有同类消费品的销售价格,按照纳税人生产的同类消费品不含增值税的销售价格计算纳税:

$$应纳税额 = 同类消费品不含增值税的销售单价 \times 自产自用数量 \times 消费税税率$$

如果没有同类消费品的销售价格,则应按组成计税价格计算。其计算公式为:

$$组成计税价格 = (成本 + 利润) \div (1 - 消费税税率)$$

2. 委托加工应税消费品应纳税额的计算。委托加工是指委托方提供原材料及主要材料,受托方只收取加工费代垫辅助材料的业务。委托加工应税消费品由委托方代扣代缴消费税(受托方是个体经营者除外,此时由委托方收回后在其所在地缴纳)。

委托加工应税消费品的销售额按如下顺序计算:

第一,受托方有同类消费品消费的,按受托方当月销售的同类消费品的销售价格计算。

第二,受托方当月销售的同类消费品的销售价格高低不同的,按销售数量加权平均计算。

第三,受托方没有同类消费品消费的,按组成计税价格计算。组成计税价格的计算公式如下:

实行从价定率办法计算纳税的组成计税价格=(材料成本+加工费)÷(1−消费税税率)

实行复合计税办法计算纳税的组成计税价格=(材料成本+加工费+委托加工数量×定额税率)÷(1−消费税税率)

式中,材料成本是指合同中注明的材料成本,而不是实际耗用的成本。

3. 进口应税消费品应纳税额的计算。实行从量定额办法计算应纳税额的,按照进口应税消费品的数量计算纳税;实行从价定率办法计算应纳税额的,按照组成计税价格计算纳税。其计算公式如下:

组成计税价格=(关税完税价格+关税)÷(1−消费税税率)

海关代征的消费税税额=组成计税价格×消费税税率

四、出口应税消费品的退(免)税

(一)出口应税消费品退(免)税的基本政策

纳税人出口应税消费品,国家给予退(免)税优惠,在政策上可以分为以下三类。

1. 出口既免税又退税。这一政策适用于有出口经营权的外贸企业购进应税消费品直接出口,以及外贸企业受其他外贸企业委托代理出口应税消费品。

2. 出口只免税不退税。这一政策适用于有出口经营权的生产性企业自营出口或生产企业委托外贸企业代理出口自产的应税消费品,依据其实际出口数量免征消费税,不予办理退还消费税。

3. 出口既不免税也不退税。一般商贸企业适用这一政策。

(二)出口应税消费品应退税额的计算

外贸企业出口按从价定率计征的应税消费品应退税额的计算公式为:

应退消费税税额=出口消费品的工厂销售额(不含税价)×消费税税率

外贸企业出口按从量定额计征的应税消费品应退税额的计算公式为:

应退消费税税额=出口消费品的工厂销售数量×消费税单位税额

第四节 关 税

一、关税的概念与分类

关税是一个十分古老的税种,它是伴随着国家之间的贸易而产生和发展起来的。从其起源的角度考察,它是在"关"征收的税,或者由守"关"者征收的税。但关税的概念因时间的变化,使用的场合和研究者考察问题的角度不同,有时会有所不同。现代意义上的关税是仅以进出口货物和进出境物品为课税对象的一种税,所谓"境",是指关境,又称"海关境域"或"关税领域",是国家《海关法》全面实施的领域。我国现行的关税制度以1987年正式通过的《中华人民共和国海关法》为基本法律依据,以1992年3月国务院修订发布的进出口条例和1994年1月海关总署修订发布的进出口税则为基本法规,并包括相关征管办法和实施细则。

关税按照不同标准可以分为以下几类。

(一)按照国际贸易商品的流向,关税可分为进口税、出口税和过境税

进口税是最通常、使用最广泛的关税,它是一国海关对其进出口货物和物品征收的关税。出口税是以出口货物和物品为课税对象的关税。过境税是对通过一国国境或关境的货物所征收的关税。现在很少有国家征收出口税和过境税。

(二)按照征税的目的不同,关税可分为财政关税、保护关税

财政关税是以增加国家财政收入为主要目的而征收的关税,课税对象多为进口数量多、消费量大、税负能力强的商品。保护关税是为保护本国工农业生产或经济长期、稳定地发展而征收的关税。保护关税起源于重商主义时期,课税对象一般是本国需要发展或国际竞争性很强的商品。

(三)按照征税的性质,关税可分为普通关税、优惠关税、差别关税

普通关税即一般关税,是对与本国没有签署贸易或经济互惠等友好协定的国家原产的货物征收的非互惠性关税。优惠关税是对特定的受惠国给予的关税优惠待遇,此类关税一般都是双方互惠的。差别关税是为特定目的在一般进口税之外加征的临时附加税,主要包括保障性关税、反倾销税、反补贴税、报复关税等。

(四)按照征税标准不同,关税可分为从量税、从价税、复合税、选择税

从量税是以课税对象的数量为课税标准的关税。从量税以进口商品的重量、长度、容积、面积等计量单位为计税依据。以从量税计税,每一种进口商品的单位应税额固定,不受该商品进口价格的影响,因此,这种计税方法的特点是税额计算简便,通关手续快捷,并能起到抑制质次价廉商品或故意低瞒价格商品的进口。目前,我国对原油、部分鸡产品、啤酒、胶卷进口分别以重量、容量、面积计征从量税。

从价税，即以进口货物的完税价格作为计税依据，以应征税额占货物完税价格的百分比作为税率。

复合税是对某种进口商品同时使用从价计征和从量计征的一种计征关税的方法，如现行进口税则中"广播及录像机"的最惠国税率为当每台价格不高于 2 000 美元时，执行 36% 的单一从价税；当每台价格高于 2 000 美元时，每台征收 5 480 元的从量税，再加上 3% 的从价税。复合税既可以发挥从量税抑制低价商品进口的特点，又可以发挥从价税税负合理、稳定的特点。目前，我国对录像机、放像机、摄像机、数码照相机和摄录一体机实行复合税。

选择税是或以课税对象的价值或价格为课税标准，或以课税对象的数量为课税标准的一种税。选择税同时规定有两个课税标准，计征时选择其中一个适用。

二、关税的计算

从价税应纳税额的计算公式如下：

$$关税税额 = 应税进(出)口货物数量 \times 单位完税价格 \times 税率$$

从量税应纳税额的计算公式如下：

$$关税税额 = 应税进(出)口货物数量 \times 单位货物税额$$

我国目前实行的复合税都是先计征从量税，再计征从价税。复合税应纳税额的计算公式如下：

$$关税税额 = 应税进(出)口货物数量 \times 单位货物税额 +$$
$$应税进(出)口货物数量 \times 单位完税价格 \times 税率$$

三、行李和邮递物品进口税

我国的行李和邮递物品进口税是对入境旅客行李物品、个人邮递物品和其他个人自用物品征收的进口税，包括关税、增值税和消费税。行李和邮递物品进口税的纳税人包括携有应税个人自用物品的入境旅客和运输工具服务人员、进口邮递物品的收件人、以其他方式进口应纳税个人自用物品的收件人。上述应税个人自用物品，不包括汽车、摩托车及其配件、附件。进口应税个人自用汽车、摩托车及其配件、附件，应当按照有关税收法规缴纳关税、增值税、消费税。

现行行李和邮递物品进口税的征税率共有三档，为 15%、30% 和 60%，具体税目为：①税率为 15%。食品、饮料；金银；电话机等信息技术产品；家具；视频摄录一体机、数字照相机、存储卡等信息技术产品；耳机及耳塞机、磁盘、磁带、半导体媒体以及其他影音类信息技术产品；计算机及其外围设备；书报、刊物及其他各类印刷品；教育用影视资料；玩具、游戏品（视频游戏控制器及设备、桌上或室内游戏用品)。②税率为30%。纺织品及其制成品;皮革服装及配饰;箱包及鞋靴;表(高档手表除外)、钟及其配件、附件;钻石及钻石首饰;清洁用品、护肤用品、护发用品和其他洗护用品;家用医疗、保健及美容器材;厨卫用具及小家电(电话机等信息技术产品除外);空调及其配件、附件;电冰箱及其配件、附件;洗衣设备及其配件、附件;电视机及其配件、附件;摄影(像)设备及其配件、附件(视频摄录一体机、数字照相机、存储卡等信息技术产品除外);影音设备及其配件、附件(耳机及耳塞机、磁盘、磁带、半导体媒体以及其他影音类信息技术产品除外);文具用品;邮票、艺术品、收藏品;乐器;运动用品(高尔夫球及球具除外)、钓鱼用品;自行车;其他物品。③税率为60%。酒、烟;高档手表;贵重首饰及珠宝玉石(不含钻石);芳香类化妆品、唇用化妆品、眼用化妆品、指(趾)甲化妆品、粉状化妆品和特殊功能类化妆品;高尔夫球及球具。

行李和邮递物品进口税实行从价计征。纳税人应当按照海关填发税款缴纳证当天有效的税率和应税物品的完税价格计算纳税。其应纳税额的计算公式为:

$$应纳税额=完税价格×适用税率$$

式中,完税价格由海关参照应税物品的境外正常零售价格确定。

待纳税人缴纳行李和邮递物品进口税税款之后,海关对其应税物品予以放行。

重点概念

增值税　销项税额　进项税额　一般纳税人　小规模纳税人　混合销售行为　兼营非应税劳务　出口货物退税　消费税　自产自用应税消费品　委托加工应税消费品　营业税　关税　行李和邮递物品进口税

思考题与训练题

1. 增值税有哪几种类型?它们各有什么特点?
2. 简述增值税的征税范围。
3. 简述增值税一般纳税人和小规模纳税人的划分标准。
4. 准予抵扣的增值税进项税额有哪些?
5. 哪些项目是增值税不予抵扣的?
6. 消费税有何特点?
7. 现行消费税征税项目有哪些?
8. 现行消费税应纳税额的计算方法有哪几种?
9. 简述我国关税制度的基本内容。

训练题

1. 某服装加工厂每年应税销售额均在 200 万元以上。该加工厂 2010 年 5 月发生如下业务:

(1)销售一批服装,取得含税销售额 380 000 元,同时将零售价(含税)为 17 800元的服装作为礼品赠送给了客户。

(2)销售自用过的旧机器一台,原价 10 000 元,售价 11 000 元。

(3)向农业生产者购进免税农产品一批,支付收购价 10 000 元,取得相关的合法票据。

(4)购进布料一批,增值税专用发票上注明货款为 200 000 元,进项税额为34 000元。

(5)支付电费,取得增值税专用发票,价款为 15 000 元,税款为 2 550 元。

该服装厂应该按一般纳税人还是按小规模纳税人征收增值税?计算服装厂本月进项税额、销项税额和当期应纳增值税税额。

简答: 按一般纳税人征收增值税。

进项税额 $= 10\,000 \times 13\% + 2\,550 + 34\,000 = 37\,850$(元)

销项税额 $= [(380\,000 + 17\,800) \div (1 + 17\%)] \times 17\% +$
$[11\,000 \div (1 + 4\%)] \times 4\% \times 50\%]$
$= 57\,800 + 211.54 = 58\,011.54$(元)

应纳增值税额 $= 58\,011.54 - 37\,850 = 20\,161.54$(元)

2. 某化妆品生产企业为增值税一般纳税人,该企业 2010 年 8 月的业务情况如下:

(1)销售某规格化妆品 30 箱,出厂价(不含税,下同)为 3 400 元/箱,另收取包装费和优质费每箱 234 元。

(2)将同型号化妆品 5 箱作为福利发放给本厂职工。

(3)将同型号化妆品 4 箱销售给非本厂附设的某美容院。

(4)将同型号化妆品 10 箱送本厂附设的美容院使用。

(5)月末该企业根据以上情况计算缴纳消费税税额如下:

应纳消费税税额 $= 4 \times 3\,400 \times 30\% = 4\,080$(元)

请按税法有关规定,分析该企业计算的当月消费税应纳税额是否正确,如有错误,请正确计算当月应纳消费税额。

简答: (1)企业计算的当月应纳消费税税额是错误的。

(2)应纳消费税情况为:包装费和优质费应并入销售额计算纳税;发放职工福利的化妆品应视同销售计算纳税;供本厂附设美容院使用的化妆品应视同销售计算税额。因此,该企业应纳消费税额应为:

$(30 \times 3\,400 + 30 \times 234 \div 1.17 + 5 \times 3\,400 + 4 \times 3\,400 + 10 \times 3\,400) \times 30\% = 51\,780$(元)

第十章

所得课税

在整个税收制度中,所得课税占有重要地位,不论是在筹集收入方面还是在调节经济方面,所得课税都具有明显的优势。在许多西方国家,所得课税都是作为"主体税"而存在的。相对于商品课税而言,中国所得课税的收入水平还较低。但随着经济的发展和所得税制的完善,中国所得课税的收入水平将会有很大的提高,其经济调节作用也会进一步增强。了解所得税的含义,掌握所得税的课征范围、类型、课征方法,所得课税的优缺点和功能,尤其是掌握中国现行税制中企业所得税和个人所得税的计算等问题,是学习本章的主要目的。

第一节 所得税概述

一、所得税的含义

所谓所得税,就是以所得为课税对象,向取得所得的纳税人课征的税。所得税的课税对象是所得。关于所得的概念,西方经济学界有着不同的解释。狭义的解释将所得定义为在一定期间内运用资本或劳力所获得的货币收益或报酬。广义的解释将所得定义为在一定期间内所获得的一切经济利益,而不管其来源怎样,方式如何,是货币收益还是实物收益。较为流行的解释是,所得是指财富的增加额,等于一定期间内的消费支出额加上财富净值的变动额。按照这种解释,凡是能够增加一个人享用物品和劳务的能力的东西,都应该视为所得。所以,无论是经常所得还是偶然所得,无论是可预期所得还是不可预期所得,无论是已实现所得还是未实现所得,都应该视为所得。这种解释实际上属于广义的解释。

在实践中,所得的范围要狭窄得多。通常情况下,课税对象或范围的选择是以交易为基础的,即所得税是对已实现所得的课税。并且,所得税并不是对已实现的总所得征税,从总所得中扣除必要的费用之后才是应税所得。

就个人所得税而言,征税的所得项目一般由工资、薪金、股息、利息、租金、特许权使用费以及资本利得等构成。可以从个人总所得中扣除的必要的费用主要由两个部分构成:一部分是为取得收入而必须支付的有关费用,即所谓"事业经费",如差旅费、午餐费、工作服费、维修费、搬迁费等;另一部分是维持基本生活所需的"生计费"。对前一部分费用,通常是按项目规定扣除标准,但各国的宽严程度有较大差别;对后一部分费用,通常是按家庭成员的构成规定扣除标准,而这又依各国经济发展水平的高低而不同。

就企业所得税而言,应当计税的所得项目通常包括:经营收入,即销售价款减去销售成本之后的销售利润;资本所得,即出售或交换投资的财产,如房地产、股票、特许权使用费等实现的收入;股息收入,即企业作为其他公司的股东而取得的收入;利息收入;财产租赁收入;前期已支付费用的补偿收入,如保险收入等;其他收入,如营业外收入等。同个人所得税计算过程中的扣除项目相比,企业所得税的扣除比较简单,它不存在个人宽免与生计费扣除的问题,可以从总所得中扣除的只有费用开支,而且只能扣除与取得的收入有关的那一部分必要的费用开支。这些费用开支通常包括:经营管理费用,如工资、租金、原材料费用、维修费用、差旅费、利息费用、保险费、广告费;折旧和折耗,如固定资产折旧、资源折耗等;各项税金,即所缴纳的各项税款;其他费用,如坏账、意外损失、法律和会计事务费、研究和发展费用。

二、所得税的课征范围

(一)个人所得税的课征范围

税收的课征范围是指一个主权国家的税收管辖权及于课税主体(纳税人)和课税客体(课税对象)的范围。要说明个人所得税的课征范围,需要从税收管辖权说起。税收管辖权是国家主权的有机组成部分。在现代国际社会中,所有主权国家对其管辖领域内的一切人和物,均有行使国家主权的权力,税收管辖权就是国家在处理税收事务方面的管理权。

在各国长期实践的基础上,已经为国际公认的税收管辖权原则上大体有两种:一是属地主义原则,它根据地域概念确定,以一国主权所及的领土疆域为其行使税收管辖权的范围,而不论纳税人是否为本国公民或居民。按照属地主义原则所确立的税收管辖权,叫作"收入来源地税收管辖权"。这种税收管辖权确认,收入来源国有权对任何国家的居民或公民取得的来源于其境内的所得课税。二是属人主义原则,它依据人员概念确定,以一国所管辖的公民或居民为其行使税收管辖权的范围,而不论这些公民或居民所从事的经济活动是否发生在本国领土疆域之内。按照属人主义原则所确立的税收管辖权,叫作"居民(公民)税收管辖权"。这种税收管辖权确认,居住国或国籍国有权对居住在其境内的所有居民或具有本国国籍的公民取得的来源于全世界范围的所得课税。因此,各国在个人所得税上的可能

课征范围可以概括为:本国居民或公民取得的来源于全世界范围的所得以及外国居民或公民取得的来源于该国疆域范围的所得。也就是说,居民或公民要承担全部所得的纳税义务,非居民或非公民则承担有限纳税义务。

各国要对本国居民或公民取得的来源于全世界范围的所得课征个人所得税,对纳税人居民或公民身份进行认定是前提。公民身份的认定比较容易。由于公民身份的取得必须以拥有国籍为前提条件,各国便多以国籍作为区分公民和非公民的标准。类似的问题也存在于收入来源地税收管辖权的行使上。各国要对外国居民或公民取得的来源于本国境内的所得课征个人所得税,只有在认定外国纳税人与本国具有收入来源地的联结因素的前提下,才可对其来源于本国境内的所得课税。

需要指出的是,居民、公民以及收入来源地的认定标准,虽有国际通行的一般规则,但具体到各国,则还有许多细微的差别,最终还要决定于各国的税法。

(二)公司(或企业)所得税的课征范围

同个人所得税课征范围的原理一样,公司(或企业)所得税的课征范围也是由各国所行使的税收管辖权决定的。将公司(或企业)区分为居民公司(或企业)和非居民公司(或企业),居民公司(或企业)负无限纳税义务,非居民公司(或企业)负有限纳税义务。各国在公司(或企业)所得税上的课征范围可以概括为,居民公司(或企业)取得的来源于全世界范围的所得以及非居民公司(或企业)取得的来源于该国疆域范围内的所得。

居民公司(或企业)的认定标准,也是从"住所""居所"的基本概念延伸出来的。法人的固定住所就是它诞生的地方,即法人登记成立的国家。法人的住所和居所的区别在于,住所是指公司(或企业)的登记成立地,居所是指公司(或企业)的控制和管理机构所在地。因此,各国通行的居民公司(或企业)的认定标准大体有登记注册、总机构和管理中心三种标准:登记注册标准,是依据公司(或企业)的注册登记地点而定的,若公司(或企业)根据本国的法律,在本国登记注册,就是本国的居民公司(或企业);总机构标准,是依据公司(或企业)的总机构设立地点而定的,若公司(或企业)的总机构设在本国境内,就是本国的居民公司(或企业);管理中心标准,是依据公司(或企业)实际控制或实际管理中心的所在地而定的。若公司(或企业)的实际控制或实际管理中心所在地在本国境内,就是本国的居民公司(或企业)。凡不在上述标准之内的公司(或企业),均属非居民公司(或企业)。

三、所得税的类型

在对个人所得税征税时,会涉及课征模式的选择,也就是选择实行什么类型的所得税,通常所说的所得税的类型实际上是以对个人不同来源的所得按什么模式课征作为标准来划分的。一般将所得税划分为三种类型:一是分类所得税(也称"分类税制"),即将所得按来源、性质划分为若干类别,对各种不同来源、性质的所得分别计算征收所得税。分类所得税的主要优点是,它可以对不同性质的所得分别采用不同的税率,实行差别待遇。目前我国个人所得税的征收采用的是此种模式。二是综合所得税(也称综合税制),即对纳税人全年各种不同来源的所得加以汇总,综合计算征收所得税。综合所得税的突出优点就是其最能体现纳税人的实际负担水平,最符合支付能力原则或量能课税的原则。三是分类综合所得税(也称混合税制),即将分类课征和综合计税相结合,先按分类所得税课征,然后再对个人全年总所得超过规定数额以上的部分按累进税率计税。

四、所得税的课征方法

(一)个人所得税的课征方法

个人所得税的课征方法有从源征收法和申报清缴法两种,各国往往根据不同收入项目同时采用这两种课征方法。

所谓从源征收法,是指在支付收入时代扣代缴个人所得税,即支付单位依据税法负责对所支付的收入项目扣缴税款,然后汇总缴纳。这种方法的主要优点在于:一是可以节约税务机关的人力物力消耗,简化征收管理手续;二是可以避免或减少逃税,及时组织税款入库。

所谓申报清缴法,就是将分期预缴和年终汇算清缴相结合,由纳税人在纳税年度申报全年估算的总收入额,并按估算额分期预缴税款,到年度终了时,再按实际收入额提交申报表,依据全年实际应纳所得税额,对税款多退少补。这种方法的主要优点在于,能够综合个人的各项所得,适合采用累进税率,从而能够发挥所得税的优势。其缺点是,可能会发生逃税现象,在税收征收管理水平低的国家尤为如此。

(二)公司(或企业)所得税的课征方法

各国对公司(或企业)所得税的课征,一般都采用申报纳税方法。通常的情况是,纳税年度由公司(或企业)根据其营业年度确定,但一经确定便不能随意改变,一般在年初填送预计申报表,在年终填送实际申报表;税款实行分季预缴,年终清算,多退少补。

五、所得课税的优缺点

(一)所得课税的优点

所得课税具有以下优点:

第一,税源普遍,课税有弹性。在正常条件下,凡从事生产经营活动的一般都有所得,都要缴纳所得税,因此,所得课税的税源很普遍。并且,所得来源于经济资源的利用和剩余产品的增加,随着人们经济活动的扩大和资源利用效率的提高,剩余产品会不断增长,各种所得也会不断增长,因而所得课税收入会不断增长,国家还可以根据需要灵活调整税负水平,以适应政府支出的增减。

第二,税负相对公平。所得课税是以纯收入或净所得为课税对象的,一般实行累进税率,符合支付能力原则,并且往往有起征点、免征额等方面的规定,可以在征税上照顾低收入者,有助于社会公平的实现。

第三,一般不存在重复征税问题,不直接影响商品的相对价格。所得课税是以纳税人的总收入减去准予扣除项目后的余额为计税依据,征税环节单一,只要不存在两个或两个以上的课税权主体,就不会出现重复征税。所得课税以纳税人的总收入减去准予扣除项目后的余额为计税依据,也决定了对所得课税不会直接影响商品的比价关系,因而不会影响市场的运转。

第四,属于直接税,税负不易转嫁。所得课税以纳税人的总收入减去准予扣除项目后的余额为计税依据,一般不易进行税负转嫁,对市场机制的正常运行干扰较小。这一特点也有利于利用所得课税调节人们的收入水平,缩小收入差距,实现社会公平目标。在采用累进税率的情况下,这一作用尤为明显。

第五,有利于维护国家的经济权益。在国际经济交往与合作不断扩大的现代社会,跨国投资和经营的情况极为普遍,由此产生了跨国所得。对跨国所得征税是任何一个主权国家应有的权益,这就需要利用所得课税可以跨国征税的天然属性,参与纳税人跨国所得的分配,维护本国的经济权益。

(二)所得课税的缺点

所得课税的缺点体现在以下几个方面:

第一,所得课税的开征及其财源受公司(或企业)利润水平和人均收入水平的制约。

第二,所得课税的累进课税方法会在一定程度上压抑纳税人的生产和工作的积极性。

第三,所得课税的计征管理比较复杂,需要较高的税务管理水平,在发展中国家广泛推行往往会遇到困难。

六、所得课税的功能

概括地说,所得税具有筹集收入和调节经济两大功能。其中,调节经济的功能表现在对收入分配的调节和对经济波动的调节上。所得税的调节经济的功能在当今社会受到各国的普遍重视,所得税成为各国政府促进收入公平分配和稳定经济的一个有力手段。在促进收入公平分配方面,个人所得税通过累进课征可以缩小人们的收入差距,通过税收优惠给予低收入者种种照顾,可以缓解社会矛盾,保持社会稳定。在稳定经济方面,实行累进税率的个人所得税可以发挥自动稳定经济的作用。当经济过热,社会总需求过大时,个人的所得会大幅度增加,原来按较低税率纳税的人要改按较高税率纳税,税收收入会相对增加,而纳税人的税后可支配收入会相对减少,从而可以抑制纳税人的投资和消费冲动,维持经济稳定;反之,当经济萧条,纳税人的收入下降时,适用税率会自动下降,又可以刺激投资和消费,促进经济复苏。具有这种功能的所得税被称为"自动稳定器"或"内在稳定器"。除此之外,政府可以根据社会总供给和总需求的平衡关系灵活调整税负水平,抑制经济波动。当经济增长速度过快,总需求过旺时,提高所得税税负水平;当经济处于萧条时期,社会总需求萎缩时,降低所得税税负水平。

第二节　企业所得税

一、企业所得税的概念

企业所得税是对企业和其他取得收入的组织的所得征收的一种税。2007年3月16日,第十届全国人民代表大会第五次会议审议通过《中华人民共和国企业所得税法》(以下简称《企业所得税法》),统一了内、外资企业所得税制度,于2008年1月1日起施行。《中华人民共和国企业所得税法实施条例》(以下简称《企业所得税法实施条例》)对企业所得税法的有关规定作了进一步细化,与企业所得税法同步施行。

二、企业所得税的征收制度

(一)纳税人和征税范围

企业所得税法规定,在中华人民共和国境内,企业和其他取得收入的组织(以下统称企业)为企业所得税的纳税人。企业所得税法统一了纳税人的认定标准,以是否具有法人资格作为企业所得税纳税人的认定标准,改变了以往内资企业以是否独立核算为条件判定所得税纳税人的认定标准的做法,使内资企业和外资企业的纳税人认定标准完全统一。按此认定标准,企业设有多个不具有法人资格营业机构的,实行由法人汇总纳税。

目前,大多数国家对个人(自然人)以外的组织或者实体课征所得税,一般都是以法人作为纳税主体,因此,企业所得税法以法人组织为纳税人符合国际通行做法。同时,实行法人(公司)税制,也是企业所得税改革的内在要求,有利于更加规范地确定企业纳税义务。在纳税人范围的确定上,按照国际通行做法,将取得经营收入的单位和组织都纳入了征税范围。同时,为增强企业所得税与个人所得税的协调,避免重复征税,明确了个人独资企业和合伙企业不作为企业所得税的纳税人。

企业所得税法将纳税人划分为"居民企业"和"非居民企业",并分别规定其纳税义务,即居民企业承担全面纳税义务,就其境内外全部所得纳税;非居民企业承担有限纳税义务,就其来源于中国境内所得部分纳税。把企业分为居民企业和非居民企业,是为了更好地保障我国税收管辖权的有效行使。税收管辖权是一国政府在征税方面的主权,是国家主权的重要组成部分。根据国际通行做法,我国选择了地域管辖权和居民管辖权的双重管辖权标准,能够最大限度地维护我国的税收利益。同时,为了防范企业避税,对依照外国(地区)法律成立但实际管理机构在中国境内的企业也认定为居民企业;非居民企业还应当就其取得的与其在中国境内设立的机构、场所有实际联系的境外所得纳税。这里所说的"实际管理机构"是指对企业的生产经营、人员、账务、财产等实施实质性全面管理和控制的机构;非居民企业在中国境内所设立的"机构、场所",是指在中国境内从事生产经营活动的机构、场所,包括管理机构、营业机构、办事机构、工厂、农场、提供劳务的场所、从事工程作业的场所等,非居民企业委托营业代理人在中国境内从事生产经营活动的,包括委托单位和个人经常代其签订合同或者储存、交付货物等,视为非居民企业在中国境内设立机构、场所。

(二)征税对象

企业所得税的征税对象,是企业以货币形式和非货币形式从各种来源取得的收入。企业的收入总额包括:销售货物收入,提供劳务收入,转让财产收入,股息、红利等权益性投资收益,利息收入,租金收入,特许权使用费收入,接受捐赠收入,其他收入。

企业取得收入的货币形式包括现金、存款、应收账款、应收票据、准备持有至到期的债券投资以及债务的豁免等。企业取得收入的非货币形式包括固定资产、生物资产、无形资产、股权投资、存货、不准备持有至到期的债券投资、劳务以及有关权益等。企业以非货币形式取得的收入,以公允价值确定收入额。

(三)税率

按照十六届三中全会提出的"简税制、宽税基、低税率、严征管"的税制改革基本原则,结合我国财政承受能力、企业负担水平,考虑世界上其他国家和地区特别是周边地区的实际税率水平等因素,企业所得税法将企业所得税税率确定为25%。这一税率在国际上属于适中偏低的水平,有利于继续保持我国税制的竞争力,进一步促进和吸引外商投资。居民企业中符合条件的小型微利企业减按20%的税率征税。国家重点扶持的高新技术企业减按15%的税率征税。非居民企业仅就来源于我国境内的所得征税,适用低税率20%(实际减按10%的税率征收)。

(四)税收优惠政策

企业所得税的税收优惠方式包括免税、减税、加计扣除、加速折旧、减计收入、税额抵免等。

1. 关于扶持农、林、牧、渔业发展的所得税优惠。企业所得税法在这方面规定了免税和减半征收两种情况。

第十章
所得课税

（1）企业从事下列项目的所得，免征企业所得税：①蔬菜、谷物、薯类、油料、豆类、棉花、麻类、糖料、水果、坚果的种植；②农作物新品种的选育；③中药材的种植；④林木的培育和种植；⑤牲畜、家禽的饲养；⑥林产品的采集；⑦灌溉、农产品初加工、兽医、农技推广、农机作业和维修等农、林、牧、渔服务业项目；⑧远洋捕捞。

（2）企业从事下列项目的所得，减半征收企业所得税：①花卉、茶以及其他饮料作物和香料作物的种植；②海水养殖、内陆养殖。

2. 关于鼓励基础设施建设的所得税优惠。企业从事港口码头、机场、铁路、公路、城市公共交通、电力、水利等国家重点扶持的公共基础设施项目投资经营所得，自项目取得第一笔生产经营收入所属纳税年度起，给予"三免三减半"的所得税优惠。对企业投资者持有2019—2023年发行的铁路债券取得的利息收入，减半征收企业所得税。

3. 关于支持环境保护、节能节水、资源综合利用、安全生产的所得税优惠。企业从事符合条件的环境保护、节能节水项目，包括公共污水处理、公共垃圾处理、沼气综合开发利用、节能减排技术改造、海水淡化等项目的所得，自项目取得第一笔生产经营收入所属纳税年度起，给予"三免三减半"的所得税优惠，具体条件和范围由国务院财政、税务主管部门与国务院有关部门制定，报国务院批准后公布施行。

企业以《资源综合利用企业所得税优惠目录》规定的资源作为主要原材料并符合规定比例，生产国家非限制和禁止并符合国家和行业相关标准的产品取得的收入，减按90%计入收入总额。

企业购置并实际使用《环境保护专用设备企业所得税优惠目录》《节能节水专用设备企业所得税优惠目录》《安全生产专用设备企业所得税优惠目录》规定的环境保护、节能节水、安全生产等专用设备的，该专用设备的投资额的10%可以从企业当年的应纳税额中抵免；当年不足抵免的，可以在以后5个纳税年度结转抵免。

4. 关于促进技术创新和科技进步的所得税优惠。

（1）技术转让所得的所得税优惠。在一个纳税年度内，居民企业技术转让所得不超过500万元的部分，免征企业所得税；超过500万元的部分，减半征收企业所得税。

（2）企业开展研发活动中实际发生的研发费用，未形成无形资产计入当期损益的，在按规定据实扣除的基础上，在2018年1月1日至2020年12月31日期间，再按照实际发生额的75%在税前加计扣除；形成无形资产的，在上述期间按照无形资产成本的175%在税前摊销。研发活动，是指企业为获得科学与技术新知识，创造性运用科学技术新知识，或实质性改进技术、产品（服务）、工艺而持续进行的具有明确目标的系统性活动。

（3）创业投资的所得税优惠。创业投资企业采取股权投资方式投资于未上市的中小高新技术企业2年以上的,可以按照其投资额的70%在股权持有满2年的当年抵扣该创业投资企业的应纳税所得额;当年不足抵扣的,可以在以后纳税年度结转抵扣。

(4)固定资产的所得税优惠。企业的固定资产由于技术进步等原因,确需加速折旧的,可以缩短折旧年限或者采取加速折旧的方法。可以享受这一优惠的固定资产包括:因技术进步而产品更新换代较快的固定资产;常年处于强震动、高腐蚀状态的固定资产。

5. 关于符合条件的非营利组织的收入的所得税优惠。企业所得税法第二十六条规定,符合条件的非营利组织的收入,为免税收入。实施条例据此从登记程序、活动范围、财产的用途与分配等方面,界定了享受税收优惠的"非营利组织"的条件。同时,考虑到目前按相关管理规定,我国的非营利组织一般不能从事营利性活动,为规范此类组织的活动,防止其从事营利性活动可能带来的税收漏洞,实施条例规定,对非营利组织的营利性活动取得的收入,不予免税。

6. 关于符合条件的小型微利企业的所得税优惠。根据财税2019〔13〕号文件规定,自2019年1月1日至2021年12月31日,将小型微利企业的年应纳税所得额上限由50万元提高至100万元,对年应纳税所得额不超过100万元(含100万元)的小型微利企业,其所得减按25%计入应纳税所得额,按20%的税率缴纳企业所得税。对年应纳税所得额超过100万元但不超过300万元的部分,减按50%计入应纳税所得额,按20%的税率缴纳企业所得税。根据国家税务总局公告2020年第10号文件,在促进复工复产方面,2020年5月1日至2020年12月31日,小型微利企业在2020年剩余申报期按规定办理预缴申报后,可以暂缓缴纳当期的企业所得税,延迟至2021年首个申报期内一并缴纳。小型微利企业,是指从事国家非限制和禁止行业,并符合下列条件的企业:年度应纳税所得额不超过300万元,从业人数不超过300人,资产总额不超过5 000万元。

7. 关于国家需要重点扶持的高新技术企业的所得税优惠。国家需要重点扶持的高新技术企业,减按15%的税率征收企业所得税。实施条例将高新技术企业的界定范围,由按高新技术产品划分改为按高新技术领域划分,规定产品(服务)应属于《国家重点支持的高新技术领域》的范围,以解决政策执行中产品列举不全、覆盖面偏窄、前瞻性欠缺等问题。其具体领域范围和认定管理办法由国务院科技、财政、税务主管部门与国务院有关部门制定,报国务院批准后公布施行。同时,实施条例还规定了高新技术企业的认定指标:拥有核心自主知识产权;产品(服务)属于《国家重点支持的高新技术领域》规定的范围;研究开发费用占销售收入的比例、高新技术产品(服务)收入占企业总收入的比例、科技人员占企业职工总数的比例,均不低于规定标准。这样规定,强化了以研发比例为核心,税收优惠重点向自主创新型企业倾斜。

8. 关于非居民企业的预提税所得的所得税优惠。企业所得税法第四条规定,未在中国境内设立机构、场所的,或者虽设立机构、场所但取得的所得与其所设机构、场所没有实际联系的,应当就其来源于中国境内的所得缴纳企业所得税,适用税率为20%。企业所得税法第二十七条规定,对上述所得,可以免征、减征企业所得税。实施条例据此明确,对上述所得,减按10%的税率征收企业所得税。对外国政府向中国政府提供贷款取得的利息所得、国际金融组织向中国政府和居民企业提供优惠贷款取得的利息所得,以及经国务院批准的其他所得,可以免征企业所得税。

9. 关于安置残疾人员的所得税优惠。企业安置残疾人员的,按照支付给残疾职工工资的100%加计扣除。

三、企业所得税应纳税额的计算与征收

(一)应纳税额的计算

企业所得税应纳税额的计算公式为:

$$应纳税额 = 应纳税所得额 \times 适用税率 - 减免税额 - 抵免税额$$

应纳税所得额是企业所得税的计税依据,它是企业每一纳税年度的收入总额减除不征税收入、免税收入、各项扣除以及允许弥补的以前年度亏损后的余额。企业的收入总额包括:销售货物收入,提供劳务收入,转让财产收入,股息、红利等权益性投资收益,利息收入,租金收入,特许权使用费收入,接受捐赠收入,其他收入。准予扣除的项目,是指与企业取得收入有关的成本、费用和损失。企业所得税法对企业实际发生的各项成本费用,包括工资支出、公益性捐赠支出等作出统一的扣除规定,实行一致的政策待遇。在计算应纳税所得额时,企业财务、会计处理办法与税收法律、行政法规的规定不一致的,应当依照税收法律、行政法规的规定计算。

《企业所得税法实施条例》对企业支出扣除的原则、范围和标准作了如下明确规定:

第一,企业实际发生的与取得收入有关的、合理的支出,包括成本、费用、税金、损失和其他支出,准予在计算应纳税所得额时扣除。

第二,明确了工资薪金支出的税前扣除。实施条例统一了企业的工资薪金支出税前扣除政策,规定企业发生的合理的工资薪金支出准予扣除。

第三,具体规定了职工福利费、工会经费、职工教育经费的税前扣除。旧税法规定,对企业的职工福利费、工会经费、职工教育经费支出分别按照计税工资总额的14%,2%,1.5%计算扣除。一方面,实施条例继续维持了职工福利费和工会经费的扣除标准;另一方面,由于计税工资已经放开,将"计税工资总额"调整为"工资薪金总额",扣除额也就相应提高。此外,为鼓励企业加强职工教育投入,实施条例规定,除

国务院财政、税务主管部门另有规定外,企业发生的职工教育经费支出,不超过工资薪金总额2.5%的部分,准予扣除;超过部分,准予在以后纳税年度结转扣除。

第四,调整了业务招待费的税前扣除。旧税法实行按销售收入的一定比例限额扣除。考虑到商业招待和个人消费之间难以区分,为加强管理,同时借鉴国际经验,实施条例规定:企业发生的与生产经营活动有关的业务招待费支出,按照发生额的60%扣除,但最高不得超过当年销售(营业)收入的0.5%。

第五,统一了广告费和业务宣传费的税前扣除。旧税法对内资企业实行的是根据不同行业采用不同的比例限制扣除的政策,对外资企业则没有限制。实施条例统一了企业的广告费和业务宣传费支出税前扣除政策。实施条例规定,除国务院财政、税务主管部门另有规定外,广告费和业务宣传费支出不超过当年销售(营业)收入15%的部分,准予扣除;超过部分,准予在以后纳税年度结转扣除。

第六,明确了公益性捐赠支出税前扣除的范围和条件。旧税法对内资企业采取在比例内(应纳税所得额的3%以内)扣除的办法,对外资企业没有比例限制。企业所得税法第九条规定,企业发生的公益性捐赠支出,在年度利润总额12%以内的部分,准予在计算应纳税所得额时扣除。同时,对公益性捐赠作了界定:公益性捐赠是指企业通过公益性社会团体或者县级以上人民政府及其部门,用于《中华人民共和国公益事业捐赠法》规定的公益事业的捐赠。

(二)征收管理

企业所得税实行按纳税年度计算、分月或者分季预缴、年终汇算清缴、多退少补的办法,其中,纳税年度自公历1月1日起至12月31日止。企业应当自月份或者季度终了之日起15日内,向税务机关报送预缴企业所得税纳税申报表,预缴税款。企业应当自年度终了之日起5个月内,向税务机关报送年度企业所得税纳税申报表,并汇算清缴,结清应缴应退税款。企业在报送企业所得税纳税申报表时,应当按照规定附送财务会计报告和其他有关资料。

综上所述,新企业所得税法与旧税法相比有了很大进步:第一,新的税率确定为25%,这有助于在国家财政能够承受的前提下降低企业税负,促进经济稳定快速增长。第二,统一内外企业所得税税制,有助于完善市场经济体制,使各类市场主体公平竞争。第三,税前扣除的公益性捐赠支出的比例从3%提高到12%,鼓励企业回报社会。第四,有利于吸引外资。从目前世界上平均28%的企业所得税税率来看,25%是中等偏低的,并且对外商企业采取"新人新办法,老人老办法"的做法,原先享受低税率的外资企业5年内可以继续按原税率纳税。第五,实行"产业优惠为主、区域优惠为辅"的政策,并对高新技术企业等给予优惠,从而将对鼓励自主创新、区域协调发展、推进现代农业、加强节能降耗等国家产业政策的实施起到很大的推进作用。

第十章 所得课税

第三节 个人所得税

一、个人所得税的概念

个人所得税是以个人(自然人)取得的各项应税所得为征税对象征收的一种税。我国现行的个人所得税是在1994年的税制改革中,在原来的个人所得税、个人收入调节税和城乡个体工商业户所得税的基础上合并而成的一个税种。《中华人民共和国个人所得税法》是1993年10月31日第八届全国人民代表大会常务委员会公布的,自1994年1月1日起施行。国务院于1994年1月28日发布了《中华人民共和国个人所得税法实施条例》。

二、个人所得税的征收制度

1993年10月31日公布的《中华人民共和国个人所得税法》经过了几次修改,其中2008年修改的《中华人民共和国个人所得税法实施条例》规定,自2008年3月1日起工资、薪金所得的费用扣除标准从1 600元调整为2 000元。2011年全国人民代表大会常务委员会作出关于修改《中华人民共和国个人所得税法》的决定,修改的内容主要包括以下三个方面:第一,提高工资、薪金个人所得税减除费用标准至3 500元。第二,调整税率,减少税率级次。将个人所得税中工资、薪金所得部分适用的原有的九级累进税率改为七级,取消了15%和40%两档税率,将最低的一档税率由5%降为3%,同时调整了个体工商户的生产、经营所得和对企事业单位的承包经营、承租经营所得适用的五级累进税率规定。第三,进一步完善个人所得税法的征收管理。规定扣缴义务人每月所扣的税款,自行申报纳税人每月应纳的税款,都应当在次月15日(将原有的7日改为15日)内缴入国库,并向税务机关报送纳税申报表。

2018年,《中华人民共和国个人所得税法》进行了第七次修改,推进了综合与分类相结合的个人所得税制改革,本次修改的内容主要包括:

第一,将纳税主体区分为居民个人和非居民个人,分别承担不同的纳税义务。

第二,将工资、薪金所得,劳务报酬所得,稿酬所得,特许权使用费所得等4项劳动性所得(简称"综合所得")纳入综合征税范围,适用统一的超额累进税率。

第三,将个人所得税综合所得项目基本扣除标准从3 500元提高到5 000元。

第四,设立专项附加扣除。在计算个人所得税应纳税额时,除了扣除基本费用5 000元和"三险一金"等专项扣除后,还可以扣除教育子女、在职深造、治疗大病、买房租房、赡养老人等部分相关费用。

第五,将"个体工商户的生产、经营所得"调整为"经营所得",不再保留"对企事业单位的承包经营、承租经营所得",该项所得根据具体情况,分别并入综合所得或者经营所得。

第六,取消征税对象中的"其他所得"。

(一) 纳税人

个人所得税的纳税义务人,包括中国公民、个体工商业户、个人独资企业、合伙企业投资者、在中国有所得的外籍人员(包括无国籍人员,下同)和香港、澳门、台湾同胞。上述纳税义务人依据住所和居住时间两个标准,区分为居民个人和非居民个人,分别承担不同的纳税义务。

居民个人是指在中国境内有住所,或者无住所而一个纳税年度在中国境内居住累计满183天的个人。居民个人负有无限纳税义务。其所取得的应纳税所得,无论是来源于中国境内还是中国境外任何地方,都要在中国缴纳个人所得税。

非居民个人是指不符合居民个人判定标准(条件)的纳税义务人,即"在中国境内无住所又不居住,或者无住所而一个纳税年度内在境内居住累计不满183天的个人"。非居民个人,承担有限纳税义务,即仅就其来源于中国境内的所得,向中国缴纳个人所得税。

(二) 征税对象

个人所得税的征税对象是个人取得的应税所得。个人所得税法列举征税的个人所得共9项,具体包括:工资、薪金所得;经营所得;劳务报酬所得;稿酬所得;特许权使用费所得;利息、股息、红利所得;财产租赁所得;财产转让所得;偶然所得。其中,将工资、薪金所得,劳务报酬所得,稿酬所得,特许权使用费所得等4项劳动性所得(简称"综合所得")纳入综合征税范围,适用统一的超额累进税率。居民个人按年合并计算个人所得税,非居民个人按月或者按次分项计算个人所得税。同时,适当简并应税所得分类,将"个体工商户的生产、经营所得"调整为"经营所得",不再保留"对企事业单位的承包经营、承租经营所得",该项所得根据具体情况,分别并入综合所得或者经营所得。对经营所得,利息、股息、红利所得,财产租赁所得,财产转让所得,偶然所得,仍采用分类征税方式,按照规定分别计算个人所得税。

(三) 税率

个人所得税同时实行分项定率、累进税率和比例税率。

1. 综合所得适用七级超额累进税率,税率为3%~45%(见表10-1)。居民个人每一纳税年度内取得综合所得包括:工资、薪金所得,劳务报酬所得,稿酬所得和特许权使用费所得。

表 10-1　综合所得个人所得税税率

级　数	全月应纳税所得额	税率(%)
1	不超过3 000元的部分	3
2	超过3 000元至12 000元的部分	10
3	超过12 000元至25 000元的部分	20
4	超过25 000元至35 000元的部分	25
5	超过35 000元至55 000元的部分	30
6	超过55 000元至80 000元的部分	35
7	超过80 000元的部分	45

注：应纳税所得额是指依照税法的规定，居民个人每月取得综合所得收入额减除费用5 000元以及专项扣除、专项附加扣除和依法确定的其他扣除后的余额。非居民个人取得工资、薪金所得，劳务报酬所得，稿酬所得和特许权使用费所得，依照本表按月换算后计算应纳税额。

2. 经营所得适用五级超额累进税率，税率为5%~35%，见表10-2。

表 10-2　经营所得个人所得税税率

级　数	全年应纳税所得额	税率(%)
1	不超过30 000元的部分	5
2	超过30 000元至90 000元的部分	10
3	超过90 000元至300 000元的部分	20
4	超过300 000元至500 000元的部分	30
5	超过500 000元的部分	35

注：本表所称全年应纳税所得额是指依照税法第六条的规定，以每一纳税年度的收入总额减除成本、费用以及损失后的余额。

3. 利息、股息、红利所得，财产租赁所得，财产转让所得和偶然所得，适用税率为20%的比例税率。

(四) 减税免税

1. 有下列情形之一的，经批准可以减征个人所得税。

(1) 残疾、孤老人员和烈属的所得。

(2) 因严重自然灾害造成重大损失的。

(3) 其他经国务院财政部门批准减税的。

2. 免征个人所得税的项目。

(1) 省级人民政府、国务院部委和中国人民解放军军以上单位，以及外国组织颁发(颁布)的科学、教育、技术、文化、卫生、体育、环境保护等方面的奖金(奖学金)。

对个人获得的下列奖项的奖金收入，视为省级人民政府、国务院部委和中国人民解放军军以上单位,以及外国组织颁发(颁布)的科学、教育、技术、文化、卫生、体育、环境保护等方面的奖金(奖学金),免征个人所得税:①曾宪梓教育基金会教师奖。②学生个人参与"长江小小科学家"活动和"明天小小科学家"活动获得的奖金。③联合国开发计划署和中国青少年发展基金会"国际青少年消除贫困奖"。④中国青年乡镇企业家协会"母亲河(波司登)奖"。⑤陈嘉庚基金会"陈嘉庚科学奖"。⑥中国科学院"刘东生青年科学家奖""刘东生地球科学奖学金"。⑦中华全国总工会、科技部、人社部"全国职工职业技能大赛"获奖者取得的奖金收入。⑧中华环境保护基金会"中华宝钢环境优秀奖"。⑨国土资源部、李四光地质科学奖基金"李四光地质科学奖"。⑩国土资源部、黄汲清青年地质科学技术奖基金管理委员会"黄汲清青年地质科学技术奖"。

(2)国债和国家发行的金融债券利息。国债利息,是指个人持有中华人民共和国财政部发行的债券而取得的利息所得和2012年及以后年度发行的地方政府债券(以省、自治区、直辖市和计划单列市政府为发行和偿还主体)利息所得;国家发行的金融债券利息,是指个人持有经国务院批准发行的金融债券而取得的利息所得。

(3)按照国家统一规定发给的补贴、津贴。按照国家统一规定发给的补贴、津贴,是指按照国务院规定发给的政府特殊津贴、院士津贴,以及国务院规定免予缴纳个人所得税的其他补贴、津贴。

(4)福利费、抚恤金、救济金。福利费,是指根据国家有关规定,从企业、事业单位、国家机关、社会团体提留的福利费或者工会经费中支付给个人的生活补助费;救济金,是指各级人民政府民政部门支付给个人的生活困难补助费。

(5)保险赔款。

(6)军人的转业费、复员费。对退役士兵按照《退役士兵安置条例》规定,取得的一次性退役金以及地方政府发放的一次性经济补助。

(7)按照国家统一规定发给干部、职工的安家费、退职费、退休工资、离休工资、离休生活补助费。

(8)依照我国有关法律规定应予免税的各国驻华使馆、领事馆的外交代表、领事官员和其他人员的所得。上述"所得",是指依照《中华人民共和国外交特权与豁免条例》和《中华人民共和国领事特权与豁免条例》规定免税的所得。

(9)中国政府参加的国际公约以及签订的协议中规定免税的所得。

(10)对乡、镇(含乡、镇)以上人民政府或经县(含县)以上人民政府主管部门批准成立的有机构、有章程的见义勇为基金或者类似性质组织,奖励见义勇为者的奖金或奖品,经主管税务机关核准,免征个人所得税。

(11)企业和个人按照省级以上人民政府规定的比例缴付的住房公积金、医疗保险金、基本养老保险金、失业保险金,允许在个人应纳税所得额中扣除,免予征收个人所得税。超过规定的比例缴付的部分并入个人当期的工资、薪金收入,计征个人所得税。个人领取原提存的住房公积金、医疗保险金、基本养老保险金时,免予征收个人所得税。对按照国家或省级地方政府规定的比例缴付的住房公积金、医疗保险金、基本养老保险金和失业保险金存入银行个人账户所取得的利息收入,免征个人所得税。

(12)储蓄机构内从事代扣代缴工作的办税人员取得的扣缴利息税手续费所得,免征个人所得税。

(13)生育妇女按照县级以上人民政府根据国家有关规定制定的生育保险办法,取得的生育津贴、生育医疗费或其他属于生育保险性质的津贴、补贴,免征个人所得税。

(14)对工伤职工及其近亲属按照《工伤保险条例》规定取得的工伤保险待遇,免征个人所得税。工伤保险待遇,包括工伤职工按照该条例规定取得的一次性伤残补助金、伤残津贴、一次性工伤医疗补助金、一次性伤残就业补助金、工伤医疗待遇、住院伙食补助费、外地就医交通食宿费用、工伤康复费用、辅助器具费用、生活护理费等,以及职工因工死亡,其近亲属按照该条例规定取得的丧葬补助金、供养亲属抚恤金和一次性工亡补助金等。

(15)个人举报、协查各种违法、犯罪行为而获得的奖金。

(16)个人办理代扣代缴税款手续,按规定取得的扣缴手续费。

(17)个人转让自用达5年以上并且是唯一的家庭居住用房取得的所得。

(18)按《国务院关于高级专家离休退休若干问题的暂行规定》和《国务院办公厅关于杰出高级专家暂缓离休审批问题的通知》精神,达到离休、退休年龄,但确因工作需要,适当延长离休、退休年龄的高级专家,其在延长离休、退休期间的工资、薪金所得,视同退休工资、离休工资免征个人所得税。延长离休退休年龄的高级专家是指:①享受国家发放的政府特殊津贴的专家、学者。②中国科学院、中国工程院院士。高级专家延长离休、退休期间取得的工资薪金所得,其免征个人所得税政策口径按下列标准执行:①对高级专家从其劳动人事关系所在单位取得的,单位按国家有关规定向职工统一发放的工资、薪金、奖金、津贴、补贴等收入,视同离休、退休工资,免征个人所得税。②除上述第①项所述收入以外各种名目的津补贴收入等,以及高级专家从其劳动人事关系所在单位之外的其他地方取得的培训费、讲课费、顾问费、稿酬等各种收入,依法计征个人所得税。高级专家从两处以上取得应税工资、薪金所得以及具有税法规定应当自行纳税申报的其他情形的,应在税法规定的期限内自行向主管税务机关办理纳税申报。

(19)外籍个人从外商投资企业取得的股息、红利所得。

(20)凡符合下列条件之一的外籍专家取得的工资、薪金所得可免征个人所得税:第一,根据世界银行专项贷款协议由世界银行直接派往我国工作的外国专家。

第二,联合国组织直接派往我国工作的专家。第三,为联合国援助项目来华工作的专家。第四,援助国派往我国专为该国无偿援助项目工作的专家,除工资、薪金外,其取得的生活津贴也免税。第五,根据两国政府签订文化交流项目来华工作2年以内的文教专家,其工资、薪金所得由该国负担的。此外,外国来华文教专家,在我国服务期间,由我方发放工资、薪金,并对其住房、使用汽车、医疗实行免费"三包",可只就工资、薪金所得按照税法规定征收个人所得税;对我方免费提供的住房、使用汽车、医疗,可免予计算纳税。第六,根据我国大专院校国际交流项目来华工作2年以内的文教专家,其工资、薪金所得由该国负担的。第七,通过民间科研协定来华工作的专家,其工资、薪金所得由该国政府机构负担的。

(21)被拆迁人按照国家有关城镇房屋拆迁管理办法规定的标准取得的拆迁补偿款(含因棚户区改造而取得的拆迁补偿款)。

(22)对由亚洲开发银行支付给我国公民或国民(包括为亚行执行任务的专家)的薪金和津贴,凡经亚洲开发银行确认这些人员为亚洲开发银行雇员或执行项目专家的,其取得的符合我国税法规定的有关薪金和津贴等报酬,免征个人所得税。

(23)自2018年1月1日至2020年12月31日,对易地扶贫搬迁贫困人口按规定取得的住房建设补助资金、拆旧复垦奖励资金等与易地扶贫搬迁相关的货币化补偿和易地扶贫搬迁安置住房(以下简称"安置住房"),免征个人所得税。

(24)广东省、深圳市按内地与香港个人所得税税负差额,对在大湾区工作的境外(含港澳台)高端人才和紧缺人才给予补贴,该补贴免征个人所得税。

(25)经国务院财政部门批准免税的所得。

3. 暂免征收个人所得税项目。

(1)对个人取得的教育储蓄存款利息所得以及国务院财政部门确定的其他专项储蓄存款或者储蓄性专项基金存款的利息所得,免征个人所得税。自2008年10月9日起,对居民储蓄存款利息,暂免征收个人所得税。

(2)对个体工商户或个人,以及个人独资企业和合伙企业从事种植业、养殖业、饲养业和捕捞业(以下简称"四业"),取得的"四业"所得暂不征收个人所得税。

(3)股权分置改革中非流通股股东通过对价方式向流通股股东支付的股份、现金等收入,暂免征收流通股股东应缴纳的个人所得税。

(4)对个人投资者从投保基金公司取得的行政和解金,暂免征个人所得税。

(5)对个人转让上市公司股票取得的所得暂免征收个人所得税。自2008年10月9日起,对证券市场个人投资者取得的证券交易结算资金利息所得,暂免征收个人所得税,即证券市场个人投资者的证券交易结算资金在2008年10月9日后(含10月9日)孳生的利息所得,暂免征收个人所得税。

(6)个人从公开发行和转让市场取得的上市公司股票,持股期限超过1年的,股息红利所得暂免征收个人所得税。个人从公开发行和转让市场取得的上市公司股票,持股期限在1个月以内(含1个月)的,其股息红利所得全额计入应纳税所得额;持股期限在1个月以上至1年(含1年)的,暂减按50%计入应纳税所得额;上述所得统一适用20%的税率计征个人所得税。本规定自2015年9月8日起施行。自2019年7月1日起至2024年6月30日止,全国中小企业股份转让系统挂牌公司股息红利差别化个人所得税政策也按上述政策执行。

(7)个人取得的下列中奖所得,暂免征收个人所得税:第一,单张有奖发票奖金所得不超过800元(含800元)的,暂免征收个人所得税;个人取得单张有奖发票奖金所得超过800元的,应全额按照个人所得税法规定的"偶然所得"征收个人所得税。第二,购买社会福利有奖募捐奖券、体育彩票一次中奖收入不超过10 000元的暂免征收个人所得税,对一次中奖收入超过10 000元的,应按税法规定全额征税。

(8)乡镇企业的职工和农民取得的青苗补偿费,属种植业的收益范围,同时,也属经济损失的补偿性收入,暂不征收个人所得税。

(9)自原油期货对外开放之日起,对境外个人投资者投资中国境内原油期货取得的所得,三年内暂免征收个人所得税。

三、个人所得税应纳税额的计算与征收

(一)应纳税额的计算

1. 居民个人综合所得应纳税额计算。首先,工资、薪金所得全额计入收入额;而劳务报酬所得、特许权使用费所得的收入额为实际取得劳务报酬、特许权使用费收入的80%;此外,稿酬所得的收入额在扣除20%费用基础上,再减按70%计算,即稿酬所得的收入额为实际取得稿酬收入的56%。其次,居民个人的综合所得,以每一纳税年度的收入额减除费用六万元以及专项扣除、专项附加扣除和依法确定的其他扣除后的余额,为应纳税所得额。

居民个人综合所得应纳税额的计算公式应为:

应纳税额=全年应纳税所得额×适用税率-速算扣除数
=(全年收入额-60 000元-社保、住房公积金费用-享受的专项附加扣除-享受的其他扣除)×适用税率-速算扣除数

2. 非居民个人取得工资、薪金所得,劳务报酬所得,稿酬所得和特许权使用费所得应纳税额计算。

非居民个人的工资、薪金所得,以每月收入额减除费用5 000元后的余额为应纳税所得额;劳务报酬所得、稿酬所得、特许权使用费所得,以每次收入额为应纳税所得额。非居民个人工资、薪金所得,劳务报酬所得,稿酬所得,特许权使用费所得适用税率如表10-3所示。

表 10-3　非居民个人工资、薪金所得,劳务报酬所得,稿酬所得,特许权使用费所得适用税率表

级数	应纳税所得额	税率(%)	速算扣除数
1	不超过3 000元的	3	0
2	超过3 000元至12 000元的部分	10	210
3	超过12 000元至25 000元的部分	20	1 410
4	超过25 000元至35 000元的部分	25	2 660
5	超过35 000元至55 000元的部分	30	4 410
6	超过55 000元至80 000元的部分	35	7 160
7	超过80 000元的部分	45	15 160

3. 经营所得应纳税额计算。

经营所得应纳税额的计算公式为:

$$应纳税额 = 全年应纳税所得额 \times 适用税率 - 速算扣除数$$

或

$$应纳税额 = (全年收入总额 - 成本、费用以及损失) \times 适用税率 - 速算扣除数$$

(1) 个体工商户应纳税额。个体工商户应纳税所得额的计算,以权责发生制为原则,属于当期的收入和费用,不论款项是否收付,均作为当期的收入和费用;不属于当期的收入和费用,即使款项已经在当期收付,均不作为当期收入和费用。财政部、国家税务总局另有规定的除外。

(2) 个人独资企业和合伙企业应纳税额。对个人独资企业和合伙企业生产经营所得,其个人所得税应纳税额的计算有两种方法。第一种是查账征税。第二种是核定征收,包括定额征收、核定应税所得率征收以及其他合理的征收方式。个人所得税核定征收应税所得税率如表 10-4 所示。一般情况下,实行核定应税所得率征收方式的,应纳所得税额的计算公式如下:

$$应纳所得税额 = 应纳税所得额 \times 适用税率$$
$$应纳税所得额 = 收入总额 \times 应税所得率$$

或

$$应纳税所得额 = 成本费用支出额 \div (1 - 应税所得率) \times 应税所得率$$

表 10-4　个人所得税核定征收应税所得税率表

行业	应税所得率
工业、交通运输业、商业	5%~20%
建筑业、房地产开发业	7%~20%

续表

行业	应税所得率
饮食服务业	7%~25%
娱乐业	20%~40%
其他行业	10%~30%

4. 财产租赁所得应纳税额计算。财产租赁所得适用20%的比例税率。但对个人按市场价格出租的居民住房取得的所得,自2001年1月1日起暂减按10%的税率征收个人所得税。其应纳税额的计算公式为:

$$应纳税额=应纳税所得额\times 适用税率$$

5. 财产转让所得应纳税额计算。一般情况下财产转让所得应纳税额为:

$$应纳税额=应纳税所得额\times 适用税率=(收入总额-财产原值-合理税费)\times 20\%$$

6. 利息、股息、红利所得,偶然所得应纳税额计算。利息、股息、红利所得,偶然所得的应纳税所得额是纳税人每次取得的收入额,不得从收入额中扣除任何费用。税法规定,对国债和国家发行的金融债券利息免税。其应纳税额的计算公式为:

$$应纳税额=应纳税所得额\times 适用税率$$

(二)征收管理

个人所得税,以所得人为纳税义务人,以支付所得的单位或者个人为扣缴义务人。个人所得超过国务院规定数额的,在两处以上取得工资、薪金所得或者没有扣缴义务人的,以及具有国务院规定的其他情形的,纳税义务人应当按照国家规定办理纳税申报,扣缴义务人应当按照国家规定办理全员全额扣缴申报。

全员全额扣缴申报,是指扣缴义务人应当在代扣税款的次月十五日内,向主管税务机关报送其支付所得的所有个人的有关信息、支付所得数额、扣除事项和数额、扣缴税款的具体数额和总额以及其他相关涉税信息资料。实行个人所得税全员全额扣缴申报的应税所得包括:工资、薪金所得;劳务报酬所得;稿酬所得;特许权使用费所得;利息、股息、红利所得;财产租赁所得;财产转让所得;偶然所得。

扣缴义务人向居民个人支付工资、薪金所得时,应当按照累计预扣法计算预扣税款,并按月办理扣缴申报。

累计预扣法,是指扣缴义务人在一个纳税年度内预扣预缴税款时,以纳税人在本单位截至当前月份工资、薪金所得累计收入减除累计免税收入、累计减除费用、累计专项扣除、累计专项附加扣除和累计依法确定的其他扣除后的余额为累计预扣预缴应纳税所得额,适用相应个人所得税预扣率,计算累计应预扣预缴税额,再减除累计减免税额和累计已预扣预缴税额,其余额为本期应预扣预缴税额。余额为负值时,暂不退税。纳税年度终了后余额仍为负值时,由纳税人通过办理综合所得年度汇算清缴,税款多退少补。

本期应预扣预缴税额=(累计预扣预缴应纳税所得额×预扣率-速算扣除数)-
累计减免税额-累计已预扣预缴税额

累计预扣预缴应纳税所得额=累计收入-累计免税收入-累计减除费用-累计专项扣除-
累计专项附加扣除-累计依法确定的其他扣除

其中,累计减除费用按照5 000元/月乘以纳税人当年截至本月在本单位的任职受雇月份数计算。根据国家税务总局公告2020年第13号文件,对一个纳税年度内首次取得工资、薪金所得的居民个人,扣缴义务人在预扣预缴个人所得税时,可按照5 000元/月乘以纳税人当年截至本月月份数计算累计减除费用;正在接受全日制学历教育的学生因实习取得劳务报酬所得的,扣缴义务人预扣预缴个人所得税时,可按照规定的累计预扣法计算并预扣预缴税款。

扣缴义务人向非居民个人支付工资、薪金所得,劳务报酬所得,稿酬所得和特许权使用费所得时,应当按月或者按次代扣代缴税款:非居民个人的工资、薪金所得,以每月收入额减除费用5 000元后的余额为应纳税所得额;劳务报酬所得、稿酬所得、特许权使用费所得,以每次收入额为应纳税所得额,适用表10-3所示的个人所得税税率表计算应纳税额。劳务报酬所得、稿酬所得、特许权使用费所得以收入减除20%的费用后的余额为收入额;其中,稿酬所得的收入额减按70%计算。

四、我国个人所得税的改革

我国自1980年开征个人所得税以来,个人所得税收入逐年增长,个人所得税在增加财政收入、缓解社会分配不公方面起到了积极的作用。但由于社会经济环境的变化与税制建设的滞后、税收征管乏力等因素的影响,我国个人所得税的作用还未得到充分发挥。针对现行个人所得税存在的问题,对个人所得税进行改革,具有重大而迫切的现实意义。

(一)现行个人所得税存在的主要问题

1. 专项附加扣除有待优化。从政策制度的设置看,我国个人所得税的标准扣除与专项附加扣除的实质是针对个人的生计费用扣除。现行我国的六项专项附加扣除只对居民个人取得四项综合所得的纳税人适用,而且对取得综合所得的居民个人,专项附加扣除与税法规定的标准扣除并行,意味着对个人生计费用存在部分重复扣除;而非综合所得纳税人不能在应税收入额中扣除这六项支出,则意味着这类纳税人在计税时税前扣除不足。而且我国允许纳税人本人进行标准扣除、赡养老人及子女接受教育进行附加扣除,考虑到了影响税收公平的因素,但尚未考虑配偶情况和子女教育之外的情况。

2. 税率设计有待优化。目前,我国个人所得税税率采用累进税率和比例税率两种形式,自2011年9月1日起,将工薪所得税率结构由九级调整为七级,取消了

15%和40%两档税率,将最低的一档税率由5%降为3%。2018年个人所得税法修改之后,综合所得仍采用幅度为3%~45%的七级超额累进税率,经营所得采用幅度为5%~35%的五级超额累进税率,其余的分项所得大多采用20%的比例税率。世界各国个税改革都以扩大税基和减少级距为目标,而与世界各国相比,我国个税的税率设计存在的问题是:税率级次偏多。一方面,它会增加纳税人偷税漏税的动机;另一方面,45%的最高税率在实践中极少运用,课征实效较差。

3. 征管制度有待完善。从整体运行效果看,存在以下几方面问题:个人自行申报信息不全且准确性不高;税务机关与相关政府部门、社会组织之间没有统一高效的信息交换共享平台,从第三方获取涉税信息困难等。这也折射出当前税务机关在获取个人扣除信息中存在的本质问题是税收实体法、税收程序法等法律法规及配套制度缺乏或者不完善,导致信息获取成本过高,不利于个人所得税税制变迁和征管变革。

4. 税基不够广泛。发达国家在20世纪80年代中后期个人所得税改革的一个基本趋势就是扩大税基,把原先一些减免项目纳入征税范围,而我国目前个人所得税法对应纳税所得额采取列举具体项目的规定,难以将所有的应税项目都包含进去。另外,由于现行减免税名目太多,费用采用分次扣除,客观上造成税基缩小。

(二)个人所得税的改革思路

1. 积极创造条件,尽早实行综合所得税制。综合所得税制,是指同一纳税人的各种所得,不管其所得来源于何处,都作为一个所得总体来对待,并按累进税率计算纳税。其优点是能体现税收的公平性,但对纳税申报和所得汇算有较高要求。我国目前采用的是分类与综合相结合的征收制度,但税收征管水平较低,纳税人纳税意识较弱,采用综合所得税制的时机还不成熟,但应积极创造条件,尽早实行综合所得税制,这是充分发挥个人所得税节税作用的客观要求。

2. 优化费用扣除标准。在标准扣除的改革中,充分考虑纳税人本人、配偶、被抚养人的情况:①考虑配偶情况。纳税人配偶有无工作的情况不一致,出于税收公平的考虑,可以单独规定纳税人没有工作配偶的标准扣除额。②考虑不同家庭子女数量情况。随着我国"三孩"政策的推行,不同家庭抚养子女的数量以及抚养子女产生的教育、生活等支出会增加。对此,可以规定除子女教育附加扣除之外的每个子女的标准扣除额。③考虑纳税人本人、配偶及子女的身体情况。若纳税人、配偶及子女中有残疾人,可以对残疾人实行较高的标准扣除额。

3. 优化税率,合理税收负担。综合所得中大部分为勤劳所得,为了使税收负担尽可能合理化,应改变目前税率设计中综合所得最高边际税率较高的情况,适当降低综合所得的边际税率,并简化税率,适当减少征税级距。

4. 扩大税基。为了能有效地扩大税基,适应个人收入来源的多样化,个人所得税的应税所得应包括一切可以衡量纳税能力的收入,因此,应改变目前正列举规定应纳税所得的做法,采取反列举规定不纳税项目的做法。另外,应适当减少减免税项目。

5. 完善配套措施。其具体包括:①建立个人财产登记制度,界定个人财产来源的合法性及合理性,将纳税人的财产收入显性化。②完善储蓄存款实名制。不但要在所有银行之间联网实行储蓄存款实名制,而且要在银税微机联网的基础上实行储蓄存款实名制。③实行居民身份证号码与纳税人号码固定终身化制度,并在条件具备时实行金融资产实名制,为税务机关掌握个人收入创造有利条件。④积极推进税收信息化建设,尽快建立起适应个人所得税征管特点和需要的计算机征管系统。⑤强化纳税人自我申报制度,建立代扣代缴和自行申报相结合的征管模式。

第四节 土地增值税

一、土地增值税概况

土地增值税是对转让国有土地使用权、地上的建筑物及其附着物(以下简称"转让房地产")而取得的增值额征收的一种税。

国务院在1993年12月13日发布的《中华人民共和国土地增值税暂行条例》中规定,土地增值税从1994年1月1日起在全国开征。开征土地增值税是为了规范土地、房地产市场交易秩序,合理调节土地增值收益,维护国家权益。但是,我国经济自1993年、1994年见顶并步入回落期,许多房地产项目已经达不到土地增值税的起征标准或者由于其他原因而无法征税。因此,1994—2002年,大多数房地产开发项目基本上不存在缴纳土地增值税的问题。近年来,随着我国房地产业的繁荣,达到土地增值税起征标准的项目不断增加,大多数地区陆续恢复了土地增值税的征收,但在执行力度上普遍偏轻。为了强化土地增值税的征管,2004年8月国务院发出了《关于加强土地增值税管理工作的通知》。此后,有关部门又陆续出台了一些旨在强化土地增值税征管的政策。

二、土地增值税的征收制度

(一)纳税人与征税对象

土地增值税的纳税人是转让国有土地使用权、地上建筑物及其附着物并取得收入的单位和个人,包括内外资企业、行政事业单位、中外籍个人等。土地增值税的基本征税范围包括:转让国有土地使用权;地上建筑物及其附着物连同国有土地使用权一并转让;存量房地产买卖。

（二）计税依据

土地增值税的计税依据为转让房地产所取得的增值额，是纳税人转让房地产的收入减除税法规定的扣除项目金额后的余额。

扣除项目金额包括：取得土地使用权所支付的金额（适用新建房转让和存量房地产转让）；开发土地的成本、费用；新建房及配套设施的成本、费用，或者旧房及建筑物的评估价格；与转让房地产有关的税金（包括转让房地产时缴纳的城建税、印花税，教育费附加和地方教育费附加视同税金扣除）；财政部规定的其他扣除项目。

（三）税率

土地增值税实行四级超率累进税率。其中，最低一级，增值额未超过扣除项目金额50%的部分，税率为30%；最高一级，增值额超过扣除项目金额200%的部分，税率为60%（如表10-5所示）。

表10-5 土地增值税税率表

级 数	增值额与扣除项目金额的比率	税率(%)	速算扣除系数(%)
1	增值额未超过扣除项目金额50%的部分	30	0
2	增值额超过扣除项目金额50%未超过100%的部分	40	5
3	增值额超过扣除项目金额100%未超过200%的部分	50	15
4	增值额超过扣除项目金额200%的部分	60	35

三、土地增值税的计算与征收管理

（一）土地增值税的计算

计算土地增值税税额，可按增值额乘以适用的税率减去扣除项目金额乘以速算扣除系数的简便方法计算，具体公式如下。

增值额未超过扣除项目金额50%：

$$土地增值税税额 = 增值额 \times 30\%$$

增值额超过扣除项目金额50%，未超过100%：

$$土地增值税税额 = 增值额 \times 40\% - 扣除项目金额 \times 5\%$$

增值额超过扣除项目金额100%，未超过200%：

$$土地增值税税额 = 增值额 \times 50\% - 扣除项目金额 \times 15\%$$

增值额超过扣除项目金额200%：

$$土地增值税税额 = 增值额 \times 60\% - 扣除项目金额 \times 35\%$$

公式中的5%，15%，35%为速算扣除系数。

（二）土地增值税的征收管理

土地增值税由税务机关征收。纳税人应在转让房地产合同签订后的7日内，到房地产所在地主管税务机关办理纳税申报,并向税务机关提交房屋及建筑物产权、房产买卖合同、房地产评估报告及其他与转让房地产有关的资料。纳税人因经常发生房地产转让而难以在每次转让后申报的,经税务机关审核同意后,可以定期进行纳税申报,具体期限由税务机关根据情况确定。

重点概念

所得　所得税　个人所得税　分类所得税　综合所得税　企业所得税
土地增值税

思考题与训练题

1. 如何理解所得?
2. 通常将所得税划分为哪几种类型?
3. 所得课税具有哪些优缺点?
4. 简述所得税的课征范围。
5. 简述所得税的课征方法。
6. 简述所得课税的功能。
7. 两税合并后的新企业所得税的进步主要表现在哪些方面?
8. 如何完善我国的个人所得税制?

训练题

1. 假定某个居民个人纳税人2019年扣除"三险一金"后共取得含税工资收入12万元,除住房贷款专项附加扣除之外,该纳税人不享受其余专项附加扣除和税法规定的其他扣除,当年该居民个人纳税人个人所得税应纳税额为多少?

简答:(1)全年应纳税所得额=120 000-60 000-12 000=48 000(元)。

(2)应纳税额=48 000×10%-2 520=2 280元。

2. 假定某居民个人纳税人为独生子女,2019年交完社保和住房公积金后共取得税前工资收入20万元,劳务报酬1万元,稿酬1万元。该纳税人有两个小孩且均由其扣除子女教育专项附加,纳税人的父母健在且均已年满60周岁。计算其当年应纳个人所得税税额。

简答:(1)全年应纳税所得额=200 000+10 000×(1-20%)+10 000×70%×(1-20%)-60 000-12 000×2-24 000=105 600(元)。

(2)应纳税额=105 600×10%-2 520=8 040(元)。

某小型运输公司账证健全,为个体工商户。2019年12月取得经营收入为325 000元,准许扣除的当月成本、费用(不含业主工资)及相关税金共计250 600元。1—11月累计应纳税所得额88 400元(未扣除业主费用减除标准),1—11月累计已预缴个人所得税10 200元。除经营所得外,业主本人没有其他收入,且2019年全年均享受赡养老人一项专项附加扣除。不考虑专项附加扣除和符合税法规定的其他扣除,请计算该个体工商户就2019年度汇算清缴时应申请的个人所得税退税额。

(1)纳税人取得经营所得,按年计算个人所得税,由纳税人在月度或季度终了后15日内,向经营管理所在地主管税务机关办理预缴纳税申报。

(2)在取得所得的次年3月31日前,向经营管理所在地主管税务机关办理汇算清缴。

因此,按照相关税收法律规定,先计算全年应纳税所得额,再计算全年应纳税额,并根据全年应纳税额和当年已预缴税额计算当年应补(退)税额:

全年应纳税所得额=325 000-250 600+88 400-60 000-24 000=78 800(元)

全年应缴个人所得税=78 800×10%-1 500=6 380(元)

该个体工商户2019年度应申请的个人所得税退税额=10 200-6 380=3 820(元)

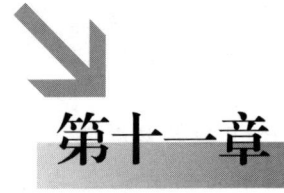

第十一章

财产课税

财产课税是国家针对财产课征的税。它以财产为课税对象,向财产的所有者征收。财产的内涵十分丰富,包括一切积累的劳动产品(生产资料和生活资料)、自然资源(如土地、矿藏、森林等)和各种科学技术、发明创作的特许权等。财产税属于对社会财富的存量课税,它通常不是课自当年创造的价值,而是课自以往年度创造价值的各种积累形式。本章内容包括我国财产课税的一般知识和理论以及我国现行财产税制中的房产税、契税、车船税和车辆购置税等税种的基本内容。掌握财产课税的一般知识,掌握财产税税种及各税种的基本内容,是学习本章的主要目的。

第一节 财产税概述

财产税是指以各类动产和不动产为课税对象的税收,如一般财产税、遗产税、赠与税等。

一、财产税的含义

财产税是对财产所有人、占有人或使用人所拥有或支配的应税财产,就其数量或价值依法征收的一种税。

(一)财产税的发展历史

财产税是世界上最古老的税类,它是随着私有财产制度的确立而发展起来的。财产税曾经是奴隶社会中国家的重要收入,也是封建社会中国家最主要的税收收入。现代意义上的财产税于1892年创行于荷兰,以后德国、丹麦、瑞典、挪威等国相继依法开征了财产税。到近现代社会,随着商品税和现代直接税的产生和发展,财产税的地位和作用有所下降,但作为现代三大税收体系的一个独立体系,财产税仍然发挥着其他税种不可替代的作用。在美、英等国,财产税是地方政府财政收入的重要来源。随着生产力的发展和社会形态的更迭,财产税的课税对象也发生了很大变化。在以自然经济为特征的古代社会,财产税主要以土地为课税对象。后来随着财产种类的日益增多,财产税的课税对象也趋于复杂多样,除了土地、房屋等不动产外,也有动产,包括汽车等有形动产和股票、债券等无形动产。从各国已课财产税来看,财产税的课征范围大多数是房屋、土地、车辆、遗产等财产。对于机器、设备等生产资料和日用生活物品以及货币等,一般很少课征财产税。

随着改革开放的不断深入,我国社会财富的分配形成了新的格局:一是随着以公有制为主导、多种经济成分并存的多元化经济结构的确立,居民收入水平提高,非国有财产大量增加;二是伴随着"鼓励一部分人先富起来"的政策的推行,居民之间收入水平差距拉大,个人之间财产的占有量较为悬殊。针对这种情况,国家先后恢复开征财产税的相关税种。我国现行财产税制主要包括房产税、契税、车船税和车辆购置税等税种。

(二)财产税的类型

根据不同标准,财产税可以分为多种形式。以课征范围为标准,财产税可分为一般财产税和特种财产税。一般财产税也称综合财产税,是对纳税人所拥有的全部财产,按其综合计算的价值进行课征的一种财产税。理论上是如此,但现实中一般财产税并非将纳税人所有的财产都作为计税依据,在课征时通常要考虑到对一定货币数量以下的财产和纳税人日常生活必需品的免税,以及负债的扣除,有的国家一般财产税中还规定了起征点。特种财产税也称特别财产税,是对纳税人的某种财产单独课征的一种财产税。如对土地课征的土地税或地产税,对房屋课征的房产税,对土地和房屋合并征收的房地产税等均属于个别财产税。个别财产税在课征时一般不需要考虑免税和扣除。

以征税对象为标准,财产税可分为静态财产税和动态财产税。静态财产税是对一定时期处于相对静止状态的财产,按其数量或价值进行课征的财产税。如地产税、房产税等均属于静态财产税。其特点是在征收时间上有一定的规律性,通常是定期征收,如房产税一般都是实行按年征收。动态财产税是对财产所有权的转移或变动(如继承、赠与和增值等)征税,即对因无偿转移而发生所有权变动的财产按其价值所课征的财产税,如遗产税、继承税等。动态财产税是以财产所有权的变动和转移为前提课征的,其特点是在财产交易时一次性征收,如遗产税是在发生遗产继承行为时一次性征收的。

以计税依据为标准,财产税可分为从量财产税与从价财产税。从量财产税是指以纳税人的应税财产数量为计税依据,实行从量定额征收的财产税。其特点是纳税人应纳税额的多少,完全取决于其拥有财产的数量,而与其财产的价值无关,因而从量财产税一般不受价格变动的影响。从价财产税是指以纳税人的应税财产的价值为计税依据,实行从价定率征收的财产税。其特点是纳税人应纳税额的多少,视其所拥有财产的价值大小而定,因而从价财产税通常受价格变动的影响较大。从价财产税又可分为财产价值税和财产增值税。所谓财产价值税,就是对拥有所有权或使用权的财产的全部价值计算课征的财产税。在现实中,财产的计税价格又有原始价、重置价和市场价之分。所谓财产增值税,是指对出售或清理资产,售出收入超过购入价格而产生的增值额的课税,即只对财产的现值超过原值的增值部分征税,而不考虑财产的总价值或财产净值。

二、财产税的一般特征及其优缺点

(一) 财产税的一般特征

从财产课税体系的历史发展及当今各国的财产课税制度来看,财产税的一般特征主要表现在以下几个方面。

1. 财产税是对财富的存量课税。作为财产税课税对象的财产,一般是在某一时点个人拥有并受其支配的财富,从整个社会来看,是社会财富处于存量的部分。相对于就商品流转额课征的商品税和就所得额课税的所得税,财产税的课税对象具有明显的非流动性的特点。

2. 财产税多属于直接税,其税负较难转嫁给他人。财产税主要是对使用、消费过程中的财产征收的,而对生产、流通中的财产不征税,因此,财产税很少有转嫁的机会。

3. 财产税一般作为地方税种。与商品税和所得税相比,财产税的课税对象是固定的,而不是流动的,因而财产税具有分散、区域性等特点,由地方政府征收便于掌握和控制税源,所以许多实行分税制的国家大多将财产课税归入地方税体系,作为地方政府的收入来源。

(二) 财产税的优缺点

财产税的优点体现为:一是比较符合税收的量能纳税原则。财产是测量社会成员纳税能力的一个重要尺度,即有财产者就有纳税能力。不论按财产价值征税,还是按财产收益征税,都适合社会成员的纳税能力,都能体现公平负担的原则。二是有利于调节收入分配。财产税作为一种直接税,可以防止财产过于集中于社会少数人手中,调节财富的分配,体现社会分配的公正性。在调节纳税人财产收入方面,财产税可以弥补所得税和流转税的不足。三是财产税收入较稳定。由于财产具有相对稳定性,财产税不易受经济变动等因素的影响,税收收入稳定可靠;加之土地、房产等不动产的位置固定,标志明显,税收不易逃漏,作为课税对象具有收入上的稳定性。

但财产税也有一定的缺点,表现为:一是财产税在收入上弹性小,不能随着财政的需要而筹集资金;二是财产税的征税范围难以普及到纳税人的全部财产,无形财产不易征税,造成税负的不公平和不合理;三是财产税一般都是从价计征,估价工作较为复杂,加大了税收征管的工作量和成本;四是财产税容易打击人们投资、工作和储蓄的积极性,从而妨碍资本的形成和积累,影响经济的发展。正因为存在上述缺陷,在现代市场经济条件下,财产税已不再是世界各国税制中的主体税种,而是税制结构中的辅助税种。

第二节　房产税

房产税是以房产为征税对象,依房产价格或房租收入向产权所有人或经营人征收的一种税。

中华人民共和国成立后,中央人民政府政务院于1951年8月颁布了《中华人民共和国城市房地产税暂行条例》,规定在城市中的房屋合并征收房产税和地产税,称为城市房地产税。1973年简化税制,把对企业征收的这个税并入了工商税。党的十一届三中全会以后,为了发挥税收的经济杠杆作用,国务院决定于1984年10月对国有企业实行第二步利改税和改革工商税制时,确定恢复征收城市房地产税。同时,鉴于我国城市土地属于国家所有,使用者没有土地所有权的实际情况,将城市房地产税分为房产税和土地使用税,并于1986年9月15日由国务院颁布《中华人民共和国房产税暂行条例》,同年10月1日起正式实施。从此,对国内的单位和个人在全国范围内全面征收房产税。

征收房产税,有利于运用税收经济杠杆,促进和加强对房屋的管理,提高房屋的使用效益,有利于控制固定资产投资规模和配合房产政策的改革,合理调节房产所有人和经营人的收入。房产税目前是我国地方政府财政收入的重要来源之一。

一、征税范围和纳税人

(一)征税范围

所谓房产,是指以房屋形态表现的财产,即有屋面和围护结构(有墙或两边有柱),能够遮风避雨,可供人们在其中生产、工作、学习、娱乐、居住或储藏物资的场所。与房屋不可分割的各种附属设施或不单独计价的配套设施,也属于房产,应一并征收房产税;但独立于房屋之外的建筑物(如水塔、围墙、烟囱等),因其不属于房产,不对其征收房产税。

房产税在城市、县城、建制镇和工矿区征收。其中,城市是指国务院批准设立的市。城市的征税范围为市区和郊区,不包括农村;县城是指未设立建制镇的县人民政府所在地;建制镇是指经省、自治区、直辖市人民政府批准设立的建制镇,建制镇的征税范围为镇人民政府所在地,不包括所辖的行政村;工矿区是指工商业比较发达,人口比较集中,符合国务院规定的建制镇的标准,但未设立建制镇的大中型工矿企业所在地,开征房产税的工矿区须经省级人民政府批准。房产税的征税范围不包括农村,其主要目的是为了减轻农民负担,因为农村的房屋除农副业生产用房外,大部分是农民居住用房。农村房屋不纳入房产税征税范围,有利于农业发展,繁荣农村经济和促进社会稳定。

(二) 纳税人

房产税以在征税范围内的房屋产权所有人为纳税人,具体包括经营管理单位、集体单位和个人、房产承典人、房产代管人或使用人。

1. 产权属于国家所有的,由经营管理的单位缴纳。产权属集体和个人所有的,由集体单位和个人纳税。

2. 产权出典的,由承典人缴纳。所谓产权出典,是指产权所有人将房屋、生产资料等的产权,在一定期限内典给他人使用而取得资金的一种融资业务。这种业务大多发生于出典人急需用款,但又想保留产权回赎权的情况。承典人向出典人交付一定的典价之后,在质典期内即可获得抵押物品的支配权,并可转典。产权的典价一般要低于卖价。出典人在规定期间内需归还典价的本金和利息,方可赎回出典房屋等的产权。由于在房屋出典期间,产权所有人已无权支配房屋,因此,税法规定对房屋具有支配权的承典人为纳税人。

3. 产权所有人、承典人不在房产所在地的,或者产权未确定及租典纠纷未解决的,由房产代管人或者使用人缴纳。所谓租典纠纷,是指产权所有人在房产出典和租赁关系上,与承典人、租赁人发生各种争议,特别是权利和义务的争议。对产权归属不清或租典纠纷尚未解决的房产,规定由代管人或使用人为纳税人,主要目的在于加强征收管理,保证房产税及时入库。

4. 纳税单位和个人无租使用房管部门、免税单位、纳税单位的房产,由使用人代为缴纳房产税。

上述产权所有人、经营管理单位、承典人、房产代管人或者使用人,统称为纳税义务人(简称"纳税人")。

二、计税依据和税率

(一) 计税依据

房产税区分为从价计征和从租计征两种计算缴纳形式。

从价计征的,考虑到房屋的自然损耗因素,为了计算便利,房产税依照房产原值一次减除10%~30%后的余值计算缴纳,具体减除幅度,由省、自治区、直辖市人民政府规定。其中,房产原值是指纳税人按照会计制度规定,在账簿"固定资产"科目中记载的房产原值。凡按会计制度规定在账簿中记载有房屋原值的,应以房屋原值按规定减除一定比例后作为房产余值计征房产税。对纳税人未按照会计规定记载的,在计征房产税时,要按规定调整房产原值。对房产原值明显不符的,要重新予以评估。对没有房产原值作为依据的,由房产所在地税务机关参考同类房产核定。房产原值的计算范围应包括与房屋不可分割的各种附属设备或一般不单独计算价值的配套设施。纳税人对原有房屋进行改建、扩建的,要相应增加房屋的原值。在计算房产余值时,房产原值的具体减除比例由省、自治区、直辖市人民政府在税法规定的减除幅度内自行确定。这样规定,既有利于各地区根据本地情况,因地制宜地确定计税余值,又有利于平衡各地税收负担,简化计算手续,提高征管效率。

独立的地下建筑物在进行 10%~30% 的扣除前对房产的原值进行确认:地下建筑物为工业用途的,以房屋原值的 50%~60% 作为应税房产原值;地下建筑物为商业及其他用途的,以房屋原值的 70%~80% 作为应税房产原值。

从租计征的,以房产租金收入为房产税的计税依据。房屋租金收入是房屋产权所有人出租房产使用权所取得的报酬,包括货币收入和实物收入。对以劳务或其他形式作为报酬抵付房租收入的,应根据当地同类房产的租金水平,确定一个标准租金额,依率计征。出租的地下建筑,按照出租地上房屋建筑的有关规定计税。如果纳税人对个人出租房屋的租金收入申报不实或不合理,税务部门可采取科学合理的方法核定其应纳税额。

对投资联营的房产,在计征房产税时应予区别对待。对于以房产投资联营,投资者参与投资利润分红,共担风险的,以房产余值作为计税依据按从价计征房产税;以房产投资,收取固定收入,不承担联营风险的,实际是以联营名义取得房产租金,对其应由出租方按不含增值税的租金收入计算缴纳房产税。

对于融资租赁房屋的情况,由于租赁费包括购进房屋的价款、手续费、借款利息等,与一般房屋出租的"租金"内涵不同,且租赁期满后,当承担方偿还最后一笔租赁费时,房屋产权要转移到承租方,这实际上是一种变相的分期付款购买固定资产的形式,所以在计征房产税时应以房产余值计算征收。

(二)税率

房产税采用比例税率。依照房产余值计算缴纳的,税率为 1.2%;依照房产租金收入计算缴纳的,税率为 12%。个人出租住房(不分出租后用途),优惠税率为 4%。

从价计征的房产税应纳税额的计算公式如下:

$$应纳税额 = 应税房产原值 \times (1-扣除比例) \times 1.2\%$$

从租计征的房产税应纳税额的计算公式如下:

$$应纳税额 = 租金收入 \times 12\%$$

三、减税免税

房产税减税免税的范围如下:

(1)国家机关、人民团体、军队自用的房产免征房产税。但上述免税单位的出租房产以及非自身业务使用的生产、营业用房,不属于免税范围。上述"人民团体",是指经国务院授权的政府部门批准设立或登记备案并由国家拨付行政事业费的各种社会团体。上述"自用的房产",是指这些单位本身的办公用房和公务用房。

(2) 由国家财政部门拨付事业经费的单位，如学校、医疗卫生单位、托儿所、幼儿园、敬老院、文化、体育、艺术这些实行全额或差额预算管理的事业单位所有的，本身业务范围内使用的房产免征房产税。

(3) 宗教寺庙、公园、名胜古迹自用的房产免征房产税。宗教寺庙自用的房产，是指举行宗教仪式等的房屋和宗教人员使用的生活用房。公园、名胜古迹自用的房产，是指供公共参观游览的房屋及其管理单位的办公用房。宗教寺庙、公园、名胜古迹中附设的营业单位，如影剧院、饮食部、茶社、照相馆等所使用的房产及出租的房产，不属于免税范围，应征收房产税。

(4) 个人所有非营业用的房产免征房产税。个人所有的非营业用房，主要是指居民住房，不分面积多少，一律免征房产税。对个人拥有的营业用房或者出租的房产，不属于免税房产，应征收房产税。

(5) 对非营利性医疗机构、疾病控制机构和妇幼保健机构等卫生机构自用的房产，免征房产税。

(6) 从 2001 年 1 月 1 日起，对按政府规定价格出租的公有住房和廉租住房，包括企业和自收自支事业单位向职工出租的单位自有住房，房管部门向居民出租的公有住房，落实私房政策中带户发还产权并以政府规定租金标准向居民出租的私有住房等，暂免征收房产税。

(7) 经营公租房的租金收入，免征房产税。公共租赁住房经营管理单位应单独核算公共租赁住房租金收入，未单独核算的，不得享受免征房产税优惠政策。

(8) 自 2018 年 10 月 1 日至 2020 年 12 月 31 日，对按照去产能和调结构政策要求停产停业、关闭的企业，自停产停业次月起，免征房产税、城镇土地使用税。企业享受免税政策的期限累计不得超过两年。按照去产能和调结构政策要求停产停业、关闭的中央企业名单由国务院国有资产监督管理部门认定发布，其他企业名单由省、自治区、直辖市人民政府确定的去产能、调结构主管部门认定发布。认定部门应当及时将认定发布的企业名单(含停产停业、关闭时间)抄送同级财政和税务部门。各级认定部门应当每年核查名单内企业情况，将恢复生产经营、终止关闭注销程序的企业名单及时通知财政和税务部门。企业享受规定的免税政策，应按规定进行减免税申报，并将房产土地权属资料、房产原值资料等留存备查。

(9) 自 2019 年 1 月 1 日至 2021 年 12 月 31 日，对国家级、省级科技企业孵化器、大学科技园和国家备案众创空间自用以及无偿或通过出租等方式提供给在孵对象使用的房产免征房产税。

(10) 自 2019 年 1 月 1 日至 2021 年 12 月 31 日，对高校学生公寓免征房产税。本条所称高校学生公寓，是指为高校学生提供住宿服务，按照国家规定的收费标准收取住宿费的学生公寓。企业享受本条规定的免税政策，应按规定进行免税申报，并将不动产权属证明、载有房产原值的相关材料、房产用途证明、租赁合同等资料留存备查。

(11) 自 2019 年 6 月 1 日至 2025 年 12 月 31 日,为社区提供养老、托育、家政等服务的机构自有或其通过承租、无偿使用等方式取得并用于提供社区养老、托育、家政服务的房产,免征房产税。

(12) 经过财政部批准减免税的其他房产。

此外,纳税人缴纳房产税确有困难的,可由所在省、自治区、直辖市人民政府确定,对其定期减征或者免征房产税。

房产税按年征收、分期缴纳,具体纳税期限由省、自治区、直辖市人民政府确定。房产税由房产所在地的税务机关征收管理。

纳税人应依照当地税务机关的规定,将现有房屋的坐落地点、数量、房屋的原值或租金收入等情况,据实向税务机关办理纳税申报登记,并根据规定纳税。纳税人住址变更、产权转移、房屋原值或租金收入有变化时,要及时向税务机关申报。

第三节 契 税

契税是指在土地、房屋权属发生转移时,向土地、房屋的产权承受人征收的一种税。契税是一个古老的税种,在我国有悠久的历史,它起源于 1 600 多年前东晋的"估税"。中华人民共和国成立后,政务院于 1950 年 3 月 31 日发布了《中华人民共和国契税暂行条例》(以下简称《契税暂行条例》),规定凡土地、房屋的买卖、典当、赠与或交换,都要缴纳契税。1954 年 6 月经政务院批准,财政部对《契税暂行条例》进行了部分修改。土地改革完成后,国家规定土地属于国家和集体所有,不得自由买卖。此后契税仅限于对房屋的买卖、典当、赠与或交换而发生所有权转移时征收。契税的征收范围大大缩小。到 1956 年,随着社会主义改造的基本完成,城市的私有房屋大部分转为国家或集体所有,个人转移房产的现象大量减少,契税的税源近乎枯竭。有的省、市先后停征了契税。

改革开放后,国家重新调整了土地、房屋管理的有关政策,房地产市场逐步得以恢复和发展。为适应新形势的要求,1981 年 11 月财政部发出《关于改进和加强契税征收管理工作的通知》,要求各地加强对契税的征收管理。1997 年 4 月 23 日国务院审议通过了新的《中华人民共和国契税暂行条例》,该条例于 1997 年 7 月 7 日颁布并自同年 10 月 1 日起施行。新的契税条例的颁布,使我国契税立法得到了进一步完善,使契税征管更加规范。2020 年 8 月 11 日,第十三届全国人民代表大会常务委员会通过了《中华人民共和国契税法》,自 2021 年 9 月 1 日起施行,1997 年 7 月 7 日国务院发布的《中华人民共和国契税暂行条例》同时废止。

一、征税范围和纳税人

（一）征税范围

契税以在我国境内发生权属转移的土地和房屋为征税对象。土地权属转移是指土地使用权的转移。土地使用权是指土地使用者依法取得土地上的实际经营权和利用权，在相应的法律规定范围内，对享有的土地占有、使用和部分收益、处分的权利，即具有使用土地主体资格的单位或个人，按照法定程序办理土地使用权的申请、发证等手续，经法律确认具有使用土地的权利。土地使用权的转移包括土地使用权出让和土地使用权转让两种方式。房屋权属转移是指房屋所有权的转移，包括买卖、赠与和交换三种方式。房屋所有权是指房屋所有人对自己的房屋享有的占有、使用、收益和处分的权利，即对房屋的占有权、使用权、收益权、处分权。

契税的具体征税范围如下。

1. 国有土地使用权出让。国有土地使用权出让是指土地使用者向国家交付土地使用权出让费用，国家将国有土地使用权在一定年限内让与土地使用者的行为。具体来讲，就是国家按照土地所有权和土地使用权两权分离的原则，以土地所有者的身份，依法授权省、市、县人民政府，在规定权限内，将国有土地中符合土地利用总体规划、城市规划和年度建设用地计划的土地使用权，在一定年限内让与土地使用者，由土地使用者向国家一次性支付土地使用权出让金的行为。

2. 土地使用权转让。土地使用权转让，是指土地使用者以出售、赠与、交换或者其他方式将土地使用权转移给其他单位和个人的行为，包括国有土地使用权转让和集体土地使用权转让。土地使用权出售，是指土地使用者以土地使用权作为交易条件，取得货币、实物、无形资产或者其他经济利益的行为。土地使用权赠与，是指土地使用者将土地使用权无偿转让给受赠者的行为。土地使用权交换，是指土地使用者之间相互交换土地使用权的行为。土地使用权转让应当签订书面转让合同。土地使用权在规定的使用年限内可以多次转让，但无论转移到哪里，国家与土地使用者的权利义务关系仍是土地出让合同规定的权利义务。土地使用权转让时，其地上建筑物、附属物的所有权应随之转移，并依照规定办理权属变更登记手续。集体土地使用权按国家有关规定转让。

土地使用权转让不包括农村集体土地承包经营权的转移。我国现行法律规定，集体所有的或者国家所有的由农业集体经济组织使用的土地、山岭、草原、荒地、滩涂、水面，可以由个人或者集体承包经营，从事农、林、牧、渔业生产。土地承包经营是在土地使用权属未发生转移的情况下，对土地实行经营、管理的方式。土地使用权是一种对物权，土地承包经营权是一种授权，因而不属于《中华人民共和国契税暂行条例》规定的土地使用权转让范围。

3. 房屋买卖。房屋买卖，是指房屋所有者将其房屋出售，由承受者交付货币、实物、无形资产或者其他经济利益的行为。

4. 房屋赠与。房屋赠与，是指房屋所有者将其房屋无偿转让给受赠者的行为。其中，将自己的房屋转交给他人的法人和自然人，称作房屋赠与人；接受他人房屋的法人和自然人，称为受赠人。房屋赠与的前提必须是，产权无纠纷，赠与人和受赠人双方自愿。由于房屋是不动产，加之较大，故法律要求赠与房屋应有书面合同（契约），并到房地产管理机关或农村基层政权机关办理登记过户手续，才能生效。如果房屋赠与行为涉及涉外关系，还需公证处证明和外事部门认证，才能生效。房屋的受赠人要按规定缴纳契税。

5. 房屋互换。房屋互换是指房屋住户、用户、所有人，在双方之间或多方自愿的基础上，相互交换房屋的使用权和所有权。其行为的主体有公民、房地产管理部门以及企事业单位、机关团体。交换的标的性质有公房（包括直管房和自管房）、私房，标的种类有住宅、店面及办公用房等。交换行为的内容包括房屋使用权交换和房屋所有权交换。交换房屋使用权的，由于没有发生房屋所有权的转移，不属于契税征税范围。交换房屋所有权的，按房地产管理的相关规定，交换双方须到有关部门办理权属变更登记手续，属于契税征收范围。交换房屋所有权，双方交换价值相等的，免纳契税，办理免征契税手续；其价值不相等的，按超出部分缴纳契税。

6. 土地、房屋权属以下列方式转移的，视同土地使用权转让、房屋买卖或者房屋赠与征收契税。

(1) 以土地、房屋权属作价投资、入股。以土地、房屋作投资或作股权转让亦属土地、房屋权属转移，应根据国家房地产管理的有关规定，办理房地产产权交易和产权变更登记手续，由产权承受方缴纳契税。以自有房产作股投入本人经营企业的，由于产权所有人和使用权人未发生变化，不需办理房产变更登记手续，也无须缴纳契税。

(2) 以土地、房屋权属抵债。在经当地政府和有关部门批准，债务人以自有的房屋所有权、土地使用权向债权人抵偿债务时，由于发生了房屋所有权、土地使用权的转移，因而视同房屋买卖和土地使用权转让征收契税。

(3) 以获奖方式承受土地、房屋权属。以获奖方式承受房屋权属，其实质是接受赠与房屋，应当视同房屋赠与，应由获奖人按规定缴纳契税。

(4) 以预购方式或者预付集资建房款方式承受土地、房屋权属。以预购方式或者预付集资建房款方式承受土地、房屋权属的，应当视同土地使用权转让或者房屋买卖，由土地使用权或者房屋所有权的产权承受人按规定缴纳契税。

土地、房屋权属（指土地使用权、房屋所有权）是否发生变更转移，是确定土地、房屋交易行为是否纳入契税征税范围的标准。凡纳入契税征收范围的土地、房屋交易行为必须同时具备三个条件：一是转移的客体为土地使用权和房屋所有权。二是土地、房屋权属必须转移。首先，土地、房屋发生转移，由一方转给另一方；其次，产权人关系发生变更，由一个产权人变为另一个产权人。三是行为双方有"经济利益"关系。依据上述三个条件，如转让土地、出租房屋，土地、房屋的抵押和土地、房屋的继承不在征税范围之内，不征收契税。非继承人承受遗赠房屋，属于赠与性质，应按赠与行为征收契税。抵押期满，发生权属变更的抵押房屋，也属于契税的征税范围。

（二）纳税人

在中华人民共和国境内转移土地、房屋权属，承受的单位和个人为契税的纳税人，具体包括企业单位、事业单位、国家机关、军事单位、社会团体和其他组织，以及个体经营者及其他个人（包括外籍人员）。

此外，土地使用权交换、房屋所有权交换、土地使用权与房屋所有权相互交换，其纳税人为补偿差额部分的一方；以划拨方式取得土地使用权，经批准转让房地产时，其房地产转让者应补缴契税。

二、计税依据和税率

（一）计税依据

国有土地使用权出让、土地使用权出售、房屋买卖，这三类权属转让的计税依据为交易的成交价格。成交价格，是指土地、房屋权属转移合同确定的价格，包括承受者应交付的货币、实物或者其他经济利益。这样规定的好处在于与城市房地产管理法和有关房地产法规规定的价格申报制度相一致，在现阶段有利于契税的征收管理。

土地使用权赠与、房屋赠与的计税依据由征收机关参照土地使用权出售、房屋买卖的市场价格核定。这是因为土地使用权赠与、房屋赠与属于特殊的转移形式，无货币支付，在计征税额时只能参照市场上同类土地、房屋价格计算应纳税额。

土地使用权交换、房屋交换的计税依据为所交换的土地使用权、房屋的价格的差额。土地使用权交换、房屋交换，其交换价格不相等的，由多交付货币、实物、无形资产或者其他经济利益的一方缴纳税款；交换价格相等的，免征契税。

以划拨方式取得土地使用权的，经批准转让房地产时，应由房地产转让者补缴契税，其计税依据为补缴的土地使用权出让费用或者土地收益。

此外，对于成交价格明显低于市场价格且无正当理由的，或者所交换的土地使用权、房屋的价格差额明显不合理且无正当理由的，由征税机关参照市场价格核定税额，其目的是为了防止纳税人隐瞒、虚报成交价格。

（二）税率

契税实行幅度比例税率，税率为3%~5%。各地具体的适用税率，由省、自治区、直辖市人民政府在规定的幅度内按照本地区的实际情况确定。这主要是考虑到全国各地经济和房地产市场发展的不平衡状况，使各地执行时有较大的灵活性，可以更好地照顾到各方面的情况，增强地方政府对房地产市场的调控能力，充分发挥和调动地方管理税收的积极性。

三、减税免税

有下列情形之一的,减征或者免征契税:

第一,国家机关、事业单位、社会团体、军事单位承受土地、房屋权属用于办公、教学、医疗、科研、军事设施;

第二,非营利性的学校、医疗机构、社会福利机构承受土地、房屋权属用于办公、教学、医疗、科研、养老、救助;

第三,承受荒山、荒地、荒滩土地使用权用于农、林、牧、渔业生产;

第四,婚姻关系存续期间夫妻之间变更土地、房屋权属;

第五,法定继承人通过继承承受土地、房屋权属;

第六,依照法律规定应当予以免税的外国驻华使馆、领事馆和国际组织驻华代表机构承受土地、房屋权属。

另外,根据财政部等六部门发布的《关于养老、托育、家政等社区家庭服务业税费优惠政策的公告》,自2019年6月1日至2025年12月31日,为社区提供养老、托育、家政等服务的机构,承受房屋、土地用于提供社区养老、托育、家政服务的,免征契税。

省、自治区、直辖市可以决定对下列情形免征或者减征契税:

第一,因土地、房屋被县级以上人民政府征收、征用,重新承受土地、房屋权属;

第二,因不可抗力灭失住房,重新承受住房权属。

纳税人改变有关土地、房屋的用途,或者有其他不再属于规定的免征、减征契税情形的,应当缴纳已经免征、减征的税款。

契税的纳税义务发生时间,为纳税人签订土地、房屋权属转移合同的当日,或者纳税人取得其他具有土地、房屋权属转移合同性质凭证的当日。纳税人应当在依法办理土地、房屋权属登记手续前申报缴纳契税。纳税人办理纳税事宜后,税务机关应当开具契税完税凭证。纳税人办理土地、房屋权属登记,不动产登记机构应当查验契税完税、减免税凭证或者有关信息。未按照规定缴纳契税的,不动产登记机构不予办理土地、房屋权属登记。

契税由土地、房屋所在地的税务机关依照相关规定征收管理。

第四节 车船税

车船税是对在我国境内依法应当到公安、交通、农业、渔业、军事等管理部门办理登记的车辆、船舶,根据其种类,按照规定的计税单位和年税额标准计算征收的一种财产税。

我国对车船征税的历史很悠久。明清时,曾对内河商船征收船钞。中华人民共和国成立前,不少城市对车船征收牌照税。中华人民共和国成立后,中央人民政府政务院于1951年颁布了《中华人民共和国车船使用牌照税暂行条例》,对车船征收车船使用牌照税。1986年9月国务院在实施工商税制改革时,又发布了《中华人民共和国车船使用税暂行条例》。根据有关规定,该条例不适用于外商投资企业和外国企业及外籍个人,因此,对外商投资企业和外国企业及外籍个人仍征收车船使用牌照税。以上两个税种自开征以来,在组织地方财政收入,调节和促进经济发展方面发挥了积极作用。但设置内外两个税种,不符合简化税制的要求,也与世界贸易组织有关国民待遇等规则不相符合。因此,根据我国目前车船拥有、使用和管理现状及发展趋势,本着简化税制、公平税负、拓宽税基、方便税收征管的原则对其进行了合并修订,2006年12月27日国务院第162次常务会议通过了新的《中华人民共和国车船税暂行条例》,规定自2007年1月1日起在全国统一征收车船税。

新的车船税在以下方面有所改变:一是将车船使用税和车船使用牌照税合并为"车船税",统一适用于各类纳税人,包括外商投资企业、外国企业和外籍人员,解决了内外资企业车船税制长期不统一的问题。二是将财产与行为税改为财产税;将纳税人由"拥有并且使用车船的单位和个人"改为"车辆、船舶的所有人或者管理人"。三是提高了税额标准。原来的车船使用牌照税税额已有50多年没有调整,而车船使用税的税额是按照车船使用牌照税的税额标准制定的,也已有20多年没有调整,条例保持了原车船使用税税额幅度的下限,而将上限提高了1倍左右。四是调整了减免税范围,取消了部分免税规定。

一、征税范围和纳税人

(一)征税范围

车船税的征税对象为依法应当在车船管理部门登记的车船,具体征税范围包括载客汽车、载货汽车、三轮汽车、低速货车、摩托车和船舶。

1. 载客汽车。根据《中华人民共和国车船税暂行条例实施细则》,载客汽车划分为大型客车、中型客车、小型客车和微型客车4个子税目。其中,大型客车是指核定载客人数大于或者等于20人的载客汽车;中型客车是指核定载客人数大于9人且小于20人的载客汽车;小型客车是指核定载客人数小于或者等于9人的载客汽车;微型客车是指发动机气缸总排气量小于或者等于1升的载客汽车。

2. 三轮汽车。三轮汽车是指在车辆管理部门登记为三轮汽车或者三轮农用运输车的机动车。

3. 低速货车。低速货车是指在车辆管理部门登记为低速货车或者四轮农用运输车的机动车。

4. 专项作业车。专项作业车是指装置有专用设备或者器具,用于专项作业的机动车。

5. 轮式专用机械车。轮式专用机械车是指具有装卸、挖掘、平整等设备的轮式自行机械车。

6. 客货两用车。

7. 船舶。

(二) 纳税人

车船税的纳税人为我国境内车辆、船舶的所有人或者管理人。其中,所有人是指在我国境内拥有车船的单位和个人;管理人是指对车船具有管理使用权,但不具有所有权的单位。这里所称的单位包括国有企业、集体企业、私营企业、股份制企业、外商投资企业、外国企业以及其他企业和事业单位、社会团体、国家机关、军队以及其他单位;所称的个人,包括个体工商户以及其他个人。此外,车船的所有人或者管理人未缴纳车船税的,使用人应当代为缴纳车船税。

二、计税依据和税率

(一) 计税依据

车船税实行从量计税的方法。根据车船的种类、性能、构造和使用情况,分别选择了三种单位的计税标准,即辆、自重吨位和净吨位。载客汽车(包括电车)、摩托车,以辆为计税依据。载货汽车(包括半挂牵引车、挂车)、三轮汽车、低速货车、专项作业车和轮式专用机械车、客货两用汽车以自重吨位为计税依据,其中自重是指机动车的整备质量。船舶以净吨位为计税依据。

车辆自重尾数在 0.5 吨以下(含 0.5 吨)的,按照 0.5 吨计算;超过 0.5 吨的,按照 1 吨计算。船舶净吨位尾数在 0.5 吨以下(含 0.5 吨)的,不予计算;超过 0.5 吨的,按照 1 吨计算。1 吨以下的小型车船,一律按照 1 吨计算。拖船按照发动机功率每 2 马力折合净吨位 1 吨计算征收车船税。

(二) 税率

车船税采用定额税率,即对征税的车船规定单位固定税额。车船的适用税额,依照《车船税税目税额表》(如表 11-1 所示)执行。

车辆的具体适用税额由省、自治区、直辖市人民政府在规定的子税目税额幅度内确定。我国幅员辽阔,各地经济发展不平衡,车辆种类繁多,大小也不相同,客观上难以制定一个适用全国的统一税额标准,而车船税又属地方税,应给予地方必要的税收管理权限,因此,国家对各类车辆的税额,只规定了一个幅度范围。

考虑到非机动驳船只有与拖船连接才能发挥运输功能,条例规定非机动驳船和拖船各按上述船舶税额的 50% 计算征收车船税。其中,拖船是指专门用于拖(推)动运输船舶的专业作业船舶。

表 11-1 车船税税目税额表

单位:元/(辆·年)、元/(吨·年)

税 目		计税标准	每年税额	备 注
载客汽车	大型客车(核定载客≥20人)	每辆	480~660元	包括电车
	中型客车(核定载客10~19人)		420~660元	
	小型客车(核定载客≤9人)		360~660元	
	微型客车(发动机气缸总排气量≤1升)		60~480元	
载货汽车		按自重每吨	16~120元	包括半挂牵引车、挂车以及客货两用车
三轮汽车、低速货车			24~120元	
专项作业车、轮式专用机械车			16~120元	
摩托车		每辆	36~180元	
船舶	净吨位≥10 001吨	按净吨位每吨	6元	非机动驳船和拖船分别按船舶税额的50%计算征收车船税;拖船按照发动机功率每2马力折合净吨位1吨计算征收车船税
	净吨位2 001~10 000吨		5元	
	净吨位201~2 000吨		4元	
	净吨位≤200吨		3元	

表 11-1 中涉及的核定载客人数、自重、净吨位、马力等计税标准,以车船管理部门核发的车船登记证书或行驶证书相应项目所载数额为准。纳税人未按照规定到车船管理部门办理登记手续的,上述计税标准以车船出厂合格证明或者进口凭证相应项目所载数额为准;不能提供车船出厂合格证明或者进口凭证的,由主管地方税务机关根据车船自身状况并参照同类车船核定。

三、应纳税额的计算

车船税应纳税额的计算公式为:

$$应纳税额 = 计税数量 \times 适用税额$$

(一)年应纳税额的计算

载客汽车和摩托车年应纳税额的计算公式为:

$$应纳税额 = 辆数 \times 适用年税额$$

载货汽车、三轮汽车、低速货车、专项作业车、轮式专用机械车年应纳税额的计算公式为:

$$应纳税额 = 自重吨位数 \times 适用年税额$$

船舶年应纳税额的计算公式为:

$$应纳税额 = 净吨位数 \times 适用年税额$$

拖船和非机动驳船年应纳税额的计算公式为：

$$应纳税额 = 净吨位数 \times 适用年税额 \times 50\%$$

（二）购置新车船当年应纳税额的计算

购置的新车船，购置当年的应纳税额自纳税义务发生的当月起按月计算。其计算公式为：

$$应纳税额 = （年应纳税额 \div 12）\times 应纳税月份数$$

四、减税免税

《中华人民共和国车船税暂行条例》规定，下列车船免征车船税：

第一，非机动车船（不包括非机动驳船）。非机动车是指以人力或者畜力驱动的车辆，以及符合国家有关标准的残疾人机动轮椅车、电动自行车等车辆。非机动船是指自身没有动力装置，依靠外力驱动的船舶。非机动驳船是指在船舶管理部门登记为驳船的非机动船。对非机动车船（不包括非机动驳船）免征车船税主要是为了节约能源，保护环境，减轻低收入者的负担。根据道路交通安全法，将残疾人机动轮椅车和电动自行车作为非机动车管理，因此，这些车辆也属于车船税的免税范围。

第二，捕捞渔船、养殖渔船。捕捞渔船、养殖渔船，是指在渔业船舶管理部门登记为捕捞船或者养殖船的渔业船舶，不包括在渔业船舶管理部门登记为捕捞船或者养殖船以外类型的渔业船舶。对拖拉机、捕捞渔船、养殖渔船免征车船税是为了扶植农业、渔业的发展，支持社会主义新农村建设。

第三，军队、武警专用的车船，警用车船。为了支持国防建设和满足警务保障的需要，对军队、武警专用的车船和警用车船免征车船税。军队、武警专用的车船，是指按照规定在军队、武警车船管理部门登记，并领取军用牌照、武警牌照的车船。警用车船，是指在公安机关、国家安全机关、监狱、劳动教养管理机关和人民法院、人民检察院领取警用牌照的车辆和执行警务的专用船舶。

第四，按照有关规定已经缴纳船舶吨税的船舶。考虑到政策的延续性，对按照有关规定已经缴纳船舶吨税的船舶免征车船税。

第五，依照我国有关法律和我国缔结或者参加的国际条约的规定应当予以免税的外国驻华使馆、领事馆和国际组织驻华机构及其有关人员的车船。根据有关国际公约和国际惯例的要求，体现外交对等原则，对依照我国有关法律和我国缔结或者参加的国际条约的规定应当予以免税的外国驻华使馆、领事馆和国际组织驻华机构及其有关人员的车船免征车船税。

第六，为了支持公共交通事业的发展，由省级人民政府根据当地实际对城乡公共交通车船给予定期减免税照顾。

第七，对节约能源的车船，减半征收车船税；对使用新能源的车船，免征车船税。

第八,经批准临时入境的外国车船和香港特别行政区、澳门特别行政区、台湾地区的车船,不收车船税;按照规定缴纳船舶吨税的机动船舶,自车船税法实施之日起5年内免征车船税;依法不需要在车船登记管理部门登记的机场、港口、铁路站场内部行使或作业的车船,自车船税法实施之日起5年内免征车船税。

车船税属于地方税,按年申报缴纳,由地方税务机关负责征收管理。车船税的纳税义务发生时间为车船管理部门核发的车船登记证书或者行驶证书所记载日期的当月。纳税人未按照规定到车船管理部门办理应税车船登记手续的,以车船购置发票所载开具时间的当月作为车船税的纳税义务发生时间。对未办理车船登记手续且无法提供车船购置发票的,由主管地方税务机关核定纳税义务发生时间。对于机动车,为了方便纳税人缴税,节约纳税人的缴税成本和时间,条例规定从事机动车交通事故责任强制保险业务的保险机构为车船税的扣缴义务人,由其在销售机动车交通事故责任强制保险时代收代缴车船税,并及时向国库解缴税款。

第五节 车辆购置税

车辆购置税是对购置的车辆征收的一种税。我国现行的车辆购置税由2018年12月29日通过并公布的《中华人民共和国车辆购置税法》规定,自2019年7月1日起施行。车辆购置税按具体特定目的,由中央财政根据国家交通建设投资计划统筹安排,既可以保证国家财政支出和特定事业建设的需要,又有利于统筹合理地安排资金。

一、征税范围和纳税人

(一)征税范围

车辆购置税的征收范围包括汽车、有轨电车、汽车挂车、排气量超过一百五十毫升的摩托车。其中,汽车包括各类汽车;摩托车包括轻便摩托车、二轮摩托车和三轮摩托车;汽车挂车包括全挂车和半挂车。

(二)纳税人

在中华人民共和国境内购置应税车辆的单位和个人,为车辆购置税的纳税人。这里所称的购置,包括购买、进口、自产、受赠、获奖或者以其他方式取得并自用应税车辆的行为;所称的单位,包括国有企业、集体企业、私营企业、股份制企业、外商投资企业、外国企业以及其他企业和事业单位、社会团体、国家机关、部队以及其他单位;所称的个人,包括个体工商户以及其他个人。

二、计税依据和税率

（一）计税依据

车辆购置税的计税依据是车辆的计税价格。车辆购置税的计税价格根据不同情况，按照下列规定确定。

第一，纳税人购买自用的应税车辆的计税价格，为纳税人购买应税车辆而支付给销售者的全部价款和价外费用，不包括增值税税款。这里所称的价外费用，是指销售方价外向购买方收取的基金、集资费、返还利润、补贴、违约金（延期付款利息）和手续费、包装费、储存费、优质费、运输装卸费、保管费、代收款项、代垫款项以及其他各种性质的价外收费。

第二，纳税人进口自用的应税车辆的计税价格的计算公式为：

$$组成计税价格 = 关税完税价格 + 关税 + 消费税$$

第三，纳税人自产、受赠、获奖或者以其他方式取得并自用的应税车辆的计税价格，由主管税务机关参照国家税务总局规定的最低计税价格核定。最低计税价格是指国家税务总局依据车辆生产企业提供的车辆价格信息，参照市场平均交易价格核定的车辆购置税计税价格。

第四，纳税人购买自用或者进口自用应税车辆，申报的计税价格低于同类型应税车辆的最低计税价格，又无正当理由的，按照最低计税价格征收车辆购置税。

第五，底盘发生更换的车辆，计税依据为最新核发的同类型车辆最低计税价格的70%。同类型车辆是指同国别、同排量、同车长、同吨位、配置近似等。

第六，免税、减税条件消失的车辆，其最低计税价格的计算公式为：

$$最低计税价格 = 同类型最低计税价格 \times [1-(已使用年限 \div 规定使用年限)] \times 100\%$$

其中，规定使用年限为：国产车辆按10年计算；进口车辆按15年计算。超过使用年限的车辆，不再征收车辆购置税。

第七，对国家税务总局未核定最低计税价格的车辆，纳税人申报的计税价格低于同类型应税车辆最低计税价格，又无正当理由的，主管税务机关可比照已核定的同类型车辆最低计税价格征收。同类型车辆由主管税务机关确定，并报上级税务机关备案。

第八，进口旧车、因不可抗力因素导致受损的车辆、库存超过3年的车辆、行驶8万千米以上的试验车辆、国家税务总局规定的其他车辆，凡纳税人能出具有效证明的，计税依据为其提供的统一发票或有效凭证注明的价格。

第九，免税条件消失的车辆，自初次办理纳税申报之日起，使用年限未满10年的，计税价格以免税车辆初次办理纳税申报时确定的计税价格为基准，每满一年扣减10%，使用期限十年以上的，计税价格为0。

纳税人以外汇结算应税车辆价款的,按照申报纳税之日中国人民银行公布的人民币基准汇价,折合成人民币计算应纳税额。

(二)税率

车辆购置税实行统一比例税率,税率为10%。车辆购置税征收范围的调整,由国务院决定并公布。

三、应纳税额的计算

车辆购置税实行从价定率的办法计算应纳税额。应纳税额的计算公式为:

$$应纳税额 = 计税价格 \times 税率$$

四、减税免税

车辆购置税的减税免税范围如下:

第一,依照法律规定应当予以免税的外国驻华使馆、领事馆和国际组织驻华机构及其有关人员自用的车辆;

第二,中国人民解放军和中国人民武装警察部队列入装备订货计划的车辆;

第三,悬挂应急救援专用号牌的国家综合性消防救援车辆;

第四,设有固定装置的非运输专用作业车辆;

第五,城市公交企业购置的公共汽电车辆。

免税、减税车辆因转让、改变用途等原因不再属于免税、减税范围的,应当在办理车辆过户手续前或者办理变更车辆登记注册手续前缴纳车辆购置税。

车辆购置税由税务机关负责征收。纳税人应当在向公安机关车辆管理机构办理车辆登记注册前,缴纳车辆购置税。纳税人购置应税车辆,应当向车辆登记注册地的主管税务机关申报纳税;购置不需要办理车辆登记注册手续的应税车辆,应当向纳税人所在地的主管税务机关申报纳税。纳税人购买自用应税车辆的,应当自购买之日起60日内申报纳税;进口自用应税车辆的,应当自进口之日起60日内申报纳税;自产、受赠、获奖或者以其他方式取得并自用应税车辆的,应当自取得之日起60日内申报纳税。车辆购置税实行一次征收制度。购置已征车辆购置税的车辆,不再征收车辆购置税。

财产税　房产税　契税　车船税　车辆购置税

第十一章
财产课税

思考题与训练题

1. 财产课税的一般特征是什么?
2. 我国现行房产税的纳税人是如何界定的?
3. 我国现行房产税的计税依据是如何规定的?
4. 契税的征税范围包括哪些项目?如何确定契税的计税依据?
5. 车船税的征税范围和单位税额是如何规定的?
6. 车辆购置税的计税依据是如何规定的?

训练题

1. 某企业应纳房产税的房屋原值为 1 000 000 元,当地规定允许减除房产原值 10%,计算其全年应缴纳的房产税。

简答: 　　应纳房产税税额=应税房产原值×(1-扣除比例)×税率
　　　　　　　　　　=1 000 000×(1-10%)×1.2%
　　　　　　　　　　=10 800(元)

2. 公民张某与李某交换房屋,张某向李某支付价差 50 000 元,当地规定的契税适用税率为 5%,计算张某应纳契税税额。

简答: 　　张某应纳契税税额=计税依据×税率
　　　　　　　　　　=50 000×5%
　　　　　　　　　　=2 500(元)

案 例

某县将该县原体育球场收归为县国有投资公司。2003 年,该国有投资公司投资 700 万元建造了一个规模较大的交易市场。国有投资公司对该市场实行"招商引资",通过与某市丰融公司磋商,最终达成协议:由丰融公司整体租赁,租期为 20 年,用于经营"超市"。同时,丰融公司根据经营的需要,又与国有投资公司签订了一份附加协议。附加协议约定:丰融公司利用交易市场的空闲场地,另投资 220 万元建造一个 2 000 平方米的经营大厅,所投资的房屋固定资产于 20 年后无偿归国有投资公司所有。在丰融公司看来,所建房屋是属临时性建筑,再者,房屋的所有权最终是属国有投资公司所有,所以也未办理房屋产权手续。而根据房产税政策规定:只要是有屋面和围护机构(有墙或两边有柱),能够遮风挡雨,可供人们在其中生产、工作、学习、娱乐、居住或储藏物资的场所均为房产税的征税对象。丰融公司投资建造的房屋,其房产税的纳税义务人应当是谁?

税务管理人员认为该房产税的纳税人应当是丰融公司,因为房产税应当由

房屋的产权所有人缴纳,虽然该房产并未办理产权手续,但事实上的产权所有人就是丰融公司。又根据《中华人民共和国房产税暂行条例》第二条规定:对房屋产权未确定的,由使用人缴纳房产税。丰融公司既是事实上的产权所有人,又是该房产的实际使用人,并且该房产在账面中已反映为丰融公司的固定资产,所以丰融公司应当按照计入固定资产的原值一次性扣除30%后的余额,按1.2%计算缴纳房产税。

而丰融公司却认为房产税的纳税人应当是国有投资公司,因为根据国税函发〔1995〕156号文规定,如甲方将土地使用权出租给乙方若干年,乙方投资在该土地上建造建筑物并使用,租赁期满后,乙方是以建筑物为代价换得若干年的土地使用权,甲方是以出租土地使用权为代价换取建筑物。甲方发生了出租土地使用权的行为,对其按"服务业——租赁业"征营业税;乙方发生了销售不动产的行为,对其按"销售不动产"税目征收营业税。对双方分别征税时,其营业额也按中华人民共和国营业税暂行条例实施细则第十五条的规定核定。既然营业税税收政策将丰融公司所建造的固定资产作为不动产销售,并应按"销售不动产"税目征收营业税,那么,房屋的所有权就不应当属丰融公司所有。并且按照协议约定:房屋的最终所有权也确实是属国有投资公司所有。所以,房产税的纳税人应当是投资公司。

而国有投资公司却认为:国有投资公司每年向丰融公司收取的是属国有投资公司所建造房屋应收取的房屋租赁费,与丰融公司后来投资建造的房产无关。虽然丰融公司所建造房屋的最终"残值"归国有投资公司所有,但其价值也就是相当于出租土地使用权的价值,仍然与其房产无关。并且按照双方协议,在20年内房产的所有权及使用权均属于丰融公司,所以,在丰融公司使用期间房产税的纳税人应当是丰融公司自身。

资料来源:申琥,《房产税纳税主体归属案例》,中国税网(http://www.ctaxnews.com.cn/),2007年7月19日。

在本案例中,丰融公司认为不应当由其承担房产税的纳税责任的理由是房屋已销售给国有投资公司。然而,真正的房屋交易是否已经形成是问题的关键所在。从双方签订的合同来看,应当是在20年后房屋的所有权才归属于国有投资公司所有,采取的是分期收款的销售方式。所以,房屋在尚未交付之前不能认定房屋所有权就是属国有投资公司所有,在20年内房屋的所有权仍然属丰融公司所有。一般来说,房产税是以产权所有人来确定纳税义务人的,其与销售不动产缴纳营业税并没有必然的联系。丰融公司以房屋换取土地使用权,所换取的土地使用权为20年,其销售不动产取得的收入也应当作分20年取得,对以分期收款方式销售的房产,在最终产权所有人未实际控制房屋所有权和使用权期间,房屋实际使用人或所有人应当为房产税的纳税人。所以,税务机关对丰融公司征收房产税应当是正确的。

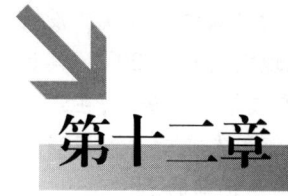

第十二章

资源课税与行为课税

资源税,是对开发、利用和占有国有自然资源的单位和个人征收的一类税。自然资源一般是指天然存在的自然物质资源,包括土地资源、矿藏资源、水资源、森林资源、海洋资源及风能等资源。行为税是指对某些特定行为征收的一类税,是政府为特定的社会经济政策目的和意图而设计征收的税种。本章将介绍几种主要的资源税和行为税。掌握各相关税种的纳税人、征税范围、计税依据、税率结构和税额计算等,是学习本章的主要目的。

第一节 资源课税

对自然资源的课税称为资源税。资源税的课税对象一般是大自然赐予的各种资源,如土地、河流、矿山等。我国现行资源税包括资源税、土地使用税和耕地占用税。其中,资源税是对矿产资源征税,而土地使用税和耕地占用税是对土地资源征税。

一、资源税

资源税是以单位或个人开发利用的国有矿山资源和盐为征税对象而征收的一种税。征收这类税一般有两个目的:一是为了取得资源消耗的补偿基金,保护国有资源的合理开发利用;二是为了调节资源级差收入,以利于企业在平等的基础上开展竞争,并体现国有资源有偿使用的原则。我国地域辽阔,各地的资源结构和开发条件存在很大的差异。同一资源由于本身质量及开采者开发条件的不同,利润水平也高低悬殊,在这种情况下,利润的高低并不能真实地反映出企业的效率。开征资源税则可以把因自然条件优越而产生的级差收入归国家所有,排除利润分配上的不合理,为企业创造公平的外部环境。同时,开征资源税有利于配合其他税种,发挥税收杠杆的整体功能,促进国有资源的合理开采、节约使用和有效配置,加强国家对自然资源的保护和管理,防止经营者乱采滥用,减少资源损失浪费。国家通过资源税与其他各税种的相互配合,建立相辅相成的综合调节机制,使税收的调节作用有效地贯通于资源开发、产品生产和商品流通各个环节,有利于充分发挥税收的经济杠杆作用,为国家增加一定的财政收入。

1984年9月18日,国务院发布《中华人民共和国资源税条例(草案)》,从1984年10月1日起实行。1993年12月25日,国务院重新发布《中华人民共和国资源税暂行条例》(以下简称《资源税暂行条例》),从1994年1月1日起实行新的包括盐税在内的资源税相关规定。2005年,财政部和税务总局联合发布了《关于调整原油天然气资源税税额标准的通知》(财税〔2005〕115号),决定从2005年7月1日开始上调油田企业原油、天然气资源税税额标准。2010年6月起,国家在新疆对原油、天然气进行了从价计征的改革试点;2014年12月,对煤炭资源税由从量计征改为从价计征;2016年7月1日起,全面推进资源税改革。2019年8月26日第十三届全国人民代表大会常务委员会第十二次会议通过《中华人民共和国资源税法》,并自2020年9月1日起施行。1993年12月25日国务院发布的《中华人民共和国资源税暂行条例》同时废止。

(一)纳税义务人

在中华人民共和国领域和中华人民共和国管辖的其他海域开发应税资源的单位和个人,为资源税的纳税人。

(二)计税依据

资源税实行从价计征或者从量计征。

《税目税率表》中规定可以选择实行从价计征或者从量计征的,具体计征方式由省、自治区、直辖市人民政府提出,报同级人民代表大会常务委员会决定,并报全国人民代表大会常务委员会和国务院备案。

实行从价计征的,应纳税额按照应税资源产品(以下称"应税产品")的销售额乘以具体适用税率计算。实行从量计征的,应纳税额按照应税产品的销售数量乘以具体适用税率计算。

应税产品为矿产品的,包括原矿和选矿产品。

纳税人开采或者生产不同税目应税产品的,应当分别核算不同税目应税产品的销售额或者销售数量;未分别核算或者不能准确提供不同税目应税产品的销售额或者销售数量的,从高适用税率。

纳税人开采或者生产应税产品自用的,应当依照《中华人民共和国资源税法》规定缴纳资源税;但是,自用于连续生产应税产品的,不缴纳资源税。

(三)税目、税率

《中华人民共和国资源税法》规定的我国资源税的应税资源具体范围包括能源矿产、金属矿产、非金属矿产、水气矿产和盐五大类。资源税税目有164个,涵盖了所有已经发现的矿种和盐,资源税税率采用固定税率和幅度税率两类税率。对实行幅度税率的应税资源,其具体税率由省、自治区、直辖市人民政府在规定的税率幅度内提出,报同级人民代表大会常务委员会决定,并报全国人民代表大会常务委员会和国务院备案(见表12-1所示)。

表 12-1 资源税税目税率表

税 目			征税对象	税率
能源矿产	原油		原矿	6%
	天然气、页岩气、天然气水合物		原矿	6%
	煤		原矿或者选矿	2%~10%
	煤成(层)气		原矿	1%~2%
	铀、钍		原矿	4%
	油页岩、油砂、天然沥青、石煤		原矿或者选矿	1%~4%
	地热		原矿	1%~20%或者每立方米1~30元
金属矿产	黑色金属	铁、锰、铬、钒、钛	原矿或者选矿	1%~9%
	有色金属	铜、铅、锌、锡、镍、锑、镁、钴、铋、汞	原矿或者选矿	2%~10%
		铝土矿	原矿或者选矿	2%~9%
		钨	选矿	6.50%
		钼	选矿	8%
		金、银	原矿或者选矿	2%~6%
		铂、钯、钌、锇、铱、铑	原矿或者选矿	5%~10%
		轻稀土	选矿	7%~12%
		中重稀土	选矿	20%
		铍、锂、锆、锶、铷、铌、钽、锗、镓、铟、铊、铪、铼、镉、硒、碲	原矿或者选矿	2%~10%
非金属矿产	矿物类	高岭土	原矿或者选矿	1%~6%
		石灰岩	原矿或者选矿	1%~6%或者每吨(或者每立方米)1~10元
		磷	原矿或者选矿	3%~8%
		石墨	原矿或者选矿	3%~12%

续表

税　目			征税对象	税率
非金属矿产	矿物类	萤石、硫铁矿、自然硫	原矿或者选矿	1%～8%
		天然石英砂、脉石英、粉石英、水晶、工业用金刚石、冰洲石、蓝晶石、硅线石（矽线石）、长石、滑石、刚玉、菱镁矿、颜料矿物、天然碱、芒硝、钠硝石、明矾石、砷、硼、碘、溴、膨润土、硅藻土、陶瓷土、耐火粘土、铁钒土、凹凸棒石粘土、海泡石粘土、伊利石粘土、累托石粘土	原矿或者选矿	1%～12%
		叶蜡石、硅灰石、透辉石、珍珠岩、云母、沸石、重晶石、毒重石、方解石、蛭石、透闪石、工业用电气石、白垩、石棉、蓝石棉、红柱石、石榴子石、石膏	原矿或者选矿	2%～12%
		其他粘土（铸型用粘土、砖瓦用粘土、陶粒用粘土、水泥配料用粘土、水泥配料用红土、水泥配料用黄土、水泥配料用泥岩、保温材料用粘土）	原矿或者选矿	1%～5%或者每吨（或者每立方米）0.1～5元
	岩石类	大理岩、花岗岩、白云岩、石英岩、砂岩、辉绿岩、安山岩、闪长岩、板岩、玄武岩、片麻岩、角闪岩、页岩、浮石、凝灰岩、黑曜岩、霞石正长岩、蛇纹岩、麦饭石、泥灰岩、含钾岩石、含钾砂页岩、天然油石、橄榄岩、松脂岩、粗面岩、辉长岩、辉石岩、正长岩、火山灰、火山渣、泥炭	原矿或者选矿	1%～10%
		砂石	原矿或者选矿	1%～5%或者每吨（或者每立方米）0.1～5元
	宝玉石类	宝石、玉石、宝石级金刚石、玛瑙、黄玉、碧玺	原矿或者选矿	4%～20%
水气矿产		二氧化碳气、硫化氢气、氦气、氡气	原矿	2%～5%
		矿泉水	原矿	1%～20%或者每立方米1～30元
盐		钠盐、钾盐、镁盐、锂盐	选矿	3%～15%
		天然卤水	原矿	3%～15%或者每吨（或者每立方米）1～10元
		海盐		2%～5%

273

(四)减免税

有下列情形之一的,免征资源税:

第一,开采原油以及在油田范围内运输原油过程中用于加热的原油、天然气;

第二,煤炭开采企业因安全生产需要抽采的煤成(层)气。

有下列情形之一的,减征资源税:

第一,从低丰度油气田开采的原油、天然气,减征百分之二十资源税;

第二,高含硫天然气、三次采油和从深水油气田开采的原油、天然气,减征百分之三十资源税;

第三,稠油、高凝油减征百分之四十资源税;

第四,从衰竭期矿山开采的矿产品,减征百分之三十资源税。

根据国民经济和社会发展需要,国务院对有利于促进资源节约集约利用、保护环境等情形可以规定免征或者减征资源税,报全国人民代表大会常务委员会备案。

【案例1】某油田2019年3月销售原油20 000吨,开具增值税专用发票取得销售额10 000万元,增值税1 700万元。按《资源税税目税率表》规定,适用的税率为6%,请计算该油田3月应缴纳的增值税。

【解】根据公式:应纳税额=销售额×适用税率,则:

$$该油田应纳税额 = 10\ 000 \times 6\% = 600(万元)$$

二、城镇土地使用税

城镇土地使用税是对在城镇和工矿区使用土地的单位和个人按占用土地单位面积分等定额征收的一种税。1951年,我国颁布了《中华人民共和国城市房地产税暂行条例》,规定城市对房产和土地征税。1973年,将企业缴纳的城市房地产税并入工商税,不再单独征收。1988年,我国重新颁布了《中华人民共和国城镇土地使用税暂行条例》。

城镇土地使用税是以开征范围的土地为征税对象,以实际占用的土地面积为计税标准,按规定税额对拥有土地使用权的单位和个人征收的一种税。开征城镇土地使用税,有利于合理利用城镇土地,调节土地级差收入,提高土地使用效率,加强土地管理。

在土地无偿使用的制度下,企业占地的多少与使用效益如何与其成本无关,这使得企业之间来自土地的级差收入相差较大,竞争条件不同。开征土地使用税在一定程度上可通过确定高低不同的税额,力求把土地级差收入归属国家,使企业间竞争公平。有利于企业在比较公平的条件下开展竞争。

开征城镇土地使用税有利于理顺国家与土地使用者之间的分配关系,增加地方财政收入,充实地方财政,促进分税制的财政管理体制的完善。

第十二章
资源课税与行为课税

（一）征税范围和纳税人

1. 征税范围。城镇土地使用税的征税范围包括城市、县城、建制镇和工矿区内国家所有和集体所有的土地。这里,城市是指经国务院批准设立的市;县城是指人民政府所在地;建制镇是指经省、自治区、直辖市人民政府批准设立的建制镇;工矿区是指工商业比较发达,人口比较集中,符合国务院规定的建制镇标准,但尚未设立建制镇的大中型工矿企业所在地,工矿区经省、自治区、直辖市人民政府批准。

城市、县城、建制镇和工矿区内的不同地方的自然条件和经济繁荣程度各不相同,税法很难对全国城镇的具体征税范围作出统一规定。因此,国家税务总局在《关于土地使用税若干具体问题的解释和暂行规定》中确定:城市、县城、建制镇、工矿区的具体征税范围,由各省、自治区、直辖市人民政府规定。

2. 纳税人。凡在城市、县城、建制镇、工矿区范围内使用土地的单位和个人为城镇土地使用税的纳税义务人。在现实经济生活中,使用土地的情况十分复杂,为确保将土地使用税及时、足额地征收入库,税法根据用地者的不同情况,对纳税人作了具体规定:土地使用税由拥有土地使用权的单位或个人缴纳;拥有土地使用权的纳税人不在所在地的,由代管人或实际使用人纳税;土地使用权未确定或权属纠纷未解决的,由实际使用人纳税;土地使用权共有的,由共有各方分别纳税。

几个人或几个单位共同拥有一块土地的使用权,这块土地的城镇土地使用税的纳税人应是对这块土地享有拥有权的每一个人或每一个单位,他们应以其实际使用的土地面积占总面积的比例分别计算缴纳土地使用税。

（二）计税依据和税率

1. 计税依据。城镇土地使用税以纳税人实际占用的土地面积为计税依据。为了准确计算应纳税额,必须对纳税人实际占用的土地面积用法定的单位进行测量。凡已由省、自治区、直辖市人民政府确定的单位组织测定土地面积的,以实际测定的土地面积为计税依据;凡未经省、自治区、直辖市人民政府确定的单位组织测定土地面积,但纳税人持有政府部门核发的土地使用证书的,以土地使用证确认的土地面积为计税依据;对尚未核发土地使用证书的,暂以纳税人据实申报的土地面积为计税依据,待土地面积正式测定后,再按其测定的实际面积进行调整。

2. 税率。城镇土地使用税实行分级幅度税额,每平方米土地年税额规定为:大城市 1.5～30 元;中等城市 1.2～24 元;小城市 0.9～18 元;县城、建制镇、工矿区 0.6～12 元。这里的大、中、小城市是以公安部门登记在册的非农业正式户口人数为依据,按照国务院颁布的《城市规划条例》规定的标准划分的。其中,市区及郊区非农业人口在 50 万以上的,称为大城市;市区及郊区非农业人口在 20 万～50 万的,称为中等城市;市区及郊区非农业人口在 20 万以下的,称为小城市。

根据《中华人民共和国城镇土地使用税暂行条例》规定,省、自治区、直辖市人民政府应当在法定税额幅度内,根据市政建设情况、经济繁荣程度等条件,确定所

辖地区的适用税额幅度；市、县人民政府应当根据实际情况，将本地区土地划分为若干等级，在省、自治区、直辖市人民政府确定的税额幅度内，制定适用税额标准，报省、自治区、直辖市人民政府批准执行。经省、自治区、直辖市人民政府批准，经济落后地区的土地使用税适用税额标准可以适当降低，但降低额不得超过规定的最低税额的30%；经济发达地区土地使用税的适用税额标准可以适当提高，但须报经财政部批准。

（三）减免税

根据《中华人民共和国城镇土地使用税暂行条例》及有关规定，下列土地免征城镇土地使用税：

第一，国家机关、人民团体、军队自用的土地，即这些单位本身的办公用地和公务用地。

第二，由国家财政部门拨付事业经费的单位本身的业务用地。

第三，宗教寺庙、公园、名胜古迹自用的土地。宗教寺庙的自用土地是指举行宗教仪式等的用地和寺庙内的宗教人员生活用地，公园、名胜古迹的自用土地是指专供参观游览的用地及其管理单位的办公用地。

第四，市政街道、广场、绿化地带等公共用地。

第五，直接用于农、林、牧、渔业的生产用地，此项目用地不包括农副产品加工场地和生活、办公用地。

第六，经批准开山填海整治的土地和改造的废弃土地，从使用的月份起，免征土地使用税5~10年。

第七，企业办的学校、医院、托儿所、幼儿园，其用地能与企业其他用地明确区分的，可比照由国家财政部门拨付事业经费的单位自用的土地免税。

第八，对非营利性医疗机构、疾病控制机构和妇幼保健机构等卫生机构自用的土地，免征城镇土地使用税。

第九，对行使国家行政职能的中国人民银行总行（含国家外汇管理局）所属分支机构自用的土地，免征城镇土地使用税。

第十，为了体现国家产业政策，支持重点产业的发展，对石油、电力、煤油等能源用地，民用港口、铁路等交通用地和水利设施用地，三线调整企业、盐业、采石场、邮电等一些特殊用地划分了征免税界限和给予政策性减免税照顾。

第十一，对免税单位无偿使用纳税单位的土地（公安、海关等单位使用铁路、民航等单位的土地），免征城镇土地使用税；对纳税单位无偿使用免税单位的土地，纳税单位照章缴纳城镇土地使用税。

第十二，自2016年1月1日至2018年12月31日，对专门经营农产品的农产品批发市场、农贸市场使用（包括自有和承租，下同）的房产、土地，暂免征收房产税和城镇土地使用税。对同时经营其他产品的农产品批发市场和农贸市场试用的

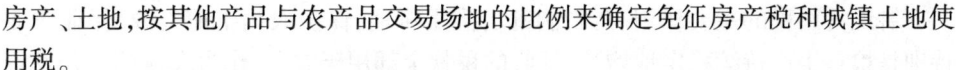

房产、土地,按其他产品与农产品交易场地的比例来确定免征房产税和城镇土地使用税。

此外,个人所有的居住房屋及院落用地,房产管理部门在房租调整改革前所租的居民住房用地,免征单位职工家属的宿舍用地,民政部门举办的安置残疾人占一定比例的福利工厂用地,集体和个人举办的各类学校、医院、托儿所、幼儿园用地等的税收征免,由省、自治区、直辖市税务局确定。纳税人缴纳土地使用税确有困难需要定期减免的,由省、自治区、直辖市税务局确定,减免额超过10万元的,要报国家税务总局批准。经省级人民政府批准,经济落后地区土地使用税的使用税额标准可以适当降低,但降低的幅度不得超过规定的最低税额的30%;经济发达地区的土地使用税的适用税额标准可以适当提高,但须报财政部批准。

【案例2】某市一商场坐落在该市繁华地段,企业土地适用证记载其占用土地的面积为6 000平方米,该地段经确定属一等地段。该商场另设两个统一核算的分店,均坐落在市区三等地段,共占地面积为4 000平方米;一座仓库位于市郊,属五等地段,占地面积为1 000平方米。另外,该商场自办托儿所所占地面积2 500平方米,属三等地段。计算该商场全年应纳城镇土地使用税税额。

注:一等地段年税额4元/平方米;三等地段年税额2元/平方米;五等地段年税额1元/平方米。当地规定托儿所占地面积免税。

【解】根据公式:应纳税额=计税土地面积×适用税额,则有:

$$商场占地应纳税额 = 6\ 000 \times 4 = 24\ 000(元)$$
$$分店占地应纳税额 = 4\ 000 \times 2 = 8\ 000(元)$$
$$仓库占地应纳税额 = 1\ 000 \times 1 = 1\ 000(元)$$

因商场自办托儿所按税法规定免税,所以:

$$全年应纳城镇土地使用税额 = 24\ 000 + 8\ 000 + 1\ 000 = 33\ 000(元)$$

三、耕地占用税

耕地占用税是以占用耕地的行为为征税对象,向占用建房和从事非农业建设的单位和个人征收的一种税。随着经济发展,我国农用耕地面积逐年减少,非农业占地的数量急剧增加,为综合治理这种非农业占用耕地现象,保护耕地使用,促进土地资源的合理开放利用,我国于1987年4月颁布了《中华人民共和国耕地占用税暂行条例》(以下简称《耕地占用税暂行条例》),全面开征耕地占用税。2007年12月1日,国务院发布修订后的《中华人民共和国耕地占用税暂行条例》,自2008年1月1日起施行。2018年12月29日第十三届全国人民代表大会常务委员会第七次会议通过了《中华人民共和国耕地占用税法》,自2019年9月1日起施行。2007年12月1日国务院公布的《中华人民共和国耕地占用税暂行条例》同时废止。

耕地占用税的主要作用有：限制乱占滥用耕地，保护农用土地资源，保证农业特别是粮食生产持续稳定地增长；征收的税款全部用于农业，作为农业综合开发资金的重要来源，用于开发宜农荒地、滩涂、改造中低产田等方面，以补偿被占用的耕地，增强农业发展后劲。我国耕地占用税具有这样几个特点：耕地占用税以建房或从事其他非农业建设占用耕地为课税对象，具有一定的行为税课税性质，同时它又可以有效地调节不同地区农业用地资源的级差收入，兼具资源税的性质；实行地区差别比例税率，适应不同地区纳税人的承受能力，体现人口多、经济发达地区占用耕地从严控制的合理负担原则；实行一次课征制，即根据"税不重征"原则实行一次课征，纳税人完税后使用、转让和继承过程中不再缴纳耕地占用税；税款实行列收列支、专款专用，构成农业发展的主要资金来源。

（一）征税范围和纳税人

1. 征税范围。所谓耕地，是指用于种植农作物的土地。耕地占用税的征税范围包括为建设建筑物、构筑物或者从事非农业建设而占用的国家所有的耕地或集体所有的耕地。占用耕地建设农田水利设施的，不缴纳耕地占用税。

2. 纳税人。在中华人民共和国境内占用耕地建设建筑物、构筑物或者从事非农业建设的单位和个人，为耕地占用税的纳税人。

（二）计税依据和税率

耕地占用税以纳税人实际占用的耕地面积为计税依据，按照规定的适用税额一次性征收，应纳税额为纳税人实际占用的耕地面积（平方米）乘以适用税额。耕地占用税的税额规定如下：

1. 人均耕地不超过1亩的地区（以县、自治县、不设区的市、市辖区为单位，下同），每平方米为10元至50元；

2. 人均耕地超过1亩但不超过2亩的地区，每平方米为8元至40元；

3. 人均耕地超过2亩但不超过3亩的地区，每平方米为6元至30元；

4. 人均耕地超过3亩的地区，每平方米为5元至25元。

各地区耕地占用税的适用税额，由省、自治区、直辖市人民政府根据人均耕地面积和经济发展等情况，在前款规定的税额幅度内提出，报同级人民代表大会常务委员会决定，并报全国人民代表大会常务委员会和国务院备案。各省、自治区、直辖市耕地占用税适用税额的平均水平，不得低于规定的平均税额（见表12-2）。

表12-2 各省、自治区、直辖市耕地占用税平均税额

地　区	每平方米平均税额
上海	45
北京	40

续表

地　区	每平方米平均税额
天津	35
江苏、浙江、福建、广东	30
辽宁、湖北、湖南	25
河北、安徽、江西、山东、河南、重庆、四川	22.5
广西、海南、贵州、云南、陕西	20
山西、吉林、黑龙江	17.5
内蒙古、西藏、甘肃、青海、宁夏、新疆	12.5

在人均耕地低于0.5亩的地区，省、自治区、直辖市可以根据当地经济发展情况，适当提高耕地占用税的适用税额，但提高的部分不得超过适用税额的50%。占用基本农田的，应当按照确定的当地适用税额，加按150%征收。

应纳税额的计算以纳税人实际占用耕地面积为计税依据，按照规定的适用税额一次性计征收。其计算公式如下：

应纳税额＝纳税人实际占用的耕地面积（平方米）×适用税额

（三）减免税

1. 军事设施、学校、幼儿园、社会福利机构、医疗机构占用耕地，免征耕地占用税。

2. 铁路线路、公路线路、飞机场跑道、停机坪、港口、航道、水利工程占用耕地，减按2元/平方米的税额征收耕地占用税。

3. 农村居民在规定用地标准以内占用耕地新建自用住宅，按照当地适用税额减半征收耕地占用税；其中农村居民经批准搬迁，新建自用住宅占用耕地不超过原宅基地面积的部分，免征耕地占用税。

4. 农村烈士遗属、因公牺牲军人遗属、残疾军人以及符合农村最低生活保障条件的农村居民，在规定用地标准以内新建自用住宅，免征耕地占用税。

5. 根据国民经济和社会发展的需要，国务院可以规定免征或者减征耕地占用税的其他情形，报全国人民代表大会常务委员会备案。

【案例3】假设一家企业将20 000平方米耕地用于工业建设，所占耕地使用的定额税率为20元/平方米。计算该企业应纳的耕地占用税。

【解】该企业应该缴纳的耕地占用税为：

应纳税额＝20 000×20＝400 000（元）

四、环境保护税

环境保护税是对在我国领域以及管辖的其他海域直接向环境排放应税污染物

的企事业单位和其他生产经营者征收的一种税,其目的是保护和改善环境,减少污染物排放,推进生态文明建设。环境保护税是我国首个明确以环境保护为目标的独立型环境税税种,有利于解决排污费制度存在的执法刚性不足等问题,有利于提高纳税人环保意识和强化企业治污减排责任。

环境保护税属于调节型税种,《环境保护税法》第一条规定了环保税的立法目的是保护和改善环境,减少污染物排放,推进生态文明建设。因此,环保税的首要功能是减少污染排放。环境保护税收入纳入一般预算收入,全部划归地方。为促进各地保护和改善环境、增加环境保护投入,国务院决定将环境保护税收入全部作为地方收入。

现行环境保护税的基本内容包括 2016 年 12 月 25 日第十二届全国人民代表大会常务委员会第二十五次会议通过的《中华人民共和国环境保护税法》(以下简称《环境保护税法》)、2017 年 12 月 30 日国务院发布的《中华人民共和国环境保护税法实施条例》等。《环境保护税法》自 2018 年 1 月 1 日起正式实施,排污费同时停征。

(一)纳税义务人

环境保护税的纳税义务人是在中华人民共和国领域和中华人民共和国管辖的其他海域直接向环境排放应税污染物的企业事业单位和其他生产经营者。应税污染物,是指《环境保护税法》所附《环境保护税税目税额表》《应税污染物和当量值表》所规定的大气污染物、水污染物、固体废物和噪声。

有下列情形之一的,不属于直接向环境排放污染物,不缴纳相应污染物的环境保护税:

1. 企业事业单位和其他生产经营者向依法设立的污水集中处理、生活垃圾集中处理场所排放应税污染物的。

2. 企业事业单位和其他生产经营者在符合国家和地方环境保护标准的设施、场所贮存或者处置固体废物的。

3. 达到省级人民政府确定的规模标准并且有污染物排放口的畜禽养殖场,但依法对畜禽养殖废弃物进行综合利用和无害化处理的。

(二)税目

环境保护税税目包括大气污染物、水污染物、固体废物和噪声四大类。

1. 大气污染物。大气污染物包括二氧化硫、氮氧化物、一氧化碳、氯气、氯化氢、氟化物等共计 44 项。环保税的征税范围不包括温室气体二氧化碳。

2. 水污染物。水污染物分为两类:第一类水污染物和第二类水污染物。应税水污染物共计 61 项。

3. 固体废物。固体废物包括煤矸石、尾矿、危险废物、冶炼渣、粉煤灰、炉渣、其他固体废物(含半固态、液态废物)。

4. 噪声。应税噪声污染目前只包括工业噪声。

(三)税率

环境保护税采用定额税率,其中,对应税大气污染物和水污染物规定了幅度定额税率,具体适用税额的确定和调整由省、自治区、直辖市人民政府统筹考虑本地区环境承载能力、污染物排放现状和经济社会生态发展目标要求,在规定的税额幅度内提出,报同级人民代表大会常务委员会决定,并报全国人民代表大会常务委员会和国务院备案。环境保护税税率见表12-3。

表12-3 环境保护税税率表

税 目		计税单位	税 额	备 注
大气污染物		每污染当量	1.2元至12元	
水污染物		每污染当量	1.4元至14元	
固体废物	煤矸石	每吨	5元	
	尾矿	每吨	15元	
	危险废物	每吨	1 000元	
	冶炼渣、粉煤灰、炉渣、其他固体废物(含半固态、液态废物)	每吨	25元	
工业噪声	超标1~3分贝		每月350元	1. 一个单位边界上有多处噪声超标,根据最高一处超标声级计算应纳税额;当沿边界长度超过100米有两处以上噪声超标,按照两个单位计算应纳税额。2. 一个单位有不同地点作业场所的,应当分别计算应纳税额,合并计征。3. 昼、夜均超标的环境噪声,昼、夜分别计算应纳税额,累计计征。4. 声源一个月内超标不足15天的,减半计算应纳税额。5. 夜间频繁突发和夜间偶然突发厂界超标噪声,按等效声级和峰值噪声两种指标中超标分贝值高的一项计算应纳税额
	超标4~6分贝		每月700元	
	超标7~9分贝		每月1 400元	
	超标10~12分贝		每月2 800元	
	超标13~15分贝		每月5 600元	
	超标16分贝以上		每月11 200元	

(四)计税依据

应税污染物的计税依据,按照下列方法确定:①应税大气污染物按照污染物排放量折合的污染当量数确定;②应税水污染物按照污染物排放量折合的污染当量数确定;③应税固体废物按照固体废物的排放量确定;④应税噪声按照超过国家规定标准的分贝数确定。

1. 应税大气污染物、水污染物按照污染物排放量折合的污染当量数确定计税依据。污染当量数以该污染物的排放量除以该污染物的污染当量值计算。计算公

式为:

$$\text{应税大气污染物、水污染物的污染当量数} = \frac{\text{该污染物的排放量}}{\text{该污染物的污染当量值}}$$

污染当量是指根据污染物或者污染排放活动对环境的有害程度以及处理的技术经济性,衡量不同污染物对环境污染的综合性指标或者计量单位。同一介质相同污染当量的不同污染物,其污染程度基本相当。每种应税大气污染物、水污染物的具体污染当量值,依照《环境保护税法》所附的《应税污染物和当量值表》执行。

每一排放口或者没有排放口的应税大气污染物,按照污染当量数从大到小排序,对前三项污染物征收环境保护税。每一排放口的应税水污染物,按照《环境保护税法》所附的《应税污染物和当量值表》,区分第一类水污染物和其他类水污染物,按照污染当量数从大到小排序,对第一类水污染物按照前五项征收环境保护税,对其他类水污染物按照前三项征收环境保护税。

省、自治区、直辖市人民政府根据本地区污染物减排的特殊需要,可以增加同一排放口征收环境保护税的应税污染物项目数,报同级人民代表大会常务委员会决定,并报全国人民代表大会常务委员会和国务院备案。

2. 应税固体废物按照固体废物的排放量确定计税依据。固体废物的排放量为当期应税固体废物的产生量减去当期应税固体废物的贮存量、处置量、综合利用量的余额。其中,固体废物的贮存量、处置量,是指在符合国家和地方环境保护标准的设施、场所贮存或者处置的固体废物数量;固体废物的综合利用量,是指按照国务院发展和改革委员会、工业和信息化主管部门关于资源综合利用要求以及国家和地方环境保护标准进行综合利用的固体废物数量。计算公式为:

固体废物的排放量=当期固体废物的产生量-当期固体废物的综合利用量-当期固体废物的贮存量-当期固体废物的处置量

3. 应税噪声按照超过国家规定标准的分贝数确定计税依据。工业噪声按超过国家规定标准的分贝数确定每月税额,超过国家规定标准的分贝数是指实际产生的工业噪声与国家规定的工业噪声排放标准限值之间的差值。

(五)应纳税额计算

1. 大气污染物应纳税额。应税大气污染物应纳税额为污染当量数乘以具体适用税额。计算公式为:

大气污染物的应纳税额=污染当量数×适用税额

2. 水污染物应纳税额。应税水污染物的应纳税额为污染当量数乘以具体适用税额。

水污染物的应纳税额=污染当量数×适用税额

(1)适用监测数据法的水污染物应纳税额。适用监测数据法的水污染物(包

第十二章
资源课税与行为课税

括第一类水污染物和第二类水污染物)的应纳税额为污染当量数乘以具体适用税额。

(2)适用抽样测算法的水污染物应纳税额。适用抽样测算法的情形,纳税人按照《环境保护税法》所附的禽畜养殖业、小型企业和第三产业水污染物当量值表所规定的当量值计算污染当量数,并乘以具体适用税额。

3. 固体废物应纳税额。固体废物的应纳税额为固体废物排放量乘以具体适用税额,其排放量为当期应税固体废物的产生量减去当期应税固体废物的贮存量、处置量、综合利用量的余额。计算公式为:

固体废物的应纳税额=(当期固体废物的产生量−当期固体废物的综合利用量−当期固体废物的贮存量−当期固体废物的处置量)×适用税额

4. 噪声应纳税额。应税噪声的应纳税额为超过国家规定标准的分贝数对应的具体适用税额。

(六)减免税

1. 下列情形,暂予免征环境保护税:

(1)农业生产(不包括规模化养殖)排放应税污染物的。

(2)机动车、铁路机车、非道路移动机械、船舶和航空器等流动污染源排放应税污染物的。

(3)依法设立的城乡污水集中处理、生活垃圾集中处理场所排放相应应税污染物,不超过国家和地方规定的排放标准的。

(4)纳税人综合利用的固体废物,符合国家和地方环境保护标准的。

(5)国务院批准免税的其他情形。

2. 下列情形,减征环境保护税:

(1)纳税人排放应税大气污染物或者水污染物的浓度值低于国家和地方规定的污染物排放标准30%的,减按75%征收环境保护税。

(2)纳税人排放应税大气污染物或者水污染物的浓度值低于国家和地方规定的污染物排放标准50%的,减按50%征收环境保护税。

【案例4】某养殖场2019年8月养牛存栏量为500头,污染当量值为0.1头,假设当地水污染物适用税额为每污染当量2.8元,计算当月应纳环境保护税税额。

【解】

水污染物当量数=500÷0.1=5 000

应纳环境保护税税额=5 000×2.8=14 000(元)

第二节 行为课税

行为课税是指对某些特定行为的课税,是国家为了达到某种特定的政策要求,而对除商品或劳务的流转行为、取得收益行为、占有或转移财产行为以外的一些特

定行为课税。行为税包括印花税、土地使用税、城乡维护建设税、土地增值税等。行为课税是政府为特定的社会经济政策目的和意图而设计征收的税种。这种税的特点是:种类多、税源分散;政策性强、调节范围明确;税负直接、难以转嫁;稳定性差。我国现行的行为税主要有印花税和城市维护建设税。

一、印花税

印花税是对经济活动和经济交往中书立、领受的经济凭证征收的一种税。现在经济生活中,各种经济凭证种类繁多,书立、领受经济凭证的行为十分普遍,印花税已成为筹集财政资金的重要税种之一。我国曾经于1950年公布《中华人民共和国印花税暂行条例》,经1953年和1956年两次修订后,缩小了征税范围。1958年税制改革时,将印花税并入工商统一税。1988年8月6日,国务院发布了《中华人民共和国印花税暂行条例》,同年10月1日起恢复征收印花税。

印花税不论在性质上,还是在征税方式上,都具有不同于其他税种的特点:一是兼具凭证税和行为税的性质。一方面,从表面上看,印花税是对单位和个人书立、领受的应税凭证征收的一种税,具有凭证税性质;另一方面,任何一种应税经济凭证反映的都是某种特定的经济行为,因此,对凭证征税,实质上是对经济行为征税。二是征税范围广泛。印花税的征税对象包括经济活动和经济交往中的各种应税凭证,凡书立、领受这些经济凭证的单位和个人都要缴纳印花税,其征税范围极其广泛。三是税收负担比较轻。印花税与其他税种相比较,税率要低得多,其税负较轻。四是由纳税人自行完成纳税义务。纳税人通过自行计算、购买并粘贴印花税票的方法完成纳税义务,并在印花税票和凭证的骑缝处自行注销或划销,这与其他税种的缴纳方式存在较大的区别,有利于督促纳税人养成自觉纳税的习惯。

(一)征税范围和纳税人

1.征税范围。我国经济活动中发生的经济凭证种类繁多,数量巨大,对所有凭证全面征税既无必要,也不可能。因此,印花税只将界限比较清楚、税源易于控制,又容易征收管理的凭证列入征税范围,其他凭证暂不列入。印花税的征税范围采用正列举法,按列举税目征税。一般来说,列入印花税税目的就要征税,未列入税目的就不征税。其主要包括:购销合同,加工承揽合同,建设工程勘察设计合同,建筑安装工程承包合同,财产租赁合同,货物运输合同,仓储保管合同,借款合同,财产保险合同,技术合同,产权转移书据,营业账簿,权利、许可证照。现行印花税条例列举的应税凭证分为经济合同,产权转移书据,营业账簿,权利、许可证照,股份转让书据和经财政部门确认的其他凭证。

(1)经济合同。合同是指当事人之间为实现一定目的,经协商一致,明确当事人各方权利义务关系的协议。以经济业务活动作为内容的合同,通常称为经济合同。依法订立的经济合同的书面形式即经济合同书。我国印花税只对依法订立的经济合同书征税。经济合同书包括以下各类经济合同及具有合同性质的凭证(包括具有合同效力的协议、契约、合约、单据、确认书及其他各类名称的凭证):①购销合同,包括供应、预购、采购、购销结合及协作、调剂、补偿贸易等合同。②加工承揽合同,包括加工、定做、修理、修缮、印刷、广告、测绘、测试等合同。③建设工程勘察设计合同,包括勘察、设计合同。④建设安装工程承包合同,包括建筑、安装工程承包合同。⑤财产租赁合同,既包括出租房屋、船舶、飞机、机动车辆、机械、器具、设备等签订的合同,还包括企业、个人出租门店、柜台等签订的合同。⑥货物运输合同,包括民用航空运输、铁路运输、海上运输、公路运输和联运合同。⑦仓储保管合同,包括仓储、保管合同。⑧借款合同,包括银行及其他金融组织与借款人所签订的合同。⑨财产保险合同,包括财产、责任、保证、信用保险合同。⑩技术合同,包括技术开发、转让、咨询、服务等合同。

在确定应税经济合同的范围时,特别需要注意以下三个问题:

第一,具有合同性质的凭证应视为合同征税。所谓具有合同性质的凭证,是指具有合同效力的协议、契约、合约、单据、确认书及其他各种名称的凭证。它们虽然未采用规范的合同格式,也不一定具有合同法规要求的完备的条款和规范的行为约定,但是对当事人各方仍具有特定的民事法律约束力。因此,对于具有与上述10类合同大致相同的内容、形式和作用的凭证亦应纳印花税。例如,工业、商业、物业、外贸等部门经销和调拨商品、物资供应的调拨单,如果代替合同使用,以作为供货和结算依据,则是具有合同性质的凭证,应计税贴花。

第二,未按期兑现合同应贴印花税。纳税人签订应税合同,就发生了应税经济行为,即不论合同是否兑现或能否按期兑现,都应缴纳印花税。

第三,办理一项业务,如果既书立合同,又开具单据,只就合同贴花。凡不书立合同,只开具单据的,则对单据按规定贴花。

(2)产权转移书据。产权转移即财产产权关系的变更行为,表现为产权主体发生变化。产权转移文件是因产权买卖、继承、赠与、交换、分割等所立的书据,既包括财产所有权和版权、商标专用权、专利权、专有技术使用权、商品房销售合同等转移书据,也包括股份制企业向社会公开发行的股票,还包括因购买、继承、赠与所书立的产权转移书据。

(3)营业账簿。营业账簿是指单位和个人从事生产经营活动所设立的账册。账簿按其反映内容的不同,可分为记载资金的账簿和其他账簿。记载资金的账簿是指反映生产经营单位资本金增减变化的账簿。其他账簿是上述账簿以外的有关其他经营活动内容的账簿,包括日记账簿和各类明细分类账簿。

(4)权利、许可证照。权利、许可证照包括政府部门发给的房屋产权证、工商营业执照、商标注册证、专利证、土地使用证。

2. 纳税人。印花税的纳税义务人是在中国境内书立、使用、领受印花税法所列举的凭证并应依法履行纳税义务的单位和个人。这里所称的单位,是指在我国境内书立应税凭证的国内的各类企业、事业、机关、团体、部队以及中外合资企业、合作企业、外资企业、外国企业和其他经济组织及其在华机构等单位;所称的个人,是指在我国境内书立应税凭证的我国公民和外国公民。这些单位和个人按照书立、使用、领受应税凭证的不同可以分别确定为合同人、立据人、立账簿人、领受人和使用人五种。

(1)立合同人。立合同人是指合同的当事人。所谓当事人,是指对凭证有直接权利义务关系的单位和个人,但不包括合同的担保人、证人、鉴定人。各类合同的纳税人是立合同人。合同包括购销、加工承揽、建设工程承包、财产租赁、货物运输、仓储保管、借款、财产保险、技术合同或具有合同性质的凭证。

(2)立据人。产权转移书据的纳税人是立据人。

(3)立账簿人。营业账簿的纳税人是立账簿人。所谓立账簿人,是指设立并使用营业账簿的单位和个人。例如,企业单位因生产、经营需要设立营业账簿,该企业既为纳税人又是立账簿人。

(4)领受人。权利、许可证照的纳税人是领受人。领受人是指领取或接受并持有该项凭证的单位和个人。

(5)使用人。在国外书立、领受,但在国内使用的应税凭证,其纳税人是使用人。

对应税凭证,凡由两方或两方以上当事人共同书立的,其当事人各方都是印花税的纳税人,应各就其所持凭证的计税金额履行纳税义务。

之所以这样规定印花税的纳税义务人,是考虑到权利与义务相一致的原则。既然某一单位或个人书立、领受了应税凭证,就具有该凭证所可以享受的权利,也就应该履行该凭证所应负的纳税义务。权利与义务相一致,既易于纳税人接受,也便于征收管理。

(二)计税依据和税率

1. 计税依据。由于印花税分别采用从量计征和从价计征两种办法,因此,印花税计税依据的确定有两种方法。采用从量计征的,其计税依据为应税凭证的数量。适用此种方法确定计税依据的应税凭证有权利、许可证照和营业账簿中的其他账簿。采用从价计征的,其计税依据为应税凭证上记载的金额。适用此种方法确定计税依据的应税凭证有各类经济技术合同、产权转移书据、股份转让书据和营业账簿中的资金账簿。

(1)购销合同的计税依据为合同记载的购销金额。

(2)加工承揽合同的计税依据是加工承揽收入的金额。其具体规定:对于由受托方提供材料的加工、定做合同,凡在合同中分别记载加工和原材料金额的,应分别按加工承揽合同和购销合同计税,凡未分别记载的,全部按加工合同计税;对于由委托方提供原材料的加工、定做合同,受托方按加工费和辅助材料费合计金额依据加工承揽合同计税。

(3)建设工程勘探设计合同的计税依据是收取的费用。

(4)建筑安装工程承包合同的计税依据为承包金额。

(5)财产租赁合同的计税依据为收取的费用。

(6)货物运输合同的计税依据为取得的运输费金额(即运费收入),不包括装卸费和保险费。

(7)仓储保管合同的计税依据为收取的仓储保管费用。

(8)借款合同的计税依据为借款金额。

(9)技术合同的计税依据为合同所载的价款、报酬或使用费。为了鼓励技术的研究开发,对技术开发合同,只就合同所载的报酬金额计税。

(10)产权转移书据的计税依据为所载金额。

(11)营业账簿税目中记载资金的账簿的计税依据为"实收资本"与"资本公积"两项的合计金额。实收资本,包括现金、实物、无形资产和材料物资。其中,现金按实际收到或存入纳税人开户银行的金额确定;实物是指房屋、机器设备等,按评估确认的价值或者合同、协议约定的价格确定;无形资产和材料物资,按评估确认的价值确定。资本公积,包括接受捐赠、法定财产重估增值、资本折算差额、资本溢价等。如果是实物捐赠,则按同类资产的市场价格或有关凭据确定。其他账簿的计税依据为应税凭证件数。

(12)权利、许可证照的计税依据为应税凭证件数。

印花税最低税额是1角。按规定计算出的应纳税额不足1角的凭证,免贴印花税;应纳税额在1角以上的,按照四舍五入的规则,其尾数不满5分的不计,满5分的按1角计算贴花。财产租赁合同,应纳税额不足1元的,按1元贴花;应纳税额不足1角的,免贴印花税。

印花税还有一些特殊的计税依据规定:①同一凭证载有两个或两个以上经济事项而适用不同税目税率,如分别记载金额,则应分别计算应纳税额,相加后按合同计税额贴花;如未分别记载金额,则按税率高的计税贴花。②按金额比例贴花的应税凭证,未列明金额的,应按照凭证所载数量及国家牌价计算金额;没有国家牌价,按市场价格计算金额,然后按规定税率计算应纳税额。③应税凭证所载金额为外币的,应按照凭证书立当日国家外汇牌价折合成人民币,然后计算应纳税额。④有些合同在签订时无法确定计税金额,可在签订时先按5元定额贴花,以后结算时再按实际金额计税。⑤不论合同是否兑现,均应贴花。对已履行并贴花的合同,所载金额与合同履行后实际结算金额不一致的,只要双方未修改合同金额,一般不再办理完税手续。⑥采取以货易货方式签订的合同,应按合同所载购销合计金额计税贴花。合同未列明金额的,应按合同所载购销数量依照国家牌价或市场价格计算应纳税额。⑦施工单位将承包的建设项目分包给其他施工单位所签订的分包或转包合同,应按新的分包或转包合同所载金额计算应纳税额。⑧对国内各种形式的货物联运,凡起运地统一结算全程运费的,应以全程运费作为计税依据缴纳印花税。对国际货运,凡由我国运输企业运输的,不论是在我国境内、境外起运还是中转分程运输,我国运输企业所持的一份运费结算凭证,均按全程运费计算应纳税额;托运方所持的一份运输结算凭证,按全程运费计算应纳税额。由外国运输企业运输进出口货物,外国运输企业所持的一份运费结算凭证免纳印花税;托运方所持的一份运费结算凭证亦免纳印花税。国际货运运费结算凭证在国外办理的,应在凭证转回我国境内时按规定缴纳印花税。

(13)财产保险合同的计税依据为支付(收取)的保险费,不包括所保财产的金额。

2. 税率。印花税设有13个税目(法定税目),分别是购销合同、加工承揽合同、建设工程勘察设计合同、建筑安装工程承包合同、财产租赁合同、货物运输合同、仓储保管合同、借款合同、财产保险合同、技术合同、产权转移合同、营业账簿、权利许可证照。但由于对证券交易行为目前尚未开征专门税种,因此,将在证券交易过程中发生的股权、债券书据转移目前暂列入印花税中开征印花税,归属于产权转移书据。印花税采用比例税率和定额税率两种形式。按比例税率征收的各类凭证,一般都载有金额,税率分为六个档次,营业账簿中的其他账簿、权利许可证照适用定额税率,定额税率为每件5元,如表12-4所示。

表12-4 印花税税目税率表

税 目	计税依据	税 率	纳税人
1. 购销合同	购销金额	0.03%	立合同人
2. 加工承揽合同	加工承揽收入	0.05%	立合同人
3. 建设工程勘察设计合同	收取费用	0.05%	立合同人
4. 建筑安装工程承包合同	承包金额	0.03%	立合同人
5. 财产租赁合同	租赁金额	0.1%,税额不足1元按1元贴花	立合同人
6. 货物运输合同	运输金额	0.05%	立合同人
7. 仓储保管合同	仓储保管费用	0.1%	立合同人
8. 借款合同	借款金额	0.05%	立合同人
9. 财产保险合同	保费收入	0.1%	立合同人
10. 技术合同	合同所载金额	0.03%	立合同人

第十二章
资源课税与行为课税

续表

税　目	计税依据	税　率	纳税人
11. 产权转移书据	书据所载金额	0.05%	立据人
12. 股权转让书据	股权转让金额	0.3‰	立据人
13. 资金账簿	实收资本和资本公积	0.05%	立账簿人
14. 其他账簿	件	5元	立账簿人
15. 权利、许可证照	件	5元	领受人

在印花税的13个税目中，各类合同以及具有合同性质的凭证(含以电子形式签订的各类应税凭证)、产权转移书据、营业账簿中记载资金的账簿适用比例税率。印花税的比例税率分为四个档次，分别是0.005%、0.03%、0.05%、0.1%：①适用0.005%税率的为"借款合同"；②适用0.03%税率的为购销合同、建筑安装工程承包合同、技术合同；③适用0.05%税率的为加工承揽合同、建筑工程勘察设计合同、货物运输合同、产权转移书据、营业账簿税目中记载资金的账簿；④适用0.1%税率的为财产租赁合同、仓储保管合同、财产保险合同。

同一凭证因记载两个或两个以上经济事项而适用不同税目税率，如分别记载金额，则分别计算应纳税额，相加后按合计税额贴花；如未分别记载金额，则按税率高的计税贴花。

(三)减免税

印花税减免税的范围如下。

第一，已缴纳印花税凭证的副本或抄本。以副本或者抄本视同正本使用的，应另贴印花，不予免税。

第二，对与高校学生签订的高校学生公寓租赁合同免税。

第三，为了支持农业生产的发展和减轻农牧业生产的负担，调动农民的积极性，对国家指定的收购部门与村民委员会、农民个人书立的农副产品收购合同等，免征印花税。

第四，对无息、贴息贷款合同免税。无息、贴息贷款合同是指我国的各专业银行按照国家金融政策发放无息贷款以及由各专业银行发放贷款并按有关规定由财政部门和中国人民银行给予贴息所签订的贷款合同。

第五，对公租房经营管理单位建造管理公租房涉及的印花税予以免征。

第六，对房地产管理部门与个人签订的用于生活居住的租赁合同免征印花税。

第七，对农林、畜牧类保险合同免征印花税。

第八，为贯彻落实《国务院关于加快棚户区改造工作意见》，对改造安置住房

经营管理单位、开发商与改造安置住房相关的印花税以及购买安置住房的个人涉及的印花税自2013年7月4日起予以免征。

第九,为进一步加大对小微企业的支持力度,解决小微企业融资难、融资贵的问题,根据财税〔2017〕77号,自2018年1月1日至2020年12月31日,对金融机构与小型企业、微型企业签订的借款合同免征印花税。

【案例5】某企业2013年2月开业,领受房产权证、工商营业执照、土地使用证各一份,与其他企业订立转移专用技术使用权书据一份,所载金额100万元;订立产品购销合同两份,所载金额180万元;订立借款合同一份,所载金额60万元。此外,企业的营业账簿中,"实收资本"科目所载金额700万元,其他营业账簿15本。试计算该企业2013年2月份应纳印花税税额。

【解】根据公式:应纳税额=计税金额×适用税率,应纳税额=凭证数量×单位税额,则:

企业领受权利、许可证照应纳税额=3×5=15(元)

企业订立产权转移书据应纳税额=1 000 000×0.05%=500(元)

企业订立购销合同应纳税额=1 800 000×0.03%=540(元)

企业订立借款合同应纳税额=600 000×0.05%=300(元)

账簿中"实收资本"应纳税额=7 000 000×0.05%=3 500(元)

企业其他营业账簿应纳税额=15×5=75(元)

2月份企业应纳印花税税额=15+500+540+300+3 500+75=4 930(元)

二、城市维护建设税

城市维护建设税(简称"城建税")是对从事生产经营活动的单位和个人,以其实际缴纳流转税的税额为计税依据,按纳税人所在地适用的不同税率计算征收的一种税。此税是为了扩大和稳定城市维护建设资金的来源,加强城市的维护建设而征收的。2020年8月11日第十三届全国人民代表大会常务委员会通过了《中华人民共和国城市维护建设税法》,自2021年9月1日起施行。1985年2月8日国务院发布的《中华人民共和国城市维护建设税暂行条例》同时废止。

(一)征税范围和纳税人

城市维护建设税的征税范围较广,具体包括城市、县城、建制镇,以及税法规定征收"两税"的其他地区。城市、县城、建制镇的范围应以行政区作为划分标准,不能随意扩大或缩小各行政区域的管辖范围。

在中华人民共和国境内缴纳增值税、消费税的单位和个人,为城市维护建设税的纳税人。

对进口货物或者境外单位和个人向境内销售劳务、服务、无形资产缴纳的增值税、消费税税额,不征收城市维护建设税。

城市维护建设税的代扣代缴、代收代缴，一律比照增值税、消费税的有关规定办理。增值税、消费税的代扣代缴、代收代缴义务人同时也是城市维护建设税的代扣代缴、代收代缴义务人。

（二）计税依据和税率

1. 计税依据。城市维护建设税的计税依据是指纳税人实际缴纳的消费税、增值税。这就是说，商品从生产到消费流转过程中，在哪个环节缴纳"两税"，就要在哪个环节缴纳城市维护建设税。

对纳税人因违反增值税、消费税有关税法而加收的滞纳金或罚款，不作为城市维护建设税的计税依据，不征收城市维护建设税；但对纳税人因偷漏税而被查补或处罚的增值税、消费税，应作为城市维护建设税计税依据征收城市维护建设税。

2. 税率。城建税的征收范围包括城市、县城、建制镇、工矿区。按纳税人所在地不同，设置了三档差别比例税率，如表12-5所示。

表12-5 城建税税率

档次	纳税人所在地	税率(%)
1	市区	7
2	县城、镇区	5
3	不在市区、县城、镇区	1

对城市维护建设税的适用税率，一般规定按纳税人所在地的适用税率执行，但对以下两种情况，可按纳税人缴纳"两税"所在地的规定税率就地缴纳城市维护建设税：一是由受托方代收代扣"两税"的单位和个人；二是流动经营等无固定纳税地点的单位和个人。

（三）减免税

城建税以"两税"为计税依据并同时征收。因此，税法规定对纳税人减免"两税"时，也就相应减免了城建税。城建税基本上没有单独规定减免税，但对一些特殊情况，财政部和国家税务总局作了特别减免税规定。这些特殊情况包括：①海关对进口产品代征增值税、消费税的，不征收城建税。②对出口产品退还增值税、消费税的，不退还已缴纳的城建税。③对于因减免税而需要进行"两税"退库的，城建税也可以同时退库。对"两税"实行先征后返、先征后退、即征即退办法的，除另有规定外，对随"两税"附征的城市维护建设税和教育费附加，一律不退（返）还。④为支持国家重大水利工程建设，对国家重大水利工程建设基金免征城市维护建设税。

（四）征收管理

1. 纳税环节。城市维护建设税的纳税环节，实际就是纳税人缴纳"两税"的环节。纳税人只要发生"两税"的纳税义务，就要在同样的环节，分别计算缴纳城市维护建设税。

2. 纳税地点。纳税人缴纳"两税"的地点，就是该纳税人缴纳城市维护建设税的地点。但是，属于下列情况的，城市维护建设税纳税地点为：①代扣代缴、代收代缴"两税"的单位和个人，同时也是城市维护建设税的代扣代缴、代收代缴义务人，其城市维护建设税的纳税地点在代扣代收地。②跨省开采的油田，下属生产单位与核算单位不在一个省内的，其生产的原油，在油井所在地缴纳增值税，其应纳税款由核算单位按照各油井的产量和规定税率，计算汇拨各油井缴纳。所以，各油井应纳的城市维护建设税，应由核算单位计算，随同增值税一并汇拨油井所在地，由油井在缴纳增值税的同时一并缴纳城市维护建设税。③对管道局输油部分的收入，由取得收入的各管道局于所在地缴纳营业税。所以，其应纳城市维护建设税，也应由取得收入的各管道局于所在地缴纳营业税时一并缴纳。④对流动经营等无固定纳税地点的单位和个人，其城市维护建设税应随同"两税"在经营地按适用税率缴纳。

3. 纳税期限。因为城市维护建设税是由纳税人在缴纳"两税"时同时缴纳的，所以其纳税期限分别与"两税"的纳税期限一致。根据增值税法和消费税法规定，增值税、消费税的纳税期限均分别为 1 日、3 日、5 日、10 日、15 日或者 1 个月。增值税、消费税的纳税人的具体纳税期限，由主管税务机关根据纳税人应纳税额大小分别核定；不能按照固定期限纳税的，可以按次纳税。

重点概念

资源税　城镇土地使用税　耕地占用税　印花税　城市维护建设税

思考题与训练题

1. 资源税的纳税人和征税范围是如何确定的？
2. 城镇土地使用税的纳税人和征税范围是如何确定的？
3. 耕地占用税的纳税人和征税范围是如何确定的？
4. 环境保护税的纳税人和征税范围是如何确定的？
5. 印花税的纳税人和征税范围是如何确定的？

训练题

1. 华北某油田 12 月份销售原油 220 000 吨,每吨 4 000 元,根据资源税税率表,其适用的税率为 6%。求该油田本月应纳税额。

简答: 应纳资源税税额 = 220 000×4 000×6% = 5 280(万元)

2. 某盐场某年生产液体盐 500 000 吨,其中 200 000 吨直接对外销售,300 000 吨用于继续加工固体盐 250 000 吨,并售出 180 000 吨,另有 70 000 吨继续加工成精制食盐 56 000 吨全部销售。计算该盐场当年应纳资源税(当地固体盐单位税额 10 元/吨,液体盐单位税额 3 元/吨)。

简答: 纳税人以液体盐加工固体盐,按固体盐税额征税,以加工的固体盐数量为课税对象,若加工完成后销售固体盐,则以实际销售数量来征税,因此:

应纳资源税 = 180 000×10+200 000×3+70 000×10 = 3 100 000(元)

3. 某市一家公司,实际占地 23 000 平方米。由于经营规模扩大,年初该公司又受让了一块尚未办理土地使用证的土地 3 000 平方米,公司按其当年使用的 2 000 平方米土地面积进行申报纳税。以上土地均适用每平方米 2 元的城镇土地使用税税率。计算该公司当年应纳城镇土地使用税。

简答: 当年应缴纳城镇土地使用税 = (23 000+2 000)×2 = 50 000(元)

4. 某县房地产开发公司占用耕地 13 000 平方米用于住宅小区建设,已知该区县耕地占用税每平方米税额 9 元。计算该区县房地产公司应纳耕地占用税。

简答: 应纳耕地占用税 = 13 000×9 = 117 000(元)

5. 某电厂与某水运公司签订了两份运输保管合同:第一份合同载明的金额合计 700 000 万元,第二份合同中注明运费 500 000 万元、保管费 150 000 万元。根据所给资料,计算两份合同应缴纳的印花税。

简答: 同一凭证记载两个或两个以上适用不同税目税率的经济事项,分别记载金额的,应分别计算税额加总贴花;未分别记载金额的,按税率高的计税贴花。

应纳印花税 = 700 000×0.1%+500 000×0.05%+150 000×0.1% = 1 100(元)

6. 某市区一家工业企业,某月实际缴纳增值税 45 000 元,消费税 23 000 元。计算该企业应纳的城市维护建设税。

简答: 纳税人所在地在市区的,税率为 7%,因此:

应纳城市维护建设税 = (45 000+23 000)×7% = 4 760(元)

案 例

北京市海淀区某公司 2007 年 9 月份实际缴纳增值税 170 000 元,消费税 100 000 元。计算该公司应缴纳的城建税税额。

因为:应纳税额=(纳税人实际缴纳的增值税+消费税)×适用税率,所以:

应纳城建税=(170 000+100 000)×7%=18 900(元)

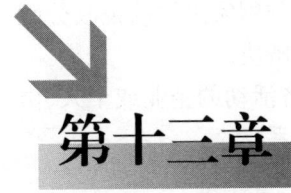

第十三章

国际税收

国际税收是税收的一个特殊领域,主要研究跨国税收关系。我国实行改革开放政策以来,对外经济往来不断发展,外国来华投资和国内企业境外投资日益增长,在这种情况下,国际税收问题越来越引起人们的重视。本章力图从跨国投资遇到的税收问题入手,重点研究国际重复征税及其减除方法,以期使读者初步了解国际税收关系,在维护国家主权和经济利益的基础上,处理好国际税收关系,更好地促进我国对外经济与贸易的发展。

第一节 国际税收概述

一、国际税收的含义

(一)国际税收的概念

税收是国家凭借政治权力进行的一种强制无偿的课征,它是一国政府凭借手中权力,同它管辖下的纳税人之间所发生的征纳关系。国际税收作为税收的一个特殊领域,有着不同于一般税收的特征。首先,国际税收并不存在超国家的征税主体。税收一般都有征税一方和纳税一方,征税一方是以国家作为征税主体,但国际税收并没有征税主体。尽管国际社会确实存在一些国际性组织,但它们只是国家间的契约性组织,不具有国家政权所拥有的强制力。如联合国,它是世界上成员国最多的国际组织,其宗旨规定不得干涉本质上属于任何国家国内管辖的事件,如果以其作为征税主体征税,将违背其宗旨。其次,国际税收也没有属于自己管辖的纳税人和征税对象,只是涉及各国税收的部分纳税人和征税对象。当一国纳税人的经营活动跨越国境,在境外取得所得或财产时,就会面临两个国家的征税问题,这个纳税人就成为国际税收涉及的纳税人,这个纳税人在国外取得的所得或财产,就成为国际税收涉及的征税对象。最后,国际税收的实质是国家与国家之间的税收协调关系。当一个纳税人面临两个国家的征税问题时,一国征税导致另一国不能征税,或者一国多征税而导致另一国少征税,就发生了国家与国家之间的税收分配关系。这种税收分配关系只能靠国与国之间的税收协调来解决。

综上所述,我们认为,所谓国际税收,是指从事国际经济活动的企业或个人,由于取得跨国所得和财产而引起的国与国之间的税收协调关系。

(二)国际税收与国家税收、涉外税收的关系

国际税收与国家税收既有联系又有显著区别。从二者的联系来看,一方面,国家税收是国际税收的基础。没有国家税收,就不会出现跨国所得或财产被两个以上国家征税的问题,没有各国税法的矛盾和冲突,就不需要在有关国家之间协调税收分配关系。另一方面,国家税收又要受国际税收一些因素的影响和制约。在各国经济联系日益紧密、相互依存越来越高的情况下,任何一个国家在制定本国税收政策时,都不可能不考虑国际税收关系,都要遵循国际上公认的一些国际规范和惯例。

国际税收与国家税收又是两门不同的学科,存在着显著的区别。一是征税依据的差别。国家税收是依据政治权力进行的强制征收,而国际税收是在国家税收基础上产生的国与国之间的税收协调关系,不是凭借政治权力进行的分配。二是形成税收分配关系的差别。国家税收在征收过程中形成国家和纳税人之间的税收分配关系,而国际税收涉及的是由各国的税收差异形成的国与国之间的税收协调关系。三是确定征税对象的差别。国家税收可以根据本国政治经济的需要确定不同的征税对象,设置多个税种,而国际税收不是一种具体的课征形式,没有自己独立的税种,只是涉及各国税收的一些征税对象,如所得、财产等。

有一种观点认为,国际税收就是涉外税收,是各国涉外税收的总和。这种观点忽视了国际税收与国家税收的严格区别。一个国家的税收,不管是涉及本国纳税人还是外国纳税人,都是一国政府对发生在自己国家主权范围内的征税事项进行管理的规范,涉外税收是一国政府同它管辖下的外国纳税人之间的征纳关系,还是属于国家税收的范畴,是一国税收制度的有机组成部分,而不是国际税收。

二、国际税收的产生与发展

(一)国际税收的产生

国际税收既是一个经济范畴,又是一个历史范畴,是历史发展到一定阶段的产物。国际税收的产生取决于两个前提条件:一个是资本的国际化,大量的跨国投资带来了收入和财产的国际化;另一个是各国普遍建立所得税制度,使征税关系跨越国境,这样便产生了国际税收。

国际税收始于人类社会发展到封建社会末期资本主义初期。在这一阶段,商品经济有了很大发展,商品流通范围也从国内市场延伸到国外市场,以商品流转额为征税对象的间接税成为各国的主要税类。但是,间接税的征税对象与交易行为

密切联系,而交易行为又有着明确的地域性,所以间接税只能由应税行为发生国征收,其他国家无权征税。因此,也就不会发生跨国重叠交叉征税问题。各国出于维护各自国家在国际市场上的地位的目的,彼此间订立了许多双边或多边的贸易关税条约和协定。国家对进出国境的货物和物品征收的关税,虽然已经包含着某些涉外因素,如征税对象和纳税人可能是外国货物或外国人,但性质上仍属于在一国境内发生的税收分配关系。各国只能在各自的国境内征收关税,国家的税收管辖权并没有越出国境,从而也不会引起跨国重叠交叉征税的问题。所以,商品课税和关税一般不会引起国家之间的财权利益矛盾,当时各国所关注的关税等流转税的国际关系问题,还不是我们所说的国际税收分配关系。

19世纪70年代以后,自由资本主义向垄断资本主义逐步过渡,至19世纪末20世纪初,世界历史进入垄断资本主义时代。资本输出是垄断资本主义的特征,垄断资本家为了争夺市场,在继续输出商品的同时,越来越多地把生产资本输出国外,开办或收买企业,进行生产或从事其他经营活动,以便避开各国的关税壁垒和其他贸易壁垒,占领国际市场,继续保持获取超额利润的有利地位。资本输出使得生产经营跨出了国界,出现了企业跨国投资经营,国际融资和科技、资金以及人员国际移动等跨国经济活动。

跨国经济活动必然带来纳税人收入的国际化。投资者通过跨国投资在国外获得丰厚的经营利润,金融家通过国际贷款在投入国取得巨额利息,大批受雇的外籍职员、技术人员和劳工在东道国获得工资、津贴和劳务报酬等。跨国纳税人不仅在国内还同时在国外取得大量收入,使其面临着对多个国家纳税的问题。

纳税人收入的国际化是国际税收形成的经济前提,而所得税的普遍实施,对跨国所得重叠征税是国际税收形成的直接动因。

税收一般分为三大体制,即对所得的课税、对商品的课税和对财产的课税。一个主权国家采取何种税收体系,不是凭主观想象决定的,而是受一定社会经济条件所制约。从历史上看,人类税收制度的发展经历了一个曲折的过程,国际税收的形成与之密切相关。

在古代奴隶制社会和中世纪封建社会时期,社会生产力的发展比较迟缓,各国的经济基本上是自给自足性质的封闭式经济,税收只能采取土地税、人头税等简单的直接税形式,以满足国家对财政收入的需要。这种古老的直接税的征税形式,使它不可能形成跨国的纳税人和跨国的征税对象,从而也就不可能发生由此而引起的国际税收分配问题。

随着人类社会从封建社会进入到资本主义社会,商品生产迅速发展,商品交换日益扩大,并出现国际的商品流通,以商品流转额为征税对象的间接税,便代替了以农业生产者的收获物为征税对象的古老直接税。许多国家开征了货物税、销售税、关税等,形成了主要以商品流转额为征税对象的税收体制。对商品流转额的课税一般在商品交易发生之时,在交易的发生地点课征。纳税义务的发生地点明确,不易引起交易双方所在国之间的财权利益矛盾。因此,对商品流转额征收的间接税体系,虽然已经介入了国际领域,但还不是国际税收的主要内容。

19世纪末20世纪初,所得税已在世界大多数国家中得到普遍推行,并在一些主要资本主义国家中逐渐代替间接税而成为主要的税类。当一个主权国家依据其所制定的所得税法对纳税人来源于本国的所得征税时,另一个主权国家也会依据其所得税法对属于本国纳税人的所得征税。这样,两个国家对同一跨国投资者的同一跨国所得征税的结果,就必然会发生国际重叠交叉征税等问题,从而引起国与国之间财权利益分配关系的矛盾,至此,国际税收正式形成。

(二)国际税收的发展

国际税收形成于19世纪末20世纪初,距今还不到200年的历史。纵观国际税收的发展,大致可划分为以下三个阶段。

1. 国际税收的萌芽阶段。1843年,比利时和法国签订全世界第一个双边税收协定之前,国际税收还处于萌芽阶段。在这一时期,所得税已经创立,一些纳税人的经营活动越出国境,国际税收问题也随之出现。但当时纳税人所得的国际化尚未形成一种普遍现象,有关国家之间的财权利益矛盾还是个别的、偶然的,尚未达到十分尖锐的程度。国际税收问题还没有引起世界各国政府的广泛关注。因此,在这一阶段,对国际税收的分配以及国际税收问题的处理,只是从一国国内法的角度单方面作出规范来实现的。

2. 非规范化的税收协定阶段。随着国际经济交流的不断发展,纳税人所得国际化的广泛出现,从一国国内法的角度单方面对国际双重征税作出暂时的权宜处理已经不能适应形势发展的需要。1843年,比利时和法国签订了互换税收情报的双边税收协定,这标志着国际税收进入非规范化的税收协定阶段。在这一时期,有关国家针对出现的国际双重征税问题,经过双边或多边谈判,共同签订书面的协议,以协调相互之间在处理跨国纳税人征税事务和国家之间的财权利益关系。这种签订国际税收协定的办法,固然能解决国际税收中的一些问题,并能较好地处理有关国家之间的财权利益关系,但由于该时期的国际税收协定都是根据各自的情况所签订的,在某些概念、定义的理解上以及协定的内容、格式上都不尽相同,还很不规范。

3. 税收协定的规范化阶段。在国际税收的实践中,有关国家不断总结经验,税收协定由单项向综合、由双边向多边发展,逐步实现规范化。真正具有普遍意义并为大多数国家所接受的、规范化的国际税收协定出现于20世纪60年代,此后国际税收活动进入规范化阶段。20世纪60年代初到70年代末,经过很多专家、学者、工作人员的努力,世界上产生了两种国际税收协定的范本,即经济合作与发展组织制定的《关于所得和财产避免双重征税协定范本》和联合国专家小组制定的

《关于发达国家与发展中国家间避免双重征税协定范本》。这两个范本提供了国际税收活动共同的规范和准则,基本起到了国际税收公约的作用,使各有关国家在处理相互间税收问题时有了可参照的标准和依据。它标志着国际税收活动在深度和广度及规范化、标准化方面的飞跃,使国际税收的发展向前大大地推进了一步,进入了较成熟的阶段。它作为国际上处理国际税收关系经验的总结,虽然对世界各国并没有任何法律约束力,但对于协调国际税收关系却起着重要的指导和示范作用。

第二节 税收管辖权

一、税收管辖权及其确定原则

（一）税收管辖权的概念

税收管辖权是一国政府在自主管理税收方面的主权,它是国家主权的重要组成部分,是国际税收的基本范畴。它表现在一国政府有权决定对哪些人征税、征哪些税以及征多少税等方面。它具有独立性和排他性。税收管辖权还是对国际所得征税的依据,同时也是国家行使主权的一种表现。国际税收理论中所指的税收管辖权,是指各国政府在处理对跨国所得征税方面所拥有的权限。

（二）税收管辖权的确定原则

税收管辖权是国家主权的重要组成部分,一国政府在本国区域内的领土和空间行使政治权力一般要遵从属地原则和属人原则(所谓属地原则,即一国政府可以在本国区域内的领土和空间行使政治权力;所谓属人原则,即一国可以对本国的全部公民和居民行使政治权力),因此,一国的税收管辖权在征税范围问题上也必须遵从属地原则或属人原则。具体到所得税的征收,根据属地原则,一国有权对来源于本国境内的一切所得征税,而不论取得这笔所得的是本国人还是外国人;根据属人原则,一国有权对本国居民或公民的一切所得征税,而不论他们的所得来源于本国还是外国。

二、税收管辖权的种类

根据上述国家主权行使范围的两大原则,我们可以把税收的管辖权分为以下两种类型。

（一）地域管辖权(收入来源地管辖权)

地域税收管辖权,也称为收入来源地管辖权或属地管辖权,它是按照属地原则确立的税收管辖权。它强调按收入或所得的来源地点,对来源于本国境内的收入或所得以及存在于本国境内的财产行使征税权。收入或所得来源于哪个国家,财产存在于哪个国家,则根据该国地域管辖权范围的要求,由该国进行征税,而不考虑跨国纳税人的居住地和国籍。对于跨国纳税人来源于本国境外的所得,则不论其居住国和国籍国是否征税,都不属于本国的地域管辖权实施范围,即对其来源于本国境外的所得,可以不征税。

(二) 居民(公民)管辖权

居民(公民)管辖权,是按照属人原则确立的税收管辖权。它是指一国政府对本国居民(公民)来自世界范围的全部所得行使的征税权力。居民管辖权的行使,其关键是确定纳税人(包括自然人和法人)的居民(公民)身份。自然人居民身份的判定,各国主要以住所或居所为标准,其中居所标准又主要根据居住时间来鉴别。法人居民身份的判定,各国主要采用注册地标准、总机构标准和实际管理机构所在地标准。公民身份的判定,主要根据其是否拥有本国国籍,即拥有本国国籍的人为本国公民。只要纳税人符合一国的居民(公民)身份判定标准,即被确认为具有本国居民(公民)身份,本国政府就有权对它的居民(公民)来自国内和国外的全部所得征税,即使其居民(公民)在本国无所得而仅在外国有所得,也要向本国履行纳税义务。居民(公民)管辖权并不注重外国居民来源于本国境内的所得。

在这里,居民管辖权和公民管辖权的区别在于,居民管辖权是指一国要对本国税法中规定的居民,包括自然人和法人的所得行使征税权;公民管辖权是指一国对拥有本国国籍的公民的所得行使征税权。

三、各国对税收管辖权的实施概况

既然税收管辖权属于国家主权,那么每个主权国家都有权根据自己的国情选择适合自己的税收管辖权类型。从世界各国的现行税制来看,所得税管辖权的实施主要有以下两种情况。

(一) 仅实行地域管辖权

仅实行地域管辖权是指,一国只对来源于本国境内的所得行使征税权,其中包括本国居民(公民)的境内所得,对本国居民(公民)的境外所得不行使征税权。目前,实行单一地域管辖权的国家和地区主要有阿根廷、乌拉圭、巴拿马、哥斯达黎加、肯尼亚、赞比亚和中国香港地区等。另外,还有一些国家如巴西,其公司所得税仅实行地域管辖权,但个人所得税则同时实行地域管辖权和居民管辖权。当然,这些国家和地区选择实施单一地域管辖权也是从国家或地区整体利益的角度来进行考虑的。一些发展中国家或地区在其经济发展过程中需要吸收外国资金,为此,它们在所得税的征收上选择了单一地域管辖权,使外商可以利用在本地建立的机构进行跨国经营而不必在本地缴纳所得税,以此来吸引外商的投资。在这种情况下,这些实行单一地域管辖权的国家或地区实际上就成了一个国际避税地。此外,一些拉美国家坚持单一地域管辖权,还与这些国家传统上强调所得税立法的地域性有关。许多拉美国家的学者认为,所得税实行地域管辖权对来源国和居住国来说都是十分公平的。在1956年召开的第一届拉美税法大会上,一些国家就曾提出,属地原则应是拉美国家对跨国所得课税的唯一原则。1964年第四届拉美国家税法大会又强调了这一立场。可见,实行单一地域管辖权的国家多集中在拉美地区是有历史原因的。

(二)同时实行地域管辖权和居民(公民)管辖权

在同时实行地域管辖权和居民(公民)管辖权的情况下,一国要对本国居民(公民)的境内所得、境外所得以及外国居民的境内所得这三类所得都行使征税权。其中,对本国居民(公民)境外所得征税所依据的是居民(公民)管辖权;对外国居民在本国境内所得征税所依据的是地域管辖权。目前,我国及世界上大多数国家都采取这种地域管辖权和居民(公民)管辖权并行的做法。例如,《中华人民共和国个人所得税法》规定,中国居民的境内和境外所得及外国居民来源于中国境内的所得都要依照我国的个人所得税法纳税。又如,《中华人民共和国外商投资企业和外国企业所得税法》规定,外商投资企业的总机构设在中国境内(即中国的居民企业)的,要就其来源于中国境内、境外的所得缴纳所得税;外国企业(即外国居民企业)要就其来源于中国境内的所得缴纳所得税。世界上大多数国家之所以同时实行地域管辖权和居民(公民)管辖权,主要是从国家税收利益的角度考虑的。这是因为,在开放的国际经济条件下,一方面是本国资本、技术和劳务的输出,另一方面又会有外国的资本、技术和劳务等的输入。这也就是说,一国如果只实行单一的税收管辖权,势必会有一部分税收收入流失。比如,一国如果只实行地域管辖权,则对本国居民的国外所得就不能征税;而如果只实行居民(公民)管辖权,则对外国居民在本国的所得也无法征税。所以,为了扩大本国的财政利益,一国把所得税的征税权同时扩大到本国居民(公民)的国外所得和外国居民的本国所得是必要的。

第三节 国际重复征税与避税

一、国际重复征税的含义及其产生的原因

(一)国际重复征税的含义

要想了解什么是国际重复征税,首先必须弄清楚重复征税的含义。所谓重复征税,是指同一课税对象在同一时期内被相同或类似的税种课征了一次以上。这里必须强调,重复征税是指相同或类似税种的重复课征,如果同一课税对象被两个不同的税种重复课征,则不属于我们这里讨论的重复征税问题。例如,职工的工资在一些国家既要被课征个人所得税,又要被课征社会保险税(工薪税),但个人所

得税与社会保险税的性质不同,所以这两个税种对同一笔工资收入同时课征并不属于重复征税问题。

重复征税问题既可以发生在一国之内,也可以发生在国与国之间。就所得税而言,国内重复征税问题在联邦制国家最容易发生。这种国内重复征税可以分为纵向的和横向的两类。所谓纵向的国内重复征税,是指联邦政府和州政府对同一纳税人的同一笔所得同时行使征税权所造成的重复征税。如果州(联邦)政府在对纳税人征税时不允许其抵扣已缴纳给联邦(州)政府的所得税税款,那么在纳税人身上就会发生纵向的国内重复征税。横向的国内重复征税,是指两个或两个以上的州政府对纳税人的同一笔所得同时行使征税权而导致的重复征税。在联邦制国家,如果一个纳税人属于一个州的居民,而其在另一个州有收入来源,则很可能会在两个州同时负有纳税义务,这时假如联邦政府不能对有关州的征税权加以协调,横向的国内重复征税问题就可能发生。重复征税问题也可以发生在国与国之间,即所谓国际重复征税。国际重复征税有些类似于上述横向的国内重复征税,只不过这时进行重复征税的主体已不再是一国之内不同的州,而是两个或多个主权国家的政府。

重复征税还有法律性重复征税和经济性重复征税之分,二者的区别主要在于纳税人是否具有同一性。若两个或两个以上拥有税收管辖权的征税主体对同一纳税人的同一课税对象同时行使征税权,则这时产生的重复征税属于法律性重复征税;而若两个或两个以上征税主体对不同纳税人的同一课税对象同时行使征税权,则这时产生的重复征税属于经济性重复征税。法律性重复征税比较好理解。例如,甲国居民在乙国取得一笔所得,甲、乙两国都要对这笔所得征税,那么就会发生跨国的法律性重复征税。又如,一个第三国的公司在甲国设有常设机构,该公司通过这个常设机构在乙国进行经营活动,取得了一笔所得,如果甲、乙两国都对该常设机构在乙国取得的经营所得课税,则也会发生法律性国际重复征税问题。我们这里再举一个经济性重复征税的例子。假如子公司用公司所得税后的利润向母公司支付股息,而母公司要就这笔股息收入缴纳公司所得税。由于母公司和子公司是两个不同的纳税人,而两次课税的课税对象属于同一税源,所以这时发生在母、子公司之间同一笔利润之上的重复征税就属于经济性重复征税。当然,如果这时母、子公司分设在两国,由两个国家分别对母、子公司同一税源的课税对象进行征税,则这时的重复征税就属于经济性国际重复征税。

从以上对重复征税问题的分析,我们可以将国际重复征税的定义概括为:两个或两个以上的国家,在同一时期内对同一纳税人或不同纳税人的同一课税对象征收相同或类似的税收。

(二)所得国际重复征税产生的原因

所得国际重复征税是由不同国家的税收管辖权同时叠加在同一笔所得之上引

起的。这种国与国之间税收管辖权的交叉重叠可以分为两种情况,即同种税收管辖权交叉重叠和不同种税收管辖权交叉重叠。

1. 两国同种税收管辖权交叉重叠。国与国之间同种税收管辖权的相互重叠主要是由有关国家判定所得来源地或居民身份的标准相互冲突造成的。一旦同一笔所得被两个国家同时判定为来自本国,或者同一纳税人被两个国家同时判定为本国居民,那么两个国家的地域管辖权与地域管辖权或者居民管辖权与居民管辖权就会发生交叉重叠。另外,如果一个纳税人具有双重国籍,而这两个国家又都行使公民管辖权,则两国的公民管辖权也会发生交叉重叠。

2. 两国不同种税收管辖权交叉重叠。国与国之间不同种类的税收管辖权交叉重叠具体有三种情况:①居民管辖权与地域管辖权的重叠;②公民管辖权与地域管辖权的重叠;③公民管辖权与居民管辖权的重叠。世界上大多数国家都同时实行地域管辖权和居民管辖权,因此,这两种税收管辖权的交叉重叠最为普遍。比如,一甲国居民在乙国从事经济活动并在当地有一笔所得,甲国依据居民管辖权有权对这笔所得征税,乙国依据地域管辖权也有权对这笔所得征税,这样,甲、乙两国的税收管辖权就在该甲国居民的同一笔所得上发生了重叠,如果甲、乙两国都行使自己的征税权,则这笔所得势必要受到国际重复征税。公民管辖权与其他税收管辖权重复的情况与上述居民管辖权类似,这里不再赘述。

此外,国际重复征税还可能因为两个国家对企业的收入分配和费用扣除的看法与法律规范存在差异而发生。例如,甲国企业向乙国企业支付利息,但对这笔利息支付甲国不允许企业税前扣除,而乙国又要对这笔利息收入征税,这时国际重复征税就会发生。

二、国际重复征税的减除

国际重复征税加重了纳税人的负担,减少纳税人利润,削弱了纳税人再投资的能力,也阻碍了国际经济、技术、人才的交往和合作,因此,各国政府都在寻求并实行减除国际重复征税的方法。目前,各国采取的减除国际重复征税的方式主要有以下几种。

(一) 免税法

免税法是指一国政府对本国居民在境外取得,并已向来源国缴税的所得免于征税,仅对来源于国内的收入征税。根据居民税收管辖权,一国政府有权对本国居民的国内外收入征税,免税法是本国政府单方面放弃了本国居民国外收入的征税权力,只就其来源于境内的收入征税。实行免税法的国家会使本国的权益受到较大的影响,造成本国应得税收的外流。

免税法具体包括全额免税法和累进免税法。

实行全额免税法,一国政府在对本国居民纳税人课税时,允许从其应税所得额中扣除来源于境外,并已向来源国纳税的那一部分所得。实行累进免税法,一国政府对本国居民的境外所得不予征税,由于本国采用累进税率,因此在确定对其国内所得征税时,要将免于征税的国外所得与国内所得合并为总所得,按国内所得部分的税率征收。

【案例1】A国某居民来自A国所得70万元,来自B国所得30万元。假定A国实行全额累进税率,其中,应税所得60万~80万元的适用税率为35%,81万~100万元的适用税率为40%;B国实行30%的比例税率。如果不采用减免方式,A国行使居民税收管辖权,要对其境内外全部收入征税,即(70+30)×40%=40(万元);B国行使地域税收管辖权,要对其在B国的所得征税,即30×30%=9(万元),该居民在A,B两国共缴纳税款40+9=49(万元),出现国际重复征税。试计算按全额免税法和累进免税法分别减除了多少税款。

【解】按全额免税法的做法,A国对本国居民来源于B国的30万元不予征税,只对来自国内所得的70万元按照适用税率征税,即70×35%=24.5(万元),该居民在A,B两国共缴纳税款24.5+9=33.5(万元),减除了49-33.5=15.5(万元)的税款。

按累进免税法的做法,本国居民境内外总所得为100万元,按总所得的适用税率计征国内所得部分,即70×40%=28(万元),该居民在A,B两国共缴纳税款28+9=37(万元),减除了49-37=12(万元)的税款。

(二)扣除法

扣除法又称列支法,是指行使税收居民管辖权的国家,从本国纳税人来源于国外的所得中,扣除该项所得所付的外国税款,就其余额征税的方法,以减除国际重复征税。扣除法使所得征税所形成的税收负担在一定程度上有所减轻,但它重于对一般国内所得征税,从根本上不能解决国际重复征税问题。

(三)低税法

低税法是指一国政府对其来源于国外的收入,单独制定较低的税率予以征税,这是一种减轻或缓解重复征税的方法,但它同扣除法一样不能从根本上解决国际重复征税问题。

(四)抵免法

抵免法是一国政府对居民纳税人来源于境内外的总所得,按适用税率计算应纳税额,但允许纳税人从应纳税额中抵免已在收入来源国缴纳的全部或部分税款。抵免法承认收入来源地税收管辖权的优先征税地位,又不放弃居住国行使居民税收管辖权,有利于维护各国的税收权益,因而普遍被各国所接受,成为世界上流行的一种减除国际重复课税的方式。

抵免法具体分为直接抵免和间接抵免。

1. 直接抵免。直接抵免是指居住国的纳税人用其直接缴纳的国外税款抵免本国应缴纳的税额。直接抵免的主要特征是可以用国外已缴纳的税款全额地冲抵本国税收,所以也称为全额抵免。如果设有限定条件,那么,用国外已缴纳的税款抵免时,不能超过居住国的税收负担,也称为限额抵免。

直接抵免的计算公式为:应纳居住国税款=(居住国所得+来源国所得)×居住国税率−实际抵免额。

【案例2】A国某公司的境内外总所得为100万元,其中,来自本国境内所得为70万元,来自境外B国分公司所得为30万元,试计算三种情况下该公司应向A国缴纳的税款。

【解】第一,居住国和来源国的税率相等,A、B两国均为30%,该公司在B国缴纳税款30×30%=9(万元),这是实际抵免额。该公司向A国应缴纳的税款为100×30%−9=21(万元)。

第二,居住国税率高于来源国税率,A国税率为30%,B国税率为20%,该公司在B国应缴纳税款30×20%=6(万元),这是实际抵免额。该公司向A国应缴纳的税款为100×30%−6=24(万元)。

第三,居住国税率低于来源国税率,A国税率为30%,B国税率为40%。如果居住国规定有抵免限额,纳税人在国外缴纳的税款,就会有一部分不能用于冲减本国的应纳税额。该公司在B国虽然缴纳税款30×40%=12(万元),但按抵免限额的规定,实际抵免额是30×30%=9(万元)。该公司向A国应缴纳的税款为100×30%−9=21(万元)。

2. 间接抵免。间接抵免是指居住国的纳税人用其间接缴纳的国外税款抵免在本国应缴纳的税额。间接抵免适用于公司或企业的国外子公司所缴纳的所得税的抵免。一国的母公司在国外拥有子公司,子公司在当地缴纳企业所得税后,将税收利润按母公司的股权比重重新分配给母公司,母公司从子公司得到的只是子公司缴纳所得税后按股份分配的一部分股息。母公司从外国子公司分得股息,必然要负担子公司所在国的税款,又因母、子公司是两个不同的法人,所以子公司缴纳的而由母公司负担的那部分子公司所在国税款,并不是母公司的直接缴纳,而是一种间接缴纳。这样,母公司用这笔国外税款冲抵本公司的应缴纳税款就属于间接抵免。

由于子公司、母公司是两个不同的经济实体,两个不同的纳税人,母公司从子公司得到的只是子公司缴纳所得税后按其股份分配的那一部分股息,因此能抵免的只能是这部分股息所承担的所得税额。所以,这种抵免不是根据实纳税额而是按换算的股息应承担的税额进行抵免。其计算公式为:

母公司应纳所得额=(母公司来源于本国的所得+属于母公司的外国子公司所得)×母公司所在国税率−外国税收抵免额

属于母公司的外国子公司所得=母公司从外国子公司实得股息+该项股息已纳外国所得税额

该项股息已纳外国所得税额=外国子公司所得税额×(母公司从外国子公司实得股息÷外国子公司税后利润)

外国税收抵免额不得超过属于母公司的外国子公司所得按照本国税法规定税率计算的应纳税额。

三、国际避税、反避税与预约定价

(一)国际避税的概念及主要方法

国际避税,是指纳税人利用两个或两个以上国家的税法和国家间的税收协定的漏洞、特例和缺陷,规避或减轻其全球总纳税义务的行为。

在国际经济活动中,国际避税的表现形式各种多样:通过迁出或虚假迁出高税国,进行人员流动,以避免税收管辖,实现国际避税;通过把资金、货物或劳务转移或不转移出高税国,进行课税客体的流动,以实现国际避税;利用有关国家或国际税收协定关于避免国际重复征税的方法进行避税;利用国际避税地进行避税;等等。

在当今经济全球化的大潮中,跨国公司或集团公司内部的交易对于企业的整体运营发挥的作用日益重要,而公司集团内部交易的定价问题,是转让定价研究的核心内容。转让定价,是指关联企业之间在销售货物、提供劳务、转让无形资产等时制定的价格。在跨国经济活动中,利用关联企业之间的转让定价进行国际避税已成为一种常见的税收逃避方法,其一般做法是:高税国企业在向其低税国关联企业销售货物、提供劳务、转让无形资产时制定低价;低税国企业在向其高税国关联企业销售货物、提供劳务、转让无形资产时制定高价。这样,利润就从高税国转移到低税国,从而达到最大限度减轻其税负的目的。

(二)国际反避税措施及预约定价安排

国家反避税的方法有:在税法中制定反避税条款、完善转让定价的税制立法、应对避税地政策、限制资本弱化法规、限制避税性移居、限制利用改变公司组织形式避税等。

预约定价是不少国家调整转让定价行为和遏制国际逃税的最有效的手段之一。

预约定价,也称预约定价协议或预约定价安排,是指纳税人与其关联方在关联交易发生之前,向税务机关提出申请,主管税务机关和纳税人之间通过事先制定一系列合理的标准(包括关联交易所适用的转让定价原则和计算方法等),来解决和确定未来一个固定时期内关联交易的定价及相应的税收问题。它是国际通行的一种转让定价调整方法。

预约定价是当前许多发达国家普遍采用的一种转让定价调整新方法,美国自1991年率先推出,使转让定价从事后调整变为事先确认,从而使转让定价税制走出困境。随后,日本、澳大利亚、加拿大、西班牙和英国先后开始实行预约定价,新西兰和韩国自 1997 年起实行预约定价。

我国自 20 世纪 90 年代末开始预约定价安排的实践。1998 年,预约定价安排作为"转让定价调整方法中的其他合理方法"写入《关联企业间业务往来税务管理规程(试行)》(国税发〔1998〕59 号)第二十八条。1998 年,税务机关与企业达成首例单边预约定价安排。

2002 年,《中华人民共和国税收征收管理法实施细则》(国务院令第 362 号)第五十三条正式列入预约定价制度,预约定价由转让定价方法上升为一种制度。

2004 年,国家税务总局颁布了《关联企业间业务往来预约定价实施规则(试行)》(国税发〔2004〕118 号),规范了中国的预约定价安排管理。

自 2005 年起,国家税务总局实施了预约定价监控管理制度,中国的预约定价管理从此步入规范发展的新阶段。

2009 年初,为了配合新企业所得税法及其实施条例的实施,国家税务总局颁布实施《特别纳税调整实施办法(试行)》(国税发〔2009〕2 号)。2009 年双边预约定价安排谈签工作有了较快发展。

截至 2016 年年底,我国已经对外正式签署 102 个避免双重征税协定,其中 97 个协定已生效。值得关注的是,我国于 2013 年 8 月 27 日签订了《多边税收征管互助公约》,并于 2017 年 1 月 1 日起开始执行。《多边税收征管互助公约》是一项旨在通过开展国际税收征管协助,打击跨境逃避税行为,维护公平税收秩序的多边条约。

第四节 国际税收协定

一、国际税收协定的含义

国际税收协定是指两个或两个以上的主权国家,为了协调相互之间的税收分配关系,消除或减轻国际重复征税,在平等互利的原则下,经由政府间谈判所签订的一种具有法律效力的书面协议。国际税收协定是国际税收的一项重要内容。

近几十年来,由于国际经济交往的不断发展,国家之间的经济往来日益频繁,国际重复征税问题越来越突出,涉及的国际税收问题日益复杂。一些国家单方面解决重复征税问题已远远不能适应经济形势的需要,通过缔结税收协定来解决双重征税问题已成为国家经济发展的迫切要求。第二次世界大战结束以来的 50 多年时间里,世界上以免除重复征税为目的的税收协定不断增加,我国也与一些国家签订了有关国际税收协定。

二、国际税收协定的发展

国际税收协定从产生至今已有150多年的历史。1843年法国和比利时签订了世界上最早的国际税收协定，主要解决两国之间税务相互合作及税收情报交换等问题。国际税收中最重要的问题之一，就是如何协调国际税收协定的内容。自20世纪20年代开始，避免国际重复征税和防止偷税漏税的国际合作有了迅速的发展。《关于免除遗产税的双重征税协定范本》《关于就税收问题提供行政帮助的协定范本》《关于就税收问题提供法律依据的协定范本》等多种国际税收协定在相关国家的积极参与下相继签订。这些国际税收协定在一定程度上规范了国际税收中重复征税等问题的解决方法。随着国际经济交往的不断发展以及纳税人所得国际化的广泛出现，单方面的权益处理和非规范性的双边税收协定已经不能适应形势发展的需要。世界上大多数国家尤其是西方经济发达国家，期望用比较完整、科学规范和系统的国际税收协定示范文本来代替以往的不完善的做法。因此，1963年，由美、英、法、意、日等24个国家组成的经济合作与发展组织（简称"经合组织"），签订了《关于对所得和资本避免双重征税的协定范本》，简称《经合组织范本》。这个协定范本得到了很多国家的承认，并被作为协调国际税收关系重要的参考文件。它的内容不只局限于国际重复征税问题，还包括国际税收关系中的一些主要方面，如涉及纳税人和征税对象、适用的税种、跨国联署企业之间收入和费用的分配、避免双重征税的方法、国际无差别待遇以及税收情报交换等问题，提出了比较合理的解决方法。由于经济合作和发展组织的成员国都是经济发达国家，国家间的资金流向都是双向的，在有关国家签订的税收协定中，利益就可能是相等的。而发展中国家较少有资本输出，却有来自经济发达国家的大量资本输入，资金流向基本是单向的。发展中国家很难依据《经合组织范本》维护本国的利益，它们迫切要求制定一个能反映自身利益的国际税收协定范本。考虑到发展中国家的这种情况和利益，1979年，在联合国有关组织的有效参与下，制定了《发达国家与发展中国家关于双重征税的协定范本》，简称《联合国范本》。它已成为联合国用于协调发达国家与发展中国家税务关系的正式参考文件，也是目前世界上有关国家之间签订税收协定的重要参考文件。《联合国范本》的内容同样不局限于国际重复征税问题，还包括国际税收关系涉及的所有主要问题，不过在某些问题的具体处理上，它与《经合组织范本》并不完全一样。其原因在于，《联合国范本》的指导原则是，不仅要考虑到发达国家的情况，还要尊重发展中国家的不同利益。《经合组织范本》和《联合国范本》这两个国际性的税收协定范本，尽管并不对任何一个国家具有法律上的约束力，但是，它们仍然可以在有关国家处理国际税收关系方面起到重要的协调和示范作用。目前，世界上绝大多数国家在缔结国际税收协定时，主要参照的是这两个范本。我国在对外谈判签订国际税收协定时，一般坚持以《联合国范本》为主要范本。这些税收协定不仅维护了我国在国际税收分配关系中的国家主权利益,而且大大促进了国内经济建设的发展。

三、国际税收协定的主要内容

国际税收协定的核心内容是减除国家之间的双重征税,但还包括一些需要通过协定加以确认的税收问题。根据《经合组织范本》和《联合国范本》以及已有的国际税收协定提供的范例,概括起来,一般国际税收协定主要包括以下主要内容。

(一)协定适用的范围

协定适用的范围包括人的范围和税种的范围两个方面。这是国际税收协定必须明确的前提。

人的范围,即适用的纳税人。鉴于世界上绝大多数国家按照属人原则建立的税收管辖权都是采取户籍标准的,因此,在经合组织和联合国的这两个范本中,都把适用的纳税人限制在缔约国一方或同时成为缔约国双方的居住者这个范围以内,它包括自然人和法人。对于少数仍采取国籍标准的国家,一般可以在协定的复议书中声明,保留行使税收公民管辖权,行使对其公民征税的权力。

税种的范围,即适用的对所得和财产征收的各种直接税。一般来说,各种税收协定通常把足以引起缔约国各方税收管辖权交叉的,属于所得税或一般财产税类的税种列为适用的范围。为了明确起见,协定对于税种的适用范围,要求缔约国各方将现行征收的有关所得税和一般财产税类的各税种分别具体列示。所得税类包括各国按综合所得税制或按分类分项所得税制设计的各种所得税以及名称各异、性质属于所得税的其他税种。一般财产税类包括各国对跨国法人征收的资本税,对跨国自然人征收的财产净值税、遗产税,以及属于一般财产税性质但名称不同的诸税种。由于签约国各方的税制处在不断发展变化之中,所以协定中税种适用范围也可以随之变化,但要求缔约国双方主管当局应将新增或替代的税种清单随时通知对方,以保证协定的税种范围具有准确性和连续性。

(二)减除国际重复征税的方法

减除国际重复征税是国际税收协定的核心内容,具体又包括明确所得概念、协调各缔约国之间的税收管辖权和确定免除双重征税的方法等。

1. 明确所得概念。国际税收协定的主要目的之一是免除对所得的双重征税。但是,由于各国对所得的理解不同,所得税的计税依据也不相同,所以,缔结国际税收协定必须首先确定各方都认可的所得概念,同时也要分清各类所得的概念,其中主要是工商企业营业所得、资本所得、权利所得、工资劳务报酬所得等。一般来说,协定中涉及的所得都是纯所得,即扣除成本费用以后的净收入。

2. 协调各缔约国之间的税收管辖权。各国政府同时行使居民(公民)管辖权和地域管辖权容易引起国际重复征税,为了解决这一问题,必须在协定中明确各缔约国行使税收管辖权的范围,如确定确切的地理概念等,以免在执行中发生争议。协定中还要确认在各缔约国行使税收管辖权的范围内,对哪些所得允许优先行使地域管辖权等。

3. 确定免除重复征税的方法。无论缔约国在国内税法中对减除重复征税方法是否加以规定,在签订国际税收协定时,必须加以确定或确认,以保证跨国纳税人在国外缴纳所得税后,得到本国政府的税收抵免。抵免的方法是唯一能兼顾两种税收管辖权利益的可行办法。另外,在国际税收协定中还必须明确缔约国各方是否同意税收饶让,以保证在征税时相互配合,从而不致造成有关国家税收分配不合理或税款的国际转移。

(三) 保证税收的无差别待遇

税收的无差别待遇是指缔约国各方应实行国民待遇原则,相互给予对方国民以同等于本国国民的税收待遇,保证不加歧视。为了保证税收的无差别待遇,必须在税收协定上加以确认。缔约国一方的跨国纳税人,在缔约国另一方所负担的纳税义务和有关条件不能与该国本国纳税人在相同的条件下的税负和有关条件有所差别,如在税种、税率、征税范围、课征方法等方面,不能对外国纳税人与本国纳税人作出带有歧视性的差别规定。对税收无差别待遇的规定一般包括:国际无差别待遇、常设机构无差别待遇、费用扣除无差别待遇、资本无差别待遇。需要注意的是,税收无差别待遇条款,并不意味着一个缔约国必须给予另一缔约国的国民以相当于本国国民由于国内地位或家庭负担等原因所能享受的税收照顾、优待或减免等一切权利。

(四) 消除和减少国际逃税

国际税收协定通常还包括防止国际避税和逃税这一重要方面。随着国家之间的经济往来和跨国经济活动发展,国际税收活动也越来越困难。对于一个国家来说,很难确切地掌握某一跨国纳税人的国际经济活动情况,因此,国际税收协定各缔约国必须进行广泛的国际合作。在税收协定中,一般都制定如下一系列条款:有关核实常设机构收入的条款;有关联署企业的条款;有关利息、特许权使用费的条款等。近年来,有些税收协定还增加了有关防止利用税收协定进行税务投机的条款。在国际税收协定的特别规定中,有关情报交换的条款,对于防止国际避税和逃税具有非常重要的意义。

情报交换是防止和减少国际偷税、逃税的有力措施,在国际税收协定中,有关情报交换的条款,对防止国际避税和国际逃税有着非常重要的意义,并且它还加强了国际税务管理合作的关系,被税务部门称作"协定中的协定"。它有公认的三个限制性条件:①不得要求缔约国一方或另一方采取与其国内法律或行政惯例不一致的措施;②不得要求缔约国一方或另一方提供按其法律或行政渠道所不能得到的情报;③不得要求提供泄露跨国纳税人的工业生产、商业经营和专业技术秘密的资料,或与公共政策相违背的情报。通常,缔约国各方所交换的情报有以下几种:①一般的税务情报资料。其包括法律文件、工作细则、说明书、执行验收协定的各种官方资料、税务部门有关个别税务案例的处理意见以及法律判决书等。②有关跨国纳税人的档案资料。其包括联署企业的所在地点、开歇业日期、经营业务范围和缔约国居民在当地的收入等。③有关跨国纳税人的专门资料。其包括银行往来、利息收支、年度决算报表、利润分配、资料转移和应课征的税种等资料。除了上述三种类型的情报外,有时为了调查某种税收舞弊行为,还可以根据需要提供其他一些性质的情报。为了调查某些经济犯罪案例,与其相关的某些情报资料可以不受限制地提供给对方。为此,在国际税收协定中,一般都要求缔约国各方对收到的情报采取与该国国内法令对同类情报所规定的保密措施来对待。国际通行的情报交换方法主要有:要求缔约国各方对不同资料采取经常交换与临时交换的方法;允许缔约国一方将另一方提供的某些情报,在具备应履行的手续及符合条款规定的条件下,转手提供给并未与另一方直接签订有关税收协定的第三方,这种方法即为三角转换方法;缔约国各方互派常驻对方的代表采取直接向对方主管部门收集资料的方法;对特定案例,由缔约国各方联合进行调查,采取共同行动的方法。

在税收协定中确定转让定价是减少国际避税和逃税的另一重要措施。转让定价是指设在不同国家的母公司和子公司之间的转让贸易如何定价的问题。转让定价如果不合理,会导致国际逃税和漏税。如设在甲国的母公司同设在乙国的子公司之间存在着销货收入、利息收入、劳务收入、租金收入、特许权使用费收入以及有关业务费用的内部分配问题,如果甲、乙两国的税率高低不同,纳税人就有可能通过联署企业内部的转让定价和不合理的分配办法进行合法逃税,如压低其高税率国家联署企业对其低税率国家联署企业的销货、贷款、服务、租赁和转让无形资产等业务的收入和费用的分配标准,以便把收入尽量多地分配到低税率国家的联署企业,把费用尽量多地分配到高税率国家的联署企业,从而实现最大限度地减轻总税负。

为了防止和限制这种国际合法逃税,并在税收协定中确定各方都同意的转让定价方法,一般的国际税收协定都规定,母、子公司的转让定价以当时当地市场价格为准。

四、我国的国际税收协定概况

(一)我国对外缔结税收协定的进展情况

我国是从改革开放以后才开始重视对外缔结国际税收协定(避免双重征税协定)的。1979年7月颁布的《中华人民共和国中外合资经营企业法》,标志着我国吸引外商直接投资工作的开始。1980年和1981年,我国又连续颁布了《中华人民共和国中外合资企业所得税法》《中华人民共和国个人所得税法》《中华人民共和

国外国企业所得税法》。这一系列涉外税收法规的颁布,基本上确立了我国涉外税收的法律体系。在这几年中,向我国提出签订避免双重征税协定的国家日益增多。从1981年1月起,我国首先同日本就签订避免所得双重征税协定进行了谈判。1983年9月6日,该协定正式签订,并在各自法律生效后,于1985年1月1日开始执行。中日税收协定是我国对外签订的第一个全面的避免双重征税协定。我国实行对外开放方针近30年来,对外签订避免双重征税协定的工作取得了很大进展。截至2003年12月底,我国已先后同日本、美国、法国、英国、比利时、德国、马来西亚、挪威、丹麦、新加坡、芬兰、加拿大、瑞典、新西兰、泰国、意大利、荷兰、波兰、澳大利亚、保加利亚、巴基斯坦、科威特、瑞士、塞浦路斯、西班牙、奥地利、罗马尼亚、巴西、蒙古、匈牙利、马耳他、阿拉伯联合酋长国、卢森堡、韩国、俄罗斯、巴布亚新几内亚、印度、毛里求斯、克罗地亚、白俄罗斯、斯洛文尼亚、以色列、越南、土耳其、乌克兰、亚美尼亚、牙买加、冰岛、立陶宛、拉脱维亚、乌兹别克斯坦、孟加拉国、苏丹、马其顿、埃及、葡萄牙、爱沙尼亚、老挝、塞舌尔、菲律宾、爱尔兰、南非、巴巴多斯、摩尔多瓦、卡塔尔、古巴、委内瑞拉、尼泊尔、哈萨克斯坦、印度尼西亚、阿曼、尼日利亚、突尼斯、伊朗、巴林、希腊、吉尔吉斯、摩洛哥、斯里兰卡、特立尼达和多巴哥等80多个国家缔结了全面性的双边税收协定,从而使我国成为世界上对外签订双边税收协定较多的国家。1998年2月,中国内地与中国香港地区签订了关于避免所得双重征税的安排,但该安排中并没有情报交换的条款。

(二)我国对外谈签税收协定所遵循的原则

我国与外国谈判和签订税收协定,既要遵守国际惯例,又要坚持一定的原则。我国的基本原则是平等互利、友好协商,既要有利于维护我国的主权和经济利益,又要有利于吸引外资,引进先进技术,为发展我国国民经济服务。在此基础上,我国在对外谈判和签订税收协定的过程中坚持了以下三项具体原则。

1. 坚持所得来源国与居住国共享税权的原则。签订税收协定一般不影响居住国征税权,主要是限制双方国家按所得来源地原则行使税收管辖权。在国际经济交往中,发展中国家经常是资本输入国,发达国家则经常是资本输出国。尽管双边协定的条文规定对双方是对等适用的,但由于经济发展水平的差异及由此形成的资金流向和技术输出量不同,发展中国家与发达国家实际所受到的征税上的限制是不对称的。我国是发展中国家,在经济建设中迫切需要吸引大量外资和先进技术。外国投资者无论是采取向中国政府和企业提供金融贷款和转让技术等间接投资的方式,还是采取来华办厂等直接投资的方式,都可以从我国取得大量的营业利润和各项投资所得。相比之下,发达国家的公司来源于我国的利润大大多于我国公司来源于发达国家的利润。坚持收入来源国与居住国共享征税权的原则,能够在协定的基础上保障我国的税收权益,所以,在我国对外缔结的税收协定中,除关于国际运输和政府职员等的个别条款外,我国不接受任何居民管辖权处于无条件的独占地位的要求,一般都坚持了收入来源国优先征税以及来源国与居住国共享征税权的原则。对来源地管辖权的征税范围和预提税的税率,我国虽然可以接受某些合理范围内的限制,但也从不放弃所得来源地的优先征税权。

为了坚持共享征税权的原则,我国在对外谈签税收协定时,一般比较倾向于参照能够较多地照顾到来源地国家征税权的《联合国范本》。例如,在特许权使用费征税问题上,《经合组织范本》规定对其应仅由受益人的居住国征税,而《联合国范本》则提出可由来源国优先征税,再由居住国分享征税权。我国在对外签订的税收协定中都坚持了《联合国范本》的意见,从而维护了我国对来源于境内的特许权使用费的征税权。当然,我国强调《联合国范本》,也并不是全盘照搬,对其中一些不适我国国情的条款也有所舍弃。比如,《联合国范本》对常设机构的营业利润提出按"引力原则"征税,但考虑到我国幅员辽阔,不易实施该原则,所以在对外签订的税收协定中都没有坚持这一原则。

需要指出的是,我国目前与发达国家基本上都签订了双边税收协定,近年以及今后我国对外签订税收协定的工作将主要是在发展中国家之间展开。对于一些发展中国家来说,我国可能是资本净输出国,即我国企业在对方国家的投资可能会多于对方国家企业在我国的投资。为了维护我国的税收利益,我国在与这些发展中国家签订税收协定时,就不宜过分强调收入来源地优先征税的原则,而应注意居住国的税收利益。例如,我国企业对一些发展中国家进行工程投资较多,因此,在与对方国家谈签常设机构的范围时,关于建筑工地,建筑、装配或安装工程或者与其有关的监督管理活动是否属于常设机构的时间期限就应根据实际情况来确定,不是规定得越短越好。事实上,我国近年来与一些发展中国家谈签税收协定时,在这个问题上一般都坚持9个月或12个月的标准,即一国企业在另一国从事的建筑、装配、安装或与其有关的监督管理活动只有连续超过了9个月或12个月,该企业在另一国才属于设有常设机构,该常设机构才应在所在国纳税,这样就较好地维护了我国作为一个投资者居住国的税收利益。例如,我国与委内瑞拉、阿曼、尼泊尔和卡塔尔签订的协定都采用的是9个月的标准,与巴林的协定采用的是12个月的标准。

2. 坚持税收待遇对等的原则。国与国之间税收待遇对等是国际税收惯例的一个重要内容,我国在对外谈签税收协定时也坚持这项原则,将双方的权利和义务按对等的原则写入税收协定或协定议定书。例如,我国国内税法规定股息的预提税税率为20%,协定税率一般降为10%,但有的国家根据本国的惯例,股息预提税的协定税率并不定为10%,这样我国与该国签订税收协定时,我国协定的预提税税率也应相应进行调整,以体现税收待遇对等原则。比如,澳大利亚、新西兰、挪威和巴西等国对外签订税收协定时,股息预提税一般定为15%,经过商谈,我国接受这些国家15%的股息预提税税率,在与这些国家缔结税收协定时,我国也采用15%的股息预提税税率;而科威特、蒙古、毛里求斯、巴林、阿曼和委内瑞拉等国对外签订税收协定时,使用的股息预提税税率一般为5%,所以我国对这几个国家的股息预提税协定税率也定为5%。除了预提税协定税率以外,在建筑工地、装配或安装以及监督管理活动的常设机构时间标准方面,我国与其他国家签订税收协定时也坚持税收待遇对等原则。

3. 灵活对待税收饶让的原则。我国作为一个发展中国家,为了吸引外资和引进技术,在税法及法规中均有相关的税收优惠规定。为了使这些优惠规定切实起到鼓励作用,让外国投资者得到真正的好处,我国政府在与发达国家谈签税收协定时,都坚持要求对方国家给予税收饶让抵免。从目前我国已正式签订的税收协定看,除美国等少数国家外,多数发达国家都同意给予税收饶让待遇,因为我国是发展中国家,在与发达国家签订避免双重征税协定时,一般不承担税收饶让的义务,但如果缔约国双方同是发展中国家,只要双方都同意将给予对方投资者的减免税视同已征税,我国也承担税收饶让的义务。不过,在与发展中国家谈签税收协定时,我国基本上不再主动提出要写入税收饶让的条款。例如,在2001—2002年,我国与巴林、尼日利亚、卡塔尔和委内瑞拉签订的税收协定中均没有饶让条款。

✓ 重点概念

国际税收　税收管辖权　地域管辖权　居民(公民)管辖权　国际重复征税　免税法　扣除法　低税法　抵免法　国际税收协定　国际避税　转让定价　国际反避税　预约定价

? 思考题

1. 什么是国际税收?它的本质是什么?
2. 国际税收与国家税收、涉外税收的联系和区别是什么?
3. 税收管辖权有哪几种类型?
4. 目前各国税收管辖权的状况如何?
5. 什么是国际重复征税?为什么会发生国际重复征税?
6. 减除国际重复征税的方法有哪些?
7. 国际税收协定有哪些主要内容?
8. 《经合组织范本》和《联合国范本》的主要区别有哪些?
9. 我国对外谈签税收协定一般坚持哪些原则?

第十三章
国际税收

训练题

我国某公司2002年在中国境内经营取得应税所得额300万元,税率为33%;其在A国的分公司当年取得应税所得额折合人民币为150万元,A国规定的公司所得税税率为40%;当年该公司还从A国取得特许权使用费所得50万元,A国规定的预提所得税税率为15%;当年该公司从B国取得应税所得额折合人民币为100万元,其中租金收入30万元,利息所得50万元,特许权使用费所得20万元,B国课征的预提所得税税率为20%。该公司的境外所得均已在当地纳税。现要求计算该公司当年的外国税收抵免限额和实际应向我国缴纳的所得税税额。

简答:(1)A国的税收抵免限额:(150+50)×33%=66(万元)。

A国实际缴纳所得税:150×40%+50×15%=67.5(万元),超过其抵免限额,超过部分不得扣除。

所以,A国最终抵免额为66万元。

(2)B国的税收抵免限额:100×33%=33(万元)。

B国实际缴纳所得税:100×20%=20(万元),未超过抵免限额。

所以,B国最终抵免额为20万元。

(3)该公司实际应向我国缴纳的所得税税额:(300+150+50+100)×33%-66-20=112(万元)。

案 例

扣除法是一国政府在对本国居民的国外所得征税时,允许其将该所得所负担的外国税款作为费用从应税国外所得中扣除,只对扣除后的余额征税。根据扣除法,一国政府对本国居民已负担国外税收的跨国所得仍要按本国税率征税,只是应税所得可被外国税款冲减一部分,因此,扣除法只能减轻而不能消除所得的国际重复征税。

为了说明扣除法的计算,我们举一个简单的例子。假定甲国一居民公司在某纳税年度取得总所得100万元,其中来自甲国(居住国)的所得为70万元,来自乙国(非居住国)的所得为30万元,甲国的公司所得税税率为40%,乙国的公司所得税税率为30%。该公司的纳税情况为:

甲国公司缴纳的乙国税款(30×30%)	9万元
甲国公司来源于乙国的应税所得(30-9)	21万元
甲国公司来源于本国的应税所得	70万元
甲国公司境内外应税总所得(70+21)	91万元
甲国公司在本国应纳税款(91×40%)	36.4万元

在本例中,如果该公司只负担甲国的税收,不存在任何双重征税,其应纳税额为 40 万元;如果甲国不允许纳税人使用扣除法,则其应纳税额为 49 万元;而在实行扣除法的情况下,该公司实际共负担税款 45.4(9+36.4) 万元。显然,扣除法可以缓解重复征税,但不能完全免除重复征税。

参 考 文 献

[1] 陈共.财政学[M].4版.北京:中国人民大学出版社,2004.
[2] 邓子基,林致远.财政学[M].北京:清华大学出版社,2005.
[3] 王传纶,高培勇.当代西方财政经济理论(下册)[M].北京:商务印书馆,1995.
[4] 解学智.所得课税论[M].沈阳:辽宁人民出版社,1992.
[5] 郭庆旺,苑新丽,夏文丽.当代西方税收学[M].大连:东北财经大学出版社,1994.
[6] 马海涛,安秀梅.公共财政概论[M].北京:中国财政经济出版社,2003.
[7] 邱晓华,郑京平.解读中国经济指标[M].北京:中国经济出版社,2003.
[8] 陈共.财政学[M].5版.北京:中国人民大学出版社,2007.
[9] 王雍军.公共预算管理[M].北京:经济科学出版社,2002.
[10] 李燕.政府预算管理与实务[M].北京:中国财政经济出版社,2004.
[11] 项怀诚.中国预算改革五年[M].北京:中国财政经济出版社,2003.
[12] 楼继伟.中国政府预算:制度、管理与案例[M].北京:中国财政经济出版社,2002.
[13] 马海涛.政府预算管理学[M].上海:复旦大学出版社,2003.
[14] 陈工.政府预算与管理[M].北京:清华大学出版社,2004.
[15] 王金秀.政府预算管理[M].北京:中国人民大学出版社,2001.
[16] 贾康.非税收入规范化管理研究[J].税务研究,2005(4).
[17] 马骏.中国公共预算改革[M].北京:中央编译出版社,2005.
[18] 财政部财科所.2005—2006财政研究报告[M].北京:中国财政经济出版社,2006.
[19] 张瀚文.利益集团及税费改革[J].财政研究,2006(4).
[20] 林火平.非税收入管理"五个到位"[J].预算管理与会计,2006(8).
[21] 戴柏华.政府非税收入管理探索与实务[M].北京:中国财政经济出版社,2004.
[22] 谭建立.关于我国县乡财政困难问题的认识与建议[J].财政研究,2006.
[23] 财政部财科所.2005—2006年财政研究报告[M].北京:中国财政经济出版社,2006.
[24] 郭庆旺,赵志耘.财政学[M].北京:中国人民大学出版社,2002.
[25] 武彦民.财政学[M].北京:中国财政经济出版社,2004.

[26] 邓子基.财政学[M].2 版.北京:高等教育出版社,2005.

[27] 王国清,马骁,程谦.财政学[M].北京:高等教育出版社,2006.

[28] 梅阳.财政学[M].2 版.上海:立信会计出版社,2006.

[29] 高培勇,宋永明.公共债务管理[M].北京:经济科学出版社,2004.

[30] 类承曜.国债的理论分析[M].北京:中国人民大学出版社,2002.

[31] 邓子基,张馨,王开国.公债经济学[M].北京:中国财政经济出版社,1990.

[32] 罗森.财政学[M].4 版.北京:中国人民大学出版社,2000.

[33] 李素梅.国债的货币效应初探[J].当代财经,2003(11):28-30.

[34] 刘立峰.国债政策可持续性与财政风险讨论会综述[J].宏观经济研究,2001(5):49-50.

[35] 赵远军,周侃.国债市场与投资[M].上海:立信会计出版社,1998.

[36] 彭志远.我国公开市场业务操作对象选择[J].云南财贸学院学报,2005(3):46-50.

[37] 闻媛.我国宏观税收负担走势分析与政策选择[J].税务与经济,2006(1):14-18.

[38] 黄萍.发挥税收政策作用,促进和谐社会建设[J].中国财政,2006(2):21-22.

[39] 厦门地税局课题组.个人所得税协调问题研究[J].涉外税务,2006(2).

[40] 李轩红.转型国家税制改革的回顾与启示[J].山东社会科学,2006(3):102-105.

[41] 夏云峰.中美企业所得税差异比较及启示[J].税务与经济,2005(6).

[42] 白静.社会保障税为何暂缓开征[J].财政与税务,2006(4).

[43] 赵红英.中国税收[M].北京:机械工业出版社,2005.

[44] 舒文存.税收实务[M].北京:北京大学出版社,2006.

[45] 房保安.税收理论与实务[M].北京:经济管理出版社,2006.

[46] 孙玉栋.中国税收负担研究[M].北京:中国人民大学出版社,2006.

[47] 郝如玉.中国税制[M].北京:中国财政经济出版社,2000.

[48] 黄桦.税收学[M].北京:中国人民大学出版社,2006.

[49] 周广仁.中国税收征管能力研究[M].北京:中国税务出版社,2006.

[50] 中国社会科学院财贸所.中国:启动新一轮税制改革[M].北京:中国财政经济出版社,2003.

[51] 胡怡建.税收学[M].上海:上海财经大学出版社,2004.

[52] 国家税务总局税收科学研究所.中国税收理论前沿[M].北京:中国财政经济出版社,2003.

[53] 何晓兵,李毅,王普光.关税理论政策与实务[M].3 版.北京:中国商务出版社,2007.

[54] 岳树民,李建清.优化税制结构研究[M].北京:中国人民大学出版社,2007.

[55] 冯宗宪,杨健全,张文科.国际贸易理论、政策和实务[M].西安:西安交通大学出版社,2004.

[56] 马海涛.中国税制[M].2版.北京:中国人民大学出版社,2004.

[57] 葛文芳.财政与税收[M].北京:清华大学出版社,2006.

[58] 朱青.国际税收[M].2版.北京:中国人民大学出版社,2004.

[59] 赵雪恒.财政学[M].北京:中国财政经济出版社,2005.

[60] 梅阳.财政学[M].上海:立信会计出版社,2006.

[61] 胡怡建.中国税制[M].北京:科学出版社,2006.

[62] 黄桦.税收学[M].北京:中国人民大学出版社,2006.

[63] 蒙丽珍,安仲文.国家税收[M].大连:东北财经大学出版社,2006.

[64] 房保安,宋凤轩.税收理论与实务[M].北京:经济管理出版社,2006.

[65] 汤贡亮,梁俊娇.中国税收制度与管理[M].北京:清华大学出版社,2005.

[66] 王韬.税收理论与实务[M].北京:科学出版社,2007.

[67] 中国注册会计师协会.税法[M].北京:经济科学出版社,2007.

[68] 高培勇.整体税改进退系于"两法合并"一身[J].财政与税务,2006(4):51.

[69] 彭志远.我国公开市场业务操作对象选择[J].云南财贸学院学报,2005(3):46-5.

[70] 张慧岚.和谐社会建设中的民生财政问题思考[J].时代经贸,2008,6(9):73-74.

[71] 尹中卿.欧洲债务缘何频亮红灯:谈欧债危机的形成、影响及应对[J].中国人大,2010(6):18-22.

[72] 中国注册会计师协会.税法[M].北京:经济科学出版社,2011.